習近平談治國理政

第三卷

習近平談治國理政

第三卷

外文出版社

習近平談治國理政

第 三 卷

© 外文出版社有限責任公司

（中國北京百萬莊大街 24 號）

郵政編碼：100037

http://www.flp.com.cn

中國國際圖書貿易集團有限公司發行

（中國北京車公莊西路 35 號）

北京郵政信箱第 399 號　郵政編碼 100044

北京盛通印刷股份有限公司印刷

2021 年 9 月（小 16 開）第 1 版

2021 年 9 月第 1 版第 1 次印刷

ISBN 978-7-119-12491-9

（平）

出　版　説　明

　　中共十九大把習近平新時代中國特色社會主義思想確立爲中國共產黨必須長期堅持的指導思想並寫入黨章，十三屆全國人大一次會議把這一重要思想載入憲法，實現了黨和國家指導思想的與時俱進。習近平新時代中國特色社會主義思想是新時代中國共產黨的思想旗幟，是國家政治生活和社會生活的根本指針，是當代中國馬克思主義、二十一世紀馬克思主義，爲實現中華民族偉大復興提供了行動指南，爲推動構建人類命運共同體貢獻了智慧方案。

　　中共十九大以來，以習近平同志爲核心的中共中央，着眼中華民族偉大復興的戰略全局和世界百年未有之大變局，以習近平新時代中國特色社會主義思想爲指導，不忘初心、牢記使命，統攬偉大鬥爭、偉大工程、偉大事業、偉大夢想，沉着應對國內外風險挑戰明顯增多的複雜局面，進一步深化改革開放，決勝全面建成小康社會，黨和國家各項事業取得新的重大進展，中國爲世界和平與發展作出新的重大貢獻。

　　《習近平談治國理政》第一卷、第二卷出版以來，在國內外產生了強烈反響。中共十九大以來，習近平在領導推進新時代治國理政的實踐中，又發表一系列重要論述，提出許多具有原創性、時代性、指導性的重大思想觀點，進一步豐富和發展了黨的理論創新成果。爲了推動廣大幹部羣衆學懂弄通做實習近平新時代中國特色社會主義思想，不斷增強"四個意識"、堅定"四個自信"、做到"兩個維護"，爲了幫助國際社會更好了解這一重要思想的主要内容，增進對中國共產黨爲什麽能、馬克思主義爲什麽行、中國特色社會主義爲什麽好的認識和理解，中共中央宣傳部（國務院新聞辦公室）會同中共中央黨史和文獻研究院、中國外文出版發行事業局，編輯了《習近平談治國理政》第三卷。

本書收入的是習近平在二〇一七年十月十八日至二〇二〇年一月十三日期間的重要著作，共有報告、講話、談話、演講、指示、批示、賀信等九十二篇。全書分爲十九個專題，每個專題内容按時間順序編排。爲了便於讀者閱讀，編輯時作了必要的註釋，附在篇末。本書還收入習近平這段時間内的圖片四十一幅。

本書編輯組

二〇二〇年四月

目　録

決勝全面建成小康社會，奪取新時代

中國特色社會主義偉大勝利 ……………………………… 1

　（二〇一七年十月十八日）

一、譜寫新時代中國特色社會主義新篇章

全面把握中國特色社會主義進入新時代的新要求 ……… 61

　（二〇一七年十月二十五日）

全面貫徹新時代中國特色社會主義思想和基本方略 …… 63

　（二〇一七年十月二十五日）

新時代要有新氣象，更要有新作爲 ……………………… 65

　（二〇一七年十月二十五日）

繼續進行具有許多新的歷史特點的偉大鬥爭 …………… 69

　（二〇一八年一月五日）

不斷開闢當代中國馬克思主義、二十一世紀

馬克思主義新境界 ……………………………………… 74

　（二〇一八年五月四日）

胸懷兩個大局，做好自己的事情 …………………… 77

 （二〇一九年五月二十一日）

在慶祝中華人民共和國成立七十周年大會上的講話 …… 78

 （二〇一九年十月一日）

二、堅持和加強黨的全面領導

不斷增強"四個意識"、堅定"四個自信"、

 做到"兩個維護" …………………………………… 83

 （二〇一七年十月二十五日— 二〇一九年五月三十一日）

着力從制度安排上發揮黨的領導這個最大體制優勢 …… 89

 （二〇一八年二月二十六日）

增強推進黨的政治建設的自覺性和堅定性 …………… 91

 （二〇一八年六月二十九日）

帶頭做到"兩個維護"，着力推進中央和

 國家機關黨的政治建設 …………………………… 99

 （二〇一九年七月九日）

三、完善和發展我國國家制度和治理體系

繼續完善黨和國家機構職能體系 ………………………… 105

 （二〇一九年七月五日）

關於《中共中央關於堅持和完善中國特色社會主義

 制度、推進國家治理體系和治理能力現代化若干

 重大問題的決定》的說明 ………………………… 109

 （二〇一九年十月二十八日）

堅持和完善中國特色社會主義制度、推進

　國家治理體系和治理能力現代化 ……………… 118

　（二〇一九年十月三十一日）

四、堅持以人民爲中心

我們的目標就是讓全體中國人都過上更好的日子 ……… 133

　（二〇一七年十一月三十日）

人民是我們黨執政的最大底氣 ……………………… 135

　（二〇一八年三月一日— 二〇一九年十二月二十七日）

始終把人民放在心中最高位置 ……………………… 139

　（二〇一八年三月二十日）

我將無我，不負人民 ………………………………… 144

　（二〇一九年三月二十二日）

五、決勝全面建成小康社會，決戰脫貧攻堅

全面完成決勝全面建成小康社會各項任務 ………… 147

　（二〇一七年十月二十五日）

譜寫人類反貧困歷史新篇章 ………………………… 148

　（二〇一八年二月十二日）

全面打好脫貧攻堅戰 ………………………………… 154

　（二〇一八年二月十二日）

着力解決“兩不愁三保障”突出問題 ……………… 159

　（二〇一九年四月十六日）

六、推動全面深化改革實現新突破

切實把思想統一到黨的十九屆三中全會精神上來 ⋯⋯⋯ 165
（二〇一八年二月二十八日）

改革越到深處越要擔當作爲 ⋯⋯⋯⋯⋯⋯⋯⋯ 177
（二〇一八年七月六日— 二〇一九年十一月二十六日）

改革開放四十年積累的寶貴經驗 ⋯⋯⋯⋯⋯⋯ 181
（二〇一八年十二月十八日）

七、形成全面開放新格局

中國開放的大門只會越開越大 ⋯⋯⋯⋯⋯⋯⋯ 193
（二〇一八年四月十日）

穩步推進中國特色自由貿易港建設 ⋯⋯⋯⋯ 197
（二〇一八年四月十三日）

共建創新包容的開放型世界經濟 ⋯⋯⋯⋯⋯ 199
（二〇一八年十一月五日）

開放合作，命運與共 ⋯⋯⋯⋯⋯⋯⋯⋯⋯⋯ 208
（二〇一九年十一月五日）

八、增强憂患意識，防範化解風險挑戰

堅持黨對國家安全工作的絕對領導 ⋯⋯⋯⋯⋯ 217
（二〇一八年四月十七日）

堅持底綫思維，着力防範化解重大風險 ……………… 219

（二〇一九年一月二十一日）

發揚鬥爭精神，增强鬥爭本領 …………………………… 225

（二〇一九年九月三日）

九、推動經濟高質量發展

長期堅持、不斷豐富發展新時代

　中國特色社會主義經濟思想 ………………………… 231

（二〇一七年十二月十八日）

我國經濟已由高速增長階段轉向高質量發展階段 ……… 237

（二〇一七年十二月十八日）

加快建設現代化經濟體系 ………………………………… 240

（二〇一八年一月三十日）

加快建設海洋强國 ………………………………………… 243

（二〇一八年三月八日— 二〇一九年十月十五日）

努力成爲世界主要科學中心和創新高地 ……………… 245

（二〇一八年五月二十八日）

把鄉村振興戰略作爲新時代“三農”工作總抓手 ……… 255

（二〇一八年九月二十一日）

大力支持民營企業發展壯大 ……………………………… 263

（二〇一八年十一月一日）

推動形成優勢互補高質量發展的區域經濟佈局 ………… 269

（二〇一九年八月二十六日）

十、積極發展社會主義民主政治

爲新時代堅持和發展中國特色

　社會主義提供憲法保障 ……………………… 279

　　（二〇一八年一月十九日）

堅持以全面依法治國新理念新思想新戰略爲指導，

　堅定不移走中國特色社會主義法治道路 ……… 283

　　（二〇一八年八月二十四日）

走符合國情的人權發展道路 …………………… 288

　　（二〇一八年十二月十日）

結合地方實際創造性做好立法監督等工作 …… 290

　　（二〇一九年七月）

把人民政協制度堅持好，把人民政協事業發展好 … 291

　　（二〇一九年九月二十日）

鑄牢中華民族共同體意識 ……………………… 299

　　（二〇一九年九月二十七日）

十一、鑄就中華文化新輝煌

自主創新推進網絡強國建設 …………………… 305

　　（二〇一八年四月二十日）

自覺承擔起新形勢下宣傳思想工作的使命任務 ……… 310

　　（二〇一八年八月二十一日）

加快推動媒體融合發展 ………………………… 316

　　（二〇一九年一月二十五日）

一個國家、一個民族不能沒有靈魂 ················ 321

　　（二〇一九年三月四日）

用新時代中國特色社會主義思想鑄魂育人 ········ 328

　　（二〇一九年三月十八日）

發揚五四精神，不負偉大時代 ···················· 333

　　（二〇一九年四月三十日）

十二、提高保障和改善民生水平

堅持不懈推進"廁所革命" ························ 341

　　（二〇一七年十一月）

讓人民羣眾有更多獲得感、幸福感、安全感 ········ 342

　　（二〇一七年十二月— 二〇一九年十一月三日）

堅決破除制約教育事業發展的體制機制障礙 ········ 347

　　（二〇一八年九月十日）

維護政治安全、社會安定、人民安寧 ·············· 352

　　（二〇一九年一月十五日）

十三、促進人與自然和諧共生

加強生態文明建設必須堅持的原則 ················ 359

　　（二〇一八年五月十八日）

堅決打好污染防治攻堅戰 ························ 366

　　（二〇一八年五月十八日）

共謀綠色生活，共建美麗家園 ……………………… 373

　　（二〇一九年四月二十八日）

黃河流域生態保護和高質量發展的

　　主要目標任務 ……………………………………… 377

　　（二〇一九年九月十八日）

十四、把人民軍隊全面建成世界一流軍隊

全面加強新時代人民軍隊黨的領導和

　　黨的建設工作 ……………………………………… 383

　　（二〇一八年八月十七日）

建立健全中國特色社會主義軍事政策制度體系 ………… 387

　　（二〇一八年十一月十三日）

在新的起點上做好軍事鬥爭準備工作 ………………… 390

　　（二〇一九年一月四日）

十五、維護香港、澳門長期繁榮穩定，推進祖國和平統一

在融入國家發展大局中實現香港、澳門更好發展 ……… 395

　　（二〇一八年十一月十二日）

為實現民族偉大復興、推進祖國

　　和平統一而共同奮鬥 ……………………………… 403

　　（二〇一九年一月二日）

在慶祝澳門回歸祖國二十周年大會暨澳門特別

　　行政區第五屆政府就職典禮上的講話 ⋯⋯⋯⋯⋯ 411

　　（二〇一九年十二月二十日）

十六、深入推進中國特色大國外交

做好新時代外交工作 ⋯⋯⋯⋯⋯⋯⋯⋯⋯⋯⋯⋯ 421

　　（二〇一七年十二月二十八日）

加強黨中央對外事工作的集中統一領導 ⋯⋯⋯⋯ 424

　　（二〇一八年五月十五日）

努力開創中國特色大國外交新局面 ⋯⋯⋯⋯⋯⋯ 426

　　（二〇一八年六月二十二日）

十七、攜手構建人類命運共同體

把世界各國人民對美好生活的嚮往變成現實 ⋯⋯ 433

　　（二〇一七年十二月一日）

弘揚"上海精神"，構建命運共同體 ⋯⋯⋯⋯⋯⋯ 439

　　（二〇一八年六月十日）

金磚國家要爲構建人類命運共同體發揮建設性作用 ⋯⋯ 444

　　（二〇一八年七月二十五日）

共築更加緊密的中非命運共同體 ⋯⋯⋯⋯⋯⋯⋯ 449

　　（二〇一八年九月三日）

爲國際社會找到有效經濟治理思路 ⋯⋯⋯⋯⋯⋯ 455

　　（二〇一八年十一月十七日）

共同努力把人類前途命運掌握在自己手中 …………… 460

（二〇一九年三月二十六日）

推動構建海洋命運共同體 …………………………… 463

（二〇一九年四月二十三日）

深化文明交流互鑑，共建亞洲命運共同體 …………… 465

（二〇一九年五月十五日）

合力打造高質量世界經濟 …………………………… 473

（二〇一九年六月二十八日）

十八、推動共建“一帶一路”走深走實

打造一條跨越太平洋的合作之路 …………………… 479

（二〇一八年一月二十二日）

加強戰略和行動對接，攜手推進“一帶一路”建設 …… 480

（二〇一八年七月十日）

共同繪製好“一帶一路”的“工筆畫” ………………… 486

（二〇一八年八月二十七日）

推動共建“一帶一路”高質量發展 …………………… 490

（二〇一九年四月二十六日）

十九、不忘初心、牢記使命，
　　把黨的自我革命推向深入

走得再遠都不能忘記來時的路 ……………………… 497

（二〇一七年十月三十一日）

力戒形式主義、官僚主義 ……………………… 499

　（二〇一七年十二月— 二〇一九年一月十一日）

重整行裝再出發，以永遠在路上的執着

　把全面從嚴治黨引向深入 ……………………… 504

　（二〇一八年一月十一日）

新時代黨的建設和黨的組織路綫 ……………………… 515

　（二〇一八年七月三日）

廣大幹部特別是年輕幹部要做到信念堅、

　政治强、本領高、作風硬 ……………………… 518

　（二〇一九年三月一日）

準確把握"不忘初心、牢記使命"

　主題教育的目標要求 ……………………… 523

　（二〇一九年五月三十一日）

牢記初心使命，推進自我革命 ……………………… 529

　（二〇一九年六月二十四日）

持續推動全黨不忘初心、牢記使命 ……………………… 537

　（二〇二〇年一月八日）

一以貫之全面從嚴治黨，强化對權力

　運行的制約和監督 ……………………… 546

　（二〇二〇年一月十三日）

索　引 ……………………… 553

決勝全面建成小康社會，奪取新時代中國特色社會主義偉大勝利[*]

（二○一七年十月十八日）

同志們：

現在，我代表第十八屆中央委員會向大會作報告。

中國共產黨第十九次全國代表大會，是在全面建成小康社會決勝階段、中國特色社會主義進入新時代的關鍵時期召開的一次十分重要的大會。

大會的主題是：不忘初心，牢記使命，高舉中國特色社會主義偉大旗幟，決勝全面建成小康社會，奪取新時代中國特色社會主義偉大勝利，爲實現中華民族偉大復興的中國夢不懈奮鬥。

不忘初心，方得始終。中國共產黨人的初心和使命，就是爲中國人民謀幸福，爲中華民族謀復興。這個初心和使命是激勵中國共產黨人不斷前進的根本動力。全黨同志一定要永遠與人民同呼吸、共命運、心連心，永遠把人民對美好生

---

* 這是習近平在中國共產黨第十九次全國代表大會上的報告。

活的嚮往作爲奮鬥目標，以永不懈怠的精神狀態和一往無前的奮鬥姿態，繼續朝着實現中華民族偉大復興的宏偉目標奮勇前進。

當前，國內外形勢正在發生深刻複雜變化，我國發展仍處於重要戰略機遇期，前景十分光明，挑戰也十分嚴峻。全黨同志一定要登高望遠、居安思危，勇於變革、勇於創新，永不僵化、永不停滯，團結帶領全國各族人民決勝全面建成小康社會，奮力奪取新時代中國特色社會主義偉大勝利。

一、過去五年的工作和歷史性變革

十八大以來的五年，是黨和國家發展進程中極不平凡的五年。面對世界經濟復蘇乏力、局部衝突和動盪頻發、全球性問題加劇的外部環境，面對我國經濟發展進入新常態等一系列深刻變化，我們堅持穩中求進工作總基調，迎難而上，開拓進取，取得了改革開放和社會主義現代化建設的歷史性成就。

爲貫徹十八大精神，黨中央召開七次全會，分別就政府機構改革和職能轉變、全面深化改革、全面推進依法治國、制定"十三五"規劃、全面從嚴治黨等重大問題作出決定和部署。五年來，我們統籌推進"五位一體"總體佈局[1]、協調推進"四個全面"戰略佈局[2]，"十二五"規劃勝利完成，"十三五"規劃順利實施，黨和國家事業全面開創新局面。

經濟建設取得重大成就。堅定不移貫徹新發展理念，堅決端正發展觀念、轉變發展方式，發展質量和效益不斷提升。經濟保持中高速增長，在世界主要國家中名列前茅，國內生產總值從五十四萬億元增長到八十萬億元，穩居世界第二，對世界經濟增長貢獻率超過百分之三十。供給側結構性改革深入推進，經濟結構不斷優化，數字經濟等新興產業蓬勃發展，高鐵、公路、橋梁、港口、機場等基礎設施建設快速推進。農業現代化穩步推進，糧食生產能力達到一萬二千億斤。城鎮化率年均提高一點二個百分點，八千多萬農業轉移人口成爲城鎮居民。區域發展協調性增強，"一帶一路"建設、京津冀協同發展、長江經濟帶發展成效顯著。創新驅動發展戰略大力實施，創新型國家建設成果豐碩，天宮、蛟龍、天眼、悟空、墨子、大飛機等重大科技成果相繼問世。南海島礁建設積極推進。開放型經濟新體制逐步健全，對外貿易、對外投資、外匯儲備穩居世界前列。

全面深化改革取得重大突破。蹄疾步穩推進全面深化改革，堅決破除各方面體制機制弊端。改革全面發力、多點突破、縱深推進，着力增強改革系統性、整體性、協同性，壓茬拓展改革廣度和深度，推出一千五百多項改革舉措，重要領域和關鍵環節改革取得突破性進展，主要領域改革主體框架基本確立。中國特色社會主義制度更加完善，國家治理體系和治理能力現代化水平明顯提高，全社會發展活力和創新活力明顯增強。

民主法治建設邁出重大步伐。積極發展社會主義民主政治，推進全面依法治國，黨的領導、人民當家作主、依法治國有機統一的制度建設全面加強，黨的領導體制機制不斷完善，社會主義民主不斷發展，黨內民主更加廣泛，社會主義協商民主全面展開，愛國統一戰綫鞏固發展，民族宗教工作創新推進。科學立法、嚴格執法、公正司法、全民守法深入推進，法治國家、法治政府、法治社會建設相互促進，中國特色社會主義法治體系日益完善，全社會法治觀念明顯增強。國家監察體制改革試點取得實效，行政體制改革、司法體制改革、權力運行制約和監督體系建設有效實施。

思想文化建設取得重大進展。加強黨對意識形態工作的領導，黨的理論創新全面推進，馬克思主義在意識形態領域的指導地位更加鮮明，中國特色社會主義和中國夢深入人心，社會主義核心價值觀[3]和中華優秀傳統文化廣泛弘揚，羣衆性精神文明創建活動扎實開展。公共文化服務水平不斷提高，文藝創作持續繁榮，文化事業和文化產業蓬勃發展，互聯網建設管理運用不斷完善，全民健身和競技體育全面發展。主旋律更加響亮，正能量更加强勁，文化自信得到彰顯，國家文化軟實力和中華文化影響力大幅提升，全黨全社會思想上的團結統一更加鞏固。

人民生活不斷改善。深入貫徹以人民爲中心的發展思想，一大批惠民舉措落地實施，人民獲得感顯著增強。脫貧攻堅戰取得決定性進展，六千多萬貧困人口穩定脫貧，貧困發生率從百分之十點二下降到百分之四以下。教育事業全面發展，中西部和農村教育明顯加強。就業狀況持續改善，城鎮新增就業年均一千三百萬人以上。城鄉居民收入增速超過經濟增速，中等收入羣體持續擴大。覆蓋城鄉居民的社會保障體系基本建立，人民健康和醫療衛生水平大幅提高，保障性住房建設穩步推進。社會治理體系更加完善，社會大局保持穩定，國家安全全面加強。

生態文明建設成效顯著。大力度推進生態文明建設，全黨全國貫徹綠色發展理念的自覺性和主動性顯著增強，忽視生態環境保護的狀況明顯改變。生態文明制度體系加快形成，主體功能區制度逐步健全，國家公園體制試點積極推進。全面節約資源有效推進，能源資源消耗強度大幅下降。重大生態保護和修復工程進展順利，森林覆蓋率持續提高。生態環境治理明顯加強，環境狀況得到改善。引導應對氣候變化國際合作，成爲全球生態文明建設的重要參與者、貢獻者、引領者。

強軍興軍開創新局面。着眼於實現中國夢強軍夢，制定新形勢下軍事戰略方針，全力推進國防和軍隊現代化。召開古田全軍政治工作會議，恢復和發揚我黨我軍光榮傳統和優良作風，人民軍隊政治生態得到有效治理。國防和軍隊改革取得歷史性突破，形成軍委管總、戰區主戰、軍種主建新格局，人民軍隊組織架構和力量體系實現革命性重塑。加強練兵備戰，有效遂行海上維權、反恐維穩、搶險救災、國際維和、亞丁灣護航、人道主義救援等重大任務，武器裝備加快發展，軍事鬥爭準備取得重大進展。人民軍隊在中國特色強軍之路上邁出堅定步伐。

港澳臺工作取得新進展。全面準確貫徹“一國兩制”方針，牢牢掌握憲法和基本法賦予的中央對香港、澳門全面管治權，深化內地和港澳地區交流合作，保持香港、澳門繁榮穩定。堅持一個中國原則和“九二共識”〔4〕，推動兩岸關係和平發展，加強兩岸經濟文化交流合作，實現兩岸領導人歷史性會晤。妥善應對臺灣局勢變化，堅決反對和遏制“臺獨”分裂勢力，有力維護臺海和平穩定。

全方位外交佈局深入展開。全面推進中國特色大國外交，形成全方位、多層次、立體化的外交佈局，爲我國發展營造了良好外部條件。實施共建"一帶一路"倡議，發起創辦亞洲基礎設施投資銀行，設立絲路基金，舉辦首屆"一帶一路"國際合作高峰論壇、亞太經合組織領導人非正式會議、二十國集團領導人杭州峰會、金磚國家領導人廈門會晤、亞信峰會。倡導構建人類命運共同體，促進全球治理體系變革。我國國際影響力、感召力、塑造力進一步提高，爲世界和平與發展作出新的重大貢獻。

全面從嚴治黨成效卓著。全面加強黨的領導和黨的建設，堅決改變管黨治黨寬鬆軟狀況。推動全黨尊崇黨章，增強政治意識、大局意識、核心意識、看齊意識，堅決維護黨中央權威和集中統一領導，嚴明黨的政治紀律和政治規矩，層層落實管黨治黨政治責任。堅持照鏡子、正衣冠、洗洗澡、治治病的要求，開展黨的羣衆路綫教育實踐活動和"三嚴三實"[5]專題教育，推進"兩學一做"[6]學習教育常態化制度化，全黨理想信念更加堅定、黨性更加堅強。貫徹新時期好幹部標準，選人用人狀況和風氣明顯好轉。黨的建設制度改革深入推進，黨內法規制度體系不斷完善。把紀律挺在前面，着力解決人民羣衆反映最強烈、對黨的執政基礎威脅最大的突出問題。出臺中央八項規定[7]，嚴厲整治形式主義、官僚主義、享樂主義和奢靡之風，堅決反對特權。巡視利劍作用彰顯，實現中央和省級黨委巡視全覆蓋。堅持反腐敗無禁區、全覆蓋、零容忍，堅定不移"打虎"、"拍蠅"、"獵狐"，不敢腐的目標初步實現，不能腐的籠子越紮越牢，不想腐的堤壩正在構築，反腐敗鬥爭壓倒性態勢已經形成並鞏固發展。

五年來的成就是全方位的、開創性的，五年來的變革是深層次的、根本性的。五年來，我們黨以巨大的政治勇氣和強烈的責任擔當，提出一系列新理念新思想新戰略，出臺一系列重大方針政策，推出一系列重大舉措，推進一系列重大工作，解決了許多長期想解決而沒有解決的難題，辦成了許多過去想辦而沒有辦成的大事，推動黨和國家事業發生歷史性變革。這些歷史性變革，對黨和國家事業發展具有重大而深遠的影響。

五年來，我們勇於面對黨面臨的重大風險考驗和黨內存在的突出問題，以頑強意志品質正風肅紀、反腐懲惡，消除了黨和國家內部存在的嚴重隱患，黨內政治生活氣象更新，黨內政治生態明顯好轉，黨的創造力、凝聚力、戰鬥力顯著增強，黨的團結統一更加鞏固，黨羣關係明顯改善，黨在革命性鍛造中更加堅強，煥發出新的強大生機活力，爲黨和國家事業發展提供了堅強政治保證。

同時，必須清醒看到，我們的工作還存在許多不足，也面臨不少困難和挑戰。主要是：發展不平衡不充分的一些突出問題尚未解決，發展質量和效益還不高，創新能力不够强，實體經濟水平有待提高，生態環境保護任重道遠；民生領域還有不少短板，脫貧攻堅任務艱巨，城鄉區域發展和收入分配差距依然較大，羣眾在就業、教育、醫療、居住、養老等方面面臨不少難題；社會文明水平尚需提高；社會矛盾和問題交織疊加，全面依法治國任務依然繁重，國家治理體系和治理能力有待加強；意識形態領域鬥爭依然複雜，國家安全面臨新情況；一些改革部署和重大政策措施需要進一步落實；黨的建設方面還存在不少薄弱環節。這些問題，必須着力加以解決。

五年來的成就，是黨中央堅強領導的結果，更是全黨全國各族人民共同奮鬥的結果。我代表中共中央，向全國各族人民，向各民主黨派、各人民團體和各界愛國人士，向香港特別行政區同胞、澳門特別行政區同胞和臺灣同胞以及廣大僑胞，向關心和支持中國現代化建設的各國朋友，表示衷心的感謝！

同志們！改革開放之初，我們黨發出了走自己的路、建設中國特色社會主義的偉大號召。從那時以來，我們黨團結帶領全國各族人民不懈奮鬥，推動我國經濟實力、科技實力、國防實力、綜合國力進入世界前列，推動我國國際地位實現前所未有的提升，黨的面貌、國家的面貌、人民的面貌、軍隊的面貌、中華民族的面貌發生了前所未有的變化，中華民族正以嶄新姿態屹立於世界的東方。

經過長期努力，中國特色社會主義進入了新時代，這是我國發展新的歷史方位。

中國特色社會主義進入新時代，意味着近代以來久經磨難的中華民族迎來了從站起來、富起來到強起來的偉大飛躍，迎來了實現中華民族偉大復興的光明前景；意味着科學社會主義在二十一世紀的中國煥發出強大生機活力，在世界上高高舉起了中國特色社會主義偉大旗幟；意味着中國特色社會主義道路、理論、制度、文化不斷發展，拓展了發展中國家走向現代化的途徑，給世界上那些既希望加快發展又希望保持自身獨立性的國家和民族提供了全新選擇，爲解決人類問題貢獻了中國智慧和中國方案。

這個新時代，是承前啟後、繼往開來、在新的歷史條件下繼續奪取中國特色社會主義偉大勝利的時代，是決勝全面建成小康社會、進而全面建設社會主義現代化强國的時代，是全國各族人民團結奮鬥、不斷創造美好生活、逐步實現全體人民共同富裕的時代，是全體中華兒女勠力同心、奮力實現中華民族偉大復興中國夢的時代，是我國日益走近世界舞臺中央、不斷爲人類作出更大貢獻的時代。

中國特色社會主義進入新時代，我國社會主要矛盾已經轉化爲人民日益增長的美好生活需要和不平衡不充分的發展之間的矛盾。我國穩定解決了十幾億人的温飽問題，總體上實現小康，不久將全面建成小康社會，人民美好生活需要日益廣泛，不僅對物質文化生活提出了更高要求，而且在民主、法治、公平、正義、安全、環境等方面的要求日益增長。同時，我國社會生産力水平總體上顯著提高，社會生産能力在很多方面進入世界前列，更加突出的問題是發展不平衡不充分，這已經成爲滿足人民日益增長的美好生活需要的主要制約因素。

必須認識到，我國社會主要矛盾的變化是關係全局的歷史性變化，對黨和國家工作提出了許多新要求。我們要在繼續推動發展的基礎上，着力解決好發展不平衡不充分問題，大力提升發展質量和效益，更好滿足人民在經濟、政治、文化、社會、生態等方面日益增長的需要，更好推動人的全面發展、社會全面進步。

必須認識到，我國社會主要矛盾的變化，沒有改變我們對我國社會主義所處歷史階段的判斷，我國仍處於並將長期處於社會主義初級階段的基本國情沒有變，我國是世界最大發展中國家的國際地位沒有變。全黨要牢牢把握社會主義初級階段這個基本國情，牢牢立足社會主義初級階段這個最大實際，牢牢堅持黨的基本路綫這個黨和國家的生命綫、人民的幸福綫，領導和團結全國各族人民，以經濟建設爲中心，堅持四項基本原則〔8〕，堅持改革開放，自力更生，艱苦創業，爲把我國建設成爲富強民主文明和諧美麗的社會主義現代化强國而奮鬥。

同志們！中國特色社會主義進入新時代，在中華人民共和國發展史上、中華民族發展史上具有重大意義，在世界社會主義發展史上、人類社會發展史上也具有重大意義。全黨要堅定信心、奮發有爲，讓中國特色社會主義展現出更加强大的生命力！

二、新時代中國共產黨的歷史使命

一百年前，十月革命一聲炮響，給中國送來了馬克思列寧主義。中國先進分子從馬克思列寧主義的科學真理中看到了解決中國問題的出路。在近代以後中國社會的劇烈運動中，在中國人民反抗封建統治和外來侵略的激烈鬥爭中，在馬克思列寧主義同中國工人運動的結合過程中，一九二一年中國共產黨應運而生。從此，中國人民謀求民族獨立、人民解放和國家富強、人民幸福的鬥爭就有了主心骨，中國人民就從精神上由被動轉為主動。

中華民族有五千多年的文明歷史，創造了燦爛的中華文明，為人類作出了卓越貢獻，成為世界上偉大的民族。鴉片戰爭後，中國陷入內憂外患的黑暗境地，中國人民經歷了戰亂頻仍、山河破碎、民不聊生的深重苦難。為了民族復興，無數仁人志士不屈不撓、前仆後繼，進行了可歌可泣的鬥爭，進行了各式各樣的嘗試，但終究未能改變舊中國的社會性質和中國人民的悲慘命運。

實現中華民族偉大復興是近代以來中華民族最偉大的夢想。中國共產黨一經成立，就把實現共產主義作為黨的最高理想和最終目標，義無反顧肩負起實現中華民族偉大復興的歷史使命，團結帶領人民進行了艱苦卓絕的鬥爭，譜寫了氣吞山河的壯麗史詩。

我們黨深刻認識到，實現中華民族偉大復興，必須推翻壓在中國人民頭上的帝國主義、封建主義、官僚資本主義三座大山，實現民族獨立、人民解放、國家統一、社會穩定。我們黨團結帶領人民找到了一條以農村包圍城市、武裝奪取政權的正確革命道路，進行了二十八年浴血奮戰，完成了新民主主義革命，一九四九年建立了中華人民共和國，實現了中國從幾千年封建專制政治向人民民主的偉大飛躍。

我們黨深刻認識到，實現中華民族偉大復興，必須建立符合我國實際的先進社會制度。我們黨團結帶領人民完成社會主義革命，確立社會主義基本制度，推進社會主義建設，完成了中華民族有史以來最為廣泛而深刻的社會變革，為當代中國一切發展進步奠定了根本政治前提和制度基礎，實現了中華民族由近代不斷衰落到根本扭轉命運、持續走向繁榮富強的偉大飛躍。

我們黨深刻認識到，實現中華民族偉大復興，必須合乎時代潮流、順應人民意願，勇於改革開放，讓黨和人民事業始終充滿奮勇前進的強大動力。我們黨團結帶領人民進行改革開放新的偉大革命，破除阻礙國家和民族發展的一切思想和體制障礙，開闢了中國特色社會主義道路，使中國大踏步趕上時代。

九十六年來，為了實現中華民族偉大復興的歷史使命，無論是弱小還是強大，無論是順境還是逆境，我們黨都初心不改、矢志不渝，團結帶領人民歷經千難萬險，付出巨大犧牲，敢於面對曲折，勇於修正錯誤，攻克了一個又一個看似不可攻克的難關，創造了一個又一個彪炳史冊的人間奇迹。

同志們！今天，我們比歷史上任何時期都更接近、更有信心和能力實現中華民族偉大復興的目標。

行百里者半九十。中華民族偉大復興，絕不是輕輕鬆鬆、敲鑼打鼓就能實現的。全黨必須準備付出更為艱巨、更為艱苦的努力。

實現偉大夢想，必須進行偉大鬥爭。社會是在矛盾運動中前進的，有矛盾就會有鬥爭。我們黨要團結帶領人民有效應對重大挑戰、抵禦重大風險、克服重大阻力、解決重大矛盾，必須進行具有許多新的歷史特點的偉大鬥爭，任何貪圖享受、消極懈怠、迴避矛盾的思想和行為都是錯誤的。全黨要更加自覺地堅持黨的領導和我國社會主義制度，堅決反對一切削弱、歪曲、否定黨的領導和我國社會主義制度的言行；

更加自覺地維護人民利益，堅決反對一切損害人民利益、脫離羣衆的行爲；更加自覺地投身改革創新時代潮流，堅決破除一切頑瘴痼疾；更加自覺地維護我國主權、安全、發展利益，堅決反對一切分裂祖國、破壞民族團結和社會和諧穩定的行爲；更加自覺地防範各種風險，堅決戰勝一切在政治、經濟、文化、社會等領域和自然界出現的困難和挑戰。全黨要充分認識這場偉大鬥爭的長期性、複雜性、艱巨性，發揚鬥爭精神，提高鬥爭本領，不斷奪取偉大鬥爭新勝利。

實現偉大夢想，必須建設偉大工程。這個偉大工程就是我們黨正在深入推進的黨的建設新的偉大工程。歷史已經並將繼續證明，没有中國共產黨的領導，民族復興必然是空想。我們黨要始終成爲時代先鋒、民族脊梁，始終成爲馬克思主義執政黨，自身必須始終過硬。全黨要更加自覺地堅定黨性原則，勇於直面問題，敢於刮骨療毒，消除一切損害黨的先進性和純潔性的因素，清除一切侵蝕黨的健康肌體的病毒，不斷增强黨的政治領導力、思想引領力、羣衆組織力、社會號召力，確保我們黨永葆旺盛生命力和强大戰鬥力。

實現偉大夢想，必須推進偉大事業。中國特色社會主義是改革開放以來黨的全部理論和實踐的主題，是黨和人民歷盡千辛萬苦、付出巨大代價取得的根本成就。中國特色社會主義道路是實現社會主義現代化、創造人民美好生活的必由之路，中國特色社會主義理論體系是指導黨和人民實現中華民族偉大復興的正確理論，中國特色社會主義制度是當代中國發展進步的根本制度保障，中國特色社會主義文化是激勵全黨全國各族人民奮勇前進的强大精神力量。全黨要更加自覺地增强道路自信、理論自信、制度自信、文化自信，既不走封閉僵化的老路，也不走改旗易幟的邪路，保持政治定力，堅持實幹興邦，始終堅持和發展中國特色社會主義。

偉大鬥爭，偉大工程，偉大事業，偉大夢想，緊密聯繫、相互貫通、相互作用，其中起決定性作用的是黨的建設新的偉大工程。推進偉大工程，要結合偉大鬥爭、偉大事業、偉大夢想的實踐來進行，確保黨在世界形勢深刻變化的歷史進程中始終走在時代前列，在應對國內外各種風險和考驗的歷史進程中始終成爲全國人民的主心骨，在堅持和發展中國特色社會主義的歷史進程中始終成爲堅强領導核心。

同志們！使命呼喚擔當，使命引領未來。我們要不負人民重託、無愧歷史選擇，在新時代中國特色社會主義的偉大實踐中，以黨的堅强領導和頑强奮鬥，激勵全體中華兒女不斷奮進，凝聚起同心共築中國夢的磅礴力量！

三、新時代中國特色社會主義思想和基本方略

十八大以來，國內外形勢變化和我國各項事業發展都給我們提出了一個重大時代課題，這就是必須從理論和實踐結合上系統回答新時代堅持和發展什麼樣的中國特色社會主義、怎樣堅持和發展中國特色社會主義，包括新時代堅持和發展中國特色社會主義的總目標、總任務、總體佈局、戰略佈局和發展方向、發展方式、發展動力、戰略步驟、外部條件、政治保證等基本問題，並且要根據新的實踐對經濟、政治、

法治、科技、文化、教育、民生、民族、宗教、社會、生態文明、國家安全、國防和軍隊、"一國兩制"和祖國統一、統一戰綫、外交、黨的建設等各方面作出理論分析和政策指導，以利於更好堅持和發展中國特色社會主義。

圍繞這個重大時代課題，我們黨堅持以馬克思列寧主義、毛澤東思想、鄧小平理論、"三個代表"重要思想、科學發展觀爲指導，堅持解放思想、實事求是、與時俱進、求真務實，堅持辯證唯物主義和歷史唯物主義，緊密結合新的時代條件和實踐要求，以全新的視野深化對共產黨執政規律、社會主義建設規律、人類社會發展規律的認識，進行艱辛理論探索，取得重大理論創新成果，形成了新時代中國特色社會主義思想。

新時代中國特色社會主義思想，明確堅持和發展中國特色社會主義，總任務是實現社會主義現代化和中華民族偉大復興，在全面建成小康社會的基礎上，分兩步走在本世紀中葉建成富強民主文明和諧美麗的社會主義現代化強國；明確新時代我國社會主要矛盾是人民日益增長的美好生活需要和不平衡不充分的發展之間的矛盾，必須堅持以人民爲中心的發展思想，不斷促進人的全面發展、全體人民共同富裕；明確中國特色社會主義事業總體佈局是"五位一體"、戰略佈局是"四個全面"，強調堅定道路自信、理論自信、制度自信、文化自信；明確全面深化改革總目標是完善和發展中國特色社會主義制度、推進國家治理體系和治理能力現代化；明確全面推進依法治國總目標是建設中國特色社會主義法治體系、建設社會主義法治國家；明確黨在新時代的強軍目標是建設一支聽黨指揮、能打勝仗、作風優良的人民軍隊，把人民軍隊建設成爲世界一流軍隊；明確中國特色大國外交要推動構建新型國際關係，推動構建人類命運共同體；明確中國特色社會主義最本質的特徵是中國共產黨領導，中國特色社會主義制度的最大優勢是中國共產黨領導，黨是最高政治領導力量，提出新時代黨的建設總要求，突出政治建設在黨的建設中的重要地位。

新時代中國特色社會主義思想，是對馬克思列寧主義、毛澤東思想、鄧小平理論、“三個代表”重要思想、科學發展觀的繼承和發展，是馬克思主義中國化最新成果，是黨和人民實踐經驗和集體智慧的結晶，是中國特色社會主義理論體系的重要組成部分，是全黨全國人民爲實現中華民族偉大復興而奮鬥的行動指南，必須長期堅持並不斷發展。

全黨要深刻領會新時代中國特色社會主義思想的精神實質和豐富內涵，在各項工作中全面準確貫徹落實。

（一）堅持黨對一切工作的領導。黨政軍民學，東西南北中，黨是領導一切的。必須增強政治意識、大局意識、核心意識、看齊意識，自覺維護黨中央權威和集中統一領導，自覺在思想上政治上行動上同黨中央保持高度一致，完善堅持黨的領導的體制機制，堅持穩中求進工作總基調，統籌推進“五位一體”總體佈局，協調推進“四個全面”戰略佈局，提高黨把方向、謀大局、定政策、促改革的能力和定力，確保黨始終總攬全局、協調各方。

（二）堅持以人民爲中心。人民是歷史的創造者，是決定黨和國家前途命運的根本力量。必須堅持人民主體地位，堅持立黨爲公、執政爲民，踐行全心全意爲人民服務的根本宗旨，把黨的羣衆路綫貫徹到治國理政全部活動之中，把人民對美好生活的嚮往作爲奮鬥目標，依靠人民創造歷史偉業。

（三）堅持全面深化改革。只有社會主義才能救中國，只有改革開放才能發展中國、發展社會主義、發展馬克思主義。必須堅持和完善中國特色社會主義制度，不斷推進國家治理體系和治理能力現代化，堅決破除一切不合時宜的思想觀念和體制機制弊端，突破利益固化的藩籬，吸收人類文明有益成果，構建系統完備、科學規範、運行有效的制度體系，充分發揮我國社會主義制度優越性。

（四）堅持新發展理念。發展是解決我國一切問題的基礎和關鍵，發展必須是科學發展，必須堅定不移貫徹創新、協調、綠色、開放、共享的發展理念。必須堅持和完善我國社會主義基本經濟制度和分配制度，毫不動搖鞏固和發展公有制經濟，毫不動搖鼓勵、支持、引導非公有制經濟發展，使市場在資源配置中起決定性作用，更好發揮政府作用，推動新型工業化、信息化、城鎮化、農業現代化同步發展，主動參與和推動經濟全球化進程，發展更高層次的開放型經濟，不斷壯大我國經濟實力和綜合國力。

（五）堅持人民當家作主。堅持黨的領導、人民當家作主、依法治國有機統一是社會主義政治發展的必然要求。必須堅持中國特色社會主義政治發展道路，堅持和完善人民代表大會制度、中國共產黨領導的多黨合作和政治協商制度、民族區域自治制度、基層羣衆自治制度，鞏固和發展最廣泛的愛國統一戰綫，發展社會主義協商民主，健全民主制度，豐富民主形式，拓寬民主渠道，保證人民當家作主落實到國家政治生活和社會生活之中。

（六）堅持全面依法治國。全面依法治國是中國特色社會主義的本質要求和重要保障。必須把黨的領導貫徹落實到依法治國全過程和各方面，堅定不移走中國特色社會主義法治道路，完善以憲法為核心的中國特色社會主義法律體系，建設中國特色社會主義法治體系，建設社會主義法治國家，發展中國特色社會主義法治理論，堅持依法治國、依法執政、依法行政共同推進，堅持法治國家、法治政府、法治社會一體建設，堅持依法治國和以德治國相結合，依法治國和依規治黨有機統一，深化司法體制改革，提高全民族法治素養和道德素質。

（七）堅持社會主義核心價值體系。文化自信是一個國家、一個民族發展中更基本、更深沉、更持久的力量。必須堅持馬克思主義，牢固樹立共產主義遠大理想和中國特色社會主義共同理想，培育和踐行社會主義核心價值觀，不斷增強意識形態領域主導權和話語權，推動中華優秀傳統文化創造性轉化、創新性發展，繼承革命文化，發展社會主義先進文化，不忘本來、吸收外來、面向未來，更好構築中國精神、中國價值、中國力量，為人民提供精神指引。

（八）堅持在發展中保障和改善民生。增進民生福祉是發展的根本目的。必須多謀民生之利、多解民生之憂，在發展中補齊民生短板、促進社會公平正義，在幼有所育、學有所教、勞有所得、病有所醫、老有所養、住有所居、弱有所扶上不斷取得新進展，深入開展脫貧攻堅，保證全體人民在共建共享發展中有更多獲得感，不斷促進人的全面發展、全體人民共同富裕。建設平安中國，加強和創新社會治理，維護社會和諧穩定，確保國家長治久安、人民安居樂業。

（九）堅持人與自然和諧共生。建設生態文明是中華民族永續發展的千年大計。必須樹立和踐行綠水青山就是金山銀山的理念，堅持節約資源和保護環境的基本國策，像對待生命一樣對待生態環境，統籌山水林田湖草系統治理，實行最嚴格的生態環境保護制度，形成綠色發展方式和生活方式，堅定走生產發展、生活富裕、生態良好的文明發展道路，建設美麗中國，為人民創造良好生產生活環境，爲全球生態安全作出貢獻。

（十）堅持總體國家安全觀。統籌發展和安全，增強憂患意識，做到居安思危，是我們黨治國理政的一個重大原則。必須堅持國家利益至上，以人民安全爲宗旨，以政治安全爲根本，統籌外部安全和內部安全、國土安全和國民安全、傳統安全和非傳統安全、自身安全和共同安全，完善國家安全制度體系，加強國家安全能力建設，堅決維護國家主權、安全、發展利益。

（十一）堅持黨對人民軍隊的絕對領導。建設一支聽黨指揮、能打勝仗、作風優良的人民軍隊，是實現"兩個一百年"奮鬥目標〔9〕、實現中華民族偉大復興的戰略支撐。必須全面貫徹黨領導人民軍隊的一系列根本原則和制度，確立新時代黨的強軍思想在國防和軍隊建設中的指導地位，堅持政治建軍、改革強軍、科技興軍、依法治軍，更加注重聚焦實戰，更加注重創新驅動，更加注重體系建設，更加注重集約高效，更加注重軍民融合，實現黨在新時代的强軍目標。

（十二）堅持"一國兩制"和推進祖國統一。保持香港、澳門長期繁榮穩定，實現祖國完全統一，是實現中華民族偉大復興的必然要求。必須把維護中央對香港、澳門特別行政區全面管治權和保障特別行政區高度自治權有機結合起來，確保"一國兩制"方針不會變、不動搖，確保"一國兩制"實踐不變形、不走樣。必須堅持一個中國原則，堅持"九二共識"，推動兩岸關係和平發展，深化兩岸經濟合作和文化往來，推動兩岸同胞共同反對一切分裂國家的活動，共同爲實現中華民族偉大復興而奮鬥。

（十三）堅持推動構建人類命運共同體。中國人民的夢想同各國人民的夢想息息相通，實現中國夢離不開和平的國際環境和穩定的國際秩序。必須統籌國內國際兩個大局，始終不渝走和平發展道路、奉行互利共贏的開放戰略，堅持正確義利觀，樹立共同、綜合、合作、可持續的新安全觀，謀求開放創新、包容互惠的發展前景，促進和而不同、兼收並蓄的文明交流，構築尊崇自然、綠色發展的生態體系，始終做世界和平的建設者、全球發展的貢獻者、國際秩序的維護者。

（十四）堅持全面從嚴治黨。勇於自我革命，從嚴管黨治黨，是我們黨最鮮明的品格。必須以黨章爲根本遵循，把黨的政治建設擺在首位，思想建黨和制度治黨同向發力，統籌推進黨的各項建設，抓住"關鍵少數"，堅持"三嚴三實"，堅持民主集中制，嚴肅黨內政治生活，嚴明黨的紀律，强化黨內監督，發展積極健康的黨內政治文化，全面淨化黨內政治生態，堅決糾正各種不正之風，以零容忍態度懲治腐敗，不斷增強黨自我淨化、自我完善、自我革新、自我提高的能力，始終保持黨同人民群眾的血肉聯繫。

以上十四條，構成新時代堅持和發展中國特色社會主義的基本方略。全黨同志必須全面貫徹黨的基本理論、基本路綫、基本方略，更好引領黨和人民事業發展。

實踐沒有止境，理論創新也沒有止境。世界每時每刻都在發生變化，中國也每時每刻都在發生變化，我們必須在理論上跟上時代，不斷認識規律，不斷推進理論創新、實踐創新、制度創新、文化創新以及其他各方面創新。

同志們！時代是思想之母，實踐是理論之源。只要我們善於聆聽時代聲音，勇於堅持真理、修正錯誤，二十一世紀中國的馬克思主義一定能夠展現出更強大、更有説服力的真理力量！

四、決勝全面建成小康社會，開啟全面建設社會主義現代化國家新征程

改革開放之後，我們黨對我國社會主義現代化建設作出戰略安排，提出"三步走"戰略目標[10]。解決人民溫飽問題、人民生活總體上達到小康水平這兩個目標已提前實現。在這個基礎上，我們黨提出，到建黨一百年時建成經濟更加發展、民主更加健全、科教更加進步、文化更加繁榮、社會更加和諧、人民生活更加殷實的小康社會，然後再奮鬥三十年，到新中國成立一百年時，基本實現現代化，把我國建成社會主義現代化國家。

從現在到二〇二〇年，是全面建成小康社會決勝期。要按照十六大、十七大、十八大提出的全面建成小康社會各項要求，緊扣我國社會主要矛盾變化，統籌推進經濟建設、政治建設、文化建設、社會建設、生態文明建設，堅定實施科教興國戰略、人才強國戰略、創新驅動發展戰略、鄉村振興戰略、區域協調發展戰略、可持續發展戰略、軍民融合發展戰略，突出抓重點、補短板、強弱項，特別是要堅決打好防範化解重大風險、精準脫貧、污染防治的攻堅戰，使全面建成小康社會得到人民認可、經得起歷史檢驗。

從十九大到二十大，是"兩個一百年"奮鬥目標的歷史交匯期。我們既要全面建成小康社會、實現第一個百年奮鬥目標，又要乘勢而上開啟全面建設社會主義現代化國家新征程，向第二個百年奮鬥目標進軍。

綜合分析國際國內形勢和我國發展條件，從二〇二〇年到本世紀中葉可以分兩個階段來安排。

第一個階段，從二〇二〇年到二〇三五年，在全面建成小康社會的基礎上，再奮鬥十五年，基本實現社會主義現代化。到那時，我國經濟實力、科技實力將大幅躍升，躋身創新型國家前列；人民平等參與、平等發展權利得到充分保障，法治國家、法治政府、法治社會基本建成，各方面制度更加完善，國家治理體系和治理能力現代化基本實現；社會文明程度達到新的高度，國家文化軟實力顯著增強，中華文化影響更加廣泛深入；人民生活更為寬裕，中等收入羣體比例明顯提高，城鄉區域發展差距和居民生活水平差距顯著縮小，基本公共服務均等化基本實現，全體人民共同富裕邁出堅實步伐；現代社會治理格局基本形成，社會充滿活力又和諧有序；生態環境根本好轉，美麗中國目標基本實現。

第二個階段，從二〇三五年到本世紀中葉，在基本實現現代化的基礎上，再奮鬥十五年，把我國建成富強民主文明和諧美麗的社會主義現代化強國。到那時，我國物質文明、政治文明、精神文明、社會文明、生態文明將全面提升，實現國家治理體系和治理能力現代化，成爲綜合國力和國際影響力領先的國家，全體人民共同富裕基本實現，我國人民將享有更加幸福安康的生活，中華民族將以更加昂揚的姿態屹立於世界民族之林。

同志們！從全面建成小康社會到基本實現現代化，再到全面建成社會主義現代化強國，是新時代中國特色社會主義發展的戰略安排。我們要堅忍不拔、鍥而不舍，奮力譜寫社會主義現代化新征程的壯麗篇章！

五、貫徹新發展理念，建設現代化經濟體系

實現"兩個一百年"奮鬥目標、實現中華民族偉大復興的中國夢，不斷提高人民生活水平，必須堅定不移把發展作爲黨執政興國的第一要務，堅持解放和發展社會生產力，堅持社會主義市場經濟改革方向，推動經濟持續健康發展。

我國經濟已由高速增長階段轉向高質量發展階段，正處在轉變發展方式、優化經濟結構、轉換增長動力的攻關期，建設現代化經濟體系是跨越關口的迫切要求和我國發展的戰略目標。必須堅持質量第一、效益優先，以供給側結構性改

革爲主綫，推動經濟發展質量變革、效率變革、動力變革，提高全要素生產率，着力加快建設實體經濟、科技創新、現代金融、人力資源協同發展的產業體系，着力構建市場機制有效、微觀主體有活力、宏觀調控有度的經濟體制，不斷增強我國經濟創新力和競爭力。

（一）深化供給側結構性改革。建設現代化經濟體系，必須把發展經濟的着力點放在實體經濟上，把提高供給體系質量作爲主攻方向，顯著增強我國經濟質量優勢。加快建設製造強國，加快發展先進製造業，推動互聯網、大數據、人工智能和實體經濟深度融合，在中高端消費、創新引領、綠色低碳、共享經濟、現代供應鏈、人力資本服務等領域培育新增長點、形成新動能。支持傳統產業優化升級，加快發展現代服務業，瞄準國際標準提高水平。促進我國產業邁向全球價值鏈中高端，培育若干世界級先進製造業集羣。加強水利、鐵路、公路、水運、航空、管道、電網、信息、物流等基礎設施網絡建設。堅持去產能、去庫存、去槓桿、降成本、補短板，優化存量資源配置，擴大優質增量供給，實現供需動態平衡。激發和保護企業家精神，鼓勵更多社會主體投身創新創業。建設知識型、技能型、創新型勞動者大軍，弘揚勞模精神和工匠精神，營造勞動光榮的社會風尚和精益求精的敬業風氣。

（二）加快建設創新型國家。創新是引領發展的第一動力，是建設現代化經濟體系的戰略支撐。要瞄準世界科技前沿，強化基礎研究，實現前瞻性基礎研究、引領性原創成果重大突破。加強應用基礎研究，拓展實施國家重大科技項目，突出關鍵共性技術、前沿引領技術、現代工程技術、顛覆性技術創新，爲建設科技強國、質量強國、航天強國、網絡強國、交通強國、數字中國、智慧社會提供有力支撐。加強國家創新體系建設，強化戰略科技力量。深化科技體制改革，建立以企業爲主體、市場爲導向、產學研深度融合的技術創新體系，加強對中小企業創新的支持，促進科技成果轉化。倡導創新文化，強化知識產權創造、保護、運用。培養造就一大批具有國際水平的戰略科技人才、科技領軍人才、青年科技人才和高水平創新團隊。

（三）實施鄉村振興戰略。農業農村農民問題是關係國計民生的根本性問題，必須始終把解決好"三農"問題作爲全黨工作重中之重。要堅持農業農村優先發展，按照產業興旺、生態宜居、鄉風文明、治理有效、生活富裕的總要求，建立健全城鄉融合發展體制機制和政策體系，加快推進農業農村現代化。鞏固和完善農村基本經營制度，深化農村土地制度改革，完善承包地"三權"[11]分置制度。保持土地承包關係穩定並長久不變，第二輪土地承包到期後再延長三十年。深化農村集體產權制度改革，保障農民財產權益，壯大集體經濟。確保國家糧食安全，把中國人的飯碗牢牢端在自己手中。構建現代農業產業體系、生產體系、經營體系，完善農業支持保護制度，發展多種形式適度規模經營，培育新型農業經營主體，健全農業社會化服務體系，實現小農戶和現代農業發展有機銜接。促進農村一二三產業融合發展，支持和鼓勵農民就業創業，拓寬增收渠道。加強農村基層基礎工作，健全自治、法治、德治相結合的鄉村治理體系。培養造就一支懂農業、愛農村、愛農民的"三農"工作隊伍。

（四）實施區域協調發展戰略。加大力度支持革命老區、民族地區、邊疆地區、貧困地區加快發展，強化舉措推進西部大開發形成新格局，深化改革加快東北等老工業基地振興，發揮優勢推動中部地區崛起，創新引領率先實現東部地區優化發展，建立更加有效的區域協調發展新機制。以城市羣爲主體構建大中小城市和小城鎮協調發展的城鎮格局，加快農業轉移人口市民化。以疏解北京非首都功能爲"牛鼻子"推動京津冀協同發展，高起點規劃、高標準建設雄安新區。以共抓大保護、不搞大開發爲導向推動長江經濟帶發展。支持資源型地區經濟轉型發展。加快邊疆發展，確保邊疆鞏固、邊境安全。堅持陸海統籌，加快建設海洋強國。

（五）加快完善社會主義市場經濟體制。經濟體制改革必須以完善產權制度和要素市場化配置爲重點，實現產權有效激勵、要素自由流動、價格反應靈活、競爭公平有序、企業優勝劣汰。要完善各類國有資產管理體制，改革國有資本授權經營體制，加快國有經濟佈局優化、結構調整、戰略性重組，促進國有資產保值增值，推動國有資本做強做優做大，有效防止國有資產流失。深化國有企業改革，發展混合所有制經濟，培育具有全球競爭力的世界一流企業。全面實施市場准入負面清單制度，清理廢除妨礙統一市場和公平競爭的各種規定和做法，支持民營企業發展，激發各類市場主體活力。深化商事制度改革，打破行政性壟斷，防止市場壟斷，加快要素價格市場化改革，放寬服務業准入限制，完善市場監管體制。創新和完善宏觀調控，發揮國家發展規劃的戰略導向作用，健全財政、貨幣、產業、區域等經濟政策協調機制。完善促進消費的體制機制，增強消費對經濟發展的基礎性作用。深化投融資體制改革，發揮投資對優化供給結構的關鍵性作用。加快建立現代財政制度，建立權責清晰、財力協調、區域均衡的中央和地方財政關係。建立全面規範透明、標準科學、約束有力的預算制度，全面實施績效管理。深化稅收制度改革，健全地方稅體系。深化金融體制改革，增強金融服務實體經濟能力，提高直接融資比重，促進多層次資本市場健康發展。健全貨幣政策和宏觀審慎政策雙支柱調控框架，深化利率和匯率市場化改革。健全金融監管體系，守住不發生系統性金融風險的底綫。

（六）推動形成全面開放新格局。開放帶來進步，封閉必然落後。中國開放的大門不會關閉，只會越開越大。要以"一帶一路"建設爲重點，堅持引進來和走出去並重，遵循共商共建共享原則，加強創新能力開放合作，形成陸海內外聯動、東西雙向互濟的開放格局。拓展對外貿易，培育貿易新業態新模式，推進貿易強國建設。實行高水平的貿易和投資自由化便利化政策，全面實行准入前國民待遇加負面清單管理制度，大幅度放寬市場准入，擴大服務業對外開放，保護外商投資合法權益。凡是在我國境內註冊的企業，都要一視同仁、平等對待。優化區域開放佈局，加大西部開放力度。賦予自由貿易試驗區更大改革自主權，探索建設自由貿易港。創新對外投資方式，促進國際產能合作，形成面向全球的貿易、投融資、生產、服務網絡，加快培育國際經濟合作和競爭新優勢。

同志們！解放和發展社會生產力，是社會主義的本質要求。我們要激發全社會創造力和發展活力，努力實現更高質量、更有效率、更加公平、更可持續的發展！

六、健全人民當家作主制度體系，發展社會主義民主政治

我國是工人階級領導的、以工農聯盟爲基礎的人民民主專政的社會主義國家，國家一切權力屬於人民。我國社會主義民主是維護人民根本利益的最廣泛、最真實、最管用的民主。發展社會主義民主政治就是要體現人民意志、保障人民權益、激發人民創造活力，用制度體系保證人民當家作主。

中國特色社會主義政治發展道路，是近代以來中國人民長期奮鬥歷史邏輯、理論邏輯、實踐邏輯的必然結果，是堅持黨的本質屬性、踐行黨的根本宗旨的必然要求。世界上沒有完全相同的政治制度模式，政治制度不能脫離特定社會政治條件和歷史文化傳統來抽象評判，不能定於一尊，不能生搬硬套外國政治制度模式。要長期堅持、不斷發展我國社會主義民主政治，積極穩妥推進政治體制改革，推進社會主義民主政治制度化、規範化、程序化，保證人民依法通過各種途徑和形式管理國家事務，管理經濟文化事業，管理社會事務，鞏固和發展生動活潑、安定團結的政治局面。

（一）堅持黨的領導、人民當家作主、依法治國有機統一。黨的領導是人民當家作主和依法治國的根本保證，人民當家作主是社會主義民主政治的本質特徵，依法治國是黨領

導人民治理國家的基本方式，三者統一於我國社會主義民主政治偉大實踐。在我國政治生活中，黨是居於領導地位的，加強黨的集中統一領導，支持人大、政府、政協和法院、檢察院依法依章程履行職能、開展工作、發揮作用，這兩個方面是統一的。要改進黨的領導方式和執政方式，保證黨領導人民有效治理國家；擴大人民有序政治參與，保證人民依法實行民主選舉、民主協商、民主決策、民主管理、民主監督；維護國家法制統一、尊嚴、權威，加強人權法治保障，保證人民依法享有廣泛權利和自由。鞏固基層政權，完善基層民主制度，保障人民知情權、參與權、表達權、監督權。健全依法決策機制，構建決策科學、執行堅決、監督有力的權力運行機制。各級領導幹部要增強民主意識，發揚民主作風，接受人民監督，當好人民公僕。

（二）加強人民當家作主制度保障。人民代表大會制度是堅持黨的領導、人民當家作主、依法治國有機統一的根本政治制度安排，必須長期堅持、不斷完善。要支持和保證人民通過人民代表大會行使國家權力。發揮人大及其常委會在立法工作中的主導作用，健全人大組織制度和工作制度，支持和保證人大依法行使立法權、監督權、決定權、任免權，更好發揮人大代表作用，使各級人大及其常委會成為全面擔負起憲法法律賦予的各項職責的工作機關，成為同人民群眾保持密切聯繫的代表機關。完善人大專門委員會設置，優化人大常委會和專門委員會組成人員結構。

（三）發揮社會主義協商民主重要作用。有事好商量，眾人的事情由眾人商量，是人民民主的真諦。協商民主是實現黨的領導的重要方式，是我國社會主義民主政治的特有形式和獨特優勢。要推動協商民主廣泛、多層、制度化發展，統籌推進政黨協商、人大協商、政府協商、政協協商、人民團體協商、基層協商以及社會組織協商。加強協商民主制度建設，形成完整的制度程序和參與實踐，保證人民在日常政治生活中有廣泛持續深入參與的權利。

人民政協是具有中國特色的制度安排，是社會主義協商民主的重要渠道和專門協商機構。人民政協工作要聚焦黨和國家中心任務，圍繞團結和民主兩大主題，把協商民主貫穿政治協商、民主監督、參政議政全過程，完善協商議政內容和形式，着力增進共識、促進團結。加強人民政協民主監督，重點監督黨和國家重大方針政策和重要決策部署的貫徹落實。增強人民政協界別的代表性，加強委員隊伍建設。

（四）深化依法治國實踐。全面依法治國是國家治理的一場深刻革命，必須堅持厲行法治，推進科學立法、嚴格執法、公正司法、全民守法。成立中央全面依法治國領導小組，加強對法治中國建設的統一領導。加強憲法實施和監督，推進合憲性審查工作，維護憲法權威。推進科學立法、民主立法、依法立法，以良法促進發展、保障善治。建設法治政府，推進依法行政，嚴格規範公正文明執法。深化司法體制綜合配套改革，全面落實司法責任制，努力讓人民羣眾在每一個司法案件中感受到公平正義。加大全民普法力度，建設社會主義法治文化，樹立憲法法律至上、法律面前人人平等的法治理念。各級黨組織和全體黨員要帶頭尊法學法守法用法，任何組織和個人都不得有超越憲法法律的特權，絕不允許以言代法、以權壓法、逐利違法、徇私枉法。

（五）深化機構和行政體制改革。統籌考慮各類機構設置，科學配置黨政部門及內設機構權力、明確職責。統籌使用各類編制資源，形成科學合理的管理體制，完善國家機構組織法。轉變政府職能，深化簡政放權，創新監管方式，增強政府公信力和執行力，建設人民滿意的服務型政府。賦予省級及以下政府更多自主權。在省市縣對職能相近的黨政機關探索合併設立或合署辦公。深化事業單位改革，強化公益屬性，推進政事分開、事企分開、管辦分離。

（六）鞏固和發展愛國統一戰綫。統一戰綫是黨的事業取得勝利的重要法寶，必須長期堅持。要高舉愛國主義、社會主義旗幟，牢牢把握大團結大聯合的主題，堅持一致性和多樣性統一，找到最大公約數，畫出最大同心圓。堅持長期共存、互相監督、肝膽相照、榮辱與共，支持民主黨派按照中國特色社會主義參政黨要求更好履行職能。全面貫徹黨的民族政策，深化民族團結進步教育，鑄牢中華民族共同體意識，加強各民族交往交流交融，促進各民族像石榴籽一樣緊緊抱在一起，共同團結奮鬥、共同繁榮發展。全面貫徹黨的宗教工作基本方針，堅持我國宗教的中國化方向，積極引導宗教與社會主義社會相適應。加強黨外知識分子工作，做好新的社會階層人士工作，發揮他們在中國特色社會主義事業中的重要作用。構建親清新型政商關係，促進非公有制經濟健康發展和非公有制經濟人士健康成長。廣泛團結聯繫海外僑胞和歸僑僑眷，共同致力於中華民族偉大復興。

同志們！中國特色社會主義政治制度是中國共產黨和中

31

國人民的偉大創造。我們完全有信心、有能力把我國社會主義民主政治的優勢和特點充分發揮出來，爲人類政治文明進步作出充滿中國智慧的貢獻！

七、堅定文化自信，推動社會主義文化繁榮興盛

文化是一個國家、一個民族的靈魂。文化興國運興，文化強民族強。沒有高度的文化自信，沒有文化的繁榮興盛，就沒有中華民族偉大復興。要堅持中國特色社會主義文化發展道路，激發全民族文化創新創造活力，建設社會主義文化強國。

中國特色社會主義文化，源自於中華民族五千多年文明歷史所孕育的中華優秀傳統文化，熔鑄於黨領導人民在革命、建設、改革中創造的革命文化和社會主義先進文化，植根於中國特色社會主義偉大實踐。發展中國特色社會主義文化，就是以馬克思主義爲指導，堅守中華文化立場，立足當代中國現實，結合當今時代條件，發展面向現代化、面向世界、面向未來的，民族的科學的大眾的社會主義文化，推動社會主義精神文明和物質文明協調發展。要堅持爲人民服務、爲社會主義服務，堅持百花齊放、百家爭鳴，堅持創造性轉化、創新性發展，不斷鑄就中華文化新輝煌。

（一）牢牢掌握意識形態工作領導權。意識形態決定文化前進方向和發展道路。必須推進馬克思主義中國化時代化大眾化，建設具有強大凝聚力和引領力的社會主義意識形態，

使全體人民在理想信念、價值理念、道德觀念上緊緊團結在一起。要加強理論武裝，推動新時代中國特色社會主義思想深入人心。深化馬克思主義理論研究和建設，加快構建中國特色哲學社會科學，加強中國特色新型智庫建設。堅持正確輿論導向，高度重視傳播手段建設和創新，提高新聞輿論傳播力、引導力、影響力、公信力。加強互聯網內容建設，建立網絡綜合治理體系，營造清朗的網絡空間。落實意識形態工作責任制，加強陣地建設和管理，注意區分政治原則問題、思想認識問題、學術觀點問題，旗幟鮮明反對和抵制各種錯誤觀點。

（二）培育和踐行社會主義核心價值觀。社會主義核心價值觀是當代中國精神的集中體現，凝結着全體人民共同的價值追求。要以培養擔當民族復興大任的時代新人爲着眼點，強化教育引導、實踐養成、制度保障，發揮社會主義核心價值觀對國民教育、精神文明創建、精神文化產品創作生產傳播的引領作用，把社會主義核心價值觀融入社會發展各方面，轉化爲人們的情感認同和行爲習慣。堅持全民行動、幹部帶頭，從家庭做起，從娃娃抓起。深入挖掘中華優秀傳統文化蘊含的思想觀念、人文精神、道德規範，結合時代要求繼承創新，讓中華文化展現出永久魅力和時代風采。

（三）加強思想道德建設。人民有信仰，國家有力量，民族有希望。要提高人民思想覺悟、道德水準、文明素養，提高全社會文明程度。廣泛開展理想信念教育，深化中國特色社會主義和中國夢宣傳教育，弘揚民族精神和時代精神，加強愛國主義、集體主義、社會主義教育，引導人們樹立正確的歷史觀、民族觀、國家觀、文化觀。深入實施公民道德建設工程，推進社會公德、職業道德、家庭美德、個人品德建設，激勵人們向上向善、孝老愛親，忠於祖國、忠於人民。加強和改進思想政治工作，深化羣衆性精神文明創建活動。弘揚科學精神，普及科學知識，開展移風易俗、弘揚時代新風行動，抵制腐朽落後文化侵蝕。推進誠信建設和志願服務制度化，強化社會責任意識、規則意識、奉獻意識。

（四）繁榮發展社會主義文藝。社會主義文藝是人民的文藝，必須堅持以人民爲中心的創作導向，在深入生活、扎根人民中進行無愧於時代的文藝創造。要繁榮文藝創作，堅持思想精深、藝術精湛、製作精良相統一，加強現實題材創作，不斷推出謳歌黨、謳歌祖國、謳歌人民、謳歌英雄的精品力作。發揚學術民主、藝術民主，提升文藝原創力，推動文藝創新。倡導講品位、講格調、講責任，抵制低俗、庸俗、媚俗。加強文藝隊伍建設，造就一大批德藝雙馨名家大師，培育一大批高水平創作人才。

（五）推動文化事業和文化產業發展。滿足人民過上美好生活的新期待，必須提供豐富的精神食糧。要深化文化體制改革，完善文化管理體制，加快構建把社會效益放在首位、社會效益和經濟效益相統一的體制機制。完善公共文化服務體系，深入實施文化惠民工程，豐富羣衆性文化活動。加強文物保護利用和文化遺產保護傳承。健全現代文化產業體系和市場體系，創新生產經營機制，完善文化經濟政策，培育新型文化業態。廣泛開展全民健身活動，加快推進體育強國建設，籌辦好北京冬奧會、冬殘奧會。加強中外人文交流，以我爲主、兼收並蓄。推進國際傳播能力建設，講好中國故事，展現真實、立體、全面的中國，提高國家文化軟實力。

同志們！中國共產黨從成立之日起，既是中國先進文化的積極引領者和踐行者，又是中華優秀傳統文化的忠實傳承者和弘揚者。當代中國共產黨人和中國人民應該而且一定能够擔負起新的文化使命，在實踐創造中進行文化創造，在歷史進步中實現文化進步！

八、提高保障和改善民生水平，加强和創新社會治理

全黨必須牢記，爲什麽人的問題，是檢驗一個政黨、一個政權性質的試金石。帶領人民創造美好生活，是我們黨始終不渝的奮鬥目標。必須始終把人民利益擺在至高無上的地位，讓改革發展成果更多更公平惠及全體人民，朝着實現全體人民共同富裕不斷邁進。

保障和改善民生要抓住人民最關心最直接最現實的利益問題，既盡力而爲，又量力而行，一件事情接着一件事情辦，一年接着一年幹。堅持人人盡責、人人享有，堅守底綫、突出重點、完善制度、引導預期，完善公共服務體系，保障羣衆基本生活，不斷滿足人民日益增長的美好生活需要，不斷促進社會公平正義，形成有效的社會治理、良好的社會秩序，使人民獲得感、幸福感、安全感更加充實、更有保障、更可持續。

（一）優先發展教育事業。建設教育强國是中華民族偉大

復興的基礎工程，必須把教育事業放在優先位置，深化教育改革，加快教育現代化，辦好人民滿意的教育。要全面貫徹黨的教育方針，落實立德樹人根本任務，發展素質教育，推進教育公平，培養德智體美全面發展的社會主義建設者和接班人。推動城鄉義務教育一體化發展，高度重視農村義務教育，辦好學前教育、特殊教育和網絡教育，普及高中階段教育，努力讓每個孩子都能享有公平而有質量的教育。完善職業教育和培訓體系，深化產教融合、校企合作。加快一流大學和一流學科建設，實現高等教育內涵式發展。健全學生資助制度，使絕大多數城鄉新增勞動力接受高中階段教育、更多接受高等教育。支持和規範社會力量興辦教育。加強師德師風建設，培養高素質教師隊伍，倡導全社會尊師重教。辦好繼續教育，加快建設學習型社會，大力提高國民素質。

（二）提高就業質量和人民收入水平。就業是最大的民生。要堅持就業優先戰略和積極就業政策，實現更高質量和更充分就業。大規模開展職業技能培訓，注重解決結構性就業矛盾，鼓勵創業帶動就業。提供全方位公共就業服務，促進高校畢業生等青年羣體、農民工多渠道就業創業。破除妨礙勞動力、人才社會性流動的體制機制弊端，使人人都有通過辛勤勞動實現自身發展的機會。完善政府、工會、企業共同參與的協商協調機制，構建和諧勞動關係。堅持按勞分配原則，完善按要素分配的體制機制，促進收入分配更合理、更有序。鼓勵勤勞守法致富，擴大中等收入羣體，增加低收入者收入，調節過高收入，取締非法收入。堅持在經濟增長的同時實現居民收入同步增長、在勞動生產率提高的同時實現勞動報酬同步提高。拓寬居民勞動收入和財產性收入渠道。履行好政府再分配調節職能，加快推進基本公共服務均等化，縮小收入分配差距。

（三）加強社會保障體系建設。按照兜底綫、織密網、建機制的要求，全面建成覆蓋全民、城鄉統籌、權責清晰、保障適度、可持續的多層次社會保障體系。全面實施全民參保計劃。完善城鎮職工基本養老保險和城鄉居民基本養老保險制度，儘快實現養老保險全國統籌。完善統一的城鄉居民基本醫療保險制度和大病保險制度。完善失業、工傷保險制度。建立全國統一的社會保險公共服務平臺。統籌城鄉社會救助體系，完善最低生活保障制度。堅持男女平等基本國策，保障婦女兒童合法權益。完善社會救助、社會福利、慈善事業、優撫安置等制度，健全農村留守兒童和婦女、老年人關愛服務體系。發展殘疾人事業，加強殘疾康復服務。堅持房子是用來住的、不是用來炒的定位，加快建立多主體供給、多渠道保障、租購並舉的住房制度，讓全體人民住有所居。

（四）堅決打贏脫貧攻堅戰。讓貧困人口和貧困地區同全國一道進入全面小康社會是我們黨的莊嚴承諾。要動員全黨全國全社會力量，堅持精準扶貧、精準脫貧，堅持中央統籌省負總責市縣抓落實的工作機制，強化黨政一把手負總責的責任制，堅持大扶貧格局，注重扶貧同扶志、扶智相結合，深入實施東西部扶貧協作，重點攻克深度貧困地區脫貧任務，確保到二〇二〇年我國現行標準下農村貧困人口實現脫貧，貧困縣全部摘帽，解決區域性整體貧困，做到脫真貧、真脫貧。

（五）實施健康中國戰略。人民健康是民族昌盛和國家富強的重要標誌。要完善國民健康政策，爲人民羣衆提供全方位全周期健康服務。深化醫藥衛生體制改革，全面建立中國特色基本醫療衛生制度、醫療保障制度和優質高效的醫療衛生服務體系，健全現代醫院管理制度。加强基層醫療衛生服務體系和全科醫生隊伍建設。全面取消以藥養醫，健全藥品供應保障制度。堅持預防爲主，深入開展愛國衛生運動，倡導健康文明生活方式，預防控制重大疾病。實施食品安全戰略，讓人民吃得放心。堅持中西醫並重，傳承發展中醫藥事業。支持社會辦醫，發展健康產業。促進生育政策和相關經濟社會政策配套銜接，加强人口發展戰略研究。積極應對人口老齡化，構建養老、孝老、敬老政策體系和社會環境，推進醫養結合，加快老齡事業和產業發展。

（六）打造共建共治共享的社會治理格局。加强社會治理制度建設，完善黨委領導、政府負責、社會協同、公衆參與、法治保障的社會治理體制，提高社會治理社會化、法治化、智能化、專業化水平。加强預防和化解社會矛盾機制建設，正確處理人民內部矛盾。樹立安全發展理念，弘揚生命至上、安全第一的思想，健全公共安全體系，完善安全生產責任制，堅決遏制重特大安全事故，提升防災減災救災能力。加快社會治安防控體系建設，依法打擊和懲治黃賭毒黑拐騙等違法犯罪活動，保護人民人身權、財產權、人格權。加强社會心理服務體系建設，培育自尊自信、理性平和、積極向上的社會心態。加强社區治理體系建設，推動社會治理重心向基層下移，發揮社會組織作用，實現政府治理和社會調節、居民自治良性互動。

（七）有效維護國家安全。國家安全是安邦定國的重要基石，維護國家安全是全國各族人民根本利益所在。要完善國家安全戰略和國家安全政策，堅決維護國家政治安全，統籌推進各項安全工作。健全國家安全體系，加強國家安全法治保障，提高防範和抵禦安全風險能力。嚴密防範和堅決打擊各種滲透顛覆破壞活動、暴力恐怖活動、民族分裂活動、宗教極端活動。加強國家安全教育，增強全黨全國人民國家安全意識，推動全社會形成維護國家安全的強大合力。

同志們！黨的一切工作必須以最廣大人民根本利益爲最高標準。我們要堅持把人民羣衆的小事當作自己的大事，從人民羣衆關心的事情做起，從讓人民羣衆滿意的事情做起，帶領人民不斷創造美好生活！

九、加快生態文明體制改革，建設美麗中國

人與自然是生命共同體，人類必須尊重自然、順應自然、保護自然。人類只有遵循自然規律才能有效防止在開發利用自然上走彎路，人類對大自然的傷害最終會傷及人類自身，這是無法抗拒的規律。

我們要建設的現代化是人與自然和諧共生的現代化，既要創造更多物質財富和精神財富以滿足人民日益增長的美好生活需要，也要提供更多優質生態產品以滿足人民日益增長的優美生態環境需要。必須堅持節約優先、保護優先、自然恢復爲主的方針，形成節約資源和保護環境的空間格局、產

業結構、生產方式、生活方式，還自然以寧靜、和諧、美麗。

（一）推進綠色發展。加快建立綠色生產和消費的法律制度和政策導向，建立健全綠色低碳循環發展的經濟體系。構建市場導向的綠色技術創新體系，發展綠色金融，壯大節能環保產業、清潔生產產業、清潔能源產業。推進能源生產和消費革命，構建清潔低碳、安全高效的能源體系。推進資源全面節約和循環利用，實施國家節水行動，降低能耗、物耗，實現生產系統和生活系統循環鏈接。倡導簡約適度、綠色低碳的生活方式，反對奢侈浪費和不合理消費，開展創建節約型機關、綠色家庭、綠色學校、綠色社區和綠色出行等行動。

（二）着力解決突出環境問題。堅持全民共治、源頭防治，持續實施大氣污染防治行動，打贏藍天保衛戰。加快水污染防治，實施流域環境和近岸海域綜合治理。強化土壤污染管控和修復，加強農業面源污染防治，開展農村人居環境整治行動。加強固體廢棄物和垃圾處置。提高污染排放標準，強化排污者責任，健全環保信用評價、信息強制性披露、嚴懲重罰等制度。構建政府爲主導、企業爲主體、社會組織和公衆共同參與的環境治理體系。積極參與全球環境治理，落實減排承諾。

（三）加大生態系統保護力度。實施重要生態系統保護和修復重大工程，優化生態安全屏障體系，構建生態廊道和生物多樣性保護網絡，提升生態系統質量和穩定性。完成生態保護紅綫、永久基本農田、城鎮開發邊界三條控制綫劃定工作。開展國土綠化行動，推進荒漠化、石漠化、水土流失綜合治理，強化濕地保護和恢復，加強地質災害防治。完善天然林保護制度，擴大退耕還林還草。嚴格保護耕地，擴大輪作休耕試點，健全耕地草原森林河流湖泊休養生息制度，建立市場化、多元化生態補償機制。

（四）改革生態環境監管體制。加強對生態文明建設的總體設計和組織領導，設立國有自然資源資產管理和自然生態監管機構，完善生態環境管理制度，統一行使全民所有自然資源資產所有者職責，統一行使所有國土空間用途管制和生態保護修復職責，統一行使監管城鄉各類污染排放和行政執法職責。構建國土空間開發保護制度，完善主體功能區配套政策，建立以國家公園爲主體的自然保護地體系。堅決制止和懲處破壞生態環境行爲。

同志們！生態文明建設功在當代、利在千秋。我們要牢固樹立社會主義生態文明觀，推動形成人與自然和諧發展現代化建設新格局，爲保護生態環境作出我們這代人的努力！

十、堅持走中國特色強軍之路，全面推進國防和軍隊現代化

國防和軍隊建設正站在新的歷史起點上。面對國家安全環境的深刻變化，面對強國強軍的時代要求，必須全面貫徹新時代黨的強軍思想，貫徹新形勢下軍事戰略方針，建設強大的現代化陸軍、海軍、空軍、火箭軍和戰略支援部隊，打造堅強高效的戰區聯合作戰指揮機構，構建中國特色現代作戰體系，擔當起黨和人民賦予的新時代使命任務。

適應世界新軍事革命發展趨勢和國家安全需求，提高建

設質量和效益，確保到二〇二〇年基本實現機械化，信息化建設取得重大進展，戰略能力有大的提升。同國家現代化進程相一致，全面推進軍事理論現代化、軍隊組織形態現代化、軍事人員現代化、武器裝備現代化，力爭到二〇三五年基本實現國防和軍隊現代化，到本世紀中葉把人民軍隊全面建成世界一流軍隊。

加強軍隊黨的建設，開展"傳承紅色基因、擔當強軍重任"主題教育，推進軍人榮譽體系建設，培養有靈魂、有本事、有血性、有品德的新時代革命軍人，永葆人民軍隊性質、宗旨、本色。繼續深化國防和軍隊改革，深化軍官職業化制度、文職人員制度、兵役制度等重大政策制度改革，推進軍事管理革命，完善和發展中國特色社會主義軍事制度。樹立科技是核心戰鬥力的思想，推進重大技術創新、自主創新，加強軍事人才培養體系建設，建設創新型人民軍隊。全面從嚴治軍，推動治軍方式根本性轉變，提高國防和軍隊建設法治化水平。

軍隊是要準備打仗的，一切工作都必須堅持戰鬥力標準，向能打仗、打勝仗聚焦。扎實做好各戰略方向軍事鬥爭準備，統籌推進傳統安全領域和新型安全領域軍事鬥爭準備，發展新型作戰力量和保障力量，開展實戰化軍事訓練，加強軍事力量運用，加快軍事智能化發展，提高基於網絡信息體系的聯合作戰能力、全域作戰能力，有效塑造態勢、管控危機、遏制戰爭、打贏戰爭。

堅持富國和強軍相統一，強化統一領導、頂層設計、改革創新和重大項目落實，深化國防科技工業改革，形成軍民融合深度發展格局，構建一體化的國家戰略體系和能力。完善國防動員體系，建設強大穩固的現代邊海空防。組建退役軍人管理保障機構，維護軍人軍屬合法權益，讓軍人成爲全社會尊崇的職業。深化武警部隊改革，建設現代化武裝警察部隊。

同志們！我們的軍隊是人民軍隊，我們的國防是全民國防。我們要加強全民國防教育，鞏固軍政軍民團結，爲實現中國夢强軍夢凝聚强大力量！

十一、堅持“一國兩制”，推進祖國統一

香港、澳門回歸祖國以來，“一國兩制”實踐取得舉世公認的成功。事實證明，“一國兩制”是解決歷史遺留的香港、澳門問題的最佳方案，也是香港、澳門回歸後保持長期繁榮穩定的最佳制度。

保持香港、澳門長期繁榮穩定，必須全面準確貫徹“一國兩制”、“港人治港”、“澳人治澳”、高度自治的方針，嚴格依照憲法和基本法辦事，完善與基本法實施相關的制度和機制。要支持特別行政區政府和行政長官依法施政、積極作爲，團結帶領香港、澳門各界人士齊心協力謀發展、促和諧，保障和改善民生，有序推進民主，維護社會穩定，履行維護國家主權、安全、發展利益的憲制責任。

香港、澳門發展同内地發展緊密相連。要支持香港、澳門融入國家發展大局，以粵港澳大灣區建設、粵港澳合作、泛珠三角區域合作等爲重點，全面推進内地同香港、澳門互利合作，制定完善便利香港、澳門居民在内地發展的政策措施。

　　我們堅持愛國者爲主體的“港人治港”、“澳人治澳”，發展壯大愛國愛港愛澳力量，增強香港、澳門同胞的國家意識和愛國精神，讓香港、澳門同胞同祖國人民共擔民族復興的歷史責任、共享祖國繁榮富强的偉大榮光。

　　解決臺灣問題、實現祖國完全統一，是全體中華兒女共同願望，是中華民族根本利益所在。必須繼續堅持“和平統一、一國兩制”方針，推動兩岸關係和平發展，推進祖國和平統一進程。

　　一個中國原則是兩岸關係的政治基礎。體現一個中國原則的“九二共識”明確界定了兩岸關係的根本性質，是確保兩岸關係和平發展的關鍵。承認“九二共識”的歷史事實，認同兩岸同屬一個中國，兩岸雙方就能開展對話，協商解決兩岸同胞關心的問題，臺灣任何政黨和團體同大陸交往也不會存在障礙。

　　兩岸同胞是命運與共的骨肉兄弟，是血濃於水的一家人。我們秉持“兩岸一家親”理念，尊重臺灣現有的社會制度和臺灣同胞生活方式，願意率先同臺灣同胞分享大陸發展的機遇。我們將擴大兩岸經濟文化交流合作，實現互利互惠，逐步爲臺灣同胞在大陸學習、創業、就業、生活提供與大陸同胞同等的待遇，增進臺灣同胞福祉。我們將推動兩岸同胞共同弘揚中華文化，促進心靈契合。

　　我們堅決維護國家主權和領土完整，絶不容忍國家分裂的歷史悲劇重演。一切分裂祖國的活動都必將遭到全體中國人堅決反對。我們有堅定的意志、充分的信心、足够的能力挫敗任何形式的“臺獨”分裂圖謀。我們絶不允許任何人、任何組織、任何政黨、在任何時候、以任何形式、把任何一塊中國領土從中國分裂出去！

同志們！實現中華民族偉大復興，是全體中國人共同的夢想。我們堅信，只要包括港澳臺同胞在內的全體中華兒女順應歷史大勢、共擔民族大義，把民族命運牢牢掌握在自己手中，就一定能夠共創中華民族偉大復興的美好未來！

十二、堅持和平發展道路，推動構建人類命運共同體

中國共產黨是爲中國人民謀幸福的政黨，也是爲人類進步事業而奮鬥的政黨。中國共產黨始終把爲人類作出新的更大的貢獻作爲自己的使命。

中國將高舉和平、發展、合作、共贏的旗幟，恪守維護世界和平、促進共同發展的外交政策宗旨，堅定不移在和平共處五項原則基礎上發展同各國的友好合作，推動建設相互尊重、公平正義、合作共贏的新型國際關係。

世界正處於大發展大變革大調整時期，和平與發展仍然是時代主題。世界多極化、經濟全球化、社會信息化、文化多樣化深入發展，全球治理體系和國際秩序變革加速推進，各國相互聯繫和依存日益加深，國際力量對比更趨平衡，和平發展大勢不可逆轉。同時，世界面臨的不穩定性不確定性突出，世界經濟增長動能不足，貧富分化日益嚴重，地區熱點問題此起彼伏，恐怖主義、網絡安全、重大傳染性疾病、氣候變化等非傳統安全威脅持續蔓延，人類面臨許多共同挑戰。

　　我們生活的世界充滿希望，也充滿挑戰。我們不能因現實複雜而放棄夢想，不能因理想遙遠而放棄追求。沒有哪個國家能夠獨自應對人類面臨的各種挑戰，也沒有哪個國家能夠退回到自我封閉的孤島。

　　我們呼籲，各國人民同心協力，構建人類命運共同體，建設持久和平、普遍安全、共同繁榮、開放包容、清潔美麗的世界。要相互尊重、平等協商，堅決摒棄冷戰思維和强權政治，走對話而不對抗、結伴而不結盟的國與國交往新路。要堅持以對話解決爭端、以協商化解分歧，統籌應對傳統和非傳統安全威脅，反對一切形式的恐怖主義。要同舟共濟，促進貿易和投資自由化便利化，推動經濟全球化朝着更加開放、包容、普惠、平衡、共贏的方向發展。要尊重世界文明多樣性，以文明交流超越文明隔閡、文明互鑑超越文明衝突、文明共存超越文明優越。要堅持環境友好，合作應對氣候變化，保護好人類賴以生存的地球家園。

　　中國堅定奉行獨立自主的和平外交政策，尊重各國人民自主選擇發展道路的權利，維護國際公平正義，反對把自己的意志强加於人，反對干涉別國內政，反對以强凌弱。中國決不會以犧牲別國利益為代價來發展自己，也決不放棄自己的正當權益，任何人不要幻想讓中國吞下損害自身利益的苦果。中國奉行防禦性的國防政策。中國發展不對任何國家構成威脅。中國無論發展到什麼程度，永遠不稱霸，永遠不搞擴張。

　　中國積極發展全球夥伴關係，擴大同各國的利益交匯點，推進大國協調和合作，構建總體穩定、均衡發展的大國關係框架，按照親誠惠容理念和與鄰爲善、以鄰爲伴周邊外交方針深化同周邊國家關係，秉持正確義利觀和真實親誠理念加強同發展中國家團結合作。加強同各國政黨和政治組織的交流合作，推進人大、政協、軍隊、地方、人民團體等的對外交往。

中國堅持對外開放的基本國策，堅持打開國門搞建設，積極促進"一帶一路"國際合作，努力實現政策溝通、設施聯通、貿易暢通、資金融通、民心相通，打造國際合作新平臺，增添共同發展新動力。加大對發展中國家特別是最不發達國家援助力度，促進縮小南北發展差距。中國支持多邊貿易體制，促進自由貿易區建設，推動建設開放型世界經濟。

中國秉持共商共建共享的全球治理觀，倡導國際關係民主化，堅持國家不分大小、强弱、貧富一律平等，支持聯合國發揮積極作用，支持擴大發展中國家在國際事務中的代表性和發言權。中國將繼續發揮負責任大國作用，積極參與全球治理體系改革和建設，不斷貢獻中國智慧和力量。

同志們！世界命運握在各國人民手中，人類前途繫於各國人民的抉擇。中國人民願同各國人民一道，推動人類命運共同體建設，共同創造人類的美好未來！

十三、堅定不移全面從嚴治黨，不斷提高黨的執政能力和領導水平

中國特色社會主義進入新時代，我們黨一定要有新氣象新作爲。打鐵必須自身硬。黨要團結帶領人民進行偉大鬥爭、

推進偉大事業、實現偉大夢想，必須毫不動搖堅持和完善黨的領導，毫不動搖把黨建設得更加堅強有力。

全面從嚴治黨永遠在路上。一個政黨，一個政權，其前途命運取決於人心向背。人民羣衆反對什麼、痛恨什麼，我們就要堅決防範和糾正什麼。全黨要清醒認識到，我們黨面臨的執政環境是複雜的，影響黨的先進性、弱化黨的純潔性的因素也是複雜的，黨內存在的思想不純、組織不純、作風不純等突出問題尚未得到根本解決。要深刻認識黨面臨的執政考驗、改革開放考驗、市場經濟考驗、外部環境考驗的長期性和複雜性，深刻認識黨面臨的精神懈怠危險、能力不足危險、脫離羣衆危險、消極腐敗危險的尖銳性和嚴峻性，堅持問題導向，保持戰略定力，推動全面從嚴治黨向縱深發展。

新時代黨的建設總要求是：堅持和加強黨的全面領導，堅持黨要管黨、全面從嚴治黨，以加強黨的長期執政能力建設、先進性和純潔性建設爲主綫，以黨的政治建設爲統領，以堅定理想信念宗旨爲根基，以調動全黨積極性、主動性、創造性爲着力點，全面推進黨的政治建設、思想建設、組織建設、作風建設、紀律建設，把制度建設貫穿其中，深入推進反腐敗鬥爭，不斷提高黨的建設質量，把黨建設成爲始終走在時代前列、人民衷心擁護、勇於自我革命、經得起各種風浪考驗、朝氣蓬勃的馬克思主義執政黨。

（一）把黨的政治建設擺在首位。旗幟鮮明講政治是我們黨作爲馬克思主義政黨的根本要求。黨的政治建設是黨的根本性建設，決定黨的建設方向和效果。保證全黨服從中央，堅持黨中央權威和集中統一領導，是黨的政治建設的首要任務。全黨要堅定執行黨的政治路綫，嚴格遵守政治紀律和政治規矩，在政治立場、政治方向、政治原則、政治道路上同黨中央保持高度一致。要尊崇黨章，嚴格執行新形勢下黨內政治生活若干準則，增強黨內政治生活的政治性、時代性、原則性、戰鬥性，自覺抵制商品交換原則對黨內生活的侵蝕，營造風清氣正的良好政治生態。完善和落實民主集中制的各項制度，堅持民主基礎上的集中和集中指導下的民主相結合，既充分發揚民主，又善於集中統一。弘揚忠誠老實、公道正派、實事求是、清正廉潔等價值觀，堅決防止和反對個人主義、分散主義、自由主義、本位主義、好人主義，堅決防止和反對宗派主義、圈子文化、碼頭文化，堅決反對搞兩面派、做兩面人。全黨同志特別是高級幹部要加強黨性鍛鍊，不斷提高政治覺悟和政治能力，把對黨忠誠、爲黨分憂、爲黨盡職、爲民造福作爲根本政治擔當，永葆共產黨人政治本色。

（二）用新時代中國特色社會主義思想武裝全黨。思想建設是黨的基礎性建設。革命理想高於天。共產主義遠大理想和中國特色社會主義共同理想，是中國共產黨人的精神支柱和政治靈魂，也是保持黨的團結統一的思想基礎。要把堅定理想信念作爲黨的思想建設的首要任務，教育引導全黨牢記黨的宗旨，挺起共產黨人的精神脊梁，解決好世界觀、人生觀、價值觀這個“總開關”問題，自覺做共產主義遠大理想和中國特色社會主義共同理想的堅定信仰者和忠實實踐者。弘揚馬克思主義學風，推進“兩學一做”學習教育常態化制度化，以縣處級以上領導幹部爲重點，在全黨開展“不忘初心、牢記使命”主題教育，用黨的創新理論武裝頭腦，推動全黨更加自覺地爲實現新時代黨的歷史使命不懈奮鬥。

（三）建設高素質專業化幹部隊伍。黨的幹部是黨和國家事業的中堅力量。要堅持黨管幹部原則，堅持德才兼備、以德爲先，堅持五湖四海、任人唯賢，堅持事業爲上、公道正派，把好幹部標準落到實處。堅持正確選人用人導向，匡正選人用人風氣，突出政治標準，提拔重用牢固樹立“四個意識”[12]和“四個自信”[13]、堅決維護黨中央權威、全面貫徹執行黨的理論和路綫方針政策、忠誠乾淨擔當的幹部，選優配強各級領導班子。注重培養專業能力、專業精神，增強幹部隊伍適應新時代中國特色社會主義發展要求的能力。大力發現儲備年輕幹部，注重在基層一綫和困難艱苦的地方培養鍛鍊年輕幹部，源源不斷選拔使用經過實踐考驗的優秀年輕幹部。統籌做好培養選拔女幹部、少數民族幹部和黨外幹部工作。認真做好離退休幹部工作。堅持嚴管和厚愛結合、激勵和約束並重，完善幹部考核評價機制，建立激勵機制和容錯糾錯機制，旗幟鮮明爲那些敢於擔當、踏實做事、不謀私利的幹部撐腰鼓勁。各級黨組織要關心愛護基層幹部，主動爲他們排憂解難。

人才是實現民族振興、贏得國際競爭主動的戰略資源。要堅持黨管人才原則，聚天下英才而用之，加快建設人才强國。實行更加積極、更加開放、更加有效的人才政策，以識才的慧眼、愛才的誠意、用才的膽識、容才的雅量、聚才的良方，把黨內和黨外、國內和國外各方面優秀人才集聚到黨和人民的偉大奮鬥中來，鼓勵引導人才向邊遠貧困地區、邊疆民族地區、革命老區和基層一綫流動，努力形成人人渴望成才、人人努力成才、人人皆可成才、人人盡展其才的良好局面，讓各類人才的創造活力競相迸發、聰明才智充分湧流。

（四）加强基層組織建設。黨的基層組織是確保黨的路綫方針政策和決策部署貫徹落實的基礎。要以提升組織力爲重點，突出政治功能，把企業、農村、機關、學校、科研院所、街道社區、社會組織等基層黨組織建設成爲宣傳黨的主張、貫徹黨的決定、領導基層治理、團結動員羣衆、推動改革發展的堅强戰鬥堡壘。黨支部要擔負好直接教育黨員、管理黨員、監督黨員和組織羣衆、宣傳羣衆、凝聚羣衆、服務羣衆的職責，引導廣大黨員發揮先鋒模範作用。堅持"三會一課"〔14〕制度，推進黨的基層組織設置和活動方式創新，加强基層黨組織帶頭人隊伍建設，擴大基層黨組織覆蓋面，着力解決一些基層黨組織弱化、虛化、邊緣化問題。擴大黨內基層民主，推進黨務公開，暢通黨員參與黨內事務、監督黨的組織和幹部、向上級黨組織提出意見和建議的渠道。注重從產業工人、青年農民、高知識羣體中和在非公有制經濟組織、社會組織中發展黨員。加强黨內激勵關懷幫扶。增强黨員教育管理針對性和有效性，穩妥有序開展不合格黨員組織處置工作。

（五）持之以恆正風肅紀。我們黨來自人民、植根人民、服務人民，一旦脱離羣衆，就會失去生命力。加强作風建設，必須緊緊圍繞保持黨同人民羣衆的血肉聯繫，增强羣衆觀念和羣衆感情，不斷厚植黨執政的羣衆基礎。凡是羣衆反映强烈的問題都要嚴肅認真對待，凡是損害羣衆利益的行爲都要堅決糾正。堅持以上率下，鞏固拓展落實中央八項規定精神成果，繼續整治“四風”[15]問題，堅決反對特權思想和特權現象。重點強化政治紀律和組織紀律，帶動廉潔紀律、羣衆紀律、工作紀律、生活紀律嚴起來。堅持開展批評和自我批評，堅持懲前毖後、治病救人，運用監督執紀“四種形態”[16]，抓早抓小、防微杜漸。賦予有幹部管理權限的黨組相應紀律處分權限，強化監督執紀問責。加強紀律教育，強化紀律執行，讓黨員、幹部知敬畏、存戒懼、守底綫，習慣在受監督和約束的環境中工作生活。

（六）奪取反腐敗鬥爭壓倒性勝利。人民羣衆最痛恨腐敗現象，腐敗是我們黨面臨的最大威脅。只有以反腐敗永遠在路上的堅韌和執着，深化標本兼治，保證幹部清正、政府清廉、政治清明，才能跳出歷史周期率，確保黨和國家長治久安。當前，反腐敗鬥爭形勢依然嚴峻複雜，鞏固壓倒性態勢、奪取壓倒性勝利的決心必須堅如磐石。要堅持無禁區、全覆蓋、零容忍，堅持重遏制、強高壓、長震懾，堅持受賄行賄一起查，堅決防止黨內形成利益集團。在市縣黨委建立巡察制度，加大整治羣衆身邊腐敗問題力度。不管腐敗分子逃到哪裏，都要緝拿歸案、繩之以法。推進反腐敗國家立法，建設覆蓋紀檢監察系統的檢舉舉報平臺。強化不敢腐的震懾，紮牢不能腐的籠子，增強不想腐的自覺，通過不懈努力換來海晏河清、朗朗乾坤。

（七）健全黨和國家監督體系。增強黨自我淨化能力，根本靠強化黨的自我監督和羣衆監督。要加強對權力運行的制約和監督，讓人民監督權力，讓權力在陽光下運行，把權力關進制度的籠子。強化自上而下的組織監督，改進自下而上的民主監督，發揮同級相互監督作用，加強對黨員領導幹部的日常管理監督。深化政治巡視，堅持發現問題、形成震懾不動搖，建立巡視巡察上下聯動的監督網。深化國家監察體制改革，將試點工作在全國推開，組建國家、省、市、縣監察委員會，同黨的紀律檢查機關合署辦公，實現對所有行使公權力的公職人員監察全覆蓋。制定國家監察法，依法賦予監察委員會職責權限和調查手段，用留置取代"兩規"措施。改革審計管理體制，完善統計體制。構建黨統一指揮、全面覆蓋、權威高效的監督體系，把黨內監督同國家機關監督、民主監督、司法監督、羣衆監督、輿論監督貫通起來，增強監督合力。

（八）全面增強執政本領。領導十三億多人的社會主義大國，我們黨既要政治過硬，也要本領高強。要增強學習本領，在全黨營造善於學習、勇於實踐的濃厚氛圍，建設馬克思主義學習型政黨，推動建設學習大國。增強政治領導本領，堅持戰略思維、創新思維、辯證思維、法治思維、底綫思維，科學制定和堅決執行黨的路綫方針政策，把黨總攬全局、協調各方落到實處。增強改革創新本領，保持銳意進取的精神風貌，善於結合實際創造性推動工作，善於運用互聯網技術和信息化手段開展工作。增強科學發展本領，善於貫徹新發展理念，不斷開創發展新局面。增強依法執政本領，加快形成覆蓋黨的領導和黨的建設各方面的黨內法規制度體系，加強和改善對國家政權機關的領導。增強羣衆工作本領，創新羣衆工作體制機制和方式方法，推動工會、共青團、婦聯等羣團組織增強政治性、先進性、羣衆性，發揮聯繫羣衆的橋樑紐帶作用，組織動員廣大人民羣衆堅定不移跟黨走。增強狠抓落實本領，堅持説實話、謀實事、出實招、求實效，把雷厲風行和久久爲功有機結合起來，勇於攻堅克難，以釘釘子精神做實做細做好各項工作。增強駕馭風險本領，健全各方面風險防控機制，善於處理各種複雜矛盾，勇於戰勝前進道路上的各種艱難險阻，牢牢把握工作主動權。

同志們！偉大的事業必須有堅强的黨來領導。只要我們黨把自身建設好、建設强，確保黨始終同人民想在一起、幹在一起，就一定能够引領承載着中國人民偉大夢想的航船破浪前進，勝利駛向光輝的彼岸！

同志們！中華民族是歷經磨難、不屈不撓的偉大民族，中國人民是勤勞勇敢、自强不息的偉大人民，中國共産黨是敢於鬥爭、敢於勝利的偉大政黨。歷史車輪滾滾向前，時代潮流浩浩蕩蕩。歷史只會眷顧堅定者、奮進者、搏擊者，而不會等待猶豫者、懈怠者、畏難者。全黨一定要保持艱苦奮鬥、戒驕戒躁的作風，以時不我待、只爭朝夕的精神，奮力走好新時代的長征路。全黨一定要自覺維護黨的團結統一，保持黨同人民羣衆的血肉聯繫，鞏固全國各族人民大團結，加强海內外中華兒女大團結，團結一切可以團結的力量，齊心協力走向中華民族偉大復興的光明前景。

青年興則國家興，青年强則國家强。青年一代有理想、有本領、有擔當，國家就有前途，民族就有希望。中國夢是歷史的、現實的，也是未來的；是我們這一代的，更是青年一代的。中華民族偉大復興的中國夢終將在一代代青年的接力奮鬥中變爲現實。全黨要關心和愛護青年，爲他們實現人生出彩搭建舞臺。廣大青年要堅定理想信念，志存高遠，腳踏實地，勇做時代的弄潮兒，在實現中國夢的生動實踐中放飛青春夢想，在爲人民利益的不懈奮鬥中書寫人生華章！

大道之行，天下爲公。站立在九百六十多萬平方公里的廣袤土地上，吸吮着五千多年中華民族漫長奮鬥積累的文化養分，擁有十三億多中國人民聚合的磅礴之力，我們走中國特色社會主義道路，具有無比廣闊的時代舞臺，具有無比深厚的歷史底蘊，具有無比強大的前進定力。全黨全國各族人民要緊密團結在黨中央周圍，高舉中國特色社會主義偉大旗幟，銳意進取，埋頭苦幹，爲實現推進現代化建設、完成祖國統一、維護世界和平與促進共同發展三大歷史任務，爲決勝全面建成小康社會、奪取新時代中國特色社會主義偉大勝利、實現中華民族偉大復興的中國夢、實現人民對美好生活的嚮往繼續奮鬥！

註　釋

〔1〕"五位一體"總體佈局，指中國特色社會主義事業總體佈局，包括經濟建設、政治建設、文化建設、社會建設、生態文明建設。

〔2〕"四個全面"戰略佈局，指中國特色社會主義事業戰略佈局，包括全面建成小康社會、全面深化改革、全面依法治國、全面從嚴治黨。

〔3〕社會主義核心價值觀的基本內容是：富強、民主、文明、和諧，自由、平等、公正、法治，愛國、敬業、誠信、友善。富強、民主、文明、和諧是國家層面的價值要求，自由、平等、公正、法治是社會層面的價值

要求，愛國、敬業、誠信、友善是公民層面的價值要求。

〔4〕"九二共識"，指一九九二年十一月海峽兩岸關係協會與臺灣海峽交流基金會，就解決兩岸事務性商談中如何表述堅持一個中國原則的問題，達成的各自以口頭方式表述"海峽兩岸同屬一個中國，共同努力謀求國家統一"的共識。

〔5〕"三嚴三實"，指嚴以修身、嚴以用權、嚴以律己，謀事要實、創業要實、做人要實。

〔6〕"兩學一做"，指學黨章黨規、學系列講話，做合格黨員。

〔7〕中央八項規定，指中共十八屆中央政治局關於改進工作作風、密切聯繫羣衆的八項規定。主要內容是：改進調查研究、精簡會議活動、精簡文件簡報、規範出訪活動、改進警衛工作、改進新聞報道、嚴格文稿發表、厲行勤儉節約。

〔8〕四項基本原則，指堅持社會主義道路，堅持人民民主專政，堅持中國共產黨的領導，堅持馬克思列寧主義毛澤東思想。

〔9〕"兩個一百年"奮鬥目標，是建設中國特色社會主義的奮鬥目標。二〇一二年十一月，中共十八大提出，在中國共產黨成立一百年時全面建成小康社會，在新中國成立一百年時建成富強民主文明和諧的社會主義現代化國家。中共十九大提出新時代中國特色社會主義發展的戰略安排：第一個階段，從二〇二〇年到二〇三五年，在全面建成小康社會的基礎上，再奮鬥十五年，基本實現社會主義現代化；第二個階段，從二〇三五年到本世紀中葉，在基本實現現代化的基礎上，再奮鬥十五年，把我國建成富強民主文明和諧美麗的社會主義現代化強國。

〔10〕"三步走"戰略目標，指中國分"三步走"基本實現現代化的發展戰略。一九八七年十月，中共十三大提出：第一步到二十世紀八十年代末，實現國民生產總值比一九八〇年翻一番，解決人民的溫飽問題；第二步到二十世紀末，使國民生產總值再增長一倍，人民生活達到小康水平；第三步到二十一世紀中葉，人均國民生產總值達到中等發達國家水平，人民生活比較富裕，基本實現現代化。

〔11〕"三權"，指農村土地所有權、承包權、經營權。

〔12〕"四個意識"，指政治意識、大局意識、核心意識、看齊意識。

〔13〕"四個自信"，指中國特色社會主義道路自信、理論自信、制度自信、文化自信。

〔14〕"三會一課"，指黨支部應當組織黨員按期參加黨員大會、黨小組會和上黨課，定期召開黨支部委員會會議。

〔15〕"四風"，指形式主義、官僚主義、享樂主義和奢靡之風。

〔16〕監督執紀"四種形態"，指經常開展批評和自我批評、約談函詢，讓"紅紅臉、出出汗"成爲常態；黨紀輕處分、組織調整成爲違紀處理的大多數；黨紀重處分、重大職務調整的成爲少數；嚴重違紀涉嫌違法立案審查的成爲極少數。

一、譜寫新時代中國特色社會主義新篇章

全面把握中國特色社會主義
進入新時代的新要求*

（二〇一七年十月二十五日）

全面把握中國特色社會主義進入新時代的新要求，不斷提高黨和國家事業發展水平。中國特色社會主義進入了新時代，這是我國發展新的歷史方位。黨的十八大以來，在新中國成立特別是改革開放以來取得重大成就的基礎上，我國發展站到了新的歷史起點上，中國特色社會主義事業進入了新的發展階段。這表明，中國特色社會主義事業要從第一個百年奮鬥目標邁向第二個百年奮鬥目標，全面建成小康社會、加快推進社會主義現代化、實現中華民族偉大復興既面臨更爲光明的前景，也需要我們付出更爲艱巨的努力。在新時代的征程上，全黨同志一定要適應新時代中國特色社會主義的發展要求，提高戰略思維、創新思維、辯證思維、法治思維、底綫思維能力，增強工作的原則性、系統性、預見性、創造性，更好把握國内外形勢發展變化，更好貫徹黨的理論和路綫方針政策，更好貫徹黨的十九大確定的大政方針、發展戰

＊ 這是習近平在中共十九屆一中全會上講話的一部分。

略、政策措施，更好推進中國特色社會主義偉大事業和黨的建設新的偉大工程，團結帶領全國各族人民奮力譜寫全面建成小康社會、全面建設社會主義現代化國家新篇章。

全面貫徹新時代中國特色
社會主義思想和基本方略*

（二〇一七年十月二十五日）

全面貫徹新時代中國特色社會主義思想和基本方略，不斷提高全黨馬克思主義理論水平。新時代中國特色社會主義思想和基本方略，不是從天上掉下來的，不是主觀臆想出來的，而是黨的十八大以來，在新中國成立特別是改革開放以來我們黨推進理論創新和實踐創新的基礎上，全黨全國各族人民進行艱辛理論探索的成果，是全黨全國各族人民創新創造的智慧結晶。生活之樹常青。一種理論的產生，源泉只能是豐富生動的現實生活，動力只能是解決社會矛盾和問題的現實要求。在新時代的征程上，全黨同志一定要弘揚理論聯繫實際的學風，緊密聯繫黨和國家事業發生的歷史性變革，緊密聯繫中國特色社會主義進入新時代的新實際，緊密聯繫我國社會主要矛盾的重大變化，緊密聯繫"兩個一百年"奮鬥目標和各項任務，自覺運用理論指導實踐，使各方面工作更符合客觀規律、科學規律的要求，不斷提高新時代堅持和

---

* 這是習近平在中共十九屆一中全會上講話的一部分。

發展中國特色社會主義的能力，把黨的科學理論轉化爲萬衆一心推動實現"兩個一百年"奮鬥目標、實現中華民族偉大復興中國夢的强大力量。

新時代要有新氣象，
更要有新作爲[*]

（二〇一七年十月二十五日）

在剛才召開的中共十九屆一中全會上，選舉產生了新一屆中共中央領導機構，全會選舉我繼續擔任中共中央委員會總書記。這是對我的肯定，更是鞭策和激勵。

現在，我向大家介紹一下當選的其他六位常委同志：李克强同志、栗戰書同志、汪洋同志、王滬寧同志、趙樂際同志、韓正同志。其中，李克强同志是十八屆中央政治局常委，其他五位同志都是十八屆中央政治局委員，他們更多的一些信息資料，大家可以通過媒體渠道獲取到，我在這裏就不再詳細地介紹了。

在這裏，我代表新一屆中共中央領導成員，衷心感謝全黨同志對我們的信任。我們一定恪盡職守、勤勉工作、不辱使命、不負重託。

過去的五年，我們做了很多的工作，有的已經完成了，有的還要繼續做下去。中共十九大又提出了新目標新任務，我們要統籌抓好落實。

---

[*] 這是習近平在中共十九屆中央政治局常委同中外記者見面時講話的一部分。

　　經過長期努力，中國特色社會主義進入了新時代。新時代要有新氣象，更要有新作爲。中共十九大到下一次的二十大這五年，正處在實現"兩個一百年"奮鬥目標的歷史交匯期，第一個百年目標要實現，第二個百年奮鬥目標要開篇。這其中有一些重要的時間節點，是我們工作的坐標。

　　——二〇一八年，我們將迎來改革開放四十周年。改革開放是決定當代中國命運的關鍵一招，四十年的改革開放使中國人民生活實現了小康，逐步富裕起來了。我們將總結經驗、乘勢而上，繼續推進國家治理體系和治理能力現代化，堅定不移深化各方面的改革，堅定不移地擴大開放，使改革和開放相互促進、相得益彰。我堅信，中華民族偉大復興必將在改革開放的進程中得以實現。

　　——二〇一九年，我們將迎來中華人民共和國成立七十周年。我們將貫徹新發展理念，推動中國經濟持續健康發展，惠及中國人民和各國人民。我們將繼續落實好"十三五"規劃確定的各項任務，並對未來發展作出新的規劃，推動各項事業全面發展，把我們的人民共和國建設得更加繁榮富強。

　　——二〇二〇年，我們將全面建成小康社會。全面建成小康社會，一個也不能少；共同富裕路上，一個也不能掉隊。我們將舉全黨全國之力，堅決完成脫貧攻堅任務，確保兌現我們的承諾。我們要牢記人民對美好生活的嚮往就是我們的奮鬥目標，堅持以人民爲中心的發展思想，努力抓好保障和改善民生各項工作，不斷增強人民的獲得感、幸福感、安全感，不斷推進全體人民共同富裕。我堅信，中國人民的生活一定會一年更比一年好。

——二○二一年，我們將迎來中國共產黨成立一百周年。中國共產黨立志於中華民族千秋偉業，百年恰是風華正茂！中國共產黨是世界上最大的政黨。大就要有大的樣子。實踐充分證明，中國共產黨能够帶領人民進行偉大的社會革命，也能够進行偉大的自我革命。我們要永葆蓬勃朝氣，永遠做人民公僕、時代先鋒、民族脊梁。全面從嚴治黨永遠在路上，不能有任何喘口氣、歇歇腳的念頭。我們將繼續清除一切侵蝕黨的健康肌體的病毒，大力營造風清氣正的政治生態，以全黨的强大正能量在全社會凝聚起推動中國發展進步的磅礴力量。

中國共產黨和中國人民從苦難中走過來，深知和平的珍貴、發展的價值。中國人民自信自尊，將堅定維護國家主權、安全、發展利益，同時將同各國人民一道，積極推動構建人類命運共同體，不斷爲人類和平與發展的崇高事業作出新的更大的貢獻。

歷史是人民書寫的，一切成就歸功於人民。只要我們深深扎根人民、緊緊依靠人民，就可以獲得無窮的力量，風雨無阻，奮勇向前。

俗語説，百聞不如一見。我們歡迎各位記者朋友在中國多走走、多看看，繼續關注中共十九大之後中國的發展變化，更加全面地了解和報道中國。我們不需要更多的溢美之詞，我們一貫歡迎客觀的介紹和有益的建議，正所謂"不要人誇顔色好，只留清氣滿乾坤"[1]。

註　　釋

〔1〕見元代王冕《墨梅》。

繼續進行具有許多新的
歷史特點的偉大鬥爭*

（二○一八年一月五日）

　　建設好我們這樣的大黨，領導好我們這樣的大國，中央委員會成員和省部級主要領導幹部至關重要，必須提高政治站位、樹立歷史眼光、強化理論思維、增強大局觀念、豐富知識素養、堅持問題導向，從歷史和現實相貫通、國際和國內相關聯、理論和實際相結合的寬廣視角，對一些重大理論和實踐問題進行思考和把握，做到堅持和發展中國特色社會主義要一以貫之，推進黨的建設新的偉大工程要一以貫之，增強憂患意識、防範風險挑戰要一以貫之，以時不我待、只爭朝夕的精神投入工作，推動全黨全國各族人民把思想統一到黨的十九大精神上來，把力量凝聚到實現黨的十九大確定的目標任務上來，不斷開創新時代中國特色社會主義事業新局面。

　　新時代中國特色社會主義是我們黨領導人民進行偉大社會革命的成果，也是我們黨領導人民進行偉大社會革命的繼

---

　　* 這是習近平在新進中央委員會的委員、候補委員和省部級主要領導幹部學習貫徹習近平新時代中國特色社會主義思想和黨的十九大精神研討班開班式上的講話要點。

續，必須一以貫之進行下去。歷史和現實都告訴我們，一場社會革命要取得最終勝利，往往需要一個漫長的歷史過程。只有回看走過的路、比較別人的路、遠眺前行的路，弄清楚我們從哪兒來、往哪兒去，很多問題才能看得深、把得準。

中國特色社會主義不是從天上掉下來的，而是在改革開放四十年的偉大實踐中得來的，是在中華人民共和國成立近七十年的持續探索中得來的，是在我們黨領導人民進行偉大社會革命九十七年的實踐中得來的，是在近代以來中華民族由衰到盛一百七十多年的歷史進程中得來的，是對中華文明五千多年的傳承發展中得來的，是黨和人民歷經千辛萬苦、付出各種代價取得的寶貴成果。得到這個成果極不容易。

科學社會主義在中國的成功，對馬克思主義、科學社會主義的意義，對世界社會主義的意義，是十分重大的。黨的十九大作出中國特色社會主義進入新時代這個重大政治論斷，我們必須認識到，這個新時代是中國特色社會主義新時代，而不是別的什麼新時代。黨要在新的歷史方位上實現新時代黨的歷史使命，最根本的就是要高舉中國特色社會主義偉大旗幟。

不忘初心，牢記使命，就不要忘記我們是共產黨人，我們是革命者，不要喪失了革命精神。昨天的成功並不代表着今後能夠永遠成功，過去的輝煌並不意味着未來可以永遠輝煌。時代是出卷人，我們是答卷人，人民是閱卷人。要實現黨和國家興旺發達、長治久安，全黨同志必須保持革命精神、革命鬥志，勇於把我們黨領導人民進行了九十七年的偉大社會革命繼續推進下去，決不能因為勝利而驕傲，決不能因為成就而懈怠，決不能因為困難而退縮，努力使中國特色社會主義展現更加強大、更有說服力的真理力量。

要把新時代堅持和發展中國特色社會主義這場偉大社會革命進行好，我們黨必須勇於進行自我革命，把黨建設得更加堅強有力。勇於自我革命，從嚴管黨治黨，是我們黨最鮮明的品格，全面從嚴治黨永遠在路上。在統攬偉大鬥爭、偉大工程、偉大事業、偉大夢想中，起決定性作用的是新時代黨的建設新的偉大工程。在新時代，我們黨必須以黨的自我革命來推動黨領導人民進行的偉大社會革命，把黨建設成為始終走在時代前列、人民衷心擁護、勇於自我革命、經得起各種風浪考驗、朝氣蓬勃的馬克思主義執政黨，這既是我們黨領導人民進行偉大社會革命的客觀要求，也是我們黨作為馬克思主義政黨建設和發展的內在需要。

必須看到，決勝全面建成小康社會的艱巨任務、實現中華民族偉大復興的歷史使命，對我們黨提出了前所未有的新挑戰新要求，影響黨的先進性、弱化黨的純潔性的各種因素具有很強的危險性和破壞性。這決定了新時代黨的建設新的偉大工程，既要培元固本，也要開拓創新，既要把住關鍵重點，也要形成整體態勢，特別是要發揮徹底的自我革命精神。

以史為鑑可以知興替。功成名就時做到居安思危、保持創業初期那種勵精圖治的精神狀態不容易，執掌政權後做到節儉內斂、敬終如始不容易，承平時期嚴以治吏、防腐戒奢不容易，重大變革關頭順乎潮流、順應民心不容易。我們黨要始終成為時代先鋒、民族脊梁，始終成為馬克思主義執政黨，自身必須始終過硬。

　　要把我們黨建設好，必須抓住"關鍵少數"。中央委員會成員和省部級主要領導幹部必須做到信念過硬，帶頭做共產主義遠大理想和中國特色社會主義共同理想的堅定信仰者和忠實實踐者；必須做到政治過硬，牢固樹立"四個意識"，在思想政治上講政治立場、政治方向、政治原則、政治道路，在行動實踐上講維護黨中央權威、執行黨的政治路綫、嚴格遵守黨的政治紀律和政治規矩；必須做到責任過硬，樹立正確政績觀，發揚求真務實、真抓實幹的作風，以釘釘子精神擔當盡責，真正做到對歷史和人民負責；必須做到能力過硬，不斷掌握新知識、熟悉新領域、開拓新視野，全面提高領導能力和執政水平；必須做到作風過硬，把人民羣衆放在心中，廣泛開展調查研究，在全心全意爲人民服務中提升政治站位、提高工作能力，在真心實意向人民學習中拓展工作視野、豐富工作經驗、提高理論聯繫實際的水平，在傾聽人民呼聲、虛心接受人民監督中自覺進行自我反省、自我批評、自我教育，在服務人民中不斷完善自己，持之以恆克服形式主義、官僚主義，久久爲功祛除享樂主義和奢靡之風。

　　領導幹部要把踐行"三嚴三實"貫穿於全部工作生活中，養成一種習慣、化爲一種境界。要加強道德修養，帶頭弘揚社會主義核心價值觀，明辨是非善惡，追求健康情趣，不斷向廉潔自律的高標準看齊，做到心有所戒、行有所止，守住底綫、不碰高壓綫。每個領導幹部都應該把潔身自好作爲第一關，從小事小節上加強約束、規範自己，堅決反對特權思想、特權現象，習慣在受監督和約束的環境中工作生活，練就過硬的作風。

"備豫不虞，爲國常道"[1]。當前，我國正處於一個大有可爲的歷史機遇期，發展形勢總的是好的，但前進道路不可能一帆風順，越是取得成績的時候，越是要有如履薄冰的謹慎，越是要有居安思危的憂患，絕不能犯戰略性、顛覆性錯誤。面對波譎雲詭的國際形勢、複雜敏感的周邊環境、艱巨繁重的改革發展穩定任務，我們既要有防範風險的先手，也要有應對和化解風險挑戰的高招；既要打好防範和抵禦風險的有準備之戰，也要打好化險爲夷、轉危爲機的戰略主動戰。我們要繼續進行具有許多新的歷史特點的偉大鬥爭，準備戰勝一切艱難險阻，朝着我們黨確立的偉大目標奮勇前進。

註　釋

〔1〕見唐代吳兢《貞觀政要·直諫》。

不斷開闢當代中國馬克思主義、二十一世紀馬克思主義新境界*

（二〇一八年五月四日）

中國共產黨是用馬克思主義武裝起來的政黨，馬克思主義是中國共產黨人理想信念的靈魂。一九三八年，毛澤東同志指出："如果我們黨有一百個至二百個系統地而不是零碎地、實際地而不是空洞地學會了馬克思列寧主義的同志，就會大大地提高我們黨的戰鬥力量"[1]。

回顧黨的奮鬥歷程可以發現，中國共產黨之所以能够歷經艱難困苦而不斷發展壯大，很重要的一個原因就是我們黨始終重視思想建黨、理論強黨，使全黨始終保持統一的思想、堅定的意志、協調的行動、强大的戰鬥力。

當前，改革發展穩定任務之重、矛盾風險挑戰之多、治國理政考驗之大都是前所未有的。我們要贏得優勢、贏得主動、贏得未來，必須不斷提高運用馬克思主義分析和解決實際問題的能力，不斷提高運用科學理論指導我們應對重大挑戰、抵禦重大風險、克服重大阻力、化解重大矛盾、解決重大問題的能力，以更寬廣的視野、更長遠的眼光來思考把握

---

* 這是習近平在紀念馬克思誕辰二百周年大會上講話的一部分。

未來發展面臨的一系列重大問題，不斷堅定馬克思主義信仰和共產主義理想。

從《共產黨宣言》發表到今天，一百七十年過去了，人類社會發生了翻天覆地的變化，但馬克思主義所闡述的一般原理整個來説仍然是完全正確的。我們要堅持和運用辯證唯物主義和歷史唯物主義的世界觀和方法論，堅持和運用馬克思主義立場、觀點、方法，堅持和運用馬克思主義關於世界的物質性及其發展規律，關於人類社會發展的自然性、歷史性及其相關規律，關於人的解放和自由全面發展的規律，關於認識的本質及其發展規律等原理，堅持和運用馬克思主義的實踐觀、羣衆觀、階級觀、發展觀、矛盾觀，真正把馬克思主義這個看家本領學精悟透用好。

全黨同志特別是各級領導幹部要更加自覺、更加刻苦地學習馬克思列寧主義，學習毛澤東思想、鄧小平理論、"三個代表"重要思想、科學發展觀，學習新時代中國特色社會主義思想。要深入學、持久學、刻苦學，帶着問題學、聯繫實際學，更好把科學思想理論轉化爲認識世界、改造世界的强大物質力量。共產黨人要把讀馬克思主義經典、悟馬克思主義原理當作一種生活習慣、當作一種精神追求，用經典涵養正氣、淬煉思想、昇華境界、指導實踐。

對待科學的理論必須有科學的態度。恩格斯深刻指出："馬克思的整個世界觀不是教義，而是方法。它提供的不是現成的教條，而是進一步研究的出發點和供這種研究使用的方法。"[2]恩格斯還指出，我們的理論"是一種歷史的產物，它在不同的時代具有完全不同的形式，同時具有完全不同的内容"〔3〕。科學社會主義基本原則不能丟，丟了就不是社會主義。同時，科學社會主義也絕不是一成不變的教條。我説過，當代中國的偉大社會變革，不是簡單延續我國歷史文化的母版，不是簡單套用馬克思主義經典作家設想的模板，不是其他國家社會主義實踐的再版，也不是國外現代化發展的翻版。社會主義並没有定於一尊、一成不變的套路，只有把科學社會主義基本原則同本國具體實際、歷史文化傳統、時代要求緊密結合起來，在實踐中不斷探索總結，才能把藍圖變爲美好現實。

理論的生命力在於不斷創新，推動馬克思主義不斷發展是中國共産黨人的神聖職責。我們要堅持用馬克思主義觀察時代、解讀時代、引領時代，用鮮活豐富的當代中國實踐來推動馬克思主義發展，用寬廣視野吸收人類創造的一切優秀文明成果，堅持在改革中守正出新、不斷超越自己，在開放中博採衆長、不斷完善自己，不斷深化對共産黨執政規律、社會主義建設規律、人類社會發展規律的認識，不斷開闢當代中國馬克思主義、二十一世紀馬克思主義新境界！

註　釋

〔1〕見毛澤東《中國共産黨在民族戰爭中的地位》（《毛澤東選集》第二卷，人民出版社一九九一年版，第 533 頁）。

〔2〕見恩格斯《致韋爾納·桑巴特》（《馬克思恩格斯選集》第四卷，人民出版社二○一二年版，第 664 頁）。

〔3〕見恩格斯《自然辯證法》（《馬克思恩格斯全集》第二十六卷，人民出版社二○一四年版，第 499 頁）。

胸懷兩個大局，做好自己的事情[*]

（二○一九年五月二十一日）

我經常講，領導幹部要胸懷兩個大局，一個是中華民族偉大復興的戰略全局，一個是世界百年未有之大變局，這是我們謀劃工作的基本出發點。

當前，我國仍處於發展的重要戰略機遇期，但面臨的國際形勢日趨錯綜複雜。我們要清醒認識國際國內各種不利因素的長期性、複雜性，妥善做好應對各種困難局面的準備。最重要的還是做好我們自己的事情。要統籌研究部署，協同推進改革發展穩定各項工作，謀定而後動，厚積而薄發，更加主動辦好自己的事情。

＊　這是習近平在推動中部地區崛起工作座談會上講話的一部分。

在慶祝中華人民共和國成立
七十周年大會上的講話

（二〇一九年十月一日）

全國同胞們，
同志們，朋友們：

今天，我們隆重集會，慶祝中華人民共和國成立七十周年。此時此刻，全國各族人民、海內外中華兒女，都懷着無比喜悅的心情，都為我們偉大的祖國感到自豪，都為我們偉大的祖國衷心祝福。

在這裏，我代表黨中央、全國人大、國務院、全國政協和中央軍委，向一切為民族獨立和人民解放、國家富強和人民幸福建立了不朽功勛的革命先輩和烈士們，表示深切的懷念！向全國各族人民和海內外愛國同胞，致以熱烈的祝賀！向關心和支持中國發展的各國朋友，表示衷心的感謝！

七十年前的今天，毛澤東同志在這裏向世界莊嚴宣告了中華人民共和國的成立，中國人民從此站起來了。這一偉大事件，徹底改變了近代以後一百多年中國積貧積弱、受人欺凌的悲慘命運，中華民族走上了實現偉大復興的壯闊道路。

七十年來，全國各族人民同心同德、艱苦奮鬥，取得了令世界刮目相看的偉大成就。今天，社會主義中國巍然屹立在世界東方，没有任何力量能够撼動我們偉大祖國的地位，没有任何力量能够阻擋中國人民和中華民族的前進步伐。

同志們、朋友們！

前進征程上，我們要堅持中國共産黨領導，堅持人民主體地位，堅持中國特色社會主義道路，全面貫徹執行黨的基本理論、基本路綫、基本方略，不斷滿足人民對美好生活的嚮往，不斷創造新的歷史偉業。

前進征程上，我們要堅持"和平統一、一國兩制"的方針，保持香港、澳門長期繁榮穩定，推動海峽兩岸關係和平發展，團結全體中華兒女，繼續爲實現祖國完全統一而奮鬥。

前進征程上，我們要堅持和平發展道路，奉行互利共贏的開放戰略，繼續同世界各國人民一道推動共建人類命運共同體。

中國人民解放軍和人民武裝警察部隊要永葆人民軍隊性質、宗旨、本色，堅決維護國家主權、安全、發展利益，堅決維護世界和平。

同志們、朋友們！

中國的昨天已經寫在人類的史册上，中國的今天正在億萬人民手中創造，中國的明天必將更加美好。全黨全軍全國各族人民要更加緊密地團結起來，不忘初心，牢記使命，繼續把我們的人民共和國鞏固好、發展好，繼續爲實現"兩個一百年"奮鬥目標、實現中華民族偉大復興的中國夢而努力奮鬥！

偉大的中華人民共和國萬歲！

偉大的中國共産黨萬歲！

偉大的中國人民萬歲！

二、堅持和加强黨的全面領導

不斷增強"四個意識"、堅定 "四個自信"、做到"兩個維護"*

（二〇一七年十月二十五日—二〇一九年五月三十一日）

一

　　黨中央權威和集中統一領導，最關鍵的是政治領導。看一名黨員幹部特別是高級幹部的素質和能力，首先看政治上是否站得穩、靠得住。站得穩、靠得住，最重要的就是要牢固樹立"四個意識"，自覺在思想上政治上行動上同黨中央保持高度一致，堅決維護黨中央權威和集中統一領導，在各項工作中毫不動搖、百折不撓貫徹落實黨中央決策部署，不打任何折扣，不要任何小聰明，不搞任何小動作。中央委員會的每一位同志都要旗幟鮮明講政治，自覺以馬克思主義政治家的標準嚴格要求自己，找準政治站位，增強政治意識，強化政治擔當。要注重提高政治能力，特別是把握方向、把握大勢、把握全局的能力和保持政治定力、駕馭政治局面、

---

　　* 這是習近平二〇一七年十月二十五日至二〇一九年五月三十一日期間有關不斷增強"四個意識"、堅定"四個自信"、做到"兩個維護"論述的節錄。

防範政治風險的能力。謀劃事業發展，制定政策措施，培養幹部人才，推動工作落實，都要着眼於我們黨執政地位鞏固和增强，着眼於黨和人民事業發展。要嚴格遵守政治紀律和政治規矩，全面執行黨内政治生活準則，確保黨中央政令暢通，確保局部服從全局，確保各項工作堅持正確政治方向。

（二〇一七年十月二十五日在中共十九届一中全會上的講話）

二

堅持和加强黨的全面領導，首先要維護黨中央權威和集中統一領導。保證全黨令行禁止，是黨和國家前途命運所繫，是全國各族人民根本利益所在。中央政治局的同志對此必須保持十分清醒的認識。黨的十九大在新時代黨的建設總要求中明確提出加强黨的政治建設，把保證全黨服從中央、堅持黨中央權威和集中統一領導作爲黨的政治建設的首要任務。維護黨中央權威和集中統一領導，是我國革命、建設、改革的重要經驗，是一個成熟的馬克思主義執政黨的重大建黨原則。中央政治局的同志要把維護黨中央權威和集中統一領導作爲明確的政治準則和根本的政治要求，在思想上高度認同，政治上堅決維護，組織上自覺服從，行動上緊緊跟隨，在政治立場、政治方向、政治原則、政治道路上同黨中央保持高度一致，自覺維護黨中央權威。這是對大家黨性的考驗，也是根本的政治紀律和政治規矩。

（二〇一七年十二月二十五日—二十六日在
主持中共中央政治局民主生活會時的講話
要點）

三

堅持黨的領導是方向性問題，必須旗幟鮮明、立場堅定，決不能羞羞答答、語焉不詳，決不能遮遮掩掩、搞自我麻痹。堅持黨的領導，最根本的是堅持黨中央權威和集中統一領導。黨章規定"四個服從"[1]，最根本的是全黨各個組織和全體黨員服從黨的全國代表大會和中央委員會；黨中央强調"四個意識"，最根本的是堅決維護黨中央權威和集中統一領導。這都不是空洞的口號，不能只停留在口頭表態上，要落實到行動上。黨中央要求各級領導幹部特別是高級幹部當政治上的明白人，做到心中有黨，就是要自覺把工作放在黨中央工作大局中考量和部署，自覺做到黨中央提倡的堅決響應、黨中央決定的堅決執行、黨中央禁止的堅決不做，執行黨中央決策部署不講條件、不打折扣、不搞變通。

（二〇一八年一月十一日在中共十九屆中央
紀委二次全會上的講話）

四

黨政軍民學，東西南北中，黨是領導一切的。堅持黨的領導，首先是堅持黨中央權威和集中統一領導，這是黨的領導的最高原則，任何時候任何情況下都不能含糊、不能動搖。我們要求全黨尊崇黨章，增強政治意識、大局意識、核心意識、看齊意識，完善堅持黨的領導的體制機制，提高黨把方向、謀大局、定政策、促改革的能力和定力，堅決扭轉一些地方和部門存在的黨的領導弱化、黨的建設缺失現象，確保全黨在思想上政治上行動上同黨中央保持高度一致。

（二〇一八年七月三日在全國組織工作會議上的講話）

五

我們黨是按照馬克思主義建黨原則建立起來的，形成了包括黨的中央組織、地方組織、基層組織在內的嚴密組織體系。這是世界上任何其他政黨都不具有的強大優勢。黨中央是大腦和中樞，黨中央必須有定於一尊、一錘定音的權威，這樣才能"如身使臂，如臂使指，叱咤變化，無有留難，則天下之勢一矣"[2]。黨的地方組織的根本任務是確保黨中央決策部署貫徹落實，有令即行、有禁即止。黨組在黨的組織體系中具有特殊地位，要貫徹落實黨中央和上級黨組織決策部署，發揮好把方向、管大局、保落實的重要作用。每個黨員特別是領導幹部都要強化黨的意識和組織觀念，自覺做到思想上認同組織、政治上依靠組織、工作上服從組織、感情上信賴組織。

（二〇一八年七月三日在全國組織工作會議上的
講話）

六

增強"四個意識"、堅定"四個自信"、做到"兩個維
護"[3]，是具體的不是抽象的，領導幹部特別是高級幹部必須
從知行合一的角度審視自己、要求自己、檢查自己。對黨中
央決策部署，必須堅定堅決、不折不扣、落實落細。要嚴守
政治紀律，在重大原則問題和大是大非面前，必須立場堅定、
旗幟鮮明。要心底無私，正確維護黨中央權威，對來自中央
領導同志家屬、子女、身邊工作人員和其他特定關係人的違
規干預、撈取好處等行爲，對自稱同中央領導同志有特殊關
係的人提出的要求，必須堅決抵制。

（二〇一九年一月十一日在中共十九屆中央
紀委三次全會上的講話要點）

七

要加快推進馬克思主義學習型政黨、學習大國建設，堅
持把學習貫徹新時代中國特色社會主義思想作爲重中之重，
堅持理論同實際相結合，悟原理、求真理、明事理，不斷增
強"四個意識"、堅定"四個自信"、做到"兩個維護"，教育
引導廣大黨員、幹部按照忠誠乾淨擔當的要求提高自己，努

力培養鬥爭精神、增强鬥爭本領，使思想、能力、行動跟上黨中央要求、跟上時代前進步伐、跟上事業發展需要。

（二〇一九年二月二十七日爲第五批全國幹部學習培訓教材所作的《序言》）

八

開展這次主題教育，就是要堅持思想建黨、理論强黨，堅持學思用貫通、知信行統一，推動廣大黨員幹部全面系統學、深入思考學、聯繫實際學，不斷增强"四個意識"、堅定"四個自信"、做到"兩個維護"，築牢信仰之基、補足精神之鈣、把穩思想之舵。

（二〇一九年五月三十一日在"不忘初心、牢記使命"主題教育工作會議上的講話）

註　釋

〔1〕"四個服從"，指黨員個人服從黨的組織，少數服從多數，下級組織服從上級組織，全黨各個組織和全體黨員服從黨的全國代表大會和中央委員會。

〔2〕見南宋呂中《類編皇朝大事記講義·太祖皇帝》。

〔3〕"兩個維護"，指維護習近平總書記黨中央的核心、全黨的核心地位，維護黨中央權威和集中統一領導。

着力從制度安排上發揮
黨的領導這個最大體制優勢*

（二〇一八年二月二十六日）

　　關於加強黨的全面領導。這是深化黨和國家機構改革必須堅持的重要原則。中國共產黨領導是中國特色社會主義最本質的特徵，是全黨全國各族人民共同意志和根本利益的體現，是決勝全面建成小康社會、奪取新時代中國特色社會主義偉大勝利的根本保證。我們黨在一個有着十三億多人口的大國長期執政，要保證國家統一、法制統一、政令統一、市場統一，要實現經濟發展、政治清明、文化昌盛、社會公正、生態良好，要順利推進新時代中國特色社會主義各項事業，必須完善堅持黨的領導的體制機制，更好發揮黨的領導這一最大優勢，擔負好進行偉大鬥爭、建設偉大工程、推進偉大事業、實現偉大夢想的重大職責。

　　在我國政治生活中，黨是居於領導地位的，加強黨的集中統一領導，支持人大、政府、政協和監察機關、審判機關、檢察機關、人民團體、企事業單位、社會組織履行職能、開

---

　　* 這是習近平在中共十九屆三中全會上所作的《關於深化黨和國家機構改革決定稿和方案稿的說明》的一部分。

展工作、發揮作用，這兩個方面是統一的。決定稿緊緊把握適應新時代中國特色社會主義發展要求，構建堅持黨的全面領導、反映最廣大人民根本利益的黨和國家機構職能體系這一主綫，着力從制度安排上發揮黨的領導這個最大的體制優勢，統籌考慮黨和國家各類機構設置，協調好並發揮出各類機構職能作用，完善科學領導和決策、有效管理和執行的體制機制，確保黨長期執政和國家長治久安。

　　全面加强黨的領導同堅持以人民爲中心是高度統一的。深化黨和國家機構改革的目的是更好推進黨和國家事業發展，更好滿足人民日益增長的美好生活需要，更好推動人的全面發展、社會全面進步、人民共同富裕。要堅持人民主體地位，堅持立黨爲公、執政爲民，貫徹黨的羣衆路綫，健全人民當家作主制度體系，完善爲民謀利、爲民辦事、爲民解憂和保障人民權益、接受人民監督的體制機制，爲人民管理國家事務、管理經濟文化事業、管理社會事務提供更有力的保障。

增强推進黨的政治建設的
自覺性和堅定性[*]

（二〇一八年六月二十九日）

今天，我們進行十九屆中央政治局第六次集體學習，内容是加强黨的政治建設。黨的十九大明確提出黨的政治建設這個重大命題，强調黨的政治建設是黨的根本性建設，要把黨的政治建設擺在首位，以黨的政治建設爲統領。我們以這個題目進行集體學習，目的是深化對黨的政治建設的認識，增强推進黨的政治建設的自覺性和堅定性。

黨的十九大提出黨的政治建設這個重大命題，是有很深的考慮的。任何政黨都有政治屬性，都有自己的政治使命、政治目標、政治追求。馬克思主義政黨具有崇高政治理想、高尚政治追求、純潔政治品質、嚴明政治紀律。如果馬克思主義政黨政治上的先進性喪失了，黨的先進性和純潔性就無從談起。這就是我們把黨的政治建設作爲黨的根本性建設的道理所在。

我們黨有八千九百多萬名黨員和四百五十多萬個基層黨組織，保持和發展馬克思主義政黨的政治屬性不是一件容易

＊ 這是習近平在主持中共十九屆中央政治局第六次集體學習時的講話。

的事，不能指望泛泛抓一抓或者集中火力打幾個戰役就能徹底解決問題。黨的政治建設是一個永恆課題，來不得半點鬆懈。我們黨歷來注重從政治上建設黨。從古田會議[1]上毛澤東同志提出思想建黨、政治建軍原則，到一九四五年黨的七大提出"首先着重在思想上、政治上進行建設，同時也在組織上進行建設"；從新中國成立後毛澤東同志提出"政治工作是一切經濟工作的生命綫"[2]，到改革開放後鄧小平同志強調"到什麼時候都得講政治"[3]，都表明注重從政治上建設黨是我們黨不斷發展壯大、從勝利走向勝利的重要保證。

黨的十八大以來，在全面從嚴治黨實踐中，我們深刻認識到，黨內存在的很多問題都同政治問題相關聯，都是因爲黨的政治建設沒有抓緊、沒有抓實。"治其本，朝令而夕從；救其末，百世不改也。"[4]不從政治上認識問題、解決問題，就會陷入頭痛醫頭、腳痛醫腳的被動局面，就無法從根本上解決問題。正因爲如此，我反復強調，"全面從嚴治黨首先要從政治上看"，"政治問題要從政治上來解決"。我們把黨的政治建設擺上突出位置，在堅定政治信仰、增強"四個意識"、維護黨中央權威和集中統一領導、嚴明黨的政治紀律和政治規矩、加強和規範新形勢下黨內政治生活、淨化黨內政治生態、正風肅紀、反腐懲惡等方面取得明顯成效。實踐使我們深刻認識到，黨的政治建設決定黨的建設方向和效果，不抓黨的政治建設或背離黨的政治建設指引的方向，黨的其他建設就難以取得預期成效。

必須清醒看到，黨的十八大以來黨的政治建設取得了很多成績，但黨內存在的政治問題還沒有得到根本解決。一些同志忽視政治、淡化政治的問題還比較突出，有的"四個意識"不強，有的將黨的領導僅僅停留在口頭上，有的對錯誤言行缺乏政治敏銳性、政治鑑別力和鬥爭精神，有的依然我行我素、無視黨的政治紀律和政治規矩，有的仍然奉行潛規則、把商品交換原則運用到黨內，等等。加強黨的政治建設任重道遠，必須常抓不懈。

關於黨的政治建設，黨的十九大作出了具體部署，我在不同場合也都提過要求，要全面抓好落實。這裏，我再強調幾點。

第一，把準政治方向。政治方向是黨生存發展第一位的問題，事關黨的前途命運和事業興衰成敗。紅軍過草地的時候，伙夫同志一起牀，不問今天有沒有米煮飯，卻先問向南走還是向北走。這說明在紅軍隊伍裏，即便是一名炊事員，也懂得方向問題比吃什麼更重要。如果在方向問題上出現偏離，就會犯顛覆性錯誤。對此，我們必須有十分清醒的認識。

我們所要堅守的政治方向，就是共產主義遠大理想和中國特色社會主義共同理想、"兩個一百年"奮鬥目標，就是黨的基本理論、基本路綫、基本方略。加強黨的政治建設就是要發揮政治指南針作用，引導全黨堅定理想信念、堅定"四個自信"，廓清思想迷霧，澄清模糊認識，排除各種干擾，把全黨智慧和力量凝聚到新時代堅持和發展中國特色社會主義偉大事業中來；就是要推動全黨把堅持正確政治方向貫徹到謀劃重大戰略、制定重大政策、部署重大任務、推進重大工作的實踐中去，經常對表對標，及時校準偏差，堅決糾正偏離和違背黨的政治方向的行為，確保黨和國家各項事業始終沿着正確政治方向發展；就是要把各級黨組織建設成爲堅守正確政治方向的堅强戰鬥堡壘，教育廣大黨員、幹部堅定不移沿着正確政治方向前進。對在政治方向上有問題的人，必須嚴肅批評教育，問題嚴重的要依照黨紀進行處理。

第二，堅持黨的政治領導。中國特色社會主義最本質的特徵是中國共產黨領導，中國特色社會主義制度的最大優勢是中國共產黨領導，黨是最高政治領導力量。没有黨的領導，民族復興必然是空想。歷史和人民把我們黨推到了這樣的位置，我們就要以堅强有力的政治領導承擔起應該承擔的政治責任。

經過黨的十八大以來的艱苦努力，全黨堅持黨的全面領導的意識是明顯增强了。同時，我們也要看到，一到具體工作中，有的地方和單位就落虚落空了。要建立健全堅持和加强黨的全面領導的組織體系、制度體系、工作機制，切實把黨的領導落實到改革發展穩定、内政外交國防、治黨治國治軍等各領域各方面各環節。堅持黨的政治領導，最重要的是堅持黨中央權威和集中統一領導，這要作爲黨的政治建設的首要任務。要引導全黨增强"四個意識"，自覺在思想上政治上行動上同黨中央保持高度一致，確保黨中央一錘定音、定於一尊的權威。高級幹部特別是中央政治局的同志要身體力行，在履職盡責過程中自覺在大局下行動，爲全黨做好表率。

第三，夯實政治根基。人民羣衆擁護和支持是我們黨最可靠的力量源泉。當年，"喚起工農千百萬，同心幹"[5]，爲我們黨依靠人民贏得革命勝利凝聚了强大力量。今天，我們把人民對美好生活的嚮往作爲奮鬥目標，就是爲了凝聚起同心共築中國夢的磅礴力量。

"國以民爲本，社稷亦爲民而立。"[6]加强黨的政治建設，要緊扣民心這個最大的政治，把贏得民心民意、匯集民智民力作爲重要着力點。要站穩人民立場，貫徹黨的羣衆路綫，同人民想在一起、幹在一起，堅決反對"四風"特別是形式主義、官僚主義，始終保持黨同人民羣衆的血肉聯繫。人民羣衆對我們擁護不擁護、支持不支持、滿意不滿意，不僅要看我們是怎麽説的，更要看我們是怎麽做的。實幹方能興邦、實幹方能强國、實幹方能富民。一切不思進取、庸政怠政、明哲保身、得過且過的思想和行爲都是同人民羣衆期盼、同新時代新要求格格不入的。要教育和激勵廣大黨員、幹部鋭意進取、奮發有爲，把精力和心思用在穩增長、促改革、調結構、惠民生、防風險上，用在破難題、克難關、着力解決人民羣衆最關心最直接最現實的利益問題上。對敢抓敢管、真抓實幹、勇於擔當的幹部組織上要爲他們加油鼓勁、撑腰壯膽，對尸位素餐、光説不練、熱衷於對實幹者評頭論足甚至誣告陷害的人要嚴肅批評、嚴格問責，在全黨形成以擔當作爲爲榮、以消極無爲爲恥的濃厚氛圍。

第四，涵養政治生態。政治生態好，黨内就會正氣充盈；政治生態不好，黨内就會邪氣横生。黨的十八大之前一個時期，一些地方和單位政治生態嚴重惡化，渙散了人心、帶壞了社會風氣，極大損害了人民羣衆對黨的信任。黨的十八大以來，黨内政治生態有了明顯好轉，這一點大家都能親身感受到。同時，我們也要看到，黨内政治生活隨意化、形式化、平淡化、庸俗化的問題沒有得到徹底解決。這要引起我們高度重視。

營造良好政治生態是一項長期任務，必須作爲黨的政治建設的基礎性、經常性工作，浚其源、涵其林、養正氣、固根本，鍥而不舍、久久爲功。選人用人是風向標，直接影響着政治生態走向。要把樹立正確選人用人導向作爲重要着力點，突出政治標準。要貫徹落實新形勢下黨內政治生活的若干準則，讓黨員、幹部在黨內政治生活中經常接受政治體檢，打掃政治灰塵，淨化政治靈魂，增强政治免疫力。黨內政治文化"日用而不覺"[7]，潛移默化影響着黨內政治生態。要加强黨內政治文化建設，讓黨所倡導的理想信念、價值理念、優良傳統深入黨員、幹部思想和心靈。要弘揚社會主義核心價值觀，弘揚和踐行忠誠老實、公道正派、實事求是、清正廉潔等價值觀，以良好政治文化涵養風清氣正的政治生態。

第五，防範政治風險。"於安思危，於治憂亂。"[8]我們黨在內憂外患中誕生，在磨難挫折中成長，在戰勝風險挑戰中壯大，始終有着强烈的憂患意識、風險意識。黨的十八大以來，我多次强調要堅持底綫思維，就是要告誡全黨時刻牢記"安而不忘危，存而不忘亡，治而不忘亂"[9]。新形勢下，我國面臨複雜多變的發展和安全環境，各種可以預見和難以預見的風險因素明顯增多，如果得不到及時有效控制也有可能演變爲政治風險。全黨同志特別是各級領導幹部必須增强風險意識，提高防範政治風險能力。

要教育引導各級領導幹部增强政治敏銳性和政治鑑別力，對容易誘發政治問題特別是重大突發事件的敏感因素、苗頭性傾向性問題，做到眼睛亮、見事早、行動快，及時消除各種政治隱患。要高度重視並及時阻斷不同領域風險的轉化通道，避免各領域風險產生交叉感染，防止非公共性風險擴大爲公共性風險、非政治性風險蔓延爲政治風險。要增強鬥爭精神，敢於亮劍、敢於鬥爭，堅決防止和克服嗅不出敵情、分不清是非、辨不明方向的政治麻痹症。

第六，永葆政治本色。最近查處的腐敗案件，有相當一部分發生在黨的十八大以來甚至延續到黨的十九大之後。儘管黨中央三令五申，一些幹部仍然不收手、不收斂，心存僥倖、頂風作案。這表明，反腐敗鬥爭形勢依然嚴峻複雜，鞏固壓倒性態勢、奪取壓倒性勝利的決心必須堅如磐石。加強黨的政治建設，必須以永遠在路上的堅定和執着，堅決把反腐敗鬥爭進行到底，使我們黨永不變質、永不變色。

要持續保持高壓態勢，堅持無禁區、全覆蓋、零容忍，堅持重遏制、強高壓、長震懾，堅持受賄行賄一起查，堅決防止黨內形成利益集團，堅決防範各種利益集團"圍獵"和綁架領導幹部。領導幹部特別是高級幹部要明大德、守公德、嚴私德，做廉潔自律、廉潔用權、廉潔齊家的模範。要織密監督的"天網"，紮緊制度的籠笆，發揮巡視利劍作用，推動全面從嚴治黨向基層延伸，讓人民羣衆真正感受到清正幹部、清廉政府、清明政治就在身邊、就在眼前。

第七，提高政治能力。黨的政治建設落實到幹部隊伍建設上，就要不斷提高各級領導幹部特別是高級幹部把握方向、把握大勢、把握全局的能力，辨別政治是非、保持政治定力、駕馭政治局面、防範政治風險的能力。提高政治能力，很重要的一條就是要善於從政治上分析問題、解決問題。只有從政治上分析問題才能看清本質，只有從政治上解決問題才能抓住根本。各級領導幹部特別是高級幹部要煉就一雙政治慧眼，不畏浮雲遮望眼，切實擔負起黨和人民賦予的政治責任。

註　釋

〔1〕古田會議，指一九二九年十二月在福建上杭縣古田村召開的中國共產黨紅軍第四軍第九次代表大會。這次會議確立了中國共產黨思想建黨、政治建軍的原則。

〔2〕見毛澤東《〈中國農村的社會主義高潮〉按語選》（《毛澤東文集》第六卷，人民出版社一九九九年版，第449頁）。

〔3〕見鄧小平《視察天津時的談話》（《鄧小平文選》第三卷，人民出版社一九九三年版，第166頁）。

〔4〕見北宋蘇軾《關隴游民私鑄錢與江淮漕卒爲盜之由》。

〔5〕見毛澤東《漁家傲·反第一次大"圍剿"》（《毛澤東詩詞集》，中央文獻出版社一九九六年版，第33頁）。

〔6〕見南宋朱熹《四書章句集註·孟子集註·盡心章句下》。

〔7〕見唐代吳仲舒《南風之薰賦》。

〔8〕見清代魏源《默觚·學篇七》。

〔9〕見《周易·繫辭下》。

帶頭做到"兩個維護"，着力推進中央和國家機關黨的政治建設[*]

（二〇一九年七月九日）

　　帶頭做到"兩個維護"，是加强中央和國家機關黨的建設的首要任務。"不忘初心、牢記使命"主題教育一個重要目的就是錘鍊黨員、幹部特別是黨員領導幹部忠誠乾淨擔當的政治品格，確保全黨思想統一、步調一致。

　　中央和國家機關必須牢固樹立政治機關的意識。各部門各單位職責分工不同，但都不是單純的業務機關。中央和國家機關是踐行"兩個維護"的第一方陣。如果黨的理論和路綫方針政策在這裏失之毫釐，到了基層就可能謬以千里；如果貫徹落實的第一棒就掉了鏈子，"兩個維護"在"最先一公里"就可能落空。中央和國家機關廣大黨員、幹部特別是黨員領導幹部、一把手做工作要首先自覺同黨的基本理論、基本路綫、基本方略對標對表，同黨中央決策部署對標對表，提高政治站位，把準政治方向，堅定政治立場，明確政治態度，嚴守政治紀律，經常校正偏差，做到黨中央提倡的堅決

　　＊ 這是習近平在中央和國家機關黨的建設工作會議上講話的一部分。

響應、黨中央決定的堅決照辦、黨中央禁止的堅決杜絕，決不能在政治方向上走偏了。

"兩個維護"的內涵是特定的、統一的，全黨看齊只能向黨中央看齊，不能在部門打着維護黨中央權威的旗號損害民主集中制。黨員、幹部不論做什麼工作、級別多高，都是黨的幹部、組織的人，要牢記第一職責是爲黨工作，重要提法都要同黨中央對表。凡是重大問題、重要事項、重要工作進展情況，都必須按規定及時請示報告黨中央。

講政治是具體的，"兩個維護"要體現在堅決貫徹黨中央決策部署的行動上，體現在履職盡責、做好本職工作的實效上，體現在黨員、幹部的日常言行上。戰爭年代，黨中央和毛主席用電臺指揮全黨全軍，"嘀嗒、嘀嗒"就是黨中央和毛主席的聲音，全黨全軍都無條件執行。大家想想，如果黨中央發出的號令沒人聽，做不到令行禁止，那還談什麼維護黨中央權威和集中統一領導！

帶頭做到"兩個維護"，從根本上講就是要做到對黨忠誠。忠誠必須體現到對黨的信仰的忠誠上，體現到對黨組織的忠誠上，體現到對黨的理論和路綫方針政策的忠誠上。對黨忠誠必須始於足下。如果連本職工作都沒做好，不擔當不作爲，把黨組織交給的"責任田"撂荒了甚至弄丟了，那就根本談不上"兩個維護"！

新形勢下，要大力加强對黨忠誠教育，發揮中央和國家機關紅色資源優勢，完善重溫入黨誓詞、入黨志願書等活動，形成具有中央和國家機關特點的黨內政治文化。要把學習宣傳先進典型作爲深化主題教育的重要抓手，同模範機關創建活動結合起來，引導黨員、幹部見賢思齊。黨員領導幹部要把對黨忠誠納入家庭家教家風建設，引導親屬子女堅決聽黨話、跟黨走。

帶頭做到"兩個維護"，既要體現高度的理性認同、情感認同，又要有堅決的維護定力和能力。提高政治定力和政治能力，要靠學習，更要靠政治歷練和實踐鍛鍊。我一直强調，中華民族偉大復興絕不是輕輕鬆鬆、敲鑼打鼓就能實現的。要戰勝前進道路上的各種風險挑戰，没有鬥爭精神不行。當年抗美援朝，毛主席用詩意的語言總結勝利之道：敵人是鋼多氣少，我們是鋼少氣多。中央和國家機關黨員領導幹部要堅持底綫思維、增强憂患意識、發揚鬥爭精神，善於預見形勢發展走勢和隱藏其中的風險挑戰，在防範化解風險上勇於擔責、善於履責、全力盡責。

三、完善和發展我國國家制度和治理體系

繼續完善黨和國家機構職能體系[*]

（二〇一九年七月五日）

深化黨和國家機構改革是對黨和國家組織結構和管理體制的一次系統性、整體性重構。我們整體性推進中央和地方各級各類機構改革，重構性健全黨的領導體系、政府治理體系、武裝力量體系、羣團工作體系，系統性增強黨的領導力、政府執行力、武裝力量戰鬥力、羣團組織活力，適應新時代要求的黨和國家機構職能體系主體框架初步建立，爲完善和發展中國特色社會主義制度、推進國家治理體系和治理能力現代化提供了有力組織保障。要認真總結深化黨和國家機構改革取得的重大成效和寶貴經驗，鞏固機構改革成果，繼續完善黨和國家機構職能體系，推進國家治理體系和治理能力現代化。

深化黨和國家機構改革，是貫徹落實黨的十九大決策部署的一個重要舉措，是全面深化改革的一個重大動作，是推進國家治理體系和治理能力現代化的一次集中行動。黨的十九屆三中全會閉幕後，各地區各部門堅決貫徹黨中央決策部署，加大統的力度、明確改的章法、做好人的工作、執行嚴的紀律，短短一年多時間，十九屆三中全會部署的改革任務

---

* 這是習近平在深化黨和國家機構改革總結會議上的講話要點。

總體完成，取得一系列重要理論成果、制度成果、實踐成果。加強黨的全面領導得到有效落實，維護黨的集中統一領導的機構職能體系更加健全；黨和國家機構履職更加順暢高效，各類機構設置和職能配置更加適應統籌推進"五位一體"總體佈局和協調推進"四個全面"戰略佈局需要；省市縣主要機構設置和職能配置同中央保持基本對應，構建起從中央到地方運行順暢、充滿活力的工作體系；跨軍地改革順利推進；同步推進相關各類機構改革，改革整體效應進一步增強。

在深化黨和國家機構改革中，我們探索和積累了寶貴經驗，就是堅持黨對機構改革的全面領導，堅持不立不破、先立後破，堅持推動機構職能優化協同高效，堅持中央和地方一盤棋，堅持改革和法治相統一相協調，堅持把思想政治工作貫穿改革全過程。實踐證明，黨中央關於深化黨和國家機構改革的戰略決策是完全正確的，改革的組織實施是堅強有力的，充分體現出全黨高度的思想自覺、政治自覺、行動自覺，充分反映出黨的十八大以來全面從嚴治黨產生的良好政治效應，充分彰顯黨的集中統一領導和我國社會主義制度的政治優勢。

完成組織架構重建、實現機構職能調整，只是解決了"面"上的問題，真正要發生"化學反應"，還有大量工作要做。要以堅持和加強黨的全面領導為統領，以推進黨和國家機構職能優化協同高效為着力點，把機構職責調整優化同健全完善制度機制有機統一起來、把加強黨的長期執政能力建設同提高國家治理水平有機統一起來，繼續鞏固機構改革成果。要健全黨對重大工作的領導體制，決策議事協調機構重點是謀大事、議大事、抓大事，黨的工作機關要帶頭堅持和加強黨的全面領導，更好發揮職能作用，嚴明政治紀律和政治規矩。要加強黨政機構職能統籌，發揮好黨的職能部門統一歸口協調管理職能，統籌本領域重大工作。要提高機構履職盡責能力和水平，各部門要嚴格依照"三定"[1]規定履職盡責，聚焦主責主業，突出重點關鍵，自覺在大局下思考、在大局下行動，緊緊圍繞人民日益增長的美好生活需要履好職、盡好責。要發揮好中央和地方兩個積極性，確保黨中央集中統一領導和國家制度統一、政令統一，中央和國家機關要做好對本行業本系統的指導和監督，地方在堅決貫徹黨中央決策部署的同時，要發揮主觀能動性，結合地方實際創造性開展工作。要推進相關配套改革，按照加快推進政事分開、事企分開、管辦分離的原則，深化事業單位改革，着力加強綜合行政執法隊伍建設，強化基層社會管理和公共服務職能，完善機構改革配套政策。要推進機構編制法定化，依法管理各類組織機構，繼續從嚴從緊控制機構編制。要增強幹事創業敢擔當的本領，準確把握新機構新職能提出的新要求，結合正在開展的"不忘初心、牢記使命"主題教育，教育引導廣大黨員、幹部自覺在思想上政治上行動上同黨中央保持高度一致，堅守人民立場，錘鍊忠誠乾淨擔當的政治品格，保持只爭朝夕、奮發有為的奮鬥姿態和越是艱險越向前的鬥爭精神，以釘釘子精神抓好工作落實。

深化黨和國家機構改革是放在全面深化改革大盤子裏謀劃推進的，是我們打的一次全面深化改革的戰略性戰役。要用好機構改革創造的有利條件，推動全面深化改革向縱深發展，以深化黨和國家機構改革新成效，推動開創全面深化改革新局面。全面完成黨的十八屆三中全會部署的改革舉措，是擺在我們面前的硬任務。現在距離二〇二〇年在重要領域和關鍵環節改革取得決定性成果僅有一年多時間。我們要乘勢而上、盡銳出戰，繼續打硬仗、啃硬骨頭，集中力量突破重要領域和關鍵環節改革。

要結合深化黨和國家機構改革，健全黨領導改革工作的體制機制，完善改革領導決策、推動落實機制，加強中央和地方、牽頭部門和參與部門、主體改革和配套方案、改革舉措和法治保障、試點探索和總結推廣、改革任務推進和機構職能調整的配套聯動，打好改革組合拳。要保持改革戰略定力，推動改革更好服務經濟社會發展大局。在謀劃改革發展思路、解決突出矛盾問題、防範風險挑戰、激發創新活力上下功夫，正確處理改革發展穩定關係，堅持黨的領導和尊重人民首創精神相結合，注重改革的系統性、整體性、協同性，統籌各領域改革進展，形成整體效應。要推動改革往實裏走，確保改革方案成色和實施成效。形勢在變、任務在變、工作要求也在變，必須準確識變、科學應變、主動求變，把解決實際問題作爲制定改革方案的出發點，把關係經濟社會發展全局的改革、涉及重大制度創新的改革、有利於提升羣衆獲得感的改革放在突出位置，優先抓好落實。要推進改革成果系統集成，做好成果梳理對接，從整體上推動各項制度更加成熟更加定型。

註　釋

〔1〕"三定"，指機構設置、職能配置、人員編制規定。

關於《中共中央關於堅持和完善中國特色社會主義制度、推進國家治理體系和治理能力現代化若干重大問題的決定》的説明[*]

（二〇一九年十月二十八日）

受中央政治局委託，我就《中共中央關於堅持和完善中國特色社會主義制度、推進國家治理體系和治理能力現代化若干重大問題的決定》起草情況向全會作説明。

一、決定稿起草背景和考慮

我們剛剛慶祝了中華人民共和國成立七十周年。新中國七十年取得的歷史性成就充分證明，中國特色社會主義制度是當代中國發展進步的根本保證。從黨和國家事業發展的全局和長遠出發，中央政治局決定這次中央全會專題研究堅持和完善中國特色社會主義制度、推進國家治理體系和治理能

---

[*] 這是習近平在中共十九屆四中全會上所作的説明。

力現代化問題，主要有以下幾方面考慮。

第一，這是實現"兩個一百年"奮鬥目標的重大任務。建設社會主義現代化國家、實現中華民族偉大復興，是我們黨孜孜以求的宏偉目標。自成立以來，我們黨就團結帶領人民爲此進行了不懈奮鬥。隨着改革開放逐步深化，我們黨對制度建設的認識越來越深入。一九八〇年，鄧小平同志在總結"文化大革命"的教訓時就指出："領導制度、組織制度問題更帶有根本性、全局性、穩定性和長期性。""制度好可以使壞人無法任意橫行，制度不好可以使好人無法充分做好事，甚至會走向反面。"[1]一九九二年，鄧小平同志在南方談話中說："恐怕再有三十年的時間，我們才會在各方面形成一整套更加成熟、更加定型的制度。"[2]黨的十四大提出："在九十年代，我們要初步建立起新的經濟體制，實現達到小康水平的第二步發展目標。再經過二十年的努力，到建黨一百周年的時候，我們將在各方面形成一整套更加成熟更加定型的制度。"黨的十五大、十六大、十七大都對制度建設提出明確要求。

黨的十八大以來，我們黨把制度建設擺到更加突出的位置，強調"全面建成小康社會，必須以更大的政治勇氣和智慧，不失時機深化重要領域改革，堅決破除一切妨礙科學發展的思想觀念和體制機制弊端，構建系統完備、科學規範、運行有效的制度體系，使各方面制度更加成熟更加定型"。黨的十八屆三中全會首次提出"推進國家治理體系和治理能力現代化"這個重大命題，並把"完善和發展中國特色社會主義制度、推進國家治理體系和治理能力現代化"確定爲全面深化改革的總目標。黨的十八屆五中全會進一步強調，"十三五"時期要實現"各方面制度更加成熟更加定型"，"國家治理體系和治理能力現代化取得重大進展，各領域基礎性制度體系基本形成"。

黨的十九大作出到本世紀中葉把我國建成富強民主文明和諧美麗的社會主義現代化強國的戰略安排，其中制度建設和治理能力建設的目標是：到二〇三五年，"各方面制度更加完善，國家治理體系和治理能力現代化基本實現"；到本世紀中葉，"實現國家治理體系和治理能力現代化"。黨的十九屆二中、三中全會分別就修改憲法和深化黨和國家機構改革作出部署，在制度建設和治理能力建設上邁出了新的重大步伐。黨的十九屆三中全會指出："我們黨要更好領導人民進行偉大鬥爭、建設偉大工程、推進偉大事業、實現偉大夢想，必須加快推進國家治理體系和治理能力現代化，努力形成更加成熟、更加定型的中國特色社會主義制度。這是擺在我們黨面前的一項重大任務。"現在，我們黨有必要對堅持和完善中國特色社會主義制度、推進國家治理體系和治理能力現代化進行系統總結，提出與時俱進完善和發展的前進方向和工作要求。

第二，這是把新時代改革開放推向前進的根本要求。在改革開放四十多年歷程中，黨的十一屆三中全會是劃時代的，開啟了改革開放和社會主義現代化建設歷史新時期；黨的十八屆三中全會也是劃時代的，開啟了全面深化改革、系統整體設計推進改革的新時代，開創了我國改革開放的新局面。黨的十八屆三中全會推出三百三十六項重大改革舉措。經過五年多的努力，重要領域和關鍵環節改革成效顯著，主要領域基礎性制度體系基本形成，爲推進國家治理體系和治理能力現代化打下了堅實基礎。同時，也要看到，這些改革舉措有的尚未完成，有的甚至需要相當長的時間去落實，我們已經啃下了不少硬骨頭但還有許多硬骨頭要啃，我們攻克了不少難關但還有許多難關要攻克，我們決不能停下腳步，決不能有鬆口氣、歇歇腳的想法。我在慶祝改革開放四十周年大會上強調，要"堅持方向不變、道路不偏、力度不減，推動新時代改革開放走得更穩、走得更遠"。這就要求從全面建設社會主義現代化國家的戰略需要出發，對全面深化改革工作進一步作出部署。

相比過去，新時代改革開放具有許多新的内涵和特點，其中很重要的一點就是制度建設分量更重，改革更多面對的是深層次體制機制問題，對改革頂層設計的要求更高，對改革的系統性、整體性、協同性要求更强，相應地建章立制、構建體系的任務更重。新時代謀劃全面深化改革，必須以堅持和完善中國特色社會主義制度、推進國家治理體系和治理能力現代化爲主軸，深刻把握我國發展要求和時代潮流，把制度建設和治理能力建設擺到更加突出的位置，繼續深化各領域各方面體制機制改革，推動各方面制度更加成熟更加定型，推進國家治理體系和治理能力現代化。

第三，這是應對風險挑戰、贏得主動的有力保證。古人講，"天下之勢不盛則衰，天下之治不進則退"[3]。當今世界正經歷百年未有之大變局，國際形勢複雜多變，改革發展穩定、内政外交國防、治黨治國治軍各方面任務之繁重前所未有，我們面臨的風險挑戰之嚴峻前所未有。這些風險挑戰，有的來自國內，有的來自國際，有的來自經濟社會領域，有的來自自然界。我們要打贏防範化解重大風險攻堅戰，必須堅持和完善中國特色社會主義制度、推進國家治理體系和治理能力現代化，運用制度威力應對風險挑戰的衝擊。

基於上述考慮，今年二月二十八日、三月二十九日，中央政治局常委會、中央政治局先後召開會議，決定黨的十九屆四中全會專題研究堅持和完善中國特色社會主義制度、推進國家治理體系和治理能力現代化問題，並決定成立文件起草組，在中央政治局常委會領導下進行文件起草工作。

二、起草過程

今年四月三日，文件起草組召開第一次全體會議，文件起草工作正式啟動。四月七日，黨中央發出通知，就全會議題徵求各地區各部門意見和建議。各方面共反饋意見一百零九份，大家就堅持和完善中國特色社會主義制度、推進國家治理體系和治理能力現代化的重大成就和歷史經驗、必須堅持的重大原則和根本制度、基本制度、重要制度以及面臨的主要問題和重大任務、需要採取的重要舉措等提出了不少有價值的意見和建議。

各方面認為，在慶祝中華人民共和國成立七十周年之際，黨的十九屆四中全會重點研究堅持和完善中國特色社會主義制度、推進國家治理體系和治理能力現代化問題並作出決定，體現了黨中央高瞻遠矚的戰略眼光和強烈的歷史擔當，對決勝全面建成小康社會、全面建設社會主義現代化國家，對鞏固黨的執政地位、確保黨和國家長治久安，具有重大而深遠的意義。

文件起草組成立六個多月來，認真研讀相關重要文獻，系統總結我國革命、建設、改革進程中的制度演變、制度創新，特別是深入總結黨的十八大以來黨中央領導全黨全國人民堅持和完善中國特色社會主義制度、推進國家治理體系和治理能力現代化取得的重大理論成果、實踐成果、制度成果，整理消化各方面反饋的意見和建議，開展專題研究，反復討論修改決定稿。

根據中央政治局會議決定，九月初，決定徵求意見稿下發黨內一定範圍徵求意見，包括徵求部分黨內老同志意見。各方面認真組織學習討論，各地區各部門共反饋意見一百一十八份。九月二十五日，我主持召開黨外人士座談會，當面聽取了各民主黨派中央、全國工商聯負責人和無黨派人士意見，與會同志提交了十份發言材料。

文件起草組對收到的所有意見和建議進行了認真整理。經匯總，各方面共提出修改意見一千九百四十八條，扣除重複意見後爲一千七百五十五條，其中原則性意見三百八十條，具體修改意見一千三百七十五條。

從徵求意見反饋情況看，各方面對決定稿給予充分肯定。大家一致認爲，決定稿準確把握我國國家制度和國家治理體系的演進方向和規律，突出堅持和完善黨的領導制度，抓住了國家治理的關鍵和根本；突出守正創新、開拓進取，彰顯了中國特色社會主義制度自信；突出系統集成、協同高效，體現了強烈的問題導向和鮮明的實踐特色。決定稿回答了"堅持和鞏固什麼、完善和發展什麼"這個重大政治問題，既闡明了必須牢牢堅持的重大制度和原則，又部署了推進制度建設的重大任務和舉措，堅持根本制度、基本制度、重要制度相銜接，統籌頂層設計和分層對接，統籌制度改革和制度運行，體現了總結歷史和面向未來的統一、保持定力和改革創新的統一、問題導向和目標導向的統一，必將對推動各方面制度更加成熟更加定型、把我國制度優勢更好轉化為國家治理效能産生重大而深遠的影響。

在徵求意見過程中，各方面提出了許多好的意見和建議，主要有以下幾個方面。一是建議在概括出的我國國家制度和國家治理體系的顯著優勢中，增寫全面深化改革、全面依法治國的內容。二是建議對完善科技制度加以突出強調，以充分發揮科技創新引領作用。三是建議更加重視保障糧食安全、鄉村振興、農業農村優先發展等重要制度安排。四是建議更加重視運用人工智能、互聯網、大數據等現代信息技術手段提升治理能力和治理現代化水平。五是建議圍繞堅持黨管幹部原則，就完善幹部管理制度、激勵幹部擔當作為和狠抓落實、培養幹部鬥爭精神和鬥爭本領提出要求。六是建議加強我國國家制度和國家治理體系的理論研究和宣傳教育。七是建議把貫徹落實這次全會精神同推動黨的十八大以來黨中央部署的各項改革任務緊密結合起來，形成一體推動、一體落實的整體部署和工作機制。

黨中央責成文件起草組認真研究和吸納各方面意見和建議。文件起草組逐條分析各方面所提意見和建議，力求做到能吸收的儘量吸收。經反復研究推敲，對決定稿作出增寫、改寫、文字精簡二百八十三處，覆蓋各方面意見和建議四百三十六條。

決定稿起草期間，中央政治局常委會召開三次會議，中央政治局召開兩次會議進行審議，形成了提交這次全會審議的決定稿。

三、決定稿的基本框架

決定稿總體考慮是，緊扣"堅持和完善中國特色社會主義制度、推進國家治理體系和治理能力現代化"這個主題，從黨的十九大確立的戰略目標和重大任務出發，着眼於堅持和鞏固中國特色社會主義制度、確保黨長期執政和國家長治久安，着眼於完善和發展中國特色社會主義制度、全面建設社會主義現代化國家，着眼於充分發揮中國特色社會主義制度優越性、推進國家治理體系和治理能力現代化，全面總結黨領導人民在我國國家制度建設和國家治理方面取得的成就、積累的經驗、形成的原則，重點闡述堅持和完善支撐中國特色社會主義制度的根本制度、基本制度、重要制度，部署需要深化的重大體制機制改革、需要推進的重點工作任務。

決定稿由十五部分構成，分爲三大板塊。第一板塊爲第一部分，是總論，主要闡述中國特色社會主義制度和國家治理體系發展的歷史性成就、顯著優勢，提出新時代堅持和完善中國特色社會主義制度、推進國家治理體系和治理能力現代化的重大意義和總體要求。第二板塊爲分論，聚焦堅持和完善支撐中國特色社會主義制度的根本制度、基本制度、重要制度，安排了十三個部分，明確了各項制度必須堅持和鞏固的根本點、完善和發展的方向，並作出工作部署。第三板塊爲第十五部分和結束語，主要就加強黨對堅持和完善中國特色社會主義制度、推進國家治理體系和治理能力現代化的領導提出要求。

希望同志們深刻領會黨中央精神，緊緊圍繞"堅持和鞏固什麼、完善和發展什麼"進行討論，提出建設性的修改意見和建議，共同把這次全會開好。

註　　釋

〔1〕見鄧小平《黨和國家領導制度的改革》（《鄧小平文選》第二卷，人民出版社一九九四年版，第 333 頁）。

〔2〕見鄧小平《在武昌、深圳、珠海、上海等地的談話要點》（《鄧小平文選》第三卷，人民出版社一九九三年版，第 372 頁）。

〔3〕見南宋呂祖謙《東萊博議·葵丘之會》。

堅持和完善中國特色社會主義制度、推進國家治理體系和治理能力現代化[*]

（二〇一九年十月三十一日）

這次全會聽取了中央政治局工作報告，分析了當前形勢和任務，審議通過了《中共中央關於堅持和完善中國特色社會主義制度、推進國家治理體系和治理能力現代化若干重大問題的決定》，圓滿完成了各項議程。

堅持和完善中國特色社會主義制度、推進國家治理體系和治理能力現代化，是關係黨和國家事業興旺發達、國家長治久安、人民幸福安康的重大問題。黨中央決定用一次全會就這個重大問題進行研究部署，是從政治上、全局上、戰略上全面考量，立足當前、着眼長遠作出的重大決策。這次全會通過的決定，全面回答了在我國國家制度和國家治理體系上應該堅持和鞏固什麼、完善和發展什麼這個重大政治問題，是一篇馬克思主義的綱領性文獻，也是一篇馬克思主義的政

＊ 這是習近平在中共十九屆四中全會第二次全體會議上講話的一部分。

治宣言書。全黨要把思想和行動統一到全會精神上來，把學習貫徹全會精神作爲一項重要政治任務抓好抓實。

下面，我代表中央政治局，就學習貫徹全會精神講幾點意見。

一、堅定中國特色社會主義制度自信

古人説："凡將立國，制度不可不察也。"[1] 制度優勢是一個國家的最大優勢，制度競爭是國家間最根本的競爭。制度穩則國家穩。新中國成立七十年來，中華民族之所以能迎來從站起來、富起來到強起來的偉大飛躍，最根本的是因爲黨領導人民建立和完善了中國特色社會主義制度，形成和發展了黨的領導和經濟、政治、文化、社會、生態文明、軍事、外事等各方面制度，不斷加強和完善國家治理。

一個國家選擇什麼樣的國家制度和國家治理體系，是由這個國家的歷史文化、社會性質、經濟發展水平決定的。中國特色社會主義制度和國家治理體系不是從天上掉下來的，而是在中國的社會土壤中生長起來的，是經過革命、建設、改革長期實踐形成的，是馬克思主義基本原理同中國具體實際相結合的產物，是理論創新、實踐創新、制度創新相統一的成果，凝結着黨和人民的智慧，具有深刻的歷史邏輯、理論邏輯、實踐邏輯。

第一，中國特色社會主義制度和國家治理體系具有深厚的歷史底蘊。在幾千年的歷史演進中，中華民族創造了燦爛的古代文明，形成了關於國家制度和國家治理的豐富思想，包括大道之行、天下爲公的大同理想，六合同風、四海一家的大一統傳統，德主刑輔、以德化人的德治主張，民貴君輕、政在養民的民本思想，等貴賤均貧富、損有餘補不足的平等觀念，法不阿貴、繩不撓曲的正義追求，孝悌忠信、禮義廉恥的道德操守，任人唯賢、選賢與能的用人標準，周雖舊邦、其命維新的改革精神，親仁善鄰、協和萬邦的外交之道，以和爲貴、好戰必亡的和平理念，等等。這些思想中的精華是中華優秀傳統文化的重要組成部分，也是中華民族精神的重要內容。馬克思主義傳入中國後，科學社會主義的主張受到中國人民熱烈歡迎，並最終扎根中國大地、開花結果，決不是偶然的，而是同我國傳承了幾千年的優秀歷史文化和廣大人民日用而不覺的價值觀念融通的。馬克思對我國古代農民起義提出的具有社會主義因素的革命口號有過敏銳的觀察。他說，"中國社會主義之於歐洲社會主義，也許就像中國哲學與黑格爾哲學一樣"[2]。

中國在人類發展史上曾經長期處於領先地位，自古以來逐步形成了一整套包括朝廷制度、郡縣制度、土地制度、稅賦制度、科舉制度、監察制度、軍事制度等各方面制度在內的國家制度和國家治理體系，爲周邊國家和民族所學習和模仿。進入近代以後，封建統治腐朽無能，帝國主義列強入侵，導致中國逐步成爲半殖民地半封建社會，統治中國幾千年的君主專制制度陷入全面危機。面對日益深重的政治危機和民族危機，無數仁人志士爲改變中國前途命運，開始探尋新的國家制度和國家治理體系，嘗試了君主立憲制、議會制、多黨制、總統制等各種制度模式，但都以失敗而告終。

　　只有在中國共產黨成立後，中國人民和中華民族才找到了實現民族獨立、人民解放和國家富強、人民幸福的正確道路。新民主主義革命時期，我們黨團結帶領人民在根據地創建人民政權，探索建立新民主主義經濟、政治、文化制度，為新中國建立人民當家作主的新型國家制度積累了寶貴經驗。奪取全國政權後，我們黨團結帶領人民制定《共同綱領》、一九五四年憲法，確定了國體、政體、國家結構形式，建立了國家政權組織體系。我們黨進而團結帶領人民進行社會主義改造，確立了社會主義基本制度，成功實現了中國歷史上最深刻最偉大的社會變革，為當代中國一切發展進步奠定了根本政治前提和制度基礎。改革開放以來，我們黨團結帶領人民開創了中國特色社會主義，不斷完善中國特色社會主義制度和國家治理體系，使當代中國煥發出前所未有的生機活力。

　　總起來說，中國特色社會主義制度和國家治理體系是以馬克思主義為指導、植根中國大地、具有深厚中華文化根基、深得人民擁護的制度和治理體系，是黨和人民長期奮鬥、接力探索、歷盡千辛萬苦、付出巨大代價取得的根本成就，我們必須倍加珍惜，毫不動搖堅持、與時俱進發展。

　　第二，中國特色社會主義制度和國家治理體系具有多方面的顯著優勢。全會系統總結我國國家制度和國家治理體系的發展成就和顯著優勢，目的就是推動全黨全國各族人民堅定制度自信，使我國國家制度和國家治理體系多方面的顯著優勢更加充分地發揮出來。長期保持並不斷增強這些優勢，是我們在新時代堅持和完善中國特色社會主義制度、推進國家治理體系和治理能力現代化的努力方向。

看一個制度好不好、優越不優越，要從政治上、大的方面去評判和把握。鄧小平同志一九八〇年在《黨和國家領導制度的改革》中說過，"我們進行社會主義現代化建設，是要在經濟上趕上發達的資本主義國家，在政治上創造比資本主義國家的民主更高更切實的民主，並且造就比這些國家更多更優秀的人才"，"黨和國家的各種制度究竟好不好，完善不完善，必須用是否有利於實現這三條來檢驗"。二〇一四年，我在慶祝全國人民代表大會成立六十周年大會上也說過："評價一個國家政治制度是不是民主的、有效的，主要看國家領導層能否依法有序更替，全體人民能否依法管理國家事務和社會事務、管理經濟和文化事業，人民群眾能否暢通表達利益要求，社會各方面能否有效參與國家政治生活，國家決策能否實現科學化、民主化，各方面人才能否通過公平競爭進入國家領導和管理體系，執政黨能否依照憲法法律規定實現對國家事務的領導，權力運用能否得到有效制約和監督。"

我國國家制度和國家治理體系之所以具有多方面的顯著優勢，很重要的一點就在於我們黨在長期實踐探索中，堅持把馬克思主義基本原理同中國具體實際相結合，把開拓正確道路、發展科學理論、建設有效制度有機統一起來，用中國化的馬克思主義、發展着的馬克思主義指導國家制度和國家治理體系建設，不斷深化對共產黨執政規律、社會主義建設規律、人類社會發展規律的認識，及時把成功的實踐經驗轉化爲制度成果，使我國國家制度和國家治理體系既體現了科學社會主義基本原則，又具有鮮明的中國特色、民族特色、時代特色。

　　始終代表最廣大人民根本利益，保證人民當家作主，體現人民共同意志，維護人民合法權益，是我國國家制度和國家治理體系的本質屬性，也是我國國家制度和國家治理體系有效運行、充滿活力的根本所在。我國國家制度和國家治理體系始終着眼於實現好、維護好、發展好最廣大人民根本利益，着力保障和改善民生，使改革發展成果更多更公平惠及全體人民，因而可以有效避免出現黨派紛爭、利益集團偏私、少數政治"精英"操弄等現象，具有無可比擬的先進性。

　　我們從來不排斥任何有利於中國發展進步的他國國家治理經驗，而是堅持以我爲主、爲我所用，去其糟粕、取其精華。比如，在社會主義建設時期，我國國家制度和國家治理體系就借鑑吸收了蘇聯的許多有益經驗。改革開放以來，我們不斷擴大對外開放，把社會主義制度和市場經濟有機結合起來，既充分發揮市場在資源配置中的決定性作用，又更好發揮政府作用，極大解放和發展了社會生產力，極大解放和增強了社會活力。

　　科學社會主義和空想社會主義的一大區別，就在於它不是一成不變的教條，而是把社會主義看作一個不斷完善和發展的實踐過程。"文化大革命"結束後，鄧小平同志説過："我們的黨和人民浴血奮鬥多年，建立了社會主義制度。儘管這個制度還不完善，又遭受了破壞，但是無論如何，社會主義制度總比弱肉强食、損人利己的資本主義制度好得多。我們的制度將一天天完善起來，它將吸收我們可以從世界各國吸收的進步因素，成爲世界上最好的制度。這是資本主義所絕對不可能做到的。"[3] 四十多年的改革開放有力推動中國特色社會主義制度和國家治理體系在革除體制機制弊端的過程中不斷走向成熟，特別是黨的十八大以來，我們全面深化改革，充分顯示出我國國家制度和國家治理體系的強大自我完善能力。可以預期，隨着全面深化改革向縱深推進，我國國家制度和國家治理體系必將在國際競爭中贏得更大的比較優勢，展現出更爲旺盛的生機活力。

第三，中國特色社會主義制度和國家治理體系具有豐富的實踐成果。"聽言不如觀事，觀事不如觀行。"〔4〕我國國家制度和國家治理體系管不管用、有沒有效，實踐是最好的試金石。新中國成立七十年來，我們黨領導人民創造了世所罕見的兩大奇迹。一是經濟快速發展奇迹。我國大踏步趕上時代，用幾十年時間走完了發達國家幾百年走過的工業化進程，躍升爲世界第二大經濟體，綜合國力、科技實力、國防實力、文化影響力、國際影響力顯著提升，人民生活顯著改善，中華民族以嶄新姿態屹立於世界的東方。二是社會長期穩定奇迹。我國長期保持社會和諧穩定、人民安居樂業，成爲國際社會公認的最有安全感的國家之一。可以說，在人類文明發展史上，除了中國特色社會主義制度和國家治理體系外，沒有任何一種國家制度和國家治理體系能夠在這樣短的歷史時期内創造出我國取得的經濟快速發展、社會長期穩定這樣的奇迹。

我們既要堅持好、鞏固好經過長期實踐檢驗的我國國家制度和國家治理體系，又要完善好、發展好我國國家制度和國家治理體系，不斷把我國制度優勢更好轉化爲國家治理效能。

我反復講，鞋子合不合腳，只有穿的人才知道。中國特色社會主義制度好不好、優越不優越，中國人民最清楚，也最有發言權。我們在這個重大政治問題上一定要有定力、有主見，決不能自失主張、自亂陣腳。全黨同志特別是各級領導幹部做政治上的明白人，很重要的一條就是任何時候任何情況下都要堅定中國特色社會主義道路自信、理論自信、制度自信、文化自信，真正做到"千磨萬擊還堅勁，任爾東西南北風"〔5〕。

二、抓好全會精神貫徹落實

這次全會對堅持和完善中國特色社會主義制度、推進國家治理體系和治理能力現代化作出了全面部署，提出了明確要求。我們要科學謀劃、精心組織，遠近結合、整體推進，確保全會確定的各項目標任務全面落實到位。要抓好三件事，一是堅持和鞏固，二是完善和發展，三是遵守和執行。

第一，毫不動搖堅持和鞏固中國特色社會主義制度。中國特色社會主義制度是一個嚴密完整的科學制度體系，起四梁八柱作用的是根本制度、基本制度、重要制度，其中具有統領地位的是黨的領導制度。黨的領導制度是我國的根本領導制度。黨的十八大以來，我們鮮明提出"中國特色社會主義最本質的特徵是中國共產黨領導，中國特色社會主義制度的最大優勢是中國共產黨領導，黨是最高政治領導力量"。這次全會強調，"必須堅持黨政軍民學、東西南北中，黨是領導一切的，堅決維護黨中央權威，健全總攬全局、協調各方的黨的領導制度體系，把黨的領導落實到國家治理各領域各方面各環節"。這是黨領導人民進行革命、建設、改革最可寶貴的經驗。我們推進各方面制度建設、推動各項事業發展、加强和改進各方面工作，都必須堅持黨的領導，自覺貫徹黨總攬全局、協調各方的根本要求。

這次全會總結實踐經驗，在我們黨已經明確的根本制度、基本制度、重要制度的基礎上作出一些新的概括，比如，把社會主義基本經濟制度確定爲"公有制爲主體、多種所有制經濟共同發展，按勞分配爲主體、多種分配方式並存，社會主義市場經濟體制等社會主義基本經濟制度"，明確提出"堅持馬克思主義在意識形態領域指導地位的根本制度"，對中國特色社會主義法治體系、中國特色社會主義行政體制、繁榮發展社會主義先進文化的制度、統籌城鄉的民生保障制度、共建共治共享的社會治理制度、生態文明制度體系、黨對人民軍隊的絕對領導制度、"一國兩制"制度體系、黨和國家監督體系等也進一步作出闡述。

中國特色社會主義根本制度、基本制度、重要制度，是對黨和國家各方面事業作出的制度安排。我們無論是編制發展規劃、推進法治建設、制定政策措施，還是部署各項工作，都要遵照這些制度，不能有任何偏差。我們講領導幹部特別是高級幹部要增強政治敏銳性和政治鑑別力、提高政治能力，很重要的一條就是必須堅定不移堅持這些制度，想問題、作決策、抓落實都要自覺對標對表。涉及方向性問題，必須以這些制度爲準星。涉及制度層面的大是大非問題，必須旗幟鮮明、立場堅定，不能有絲毫含糊。各級黨委（黨組）發揮領導、把關作用，關鍵就是看所領導的地方、部門、單位在各項工作中是否執行和落實了這些制度。真正執行和落實了，方向上就沒有問題，政治上就不會出問題。

第二，與時俱進完善和發展中國特色社會主義制度和國家治理體系。"萬物得其本者生，百事得其道者成。"[6] 隨着中國特色社會主義進入新時代，我國發展處於新的歷史方位，我國社會主要矛盾已經轉化爲人民日益增長的美好生活需要和不平衡不充分的發展之間的矛盾，我國國家治理面臨許多新任務新要求，必然要求中國特色社會主義制度和國家治理體系更加完善、不斷發展。

制度更加成熟更加定型是一個動態過程，治理能力現代化也是一個動態過程，不可能一蹴而就，也不可能一勞永逸。我們提出的國家制度和國家治理體系建設的目標必須隨着實踐發展而與時俱進，既不能過於理想化、急於求成，也不能盲目自滿、故步自封。

宋代蘇軾[7] 在《思治論》中説："犯其至難而圖其至遠"。意思是，向最難之處攻堅，追求最遠大的目標。這次全會提出的目標和任務，很多都是我國國家制度和國家治理體系建設中的空白點和薄弱點，具有鮮明的問題導向。在實際工作中，必須突出堅持和完善支撐中國特色社會主義制度的根本制度、基本制度、重要制度，着力固根基、揚優勢、補短板、強弱項，構建系統完備、科學規範、運行有效的制度體系。

貫徹落實全會精神，必須緊密結合已經部署的各項改革任務，形成一體推動、一體落實的有效工作機制。既要排查梳理之前各項改革任務的完成情況，已經完成的要鞏固深化，尚未完成的要繼續推進，又要把這次全會部署的任務及時納入工作日程，實現有機銜接和貫通，確保取得扎扎實實的成效。

　　各級黨委（黨組）要在黨中央統一領導下，緊密結合本地區本部門本單位實際，推進制度創新和治理能力建設，抓緊就黨中央明確的國家治理急需的制度、滿足人民對美好生活新期待必備的制度進行研究和部署。要鼓勵基層大膽創新、大膽探索，及時對基層創造的行之有效的治理理念、治理方式、治理手段進行總結和提煉，不斷推動各方面制度完善和發展。需要強調的是，各地區各部門各單位進行制度創新和治理能力建設既要積極主動，又要遵循黨中央統一部署和國家法律制度規定，不能不講規制，不能不守章法，更不能草率行事，關鍵是把全會確定的目標任務落到實處。

　　第三，嚴格遵守和執行制度。制度的生命力在於執行。有的人對制度缺乏敬畏，根本不按照制度行事，甚至隨意更改制度；有的人千方百計鑽制度空子、打擦邊球；有的人不敢也不願遵守制度，甚至極力逃避制度的監管，等等。因此，必須強化制度執行力，加強對制度執行的監督。

　　各級黨委和政府以及各級領導幹部要切實強化制度意識，帶頭維護制度權威，做制度執行的表率，確保黨和國家重大決策部署、重大工作安排都按照制度要求落到實處，切實防止各自為政、標準不一、寬嚴失度等問題的發生，充分發揮制度指引方向、規範行為、提高效率、維護穩定、防範化解風險的重要作用。要構建全覆蓋的制度執行監督機制，把制度執行和監督貫穿區域治理、部門治理、行業治理、基層治理、單位治理的全過程，堅決杜絕制度執行上做選擇、搞變通、打折扣的現象，嚴肅查處有令不行、有禁不止、陽奉陰違的行為，確保制度時時生威、處處有效。要把提高治理能力作爲新時代幹部隊伍建設的重大任務，引導廣大幹部提高運用制度幹事創業能力，嚴格按照制度履行職責、行使權力、開展工作。

各級黨組織特別是黨委宣傳部門要組織開展中國特色社會主義制度宣傳教育，引導全黨全社會充分認識中國特色社會主義制度的本質特徵和優越性，充分認識中國特色社會主義制度和國家治理體系經過長期實踐檢驗，來之不易，必須倍加珍惜；完善和發展我國國家制度和國家治理體系，必須堅持從國情出發、從實際出發，既把握長期形成的歷史傳承，又把握黨和人民在我國國家制度建設和國家治理方面走過的道路、積累的經驗、形成的原則，不能照抄照搬他國制度模式。要把制度自信教育貫穿國民教育全過程，把制度自信的種子播撒進青少年心靈。要積極創新話語體系、提升傳播能力，面向海內外講好中國制度的故事，不斷增强我國國家制度和國家治理體系的説服力和感召力。

各級黨委（黨組）要按照黨中央部署，精心組織好全會精神宣講，有針對性地向廣大幹部羣衆做好分層分類宣傳教育，確保全會精神深入人心。要加强對全會精神貫徹落實情況的監督檢查。中央有關方面要及時掌握各地區各部門相關工作進展情況，適時向黨中央報告。要注意總結各地區各部門貫徹落實全會精神的好做法好經驗。中央深改委要統籌抓好這次全會部署的各項改革任務的落實。

同志們！堅持和完善中國特色社會主義制度、推進國家治理體系和治理能力現代化既是一項長期戰略任務，又是一個重大現實課題，我們要增强政治責任感和歷史使命感，堅定信心，保持定力，鋭意進取，開拓創新，完成好這次全會確定的各項任務，爲實現"兩個一百年"奮鬥目標、實現中華民族偉大復興的中國夢提供有力保證。

註　釋

〔1〕見《商君書·壹言》。

〔2〕見馬克思、恩格斯《時評。一八五〇年一一二月》（《馬克思恩格斯全集》第十卷，人民出版社一九九八年版，第277頁）。

〔3〕見鄧小平《黨和國家領導制度的改革》（《鄧小平文選》第二卷，人民出版社一九九四年版，第337頁）。

〔4〕見魏晉時期傅玄《傅子·通志》。

〔5〕見清代鄭燮《竹石》。

〔6〕見西漢劉向《説苑·談叢》。

〔7〕蘇軾（一〇三六——一一〇一），即蘇東坡，眉州眉山（今屬四川）人。北宋文學家、書畫家。

四、堅持以人民爲中心

我們的目標就是讓全體中國人
都過上更好的日子*

（二〇一七年十一月三十日）

中國發展道路，就是中國特色社會主義道路。我們走這條道路，是歷史的選擇、人民的選擇。新中國成立後，特別是改革開放近四十年來，中國發生了翻天覆地的變化，已經成爲世界第二大經濟體，十三億人民生活不斷改善，七億多人實現脫貧。實踐是檢驗真理的唯一標準。中國取得的歷史性成就，堅定了我們堅持中國特色社會主義道路、理論、制度、文化的信心。我在中共十九大報告中指出，經過幾十年的發展，中國特色社會主義進入了新時代。中國社會主要矛盾已經轉化爲人民日益增長的美好生活需要和不平衡不充分的發展之間的矛盾。以前我們要解決"有没有"的問題，現在則要解決"好不好"的問題。我們要着力提升發展質量和效益，更好滿足人民多方面日益增長的需要，更好促進人的全面發展、全體人民共同富裕。到二〇五〇年，我們要把中國建成富强民主文明和諧美麗的社會主義現代化强國。

---

* 這是習近平在會見出席"二〇一七從都國際論壇"的世界領袖聯盟成員時的講話要點。

中共十九大對中國經濟建設、政治建設、文化建設、社會建設、生態文明建設作出了全面部署。我們提出堅持以人民爲中心的發展思想，深入貫徹創新、協調、綠色、開放、共享的新發展理念。我們將通過全面深化改革，大力激發全社會創造力，持續釋放發展活力。我們將實施更高層次的對外開放，推動形成全面開放新格局。中國不會關門，會把門開得更大。我們的目標很宏偉，但也很樸素，歸根結底就是讓全體中國人都過上更好的日子。我們有充分的信心實現我們的目標。

人民是我們黨執政的最大底氣[*]

（二〇一八年三月一日—二〇一九年十二月二十七日）

一

人民是歷史的創造者，是決定黨和國家前途命運的根本力量。我們黨來自人民、植根人民、服務人民，一旦脫離羣衆，就會失去生命力。我們要向周恩來同志學習，堅持立黨爲公、執政爲民，自覺踐行全心全意爲人民服務的根本宗旨，把黨的羣衆路綫貫徹到治國理政全部活動之中，把人民對美好生活的嚮往作爲奮鬥目標，依靠人民創造歷史偉業。

（二〇一八年三月一日在紀念周恩來同志誕辰一百二十周年座談會上的講話）

二

要抓住人民最關心最直接最現實的利益問題，把人民羣衆的小事當作我們的大事，從人民羣衆關心的事情做起，從讓人民滿意的事情抓起，加强全方位就業服務，高度重視困

———————
＊ 這是習近平二〇一八年三月一日至二〇一九年十二月二十七日期間有關人民是我們黨執政的最大底氣論述的節錄。

難羣衆幫扶救助工作，加快建成多層次社會保障體系，加强社區治理體系建設，堅持精準扶貧精準脫貧，推進民生保障精準化精細化。

（二〇一八年四月二十四日— 二十八日在湖北考察時的講話要點）

三

我們要始終把人民立場作爲根本立場，把爲人民謀幸福作爲根本使命，堅持全心全意爲人民服務的根本宗旨，貫徹羣衆路綫，尊重人民主體地位和首創精神，始終保持同人民羣衆的血肉聯繫，凝聚起衆志成城的磅礴力量，團結帶領人民共同創造歷史偉業。這是尊重歷史規律的必然選擇，是共產黨人不忘初心、牢記使命的自覺擔當。

（二〇一八年五月四日在紀念馬克思誕辰二百周年大會上的講話）

四

我們是全心全意爲人民服務的黨，追求老百姓的幸福。路很長，我們肩負的責任很重，這方面不能有一勞永逸、可以歇歇腳的思想。唯有堅定不移、堅忍不拔、堅持不懈，才能無愧於時代、不負人民。

（二〇一九年四月十五日— 十七日在重慶考察並主持召開解決“兩不愁三保障”突出問題座談會時的講話）

五

人民是我們黨執政的最大底氣，是我們共和國的堅實根基，是我們強黨興國的根本所在。我們黨來自於人民，爲人民而生，因人民而興，必須始終與人民心心相印、與人民同甘共苦、與人民團結奮鬥。每個共產黨員都要弄明白，黨除了人民利益之外沒有自己的特殊利益，黨的一切工作都是爲了實現好、維護好、發展好最廣大人民根本利益；人民是歷史的創造者、人民是真正的英雄，必須相信人民、依靠人民；我們永遠是勞動人民的普通一員，必須保持同人民羣衆的血肉聯繫。

（二〇一九年五月三十一日在"不忘初心、牢記使命"主題教育工作會議上的講話）

六

人民是黨執政的最大底氣，也是黨執政最深厚的根基。正是從這個意義上講，民心是最大的政治。黨員、幹部初心變沒變、使命記得牢不牢，要由羣衆來評價、由實踐來檢驗。各級領導幹部要牢記全心全意爲人民服務的宗旨，始終把人民安居樂業、安危冷暖放在心上，時刻把羣衆的困難和訴求記在心裏，努力辦好各項民生事業。

（二〇一九年七月十五日—十六日在內蒙古考察並指導開展"不忘初心、牢記使命"主題教育時的講話要點）

七

不忘初心、牢記使命，説到底是爲什麼人、靠什麼人的問題。以百姓心爲心，與人民同呼吸、共命運、心連心，是黨的初心，也是黨的恆心。想問題、作決策、辦事情都要站在羣衆的立場上，通過各種途徑了解羣衆的意見和要求、批評和建議，真抓實幹解民憂、紓民怨、暖民心，讓人民羣衆獲得感、幸福感、安全感更加充實、更有保障、更可持續。

（二〇一九年十二月二十六日—二十七日在主持中共中央政治局"不忘初心、牢記使命"專題民主生活會時的講話要點）

始終把人民放在心中最高位置[*]

（二〇一八年三月二十日）

這次大會選舉我繼續擔任中華人民共和國主席，我對各位代表和全國各族人民給予我的信任，表示衷心的感謝！

擔任中華人民共和國主席這一崇高職務，使命光榮，責任重大。我將一如既往，忠實履行憲法賦予的職責，忠於祖國，忠於人民，恪盡職守，竭盡全力，勤勉工作，赤誠奉獻，做人民的勤務員，接受人民監督，決不辜負各位代表和全國各族人民的信任和重託！

一切國家機關工作人員，無論身居多高的職位，都必須牢記我們的共和國是中華人民共和國，始終要把人民放在心中最高的位置，始終全心全意爲人民服務，始終爲人民利益和幸福而努力工作。

人民是歷史的創造者，人民是真正的英雄。波瀾壯闊的中華民族發展史是中國人民書寫的！博大精深的中華文明是中國人民創造的！歷久彌新的中華民族精神是中國人民培育的！中華民族迎來了從站起來、富起來到強起來的偉大飛躍是中國人民奮鬥出來的！

＊ 這是習近平在十三屆全國人大一次會議上講話的一部分。

中國人民的特質、禀賦不僅鑄就了綿延幾千年發展至今的中華文明，而且深刻影響着當代中國發展進步，深刻影響着當代中國人的精神世界。中國人民在長期奮鬥中培育、繼承、發展起來的偉大民族精神，爲中國發展和人類文明進步提供了強大精神動力。

——中國人民是具有偉大創造精神的人民。在幾千年歷史長河中，中國人民始終辛勤勞作、發明創造，我國產生了老子、孔子、莊子、孟子、墨子、孫子、韓非子[1]等聞名於世的偉大思想巨匠，發明了造紙術、火藥、印刷術、指南針等深刻影響人類文明進程的偉大科技成果，創作了詩經、楚辭、漢賦、唐詩、宋詞、元曲、明清小説等偉大文藝作品，傳承了格薩爾王、瑪納斯、江格爾[2]等震撼人心的偉大史詩，建設了萬里長城、都江堰、大運河、故宮、布達拉宮等氣勢恢弘的偉大工程。今天，中國人民的創造精神正在前所未有地迸發出來，推動我國日新月異向前發展，大踏步走在世界前列。我相信，只要十三億多中國人民始終發揚這種偉大創造精神，我們就一定能夠創造出一個又一個人間奇迹！

——中國人民是具有偉大奮鬥精神的人民。在幾千年歷史長河中，中國人民始終革故鼎新、自強不息，開發和建設了祖國遼闊秀麗的大好河山，開拓了波濤萬頃的遼闊海疆，開墾了物產豐富的廣袤糧田，治理了桀驁不馴的千百條大江大河，戰勝了數不清的自然災害，建設了星羅棋佈的城鎮鄉村，發展了門類齊全的產業，形成了多姿多彩的生活。中國人民自古就明白，世界上沒有坐享其成的好事，要幸福就要奮鬥。今天，中國人民擁有的一切，凝聚着中國人的聰明才智，浸透着中國人的辛勤汗水，蘊涵着中國人的巨大犧牲。我相信，只要十三億多中國人民始終發揚這種偉大奮鬥精神，我們就一定能夠達到創造人民更加美好生活的宏偉目標！

——中國人民是具有偉大團結精神的人民。在幾千年歷史長河中，中國人民始終團結一心、同舟共濟，建立了統一的多民族國家，發展了五十六個民族多元一體、交織交融的融洽民族關係，形成了守望相助的中華民族大家庭。特別是近代以後，在外來侵略寇急禍重的嚴峻形勢下，我國各族人民手挽着手、肩並着肩，英勇奮鬥，浴血奮戰，打敗了一切窮兇極惡的侵略者，捍衛了民族獨立和自由，共同書寫了中華民族保衛祖國、抵禦外侮的壯麗史詩。今天，中國取得的令世人矚目的發展成就，更是全國各族人民同心同德、同心同向努力的結果。中國人民從親身經歷中深刻認識到，團結就是力量，團結才能前進，一個四分五裂的國家不可能發展進步。我相信，只要十三億多中國人民始終發揚這種偉大團結精神，我們就一定能夠形成勇往直前、無堅不摧的強大力量！

——中國人民是具有偉大夢想精神的人民。在幾千年歷史長河中，中國人民始終心懷夢想、不懈追求，我們不僅形成了小康生活的理念，而且秉持天下爲公的情懷，盤古開天、女媧補天、伏羲畫卦、神農嘗草、夸父追日、精衛填海、愚公移山等我國古代神話深刻反映了中國人民勇於追求和實現夢想的執着精神。中國人民相信，山再高，往上攀，總能登頂；路再長，走下去，定能到達。近代以來，實現中華民族偉大復興成爲中華民族最偉大的夢想，中國人民百折不撓、堅忍不拔，以同敵人血戰到底的氣概、在自力更生的基礎上光復舊物的決心、自立於世界民族之林的能力，爲實現這個偉大夢想進行了一百七十多年的持續奮鬥。今天，中國人民比歷史上任何時期都更接近、更有信心和能力實現中華民族偉大復興。我相信，只要十三億多中國人民始終發揚這種偉大夢想精神，我們就一定能夠實現中華民族偉大復興！

同志們！有這樣偉大的人民，有這樣偉大的民族，有這樣的偉大民族精神，是我們的驕傲，是我們堅定中國特色社會主義道路自信、理論自信、制度自信、文化自信的底氣，也是我們風雨無阻、高歌行進的根本力量！

我國是工人階級領導的、以工農聯盟爲基礎的人民民主專政的社會主義國家，國家一切權力屬於人民。我們必須始終堅持人民立場，堅持人民主體地位，虛心向人民學習，傾聽人民呼聲，汲取人民智慧，把人民擁護不擁護、贊成不贊成、高興不高興、答應不答應作爲衡量一切工作得失的根本標準，着力解決好人民最關心最直接最現實的利益問題，讓全體中國人民和中華兒女在實現中華民族偉大復興的歷史進程中共享幸福和榮光！

註　　釋

〔1〕老子，相傳即老聃，姓李名耳，楚國苦縣（今河南鹿邑東）人，春秋時期思想家，道家創始人。孔子（前五五一—前四七九），名丘，字仲尼，魯國陬邑（今山東曲阜）人，春秋時期思想家、教育家、政治家，儒家創始人。莊子（前三六九—前二八六），名周，宋國蒙（今河南商丘

東北）人，戰國時期哲學家，道家學派的代表人物。孟子（約前三七二—前二八九），名軻，字子輿，鄒（今山東鄒城東南）人，戰國時期哲學家、思想家、教育家。墨子（約前四六八—前三七六），名翟，戰國時期思想家、政治家，墨家創始人。孫子，即孫武，字長卿，齊國人，春秋末期軍事學家。韓非子（約前二八〇—前二三三），即韓非，韓國人，戰國時期法家學説的集大成者和法家學派的主要代表。

〔2〕格薩爾王，中國藏族英雄史詩。瑪納斯，中國柯爾克孜族英雄史詩。江格爾，中國蒙古族英雄史詩。

我將無我，不負人民[*]

（二〇一九年三月二十二日）

　　這麼大一個國家，責任非常重、工作非常艱巨。我將無我，不負人民。我願意做到一個“無我”的狀態，爲中國的發展奉獻自己。

　　一個舉重運動員，最開始只能舉起五十公斤的槓鈴，經過訓練，最後可以舉起二百五十公斤。我相信可以通過我的努力、通過全中國十三億多人民勠力同心來擔起這副重擔，把國家建設好。我有這份自信，中國人民有這份自信。

二〇一七年十月十八日，習近平在中國共產黨第十九次全國代表大會上作報告。

二〇一七年十月三十一日，習近平帶領中共中央政治局常委李克强、栗戰書、汪洋、王滬寧、趙樂際、韓正，在上海中共一大會址紀念館重溫入黨誓詞。

二〇一八年一月三日，習近平視察中部戰區陸軍某師時，同該師偵察英雄楊子榮生前所在連官兵交談。

二〇一八年二月十二日，習近平在四川成都市主持召開打好精準脫貧攻堅戰座談會。這是十一日，習近平在涼山彝族自治州昭覺縣三岔河鄉三河村節列俄阿木家中，同村民代表、駐村扶貧工作隊員圍坐火塘邊，共謀精準脫貧之策。

二〇一八年三月十七日，習近平在第十三屆全國人民代表大會第一次會議上當選中華人民共和國主席、中華人民共和國中央軍事委員會主席。這是習近平進行憲法宣誓。

二〇一八年四月二十六日，習近平在湖北武漢市主持召開深入推動長江經濟帶發展座談會並發表講話。這是二十五日，習近平在湖南岳陽城陵磯水文站考察。

二〇一八年九月二十五日至二十八日，習近平在東北三省考察並主持召開深入推進東北振興座談會。這是二十五日，習近平在黑龍江農墾建三江管理局七星農場萬畝大地號與農場工人交談。

二〇一八年十月二十三日，習近平在廣東珠海市出席港珠澳大橋
開通儀式，宣佈大橋正式開通。

二〇一八年十二月十八日，慶祝改革開放四十周年大會在北京人民大會堂舉行。這是習近平同李克強、栗戰書、汪洋、王滬寧、趙樂際、韓正、王岐山等出席大會。

二〇一九年一月二日，《告臺灣同胞書》發表四十周年紀念會在北京人民大會堂舉行。習近平出席紀念會並發表講話。

二〇一九年一月十七日，習近平在南開大學元素有機化學國家重點實驗室同師生交流。

二〇一九年二月一日，習近平在北京慰問考察時，臨時下車來到前門石頭胡同的快遞服務點，看望仍在工作的"快遞小哥"，了解他們工作和生活情況，並祝他們春節快樂。

二〇一九年四月十五日至十七日，習近平在重慶考察並主持召開解決"兩不愁三保障"突出問題座談會。這是十五日，習近平在石柱土家族自治縣中益鄉小學同學生們交談。

二〇一九年五月二十日，在中共中央即將對"不忘初心、牢記使命"主題教育作出部署之際，習近平來到江西贛州市于都縣，向中央紅軍長征出發紀念碑敬獻花籃。

二〇一九年五月二十一日，正在江西考察調研的習近平在南昌市主持召開推動中部地區崛起工作座談會，聽取有關地方和中央有關部門負責同志工作彙報，並發表講話。

二〇一九年八月二十一日，習近平在甘肅武威市古浪縣八步沙林場察看林場整體風貌，聽取武威市防沙治沙整體情況彙報和八步沙林場"六老漢"三代人治沙造林事迹。

二〇一九年八月二十一日，習近平在甘肅蘭州市黃河治理蘭鐵泵站項目點了解黃河治理和保護、堤壩加固防洪工程建設等情況。

二〇一九年九月十二日，習近平視察中共中央北京香山革命紀念地，參觀《爲新中國奠基》主題展覽。

二〇一九年九月二十五日，習近平出席北京大興國際機場投運儀式，宣佈機場正式投運並巡覽航站樓。這是習近平看望參與機場建設和運營的工作人員代表。

二〇一九年九月二十九日，中華人民共和國國家勛章和國家榮譽稱號頒授儀式在北京人民大會堂舉行。這是習近平同國家勛章和國家榮譽稱號獲得者一同步入會場。

二〇一九年十月一日，慶祝中華人民共和國成立七十周年大會
在北京天安門廣場舉行。這是習近平檢閱受閱部隊。

二〇一九年十二月十六日，習近平在中南海會見來京述職的香港特別行政區行政長官林鄭月娥。

二〇一九年十二月十七日，中國第一艘國產航空母艦山東艦在海南三亞某軍港交付海軍。習近平出席交接入列儀式並登艦視察。這是儀式結束後，習近平登上山東艦，檢閱儀仗隊。

二〇一九年十二月二十日，慶祝澳門回歸祖國二十周年大會暨澳門特別
行政區第五屆政府就職典禮在澳門東亞運動會體育館舉行。習近平出席
並發表講話。這是習近平監誓，澳門特別行政區第五任行政長官賀一誠
宣誓就職。

五、決勝全面建成小康社會，決戰脫貧攻堅

全面完成決勝全面建成
小康社會各項任務[*]

（二〇一七年十月二十五日）

全面完成決勝全面建成小康社會各項任務，不斷提高社會主義現代化建設水平。決勝全面建成小康社會，爲全面建成小康社會圓滿收官，是當前和今後一個時期黨和國家的首要任務。黨的十九大進一步明確了我們黨對如期全面建成小康社會的承諾。從時間看，三年多時間並不長，轉瞬即過，時間緊迫，時間不等人。從要求看，全面建成小康社會要得到人民認可、經得起歷史檢驗，必須做到實打實、不摻任何水分。從任務看，抓重點、補短板、強弱項還有不少難關要過，特別是要堅決打好防範化解重大風險、精準脱貧、污染防治的攻堅戰。完成非凡之事，要有非凡之精神和行動。決勝就是衝鋒號，就是總動員。在新時代的征程上，全黨同志一定要按照黨的十九大對經濟建設、政治建設、文化建設、社會建設、生態文明建設等作出的部署，全面完成各項任務，確保如期全面建成小康社會，並在此基礎上乘勢而上，開啓全面建設社會主義現代化國家新征程。

---

* 這是習近平在中共十九屆一中全會上講話的一部分。

譜寫人類反貧困歷史新篇章[*]

（二○一八年二月十二日）

黨的十八大以來，黨中央從全面建成小康社會要求出發，把扶貧開發工作納入"五位一體"總體佈局、"四個全面"戰略佈局，作爲實現第一個百年奮鬥目標的重點任務，作出一系列重大部署和安排，全面打響脫貧攻堅戰。脫貧攻堅力度之大、規模之廣、影響之深，前所未有，取得了決定性進展，顯著改善了貧困地區和貧困羣衆生產生活條件，譜寫了人類反貧困歷史新篇章。

第一，創造了我國減貧史上最好成績。全國現行標準下的農村貧困人口由二○一二年底的九千八百九十九萬人減少到二○一七年底的三千零四十六萬人，五年累計減貧六千八百五十三萬人，減貧幅度達到百分之七十左右。貧困發生率由二○一二年底的百分之十點二下降到二○一七年底的百分之三點一，下降七點一個百分點。年均脫貧人數一千三百七十萬人，是一九九四年至二○○○年"八七扶貧攻堅計劃"[1]實施期間年均脫貧人數六百三十九萬的二點一四倍，是二○○一年至二○一○年第一個十年扶貧綱要實施期間年

＊ 這是習近平在打好精準脫貧攻堅戰座談會上講話的一部分。

均脫貧人數六百七十三萬的二點零四倍，也打破了以往新標準實施後脫貧人數逐年遞減的格局。貧困縣數量實現了首次減少，二〇一六年有二十八個貧困縣脫貧摘帽，初步評估，二〇一七年考核驗收結束後還會有一百個貧困縣退出，解決區域性整體貧困邁出堅實步伐。

第二，促進了貧困地區加快發展。我們加強產業扶貧，貧困地區特色優勢產業和旅遊扶貧、光伏扶貧、電商扶貧等新業態快速發展，增強了貧困地區內生發展活力和動力。通過生態扶貧、易地扶貧搬遷、退耕還林等，貧困地區生態環境明顯改善，實現了生態保護和扶貧脫貧一個戰場、兩場戰役的雙贏。通過基礎設施和公共服務建設，貧困地區特別是農村基礎條件明顯改善，改變了貧困地區整體面貌。通過組織開展貧困識別和貧困退出、扶貧項目實施，貧困地區基層治理能力和管理水平明顯提高，增強了農村基層黨組織凝聚力和戰鬥力。通過選派第一書記和駐村工作隊，鍛鍊了機關幹部，培養了農村人才。全國累計選派四十三點五萬名幹部擔任第一書記，派出二百七十七點八萬名幹部駐村幫扶。目前，在崗第一書記十九點五萬名、駐村幹部七十七點五萬名。這些同志肩負重任，同當地基層幹部並肩戰鬥，帶領貧困羣眾脫貧致富，用自己的辛苦換來貧困羣眾的幸福，有的甚至獻出了寶貴生命，詮釋了扶貧幹部的擔當和情懷。

第三，構築了全社會扶貧強大合力。我們堅持政府投入的主體和主導作用，深入推進東西部扶貧協作、黨政機關定點扶貧、軍隊和武警部隊扶貧、社會力量參與扶貧。中央財政專項扶貧資金年均增長百分之二十二點七，省級財政專項扶貧資金年均增長百分之二十六點九。貧困縣統籌整合財政涉農資金用於脱貧攻堅，累計整合五千二百九十六億元。金融部門安排易地扶貧搬遷專項貸款三千五百億元，扶貧小額信貸累計發放四千三百多億元，扶貧再貸款累計發放一千六百多億元。貧困地區建設用地增減掛鈎節餘指標流轉，累計收益四百六十多億元。東西部扶貧協作，三百四十二個東部經濟較發達縣結對幫扶五百七十個西部貧困縣，促進了西部地區脱貧攻堅和區域協調發展。定點扶貧暢通了黨政機關特別是中央和國家機關了解農村和貧困地區的渠道，推進了作風轉變和幹部培養。社會各界廣泛參與扶貧，中央企業開展貧困革命老區"百縣萬村"幫扶行動，民營企業開展"萬企幫萬村"精準扶貧行動。到二〇一七年底全國已有四點六二萬家民營企業幫扶五點一二萬個村，投資五百二十七億元實施產業扶貧項目，捐資一百零九億元開展公益幫扶，帶動和惠及六百二十多萬建檔立卡貧困人口。在四川涼山，中國光彩會組織五百多名知名民營企業家參加精準扶貧行動，促成合作項目一百四十九個，合同金額二千零三十七億元，向涼山州捐贈公益資金四千多萬元。這些活動既有力推動了貧困村和貧困羣衆脱貧致富，又弘揚了中華民族扶貧濟困的優良傳統。

前不久，中鐵隧道局集團參加成昆鐵路擴能改造工程建設的二十名青年黨員給我來信。信中説，五十多年前，他們很多人的父親或爺爺參加了成昆鐵路難度最大的沙木拉打隧道建設，那一輩鐵路建設者不畏艱險、不怕犧牲，以敢叫高山低頭、河水讓路的豪邁氣概，把天塹變成了通途，創造了世界鐵路建設史上的奇迹。今天，他們接過先輩的旗幟，承擔了新成昆鐵路全綫最長、難度最高的小相嶺隧道建設重任，決心傳承好老成昆精神，不忘初心、砥礪前行，使鐵路早日成爲沿綫人民脱貧致富的"加速器"。他們的來信，讓我感受到了青年一代對祖國和人民的擔當和忠誠，讀了很是欣慰。

第四，建立了中國特色脱貧攻堅制度體系。我們加强黨對脱貧攻堅工作的全面領導，建立各負其責、各司其職的責任體系，精準識别、精準脱貧的工作體系，上下聯動、統一協調的政策體系，保障資金、强化人力的投入體系，因地制宜、因村因户因人施策的幫扶體系，廣泛參與、合力攻堅的社會動員體系，多渠道全方位的監督體系和最嚴格的考核評估體系，爲脱貧攻堅提供了有力制度保障。這個制度體系中，根本的是中央統籌、省負總責、市縣抓落實的管理體制，從中央到地方逐級簽訂責任書，明確目標，增强責任，强化落實。這些制度成果，爲全球減貧事業貢獻了中國智慧和中國方案。

在脱貧攻堅的偉大實踐中，我們積累了許多寶貴經驗，主要包括以下幾個方面。

一是堅持黨的領導，强化組織保證。脱貧攻堅，加强領導是根本。必須堅持發揮各級黨委總攬全局、協調各方的作用，落實脱貧攻堅一把手負責制，省市縣鄉村五級書記一起抓，爲脱貧攻堅提供堅强政治保證。

二是堅持精準方略，提高脱貧實效。脱貧攻堅，精準是要義。必須堅持精準扶貧、精準脱貧，堅持扶持對象精準、項目安排精準、資金使用精準、措施到户精準、因村派人

（第一書記）精準、脱貧成效精準等"六個精準"，解決好扶持誰、誰來扶、怎麼扶、如何退問題，不搞大水漫灌，不搞"手榴彈炸跳蚤"，因村因户因人施策，對症下藥、精準滴灌、靶向治療，扶貧扶到點上扶到根上。

三是堅持加大投入，强化資金支持。脱貧攻堅，資金投入是保障。必須堅持發揮政府投入主體和主導作用，增加金融資金對脱貧攻堅的投放，發揮資本市場支持貧困地區發展作用，吸引社會資金廣泛參與脱貧攻堅，形成脱貧攻堅資金多渠道、多樣化投入。

四是堅持社會動員，凝聚各方力量。脱貧攻堅，各方參與是合力。必須堅持充分發揮政府和社會兩方面力量作用，構建專項扶貧、行業扶貧、社會扶貧互爲補充的大扶貧格局，調動各方面積極性，引領市場、社會協同發力，形成全社會廣泛參與脱貧攻堅格局。

五是堅持從嚴要求，促進真抓實幹。脱貧攻堅，從嚴從實是要領。必須堅持把全面從嚴治黨要求貫穿脱貧攻堅工作全過程和各環節，實施經常性的督查巡查和最嚴格的考核評估，確保脱貧過程扎實、脱貧結果真實，使脱貧攻堅成效經得起實踐和歷史檢驗。

六是堅持羣衆主體，激發内生動力。脱貧攻堅，羣衆動力是基礎。必須堅持依靠人民羣衆，充分調動貧困羣衆積極性、主動性、創造性，堅持扶貧和扶志、扶智相結合，正確處理外部幫扶和貧困羣衆自身努力關係，培育貧困羣衆依靠自力更生實現脱貧致富意識，培養貧困羣衆發展生產和務工經商技能，組織、引導、支持貧困羣衆用自己辛勤勞動實現脫貧致富，用人民羣衆的内生動力支撐脫貧攻堅。

以上這些經驗彌足珍貴，要長期堅持並不斷完善和發展。

註　釋

〔1〕一九九四年四月十五日，國務院印發《國家八七扶貧攻堅計劃》。這一計劃提出，從一九九四年到二〇〇〇年，集中人力、物力、財力，動員社會各界力量，力爭用七年左右的時間，基本解決當時全國農村八千萬貧困人口的温飽問題。

全面打好脫貧攻堅戰*

（二〇一八年二月十二日）

　　黨的十九大對打好脫貧攻堅戰作出總體部署，中央經濟工作會議、中央農村工作會議和全國扶貧開發工作會議作出了具體安排。要按照這些部署和安排，把提高脫貧質量放在首位，聚焦深度貧困地區，扎實推進各項工作，全面打好脫貧攻堅戰。

　　第一，加強組織領導。脫貧攻堅是一場必須打贏打好的硬仗，是我們黨向全國人民作出的莊嚴承諾。一諾千金。黨的十八大以來，各省區市黨政一把手向中央簽軍令狀的，只有脫貧攻堅這一項工作。各級黨政幹部特別是一把手，必須增強政治擔當和責任擔當，以高度的歷史使命感親力親爲抓。這裏，我還要強調，貧困縣黨委和政府對脫貧攻堅負主體責任，黨政一把手是第一責任人，攻堅期內幹部隊伍要保持穩定，把主要精力用在脫貧攻堅上。對於不能勝任的要及時撤換，對於弄虛作假的要堅決問責。中央有關部門要研究制定脫貧攻堅戰行動計劃，明確三年攻堅戰的時間表和路綫圖，爲打好脫貧攻堅戰提供導向。

---

　　* 這是習近平在打好精準脫貧攻堅戰座談會上講話的一部分。

第二，堅持目標標準。脫貧攻堅的目標就是要做到"兩個確保"：確保現行標準下的農村貧困人口全部脫貧，消除絕對貧困；確保貧困縣全部摘帽，解決區域性整體貧困。扶貧標準是確定扶貧對象、制定幫扶措施、考核脫貧成果的重要"度量衡"。黨中央反復強調，脫貧攻堅期內，扶貧標準就是穩定實現貧困人口"兩不愁三保障"[1]、貧困地區基本公共服務領域主要指標接近全國平均水平。要始終堅持，不能偏離，既不能降低標準、影響質量，也不要調高標準、弔高胃口。

第三，強化體制機制。要落實好中央統籌、省負總責、市縣抓落實的管理體制。中央統籌，就是要做好頂層設計，主要是管兩頭，一頭是在政策、資金等方面為地方創造條件，另一頭是加強脫貧效果監管。省負總責，就是要做到承上啟下，把黨中央大政方針轉化為實施方案，加強指導和督導，促進工作落地。市縣抓落實，就是要因地制宜，從當地實際出發，推動脫貧攻堅各項政策措施落地生根。要改進考核評估機制，根據脫貧攻堅進展情況不斷完善，讓省負總責既體現在工作要求和責任上，也體現在考核上。要改進第三方評估方式，縮小範圍，簡化程序，主要評估"兩不愁三保障"實現情況。對貧困縣退出的專項評估檢查，交由省裏組織，中央結合督查巡查進行抽查，確保退出真實性。要改進約談省級領導方式，今年再集中搞一次，以後常態化，隨時發現問題隨時約談。

第四，牢牢把握精準。打好脫貧攻堅戰，成敗在於精準。建檔立卡要繼續完善，重點是加強數據共享和數據分析，為宏觀決策和工作指導提供支撐。精準施策要深入推進，按照因地制宜、因村因戶因人施策的要求，扎實做好產業扶貧、易地扶貧搬遷、就業扶貧、危房改造、教育扶貧、健康扶貧、生態扶貧等精準扶貧重點工作。這裏特別要强調產業扶貧和易地扶貧搬遷。產業增收是脫貧攻堅的主要途徑和長久之策，現在貧困羣衆吃穿不愁，農業產業要注重長期培育和發展，防止急功近利。易地扶貧搬遷，國家投入的資金最多。目前，要重點防止爲整體搬遷而搬遷，把不該搬的一般農戶搬了，而應該搬的貧困戶卻没有搬。今後三年，要先把建檔立卡貧困人口中需要搬遷的應搬盡搬，同步搬遷的逐步實施。對目前不具備搬遷安置條件的貧困人口，要先解決他們"兩不愁三保障"問題，今後可結合實施鄉村振興戰略，壓茬推進，通過實施生態搬遷和有助於穩定脫貧、逐步致富的其他搬遷，繼續穩步推進。

第五，完善資金管理。扶貧資金量大、面廣、點多、綫長，監管難度大，社會各方面關注高。要强化監管，做到陽光扶貧、廉潔扶貧。要增加投入，確保扶貧投入同脫貧攻堅目標任務相適應。要加强資金整合，理順涉農資金管理體系，確保整合資金圍繞脫貧攻堅項目精準使用，提高使用效率和效益。要建立縣級脫貧攻堅項目庫，加强項目論證和儲備，防止資金閒置和損失浪費。要健全公告公示制度，省、市、縣扶貧資金分配結果一律公開，鄉、村兩級扶貧項目安排和資金使用情況一律公告公示，接受羣衆和社會監督。要加大懲治力度，對扶貧領域腐敗問題，發現一起，嚴肅查處問責一起，絶不姑息遷就！

　　第六，加強作風建設。黨中央已經明確，將二○一八年作爲脫貧攻堅作風建設年。要堅持問題導向，集中力量解決脫貧領域"四個意識"不强、責任落實不到位、工作措施不精準、資金管理使用不規範、工作作風不扎實、考核評估不嚴格等突出問題。要建立長效機制，對脫貧領域的突出問題，一經舉報，要追查到底。對查實的典型案件，要堅決予以曝光，嚴肅追究責任。對發現的作風問題，要舉一反三，完善政策措施，加强制度建設，紥緊制度籠子。

　　第七，組織幹部輪訓。打好脫貧攻堅戰，關鍵在人，在人的觀念、能力、幹勁。貧困地區最缺的是人才。近年來，我們向貧困地區選派了大批幹部和人才，但從長遠看，無論怎麼加强外部人才支持，派去的人總是有限的，關鍵還是要靠本地幹部隊伍和人才。今年，要突出抓好各級扶貧幹部學習培訓工作，中央層面要重點對省級負責同志開展輪訓，省、市、縣都要加大幹部培訓力度，分級安排培訓活動。各級培訓方式要有所區別，突出重點。對縣級以上領導幹部，重點是提高思想認識，引導樹立正確政績觀，掌握精準脫貧方法論，培養研究攻堅問題、解決攻堅難題能力。對基層幹部，重點是提高實際能力，要多採用案例教學、現場教學等實戰培訓方式，培育懂扶貧、會幫扶、作風硬的扶貧幹部隊伍，增强精準扶貧精準脫貧工作能力。要吸引各類人才參與脫貧攻堅和農村發展，鼓勵大學生、退伍軍人、在外務工經商等本土人才返鄉擔任村幹部和創新創業。要關心愛護基層一綫扶貧幹部，讓有爲者有位、吃苦者吃香、流汗流血犧牲者流芳，激勵他們爲打好脫貧攻堅戰努力工作。

第八，注重激發內生動力。貧困羣眾既是脫貧攻堅的對象，更是脫貧致富的主體。要加強扶貧同扶志、扶智相結合，激發貧困羣眾積極性和主動性，激勵和引導他們靠自己的努力改變命運，使脫貧具有可持續的內生動力。要改進幫扶方式，多採取以工代賑、生產獎補、勞務補助等方式，組織動員貧困羣眾參與幫扶項目實施，提倡多勞多得，不要包辦代替和簡單發錢發物。要加強教育引導，通過常態化宣講和物質獎勵、精神鼓勵等形式，促進羣眾比學趕超，提振精氣神。要發揮村規民約作用，推廣扶貧理事會、道德評議會、紅白理事會等做法，通過多種渠道，教育和引導貧困羣眾改變陳規陋習、樹立文明新風。這也有利於減輕羣眾負擔。要加強典型示範引領，總結推廣脫貧典型，用身邊人、身邊事示範帶動，營造勤勞致富、光榮脫貧氛圍。

同志們！三年後如期打贏脫貧攻堅戰，中華民族千百年來存在的絕對貧困問題，將在我們這一代人的手裏歷史性地得到解決。這是我們人生之大幸。讓我們共同努力，一起來完成這項對中華民族、對整個人類都具有重大意義的偉業。我相信，只要全黨全國各族人民齊心協力、頑強奮鬥，脫貧攻堅戰一定能夠打好打贏。

註　　釋

〔1〕"兩不愁三保障"，指不愁吃、不愁穿，義務教育、基本醫療和住房安全有保障。

着力解決“兩不愁三保障”
突出問題*

（二〇一九年四月十六日）

到二〇二〇年穩定實現農村貧困人口不愁吃、不愁穿，義務教育、基本醫療、住房安全有保障，是貧困人口脫貧的基本要求和核心指標，直接關係攻堅戰質量。總的看，“兩不愁”基本解決了，“三保障”還存在不少薄弱環節。

在義務教育保障方面，全國有六十多萬義務教育階段孩子輟學。鄉鎮寄宿制學校建設薄弱，一部分留守兒童上學困難。在基本醫療保障方面，一些貧困人口沒有參加基本醫療保險，一些貧困人口常見病、慢性病得不到及時治療，貧困縣鄉村醫療設施薄弱，有的貧困村沒有衛生室或者沒有合格村醫。在住房安全保障方面，全國需要進行危房改造的四類重點對象[1]大約一百六十萬戶，其中建檔立卡貧困戶約八十萬戶。一些地方農房沒有進行危房鑑定，或者鑑定不準。在飲水安全方面，還有大約一百零四萬貧困人口飲水安全問題沒有解決，全國農村有六千萬人飲水安全需要鞏固提升。如果到了二〇二〇年這些問題還沒有得到較好解決，就會影響

---

* 這是習近平在解決“兩不愁三保障”突出問題座談會上講話的一部分。

脫貧攻堅成色。

對以上問題，各地區各部門要高度重視，統一思想，抓好落實。解決"三保障"突出問題，要堅持中央統籌、省負總責、市縣抓落實的體制機制。扶貧領導小組要加強統籌協調和督促指導，及時調度情況。教育部、住房城鄉建設部、水利部、國家衛生健康委、國家醫保局既是扶貧領導小組組成部門，也是"三保障"工作的主管部門，主要負責同志要親自抓，分管同志具體抓。要根據部門職能，明確工作標準和支持政策，指導各地進行篩查解決。相關省區市要組織基層進行核查，摸清基本情況，統籌組織資源，制定實施方案，研究提出針對性措施。市縣具體組織實施，逐項逐戶對賬銷號，確保不留死角。

我多次強調，要堅持現行脫貧標準，既不拔高，也不降低。實現義務教育有保障主要是讓貧困家庭義務教育階段的孩子不失學輟學；實現基本醫療有保障主要是所有貧困人口都參加醫療保險制度，常見病、慢性病有地方看、看得起，得了大病、重病後基本生活過得去；住房安全有保障主要是讓貧困人口不住危房；飲水安全有保障主要是讓農村人口喝上放心水，統籌研究解決飲水安全問題。這是國家統一的基本標準，但各地情況不一樣。比如，對住房安全有保障，南方住房要注重通風，北方住房要注重保暖；對飲水安全有保障，西北地區重點解決有水喝的問題，西南地區重點解決儲水供水和水質達標問題。各地執行時要結合實際進行把握，不能一刀切。各地在解決"三保障"突出問題時做了不少探索，有些地方有意無意拔高了標準。對明顯超出標準的，要予以糾正；對没有明顯超標的，要保持政策穩定性、連續性，少"翻燒餅"。

解決"兩不愁三保障"突出問題，摸清底數是基礎，有的地方底數依然不是很清楚，這是不行的。有關部門要指導各地摸清底數，確保工作有的放矢。有關部門要加强數據比對銜接，不能一個部門一個數。行業主管部門要牽頭制定工作方案，各省區市要制定實施方案，明確時間表、路綫圖，拿出過硬舉措和辦法，確保如期完成任務。解決"三保障"突出問題的政策、資金是够的，關鍵是抓好落實。要加大工作力度，聚焦突出問題，逐村逐户逐項查漏補缺、補齊短板。要宣傳好政策和標準，統一思想認識，引導社會各方面準確理解，不能各説各的。

註　　釋

〔1〕四類重點對象，指建檔立卡貧困户、低保户、農村分散供養特困人員和貧困殘疾人家庭。

六、推動全面深化改革
實現新突破

切實把思想統一到黨的十九屆三中全會精神上來[*]

（二○一八年二月二十八日）

　　這裏，我結合全會提出的指導思想、總體思路、目標任務，就貫徹落實全會精神提幾點要求。

　　第一，正確理解和把握堅持黨中央權威和集中統一領導這個根本點。堅持和加強黨的全面領導，既是深化黨和國家機構改革的內在要求，也是深化黨和國家機構改革的重要任務，是貫穿改革全過程的政治主題。黨的十九大明確指出，保證全黨服從中央，堅持黨中央權威和集中統一領導，是黨的政治建設的首要任務。黨和國家大政方針的決定權在黨中央，必須以實際行動維護黨中央一錘定音、定於一尊的權威。黨的任何組織和成員，無論在哪個領域、哪個層級、哪個單位，都要服從黨中央集中統一領導。凡屬部門和地方職權範圍內的工作部署，都要以堅決貫徹黨中央決策部署爲前提，做到令行禁止。

　　"治國猶如栽樹，本根不搖則枝葉茂榮。"[1] 我們治國理政的本根，就是中國共產黨的領導和我國社會主義制度。在

　　＊　這是習近平在中共十九屆三中全會第二次全體會議上講話的一部分。

這一點上，必須理直氣壯、旗幟鮮明。黨的領導必須是全面的、系統的、整體的，必須體現到經濟建設、政治建設、文化建設、社會建設、生態文明建設和國防軍隊、祖國統一、外交工作、黨的建設等各方面。哪個領域、哪個方面、哪個環節缺失了弱化了，都會削弱黨的力量，損害黨和國家事業。

我們強調堅持黨中央權威和集中統一領導，不是說不要民主集中制了，不要發揚黨內民主，把這兩者對立起來是不對的。民主集中制是黨的根本組織原則，黨內民主是黨的生命，發揚黨內民主和實行集中統一領導是一致的，並不矛盾。我們黨實行的民主集中制，是又有集中又有民主、又有紀律又有自由、又有統一意志又有個人心情舒暢生動活潑的制度，是民主和集中緊密結合的制度。黨的十八大以來，黨中央高度重視發展黨內民主、集思廣益。黨的代表大會報告、黨的全會文件、黨的重要文件和重大決策、政府工作報告、重大改革發展舉措、部門重要工作文件，都要在黨內一定範圍徵求意見，有些還要反復徵求意見，有時徵求意見範圍包括全部省區市，有時徵求意見範圍包括幾十家中央和國家機關部門。黨中央審議重大決策時都要求報告徵求意見的情況，同意的要報告，不同意的也要報告。這些制度化、規範化的程序，黨中央嚴格遵守。當然，聽了各方面意見和建議，最後要作出決定，這個決定權就在黨中央。在醞釀和討論過程中，要充分發揚民主，讓大家暢所欲言，但一旦黨中央作出決定，各方就要堅決貫徹執行。在堅決執行黨中央決策部署的前提下，有意見、有問題還可以通過黨內程序反映，直至向黨中央反映。我們這麼大一個黨、這麼大一個國家，如果沒有黨中央定於一尊的權威，黨中央決定了的事都不去照辦，還是各說各的話、各做各的事，那就什麼事情也辦不成了。在充分發揚民主的基礎上進行集中，堅持黨中央權威和集中統一領導，集中全黨智慧，體現全黨共同意志，是我們黨的一大創舉，也是中國共產黨領導和我國社會主義制度的優勢所在。這樣做，既有利於做到科學決策、民主決策、依法決策，避免發生重大失誤甚至顛覆性錯誤；又有利於克服分散主義、本位主義，避免議而不決、決而不行，形成推進黨和國家事業發展的強大合力。

黨政關係既是重大理論問題，也是重大實踐問題。改革開放以後，我們曾經討論過黨政分開問題，目的是解決效率不高、機構臃腫、人浮於事、作風拖拉等問題。應該說，在這個問題上，當時我們的理論認識和實踐經驗都不夠，對如何解決好我們面臨的國家治理體系和治理能力問題是探索性的。改革開放以來，無論我們對黨政關係進行了怎樣的調整，但有一條是不變的，就是鄧小平同志所說的："我們要堅持黨的領導，不能放棄這一條，但是黨要善於領導"[2]。鄧小平同志在談到堅持黨的領導時，還專門引用了列寧說的話："無產階級專政是對舊社會的勢力和傳統進行的頑強鬥爭，流血的和不流血的，暴力的和和平的，軍事的和經濟的，教育的和行政的鬥爭。……沒有鐵一般的和在鬥爭中鍛鍊出來的黨，沒有爲本階級全體忠實的人所信賴的黨，沒有善於考察羣衆情緒和影響羣衆情緒的黨，要順利地進行這種鬥爭是不可能的。"[3]鄧小平同志強調，列寧所說的這個真理現在仍然有效。

處理好黨政關係，首先要堅持黨的領導，在這個大前提下才是各有分工，而且無論怎麼分工，出發點和落腳點都是堅持和完善黨的領導。中國共產黨是執政黨，黨的領導地位和執政地位是緊密聯繫在一起的。黨的集中統一領導權力是不可分割的。不能簡單講黨政分開或黨政合一，而是要適應不同領域特點和基礎條件，不斷改進和完善黨的領導方式和執政方式。這次深化黨和國家機構改革，對在新時代加強黨的全面領導、統籌設置黨政機構、提高黨和政府效能進行了深入思考，着力點就是要對加強黨對一切工作的領導作出制度設計和安排，對一些領域設置過細、職能交叉重疊的黨政機構進行整合，一些黨中央決策議事協調機構的辦事機構就設在政府部門，打破所謂的黨政界限，同一件事情弄到一塊去幹，增強黨的領導力，提高政府執行力，理順黨政機構關係，建立健全黨中央對重大工作的決策協調機制。這是黨中央總結以往正反兩方面經驗作出的重大決策。

地方各級黨委加強對重大工作的領導，關鍵是要強化組織協調能力，確保黨中央重大決策部署落到實處，具體的機構設置可以從實際出發，除涉及黨中央集中統一領導和國家法制統一、政令統一、市場統一的黨政機構職能外，其他機構職能可以不一一對應。還要注意區分輕重緩急，把對本地區改革發展穩定具有決定性意義的工作抓起來、管起來，不要眉毛鬍子一把抓。

第二，正確理解和把握深化黨和國家機構改革的目標。這次全會提出，深化黨和國家機構改革，目標是構建系統完備、科學規範、運行高效的黨和國家機構職能體系，形成總攬全局、協調各方的黨的領導體系，職責明確、依法行政的政府治理體系，中國特色、世界一流的武裝力量體系，聯繫廣泛、服務羣衆的羣團工作體系，推動人大、政府、政協、監察機關、審判機關、檢察機關、人民團體、企事業單位、社會組織等在黨的統一領導下協調行動、增強合力，全面提高國家治理能力和治理水平。

黨和國家機構職能體系是中國特色社會主義制度的重要組成部分，是由黨和國家管理活動各個環節、各個層面、各個領域的相互關係和內在聯繫構成的有機整體，既有機構層面的，也有職能層面的。要通過改革和完善黨的領導體系、政府治理體系、武裝力量體系、羣團工作體系等，推動各類機構、各種職能相互銜接、相互融合，推動黨和國家各項工作協調行動、高效運行，構建起適應新時代新任務要求的黨和國家機構設置和職能配置基本框架。黨總攬全局、協調各方的領導體系是居於統領地位的，是全覆蓋、全貫穿的，人大、政府、政協、監察機關、審判機關、檢察機關、人民團體、企事業單位、社會組織以及武裝力量等在黨的統一領導下，各就其位、各司其職、各盡其責、有序協同，保證中央和地方各級政令統一、運行順暢、執行高效、充滿活力。

這次深化黨和國家機構改革，立足實現"兩個一百年"奮鬥目標，着眼統籌推進"五位一體"總體佈局和協調推進"四個全面"戰略佈局，作出具有前瞻性、戰略性的制度安排，力爭把黨和國家機構設置和職能配置基本框架建立起來，努力實現黨和國家機構職能優化協同高效。優化就是要科學合理、權責一致，協同就是要有統有分、有主有次，高效就是要履職到位、流程通暢。這裏面，需要把握和體現好以下幾個關係。

要注重處理好統和分的關係。在深化黨和國家機構改革中，統和分是有機統一的。統得好，可以使不同部門有序運轉，避免各自爲政，提升系統整體效能。分得好，可以激發各單元各子系統的主動性、積極性、創造性。這次深化黨和國家機構改革，我們建立健全黨對重大工作的領導體制機制，優化黨中央決策議事協調機構，負責重大工作的頂層設計、總體佈局、統籌協調、整體推進，加強和優化黨對深化改革、依法治國、經濟、農業農村、紀檢監察、組織、宣傳思想文化、國家安全、政法、統戰、民族宗教、教育、科技、網信、外交、審計等工作的領導。作出這樣的安排，目的是要使黨對涉及黨和國家事業全局的重大工作實施更爲有效的統領和協調，加強統的層次和力度，更好行使有關職權，提高工作效能，保證黨中央令行禁止和工作高效。黨對重大工作的領導是總攬，而不是事無巨細都抓在手上。

要注重處理好局部和全局、當前和長遠的關係。深化黨和國家機構改革涉及黨和國家事業全局，涉及經濟社會發展各領域各方面。在這次深化黨和國家機構改革中，有的部門要加強，有的部門要整合，有的部門要撤銷，有的部門要改變隸屬關係，等等。如果從局部、從現有工作格局和權限看，維持現狀也能説出一大堆理由。但是，面對新形勢新任務，着眼長遠發展需要，如果仍然順着既有思維考慮問題，覺得保持現狀挺好，不需要改革了，這樣不僅不能解決存在的突出問題，而且可能會誤事。這次組建自然資源部、生態環境部、退役軍人事務部、應急管理部、國家醫療保障局、國家國際發展合作署、國家移民管理局等，都是既考慮了解決當前最突出的問題，也考慮了順應形勢發展需要。這是立足黨和國家事業全局作出的部署，既着眼於解決當前突出矛盾和問題，又爲一些戰略目標預置措施，以適應黨和國家事業長遠發展要求。

要注重處理好大和小的關係。解決部門職責交叉分散，對機構進行綜合設置，實現職能有機統一，更好發揮機構效能和優勢，是這次深化黨和國家機構改革的一個重要考慮。這次改革以很大力度在相關領域解決部門職責分散交叉問題，堅持了大部門制改革方向。大部門制要穩步推進，但也不是所有職能部門都要大，有些部門是專項職能部門，有些部門是綜合部門。綜合部門需要的可以搞大部門制，但不是所有綜合部門都要搞大部門制，不是所有相關職能都要往一個部門裏裝，關鍵是看怎樣擺佈符合實際、科學合理、更有效率。機構宜大則大，宜小則小。

要注重處理好優化和協同的關係。這次深化黨和國家機構改革涉及黨政軍羣各方面，涉及經濟體制、政治體制、文化體制、社會體制、生態文明體制和黨的建設制度，職能劃轉和機構調整緊密相連，改革的內在關聯性和互動性很強。每一項改革既會對其他改革產生影響，又需要相關改革配合，這就要求我們在優化機構設置和職能配置的同時，更加注重各項改革協同推進，加強黨政軍羣各方面改革配合聯動，使各項改革相互促進、相得益彰，形成總體效應，提高各類機構效率。

第三，正確理解和把握堅持社會主義市場經濟改革方向要求，使市場在資源配置中起決定性作用、更好發揮政府作用。改革開放以來的歷次機構改革都圍繞經濟體制改革要求，不斷推進政企分開、政資分開、政事分開、政社分開，有力推動了改革開放和社會主義現代化建設。當前，制約我國高質量發展的體制機制障礙還不少，經濟體制改革潛力有待進一步釋放。要在保持經濟社會大局穩定的前提下加快改革步伐，着力構建市場機制有效、微觀主體有活力、宏觀調控有度的經濟體制，為高質量發展提供制度保障。

這次深化黨和國家機構改革，對宏觀管理、市場監管領域的機構和職能進行了大幅調整優化，以充分發揮市場和政府各自優勢，努力使市場作用和政府作用有機統一、相互補充、相互協調、相互促進，推動更高質量、更有效率、更加公平、更可持續的發展。這次改革強調要減少微觀管理事務和具體審批事項，最大限度減少政府對市場資源的直接配置，最大限度減少政府對市場活動的直接干預，目的是通過改革實現產權有效激勵、要素自由流動、價格反應靈活、競爭公平有序、企業優勝劣汰，讓各類市場主體有更多活力和更大空間去發展經濟、創造財富，實現資源配置效益最大化和效率最優化。

使市場在資源配置中起決定性作用，不是說政府就無所作為，而是必須有所為、有所不為。我國實行的是社會主義市場經濟體制，要堅持發揮我國社會主義制度優越性，發揮黨和政府積極作用，管好那些市場管不了或管不好的事情。在創新和完善宏觀調控方面，這次改革對宏觀部門調整較大，減少了微觀管理事務和具體審批事項。宏觀調控部門要把主要精力真正轉到抓宏觀上來，健全宏觀調控體系，發揮國家發展規劃的戰略導向作用，健全財政、貨幣、產業、區域等經濟政策協調機制，提高宏觀調控的前瞻性、針對性、協同性。在加強市場監管方面，這次改革統籌考慮當前突出問題和未來發展需要，作出了市場監管體制改革頂層設計，組建國家市場監管總局，整合了工商、質監、食品藥品監管部門的主要職責，對推進市場監管綜合執法提出明確要求，集中管理反壟斷統一執法和知識產權保護。這些舉措將降低制度性交易成本，爲經濟社會發展提供更爲強大的驅動力。

第四，正確理解和把握以人民爲中心的發展思想，切實解決人民最關心最直接最現實的利益問題。讓老百姓過上好日子，是我們一切工作的出發點和落腳點，是我們黨堅持全心全意爲人民服務根本宗旨的重要體現。深化黨和國家機構改革必須順應人民羣衆對美好生活的期待，踐行以人民爲中心的發展思想。

這次深化黨和國家機構改革着眼於加強重點領域民生工作，立足建立健全更加公平、更可持續的社會保障制度和公共服務體系，在教育文化、衛生健康、醫療保障、退役軍人服務、移民管理服務、生態環保、應急管理等人民羣衆普遍關心的領域加大機構調整和優化力度，組建了一批新機構，強化政府公共服務、社會管理職能，以更好保障和改善民生、維護公共安全。相關部門要牢固樹立宗旨意識，增強使命感和責任感，以造福人民爲最大政績，想羣衆之所想，急羣衆之所急，辦羣衆之所需，加快內部職責和業務整合，儘快形成工作合力，把爲人民造福的事情辦好辦實。

執法是行政機關履行政府職能的重要方式。針對當前依然存在的執法不規範、不嚴格、不透明、不文明以及不作為、亂作為等突出問題，必須加快建立權責統一、權威高效的依法行政體制。這次深化黨和國家機構改革把深化綜合執法改革作為專項任務，在市場監管、生態環保、文化市場、交通運輸、農業等領域整合組建執法隊伍，大幅減少執法隊伍類別，合理配置執法力量，着力解決多頭多層重複執法問題，努力做到嚴格規範公正文明執法。各地區各部門要完善權責清單制度，加快推進機構、職能、權限、程序、責任法定化，強化對行政權力的制約和監督，做到依法設定權力、規範權力、制約權力、監督權力。

第五，正確理解和把握充分發揮中央和地方兩個積極性。中央和地方關係歷來是我國政治生活中一對舉足輕重的關係。一九五六年四月，毛澤東同志在《論十大關係》的重要報告中指出，"應當在鞏固中央統一領導的前提下，擴大一點地方的權力，給地方更多的獨立性，讓地方辦更多的事情。這對我們建設强大的社會主義國家比較有利。我們的國家這樣大，人口這樣多，情況這樣複雜，有中央和地方兩個積極性，比只有一個積極性好得多。"發揮好兩個積極性，始終是我們在處理中央和地方關係時把握的根本原則。

深化地方黨政機構改革，要維護黨中央權威和集中統一領導，這是保證全國政令暢通的內在要求。我們是單一制國家，地方各級黨委和政府首先要確保黨中央決策部署落到實處。我們的國家性質和地方的職責特點決定了，省市縣各級主要機構設置必須同中央保持基本對應，不能搞得五花八門。

同時，在上下對應設置的機構之外，各地可以在一些領域因地制宜設置機構，適應社會管理和公共服務需要，充分發揮地方積極性。近幾年，一些部門干預地方機構設置，有的以項目、資金來控制，有的通過考核、檢查來控制，還有的直接給書記和省長打招呼。這些部門的出發點是維護"條條"的完整性，也是為了把本系統工作做好，但不能不顧工作全局、妨害地方積極性。這裏，我宣佈，除了黨中央授權的部門外，今後任何部門不得以任何形式干預地方機構設置。

機構限額是省市縣設置機構的主要約束指標，是地方普遍關心的問題。改革要堅持從嚴管理、規範管理原則，充分考慮地方實際，把黨委機構限額和政府機構限額統一計算，把省市縣各級副廳級、副處級、副科級黨政機構和承擔行政職能的事業單位納入限額管理，調整現行限額數量。各地區要落實機構限額管理要求，清理不規範設置的機構，根除掛牌機構實體化、"事業局"等問題。

這次改革在總結一些地方改革試點做法的基礎上，提出了構建簡約高效的基層管理體制的新要求。主要思路是，整合基層的審批、服務、執法等方面力量，統籌機構編制資源，整合相關職能設立綜合性機構。儘可能把資源、服務、管理放到基層，保證基層事情基層辦、基層權力給基層、基層事情有人辦，努力實現讓羣眾辦事"只進一扇門"、"最多跑一次"。這次改革明確提出，上級機關要優化對基層的領導方式，既允許"一對多"，由一個基層機構承接多個上級機構的任務，也允許"多對一"，由基層不同機構向同一個上級機構請示彙報。

註　釋

〔1〕見唐代吳兢《貞觀政要·政體》。

〔2〕見鄧小平《關於政治體制改革問題》(《鄧小平文選》第三卷，人民出版社一九九三年版，第 179 頁)。

〔3〕見列寧《共產主義運動中的"左派"幼稚病》(《列寧選集》第四卷，人民出版社一九七二年版，第 200 頁)。

改革越到深處越要擔當作爲[*]

（二○一八年七月六日—二○一九年十一月二十六日）

一

黨的十九大以來，黨中央在深化黨的十八大以來改革成果的基礎上，不失時機推進重大全局性改革，全面深化改革取得新的重大進展。繼續推進改革，要把更多精力聚焦到重點難點問題上來，集中力量打攻堅戰，激發制度活力，激活基層經驗，激勵幹部作爲，扎扎實實把全面深化改革推向深入。

（二○一八年七月六日在中央全面深化改革委員會第三次會議上的講話要點）

二

改革重在落實，也難在落實。改革進行到今天，抓改革、抓落實的有利條件越來越多，改革的思想基礎、實踐基礎、

* 這是習近平二○一八年七月六日至二○一九年十一月二十六日期間有關改革越到深處越要擔當作爲論述的節錄。

制度基礎、民心基礎更加堅實，要投入更多精力、下更大氣力抓落實，加强領導，科學統籌，狠抓落實，把改革重點放到解決實際問題上來。

（二〇一八年九月二十日在中央全面深化改革
委員會第四次會議上的講話要點）

三

黨的十一屆三中全會是劃時代的，開啟了改革開放和社會主義現代化建設歷史新時期。黨的十八屆三中全會也是劃時代的，開啟了全面深化改革、系統整體設計推進改革的新時代，開創了我國改革開放的全新局面。要對標到二〇二〇年在重要領域和關鍵環節改革上取得決定性成果，繼續打硬仗，啃硬骨頭，確保幹一件成一件，爲全面完成黨的十八屆三中全會部署的改革任務打下決定性基礎。

（二〇一九年一月二十三日在中央全面深化改
革委員會第六次會議上的講話要點）

四

當前，我國改革發展形勢正處於深刻變化之中，外部不確定不穩定因素增多，改革發展面臨許多新情況新問題。我們要保持戰略定力，堅持問題導向，因勢利導、統籌謀劃、精準施策，在防範化解重大矛盾和突出問題上出實招硬招，推動改革更好服務經濟社會發展大局。

（二〇一九年五月二十九日在中央全面深化改
革委員會第八次會議上的講話要點）

五

全面深化改革是我們黨守初心、擔使命的重要體現。改革越到深處，越要擔當作爲、蹄疾步穩、奮勇前進，不能有任何停一停、歇一歇的懈怠。要緊密結合"不忘初心、牢記使命"主題教育，提高改革的思想自覺、政治自覺、行動自覺，迎難而上、攻堅克難，着力補短板、強弱項、激活力、抓落實，堅定不移破除利益固化的藩籬、破除妨礙發展的體制機制弊端。

（二〇一九年七月二十四日在中央全面深化改
革委員會第九次會議上的講話要點）

六

落實黨的十八屆三中全會以來中央確定的各項改革任務，前期重點是夯基壘臺、立柱架梁，中期重點在全面推進、積厚成勢，現在要把着力點放到加強系統集成、協同高效上來，鞏固和深化這些年來我們在解決體制性障礙、機制性梗阻、政策性創新方面取得的改革成果，推動各方面制度更加成熟更加定型。

（二〇一九年九月九日在中央全面深化改革委
員會第十次會議上的講話要點）

七

　　黨的十九屆四中全會和黨的十八屆三中全會歷史邏輯一脈相承、理論邏輯相互支撐、實踐邏輯環環相扣，目標指向一以貫之，重大部署接續遞進。黨的十九屆四中全會不僅系統集成了黨的十八屆三中全會以來全面深化改革的理論成果、制度成果、實踐成果，而且對新時代全面深化改革勾勒出更加清晰的頂層設計。要以堅持和完善中國特色社會主義制度、推進國家治理體系和治理能力現代化爲主軸，增强以改革推進國家制度和國家治理體系建設的自覺性，突出制度建設這條主綫，繼續全面深化改革，既要排查梳理已經部署各項改革任務的完成情況，又要把四中全會部署的重要舉措及時納入工作日程，抓緊就黨中央明確的國家治理急需的制度、滿足人民對美好生活新期待必備的制度進行研究和部署，實現改革舉措的有機銜接、融會貫通，確保取得扎扎實實的成效。

（二〇一九年十一月二十六日在中央全面深化改革委員會第十一次會議上的講話要點）

改革開放四十年積累的寶貴經驗[*]

（二〇一八年十二月十八日）

只有順應歷史潮流，積極應變，主動求變，才能與時代同行。"行之力則知愈進，知之深則行愈達。"〔1〕改革開放四十年積累的寶貴經驗是黨和人民彌足珍貴的精神財富，對新時代堅持和發展中國特色社會主義有着極爲重要的指導意義，必須倍加珍惜、長期堅持，在實踐中不斷豐富和發展。

第一，必須堅持黨對一切工作的領導，不斷加强和改善黨的領導。改革開放四十年的實踐啟示我們：中國共產黨領導是中國特色社會主義最本質的特徵，是中國特色社會主義制度的最大優勢。黨政軍民學，東西南北中，黨是領導一切的。正是因爲始終堅持黨的集中統一領導，我們才能實現偉大歷史轉折、開啟改革開放新時期和中華民族偉大復興新征程，才能成功應對一系列重大風險挑戰、克服無數艱難險阻，才能有力應變局、平風波、戰洪水、防非典、抗地震、化危機，才能既不走封閉僵化的老路也不走改旗易幟的邪路，而是堅定不移走中國特色社會主義道路。堅持黨的領導，必須不斷改善黨的領導，讓黨的領導更加適應實踐、時代、人民

＊ 這是習近平在慶祝改革開放四十周年大會上講話的一部分。

的要求。在堅持黨的領導這個決定黨和國家前途命運的重大原則問題上，全黨全國必須保持高度的思想自覺、政治自覺、行動自覺，絲毫不能動搖。

前進道路上，我們必須增強"四個意識"、堅定"四個自信"，堅決維護黨中央權威和集中統一領導，把黨的領導貫徹和體現到改革發展穩定、內政外交國防、治黨治國治軍等各個領域。改革開放每一步都不是輕而易舉的，未來必定會面臨這樣那樣的風險挑戰，甚至會遇到難以想像的驚濤駭浪。我們黨要總攬全局、協調各方，堅持科學執政、民主執政、依法執政，完善黨的領導方式和執政方式，提高黨的執政能力和領導水平，不斷提高黨把方向、謀大局、定政策、促改革的能力和定力，確保改革開放這艘航船沿着正確航向破浪前行。

第二，必須堅持以人民為中心，不斷實現人民對美好生活的嚮往。改革開放四十年的實踐啟示我們：為中國人民謀幸福，為中華民族謀復興，是中國共產黨人的初心和使命，也是改革開放的初心和使命。我們黨來自人民、扎根人民、造福人民，全心全意為人民服務是黨的根本宗旨，必須以最廣大人民根本利益為我們一切工作的根本出發點和落腳點，堅持把人民擁護不擁護、贊成不贊成、高興不高興作為制定政策的依據，順應民心、尊重民意、關注民情、致力民生，既通過提出並貫徹正確的理論和路綫方針政策帶領人民前進，又從人民實踐創造和發展要求中獲得前進動力，讓人民共享改革開放成果，激勵人民更加自覺地投身改革開放和社會主義現代化建設事業。

前進道路上，我們必須始終把人民對美好生活的嚮往作爲我們的奮鬥目標，踐行黨的根本宗旨，貫徹黨的羣衆路綫，尊重人民主體地位，尊重人民羣衆在實踐活動中所表達的意願、所創造的經驗、所擁有的權利、所發揮的作用，充分激發蘊藏在人民羣衆中的創造偉力。我們要健全民主制度、拓寬民主渠道、豐富民主形式、完善法治保障，確保人民依法享有廣泛充分、真實具體、有效管用的民主權利。我們要着力解決人民羣衆所需所急所盼，讓人民共享經濟、政治、文化、社會、生態等各方面發展成果，有更多、更直接、更實在的獲得感、幸福感、安全感，不斷促進人的全面發展、全體人民共同富裕。

第三，必須堅持馬克思主義指導地位，不斷推進實踐基礎上的理論創新。改革開放四十年的實踐啟示我們：創新是改革開放的生命。實踐發展永無止境，解放思想永無止境。恩格斯説："一切社會變遷和政治變革的終極原因，不應當到人們的頭腦中，到人們對永恆的真理和正義的日益增進的認識中去尋找，而應當到生産方式和交換方式的變更中去尋找"[2]。我們堅持理論聯繫實際，及時回答時代之問、人民之問，廓清困擾和束縛實踐發展的思想迷霧，不斷推進馬克思主義中國化時代化大衆化，不斷開闢馬克思主義發展新境界。

前進道路上，我們必須堅持以馬克思列寧主義、毛澤東思想、鄧小平理論、"三個代表"重要思想、科學發展觀、新時代中國特色社會主義思想爲指導，堅持解放思想和實事求是有機統一。發展二十一世紀馬克思主義、當代中國馬克思主義，是當代中國共産黨人責無旁貸的歷史責任。我們要強化問題意識、時代意識、戰略意識，用深邃的歷史眼光、寬廣的國際視野把握事物發展的本質和內在聯繫，緊密跟踪億萬人民的創造性實踐，借鑑吸收人類一切優秀文明成果，不斷回答時代和實踐給我們提出的新的重大課題，讓當代中國馬克思主義放射出更加燦爛的真理光芒。

第四，必須堅持走中國特色社會主義道路，不斷堅持和發展中國特色社會主義。改革開放四十年的實踐啟示我們：方向決定前途，道路決定命運。我們要把命運掌握在自己手中，就要有志不改、道不變的堅定。改革開放四十年來，我們黨全部理論和實踐的主題是堅持和發展中國特色社會主義。在中國這樣一個有着五千多年文明史、十三億多人口的大國推進改革發展，沒有可以奉爲金科玉律的教科書，也沒有可以對中國人民頤指氣使的教師爺。魯迅[3]先生說過："什麼是路？就是從沒路的地方踐踏出來的，從只有荊棘的地方開闢出來的。"[4]中國特色社會主義道路是當代中國大踏步趕上時代、引領時代發展的康莊大道，必須毫不動搖走下去。

前進道路上，我們必須堅持以新時代中國特色社會主義思想和黨的十九大精神爲指導，增强"四個自信"，牢牢把握改革開放的前進方向。改什麼、怎麼改必須以是否符合完善和發展中國特色社會主義制度、推進國家治理體系和治理能力現代化的總目標爲根本尺度，該改的、能改的我們堅決改，不該改的、不能改的堅決不改。我們要堅持黨的基本路綫，把以經濟建設爲中心同堅持四項基本原則、堅持改革開放這兩個基本點統一於新時代中國特色社會主義偉大實踐，長期堅持，決不動搖。

　　第五，必須堅持完善和發展中國特色社會主義制度，不斷發揮和增強我國制度優勢。改革開放四十年的實踐啟示我們：制度是關係黨和國家事業發展的根本性、全局性、穩定性、長期性問題。我們扭住完善和發展中國特色社會主義制度這個關鍵，爲解放和發展社會生產力、解放和增強社會活力、永葆黨和國家生機活力提供了有力保證，爲保持社會大局穩定、保證人民安居樂業、保障國家安全提供了有力保證，爲放手讓一切勞動、知識、技術、管理、資本等要素的活力競相迸發，讓一切創造社會財富的源泉充分湧流不斷建立了充滿活力的體制機制。

　　前進道路上，我們必須毫不動搖鞏固和發展公有制經濟，毫不動搖鼓勵、支持、引導非公有制經濟發展，充分發揮市場在資源配置中的決定性作用，更好發揮政府作用，激發各類市場主體活力。我們要堅持黨的領導、人民當家作主、依法治國有機統一，堅持和完善人民代表大會制度、中國共產黨領導的多黨合作和政治協商制度、民族區域自治制度、基層羣衆自治制度，全面推進依法治國，鞏固和發展最廣泛的愛國統一戰綫，發展社會主義協商民主，用制度體系保證人民當家作主。我們要加強文化領域制度建設，舉旗幟、聚民心、育新人、興文化、展形象，積極培育和踐行社會主義核心價值觀，推動中華優秀傳統文化創造性轉化、創新性發展，傳承革命文化、發展先進文化，努力創造光耀時代、光耀世界的中華文化。我們要加強社會治理制度建設，不斷促進社會公平正義，保持社會安定有序。我們要加強生態文明制度建設，實行最嚴格的生態環境保護制度。我們要堅決破除一切妨礙發展的體制機制障礙和利益固化藩籬，加快形成系統完備、科學規範、運行有效的制度體系，推動中國特色社會主義制度更加成熟更加定型。

第六，必須堅持以發展爲第一要務，不斷增強我國綜合國力。改革開放四十年的實踐啟示我們：解放和發展社會生產力，增強社會主義國家的綜合國力，是社會主義的本質要求和根本任務。只有牢牢扭住經濟建設這個中心，毫不動搖堅持發展是硬道理、發展應該是科學發展和高質量發展的戰略思想，推動經濟社會持續健康發展，才能全面增強我國經濟實力、科技實力、國防實力、綜合國力，才能爲堅持和發展中國特色社會主義、實現中華民族偉大復興奠定雄厚物質基礎。

前進道路上，我們必須圍繞解決好人民日益增長的美好生活需要和不平衡不充分的發展之間的矛盾這個社會主要矛盾，堅決貫徹創新、協調、綠色、開放、共享的發展理念，統籌推進“五位一體”總體佈局、協調推進“四個全面”戰略佈局，推動高質量發展，推動新型工業化、信息化、城鎮化、農業現代化同步發展，加快建設現代化經濟體系，努力實現更高質量、更有效率、更加公平、更可持續的發展。我們要堅持以供給側結構性改革爲主綫，積極轉變發展方式、優化經濟結構、轉換增長動力，積極擴大內需，實施區域協調發展戰略，實施鄉村振興戰略，堅決打好防範化解重大風險、精準脫貧、污染防治的攻堅戰。我們要堅持創新是第一動力、人才是第一資源的理念，實施創新驅動發展戰略，完善國家創新體系，加快關鍵核心技術自主創新，爲經濟社會發展打造新引擎。我們要加強生態文明建設，牢固樹立綠水青山就是金山銀山的理念，形成綠色發展方式和生活方式，把我們偉大祖國建設得更加美麗，讓人民生活在天更藍、山更綠、水更清的優美環境之中。

第七，必須堅持擴大開放，不斷推動共建人類命運共同體。改革開放四十年的實踐啟示我們：開放帶來進步，封閉必然落後。中國的發展離不開世界，世界的繁榮也需要中國。我們統籌國內國際兩個大局，堅持對外開放的基本國策，實行積極主動的開放政策，形成全方位、多層次、寬領域的全面開放新格局，爲我國創造了良好國際環境、開拓了廣闊發展空間。

前進道路上，我們必須高舉和平、發展、合作、共贏的旗幟，恪守維護世界和平、促進共同發展的外交政策宗旨，推動建設相互尊重、公平正義、合作共贏的新型國際關係。我們要尊重各國人民自主選擇發展道路的權利，維護國際公平正義，倡導國際關係民主化，反對把自己的意志強加於人，反對干涉別國內政，反對以強凌弱。我們要發揮負責任大國作用，支持廣大發展中國家發展，積極參與全球治理體系改革和建設，共同爲建設持久和平、普遍安全、共同繁榮、開放包容、清潔美麗的世界而奮鬥。我們要支持開放、透明、包容、非歧視性的多邊貿易體制，促進貿易投資自由化便利化，推動經濟全球化朝着更加開放、包容、普惠、平衡、共贏的方向發展。我們要以共建"一帶一路"爲重點，同各方一道打造國際合作新平臺，爲世界共同發展增添新動力。中國決不會以犧牲別國利益爲代價來發展自己，也決不放棄自己的正當權益。中國奉行防禦性的國防政策，中國發展不對任何國家構成威脅。中國無論發展到什麼程度都永遠不稱霸。

　　第八，必須堅持全面從嚴治黨，不斷提高黨的創造力、凝聚力、戰鬥力。改革開放四十年的實踐啟示我們：打鐵必須自身硬。辦好中國的事情，關鍵在黨，關鍵在堅持黨要管黨、全面從嚴治黨。我們黨只有在領導改革開放和社會主義現代化建設偉大社會革命的同時，堅定不移推進黨的偉大自我革命，敢於清除一切侵蝕黨的健康肌體的病毒，使黨不斷自我淨化、自我完善、自我革新、自我提高，不斷增強黨的政治領導力、思想引領力、羣衆組織力、社會號召力，才能確保黨始終保持同人民羣衆的血肉聯繫。

　　前進道路上，我們必須按照新時代黨的建設總要求，以政治建設爲統領，不斷推進黨的建設新的偉大工程，不斷增強全黨團結統一和創造活力，不斷增強全黨執政本領，把黨建設得更加堅強、更加有力。我們要堅持用時代發展要求審視自己，以強烈憂患意識警醒自己，以改革創新精神加強和完善自己，在應對風險挑戰中鍛鍊提高，在解決黨內存在的突出矛盾和問題中淨化純潔，不斷提高管黨治黨水平。我們要堅持德才兼備、以德爲先、任人唯賢，着力培養忠誠乾淨擔當的高素質幹部隊伍和宏大的人才隊伍。我們要以反腐敗永遠在路上的堅韌和執着，深化標本兼治，堅決清除一切腐敗分子，保證幹部清正、政府清廉、政治清明，爲繼續推進改革開放營造海晏河清的政治生態。

　　第九，必須堅持辯證唯物主義和歷史唯物主義世界觀和方法論，正確處理改革發展穩定關係。改革開放四十年的實踐啟示我們：我國是一個大國，決不能在根本性問題上出現顛覆性錯誤。我們堅持加強黨的領導和尊重人民首創精神相結合，堅持"摸着石頭過河"和頂層設計相結合，堅持問題導向和目標導向相統一，堅持試點先行和全面推進相促進，既鼓勵大膽試、大膽闖，又堅持實事求是、善作善成，確保了改革開放行穩致遠。

前進道路上，我們要增強戰略思維、辯證思維、創新思維、法治思維、底綫思維，加強宏觀思考和頂層設計，堅持問題導向，聚焦我國發展面臨的突出矛盾和問題，深入調查研究，鼓勵基層大膽探索，堅持改革決策和立法決策相銜接，不斷提高改革決策的科學性。我們要拿出抓鐵有痕、踏石留印的韌勁，以釘釘子精神抓好落實，確保各項重大改革舉措落到實處。我們既要敢爲天下先、敢闖敢試，又要積極穩妥、蹄疾步穩，把改革發展穩定統一起來，堅持方向不變、道路不偏、力度不減，推動新時代改革開放走得更穩、走得更遠。

註　　釋

〔1〕見南宋張栻《論語解·序》。

〔2〕見恩格斯《反杜林論》（《馬克思恩格斯全集》第二十六卷，人民出版社二〇一四年版，第 284 頁）。

〔3〕魯迅（一八八一——一九三六），浙江紹興人。中國文學家、思想家、革命家，中國現代文學的奠基人。

〔4〕見魯迅《生命的路》（《魯迅全集》第一卷，人民文學出版社二〇〇五年版，第 386 頁）。

七、形成全面开放新格局

中國開放的大門只會越開越大[*]

（二〇一八年四月十日）

　　去年十月召開的中共十九大宣告中國特色社會主義進入了新時代，制定了全面建設社會主義現代化強國的宏偉藍圖。中國特色社會主義進入新時代，掀開了實現中華民族偉大復興的新篇章，開啟了加強中國同世界交融發展的新畫卷。

　　一個時代有一個時代的問題，一代人有一代人的使命。雖然我們已走過萬水千山，但仍需要不斷跋山涉水。在新時代，中國人民將繼續自強不息、自我革新，堅定不移全面深化改革，逢山開路，遇水架橋，敢於向頑瘴痼疾開刀，勇於突破利益固化藩籬，將改革進行到底。中國人民將繼續大膽創新、推動發展，堅定不移貫徹以人民為中心的發展思想，落實新發展理念，建設現代化經濟體系，深化供給側結構性改革，加快實施創新驅動發展戰略、鄉村振興戰略、區域協調發展戰略，推進精準扶貧、精準脫貧，促進社會公平正義，不斷增強人民獲得感、幸福感、安全感。中國人民將繼續擴大開放、加強合作，堅定不移奉行互利共贏的開放戰略，堅持引進來和走出去並重，推動形成陸海內外聯動、東西雙向

＊　這是習近平在博鰲亞洲論壇二〇一八年年會開幕式上主旨演講的一部分。

互濟的開放格局，實行高水平的貿易和投資自由化便利化政策，探索建設中國特色自由貿易港。中國人民將繼續與世界同行、爲人類作出更大貢獻，堅定不移走和平發展道路，積極發展全球夥伴關係，堅定支持多邊主義，積極參與推動全球治理體系變革，推動建設新型國際關係，推動構建人類命運共同體。

無論中國發展到什麼程度，我們都不會威脅誰，都不會顛覆現行國際體系，都不會謀求建立勢力範圍。中國始終是世界和平的建設者、全球發展的貢獻者、國際秩序的維護者。

綜合研判世界發展大勢，經濟全球化是不可逆轉的時代潮流。正是基於這樣的判斷，我在中共十九大報告中强調，中國堅持對外開放的基本國策，堅持打開國門搞建設。我要明確告訴大家，中國開放的大門不會關閉，只會越開越大！

實踐證明，過去四十年中國經濟發展是在開放條件下取得的，未來中國經濟實現高質量發展也必須在更加開放條件下進行。這是中國基於發展需要作出的戰略抉擇，同時也是在以實際行動推動經濟全球化造福世界各國人民。

在擴大開放方面，中國將採取以下重大舉措。

第一，大幅度放寬市場准入。今年，我們將推出幾項有標誌意義的舉措。在服務業特別是金融業方面，去年年底宣佈的放寬銀行、證券、保險行業外資股比限制的重大措施要確保落地，同時要加大開放力度，加快保險行業開放進程，放寬外資金融機構設立限制，擴大外資金融機構在華業務範圍，拓寬中外金融市場合作領域。在製造業方面，目前已基本開放，保留限制的主要是汽車、船舶、飛機等少數行業，現在這些行業已經具備開放基礎，下一步要儘快放寬外資股比限制特別是汽車行業外資限制。

第二，創造更有吸引力的投資環境。投資環境就像空氣，空氣清新才能吸引更多外資。過去，中國吸引外資主要靠優惠政策，現在要更多靠改善投資環境。我們將加強同國際經貿規則對接，增強透明度，強化產權保護，堅持依法辦事，鼓勵競爭、反對壟斷。今年三月，我們組建了國家市場監督管理總局等新機構，對現有政府機構作出大幅度調整，堅決破除制約使市場在資源配置中起決定性作用、更好發揮政府作用的體制機制弊端。今年上半年，我們將完成修訂外商投資負面清單工作，全面落實准入前國民待遇加負面清單管理制度。

第三，加強知識產權保護。這是完善產權保護制度最重要的內容，也是提高中國經濟競爭力最大的激勵。對此，外資企業有要求，中國企業更有要求。今年，我們將重新組建國家知識產權局，完善執法力量，加大執法力度，把違法成本顯著提上去，把法律威懾作用充分發揮出來。我們鼓勵中外企業開展正常技術交流合作，保護在華外資企業合法知識產權。同時，我們希望外國政府加強對中國知識產權的保護。

第四，主動擴大進口。內需是中國經濟發展的基本動力，也是滿足人民日益增長的美好生活需要的必然要求。中國不以追求貿易順差為目標，真誠希望擴大進口，促進經常項目收支平衡。今年，我們將相當幅度降低汽車進口關稅，同時降低部分其他產品進口關稅，努力增加人民群眾需求比較集中的特色優勢產品進口，加快加入世界貿易組織《政府採購協定》進程。我們希望發達國家停止對正常合理的高技術產品貿易人爲設限，放寬對華高技術產品出口管制。今年十一月，中國將在上海舉辦首屆中國國際進口博覽會。這不是一般性的會展，而是我們主動開放市場的重大政策宣示和行動。歡迎各國朋友來華參加。

　　我想強調的是，我剛才宣佈的這些對外開放重大舉措，我們將儘快使之落地，宜早不宜遲，宜快不宜慢，努力讓開放成果及早惠及中國企業和人民，及早惠及世界各國企業和人民。我相信，經過努力，中國金融業競爭力將明顯提升，資本市場將持續健康發展，現代產業體系建設將加快推進，中國市場環境將大大改善，知識產權將得到有力保護，中國對外開放一定會打開一個全新的局面。

　　五年前，我提出了共建"一帶一路"倡議。五年來，已經有八十多個國家和國際組織同中國簽署了合作協議。共建"一帶一路"倡議源於中國，但機會和成果屬於世界，中國不打地緣博弈小算盤，不搞封閉排他小圈子，不做凌駕於人的強買強賣。需要指出的是，"一帶一路"建設是全新的事物，在合作中有些不同意見是完全正常的，只要各方秉持和遵循共商共建共享原則，就一定能增進合作、化解分歧，把"一帶一路"打造成爲順應經濟全球化潮流的最廣泛國際合作平臺，讓共建"一帶一路"更好造福各國人民。

穩步推進中國特色
自由貿易港建設*

（二〇一八年四月十三日）

　　經濟全球化是社會生產力發展的客觀要求和科技進步的必然結果。經濟全球化爲世界經濟增長提供了強勁動力，促進了商品和資本流動、科技和文明進步、各國人民交往，符合各國共同利益。當前，世界經濟仍然面臨諸多複雜挑戰，新增長動能缺乏，增長分化加劇。把困擾世界的問題簡單歸咎於經濟全球化，搞貿易和投資保護主義，想人爲讓世界經濟退回到孤立的舊時代，不符合歷史潮流。正確的選擇是，充分利用一切機遇，合作應對一切挑戰。

　　我在黨的十九大報告中強調，中國開放的大門不會關閉，只會越開越大。這是我們對世界的莊重承諾。要堅持對外開放的基本國策，奉行互利共贏的開放戰略，遵守和維護世界貿易規則體系，推動經濟全球化朝着更加開放、包容、普惠、平衡、共贏的方向發展，讓經濟全球化進程更有活力、更加包容、更可持續，讓不同國家、不同階層、不同人羣共享經

---

　　* 這是習近平在慶祝海南建省辦經濟特區三十周年大會上講話的一部分。

197

濟全球化的好處。

在這裏，我鄭重宣佈，黨中央決定支持海南全島建設自由貿易試驗區，支持海南逐步探索、穩步推進中國特色自由貿易港建設，分步驟、分階段建立自由貿易港政策和制度體系。這是黨中央着眼於國際國內發展大局，深入研究、統籌考慮、科學謀劃作出的重大決策，是彰顯我國擴大對外開放、積極推動經濟全球化決心的重大舉措。

海南全島建設自由貿易試驗區，要以制度創新爲核心，賦予更大改革自主權，支持海南大膽試、大膽闖、自主改，加快形成法治化、國際化、便利化的營商環境和公平開放統一高效的市場環境。要更大力度轉變政府職能，深化簡政放權、放管結合、優化服務改革，全面提升政府治理能力。要實行高水平的貿易和投資自由化便利化政策，對外資全面實行准入前國民待遇加負面清單管理制度，圍繞種業、醫療、教育、體育、電信、互聯網、文化、維修、金融、航運等重點領域，深化現代農業、高新技術產業、現代服務業對外開放，推動服務貿易加快發展，保護外商投資合法權益，推進航運逐步開放。

自由貿易港是當今世界最高水平的開放形態。海南建設自由貿易港要體現中國特色，符合中國國情，符合海南發展定位，學習借鑑國際自由貿易港的先進經營方式、管理方法。我們歡迎全世界投資者到海南投資興業，積極參與海南自由貿易港建設，共享中國發展機遇、共享中國改革成果。

共建創新包容的開放型世界經濟[*]

（二〇一八年十一月五日）

尊敬的各位國家元首、政府首腦、王室代表，

尊敬的各位國際組織負責人，

尊敬的各代表團團長，

各位來賓，

女士們，先生們，朋友們：

二〇一七年五月，我宣佈中國將從二〇一八年起舉辦中國國際進口博覽會。經過一年多籌備，在各方大力支持下，現在，首屆中國國際進口博覽會正式開幕了！

首先，我謹代表中國政府和中國人民，並以我個人的名義，對各位嘉賓的到來，表示熱烈的歡迎！對來自五大洲的各方朋友，致以誠摯的問候和良好的祝願！

中國國際進口博覽會，是迄今爲止世界上第一個以進口爲主題的國家級展會，是國際貿易發展史上一大創舉。舉辦中國國際進口博覽會，是中國着眼於推動新一輪高水平對外開放作出的重大決策，是中國主動向世界開放市場的重大舉措。這體現了中國支持多邊貿易體制、推動發展自由貿易的

---

[*] 這是習近平在首屆中國國際進口博覽會開幕式上的主旨演講。

一貫立場，是中國推動建設開放型世界經濟、支持經濟全球化的實際行動。

這屆進口博覽會以"新時代，共享未來"爲主題，就是要歡迎各國朋友，把握新時代中國發展機遇，深化國際經貿合作，實現共同繁榮進步。共有一百七十二個國家、地區和國際組織參會，三千六百多家企業參展，展覽總面積達三十萬平方米，超過四十萬名境內外採購商到會洽談採購。

我衷心希望，參會參展的各國朋友都能廣結良緣、滿載而歸！

女士們、先生們、朋友們！

當今世界正在經歷新一輪大發展大變革大調整，各國經濟社會發展聯繫日益密切，全球治理體系和國際秩序變革加速推進。同時，世界經濟深刻調整，保護主義、單邊主義擡頭，經濟全球化遭遇波折，多邊主義和自由貿易體制受到衝擊，不穩定不確定因素依然很多，風險挑戰加劇。這就需要我們從紛繁複雜的局勢中把握規律、認清大勢，堅定開放合作信心，共同應對風險挑戰。

世界上的有識之士都認識到，經濟全球化是不可逆轉的歷史大勢，爲世界經濟發展提供了強勁動力。說其是歷史大勢，就是其發展是不依人的意志爲轉移的。人類可以認識、順應、運用歷史規律，但無法阻止歷史規律發生作用。歷史大勢必將浩蕩前行。

回顧歷史，開放合作是增強國際經貿活力的重要動力。立足當今，開放合作是推動世界經濟穩定復蘇的現實要求。放眼未來，開放合作是促進人類社會不斷進步的時代要求。

大道至簡，實幹爲要。面對世界經濟格局的深刻變化，爲了共同建設一個更加美好的世界，各國都應該拿出更大勇氣，積極推動開放合作，實現共同發展。

——各國應該堅持開放融通，拓展互利合作空間。開放帶來進步，封閉必然落後。國際貿易和投資等經貿往來，植根於各國優勢互補、互通有無的需要。縱觀國際經貿發展史，深刻驗證了"相通則共進，相閉則各退"的規律。各國削減壁壘、擴大開放，國際經貿就能打通血脈；如果以鄰爲壑、孤立封閉，國際經貿就會氣滯血瘀，世界經濟也難以健康發展。各國應該堅持開放的政策取向，旗幟鮮明反對保護主義、單邊主義，提升多邊和雙邊開放水平，推動各國經濟聯動融通，共同建設開放型世界經濟。各國應該加強宏觀經濟政策協調，減少負面外溢效應，合力促進世界經濟增長。各國應該推動構建公正、合理、透明的國際經貿規則體系，推進貿易和投資自由化便利化，促進全球經濟進一步開放、交流、融合。

——各國應該堅持創新引領，加快新舊動能轉換。創新是第一動力。只有敢於創新、勇於變革，才能突破世界經濟發展瓶頸。世界經濟剛剛走出國際金融危機陰影，回升態勢尚不穩固，迫切需要各國共同推動科技創新、培育新的增長點。造福人類是科技創新最強大的動力。在休戚與共的地球村，共享創新成果，是國際社會的一致呼聲和現實選擇。各國應該把握新一輪科技革命和產業變革帶來的機遇，加強數字經濟、人工智能、納米技術等前沿領域合作，共同打造新技術、新產業、新業態、新模式。

——各國應該堅持包容普惠，推動各國共同發展。"一花獨放不是春，百花齊放春滿園。"追求幸福生活是各國人民共同願望。人類社會要持續進步，各國就應該堅持要開放不要封閉，要合作不要對抗，要共贏不要獨佔。在經濟全球化深入發展的今天，弱肉強食、贏者通吃是一條越走越窄的死胡同，包容普惠、互利共贏才是越走越寬的人間正道。各國應該超越差異和分歧，發揮各自優勢，推動包容發展，攜手應對全人類共同面臨的風險和挑戰，落實二〇三〇年可持續發展議程，減少全球發展不平衡，推動經濟全球化朝着更加開放、包容、普惠、平衡、共贏的方向發展，讓各國人民共享經濟全球化和世界經濟增長成果。

女士們、先生們、朋友們！

改革開放四十年來，中國人民自力更生、發憤圖強、砥礪前行，依靠自己的辛勤和汗水書寫了國家和民族發展的壯麗史詩。同時，中國堅持打開國門搞建設，實現了從封閉半封閉到全方位開放的偉大歷史轉折。開放已經成為當代中國的鮮明標識。中國不斷擴大對外開放，不僅發展了自己，也造福了世界。

今年四月，我在博鰲亞洲論壇年會開幕式上說過，過去四十年中國經濟發展是在開放條件下取得的，未來中國經濟實現高質量發展也必須在更加開放的條件下進行。我多次強調，中國開放的大門不會關閉，只會越開越大。中國推動更高水平開放的腳步不會停滯！中國推動建設開放型世界經濟的腳步不會停滯！中國推動構建人類命運共同體的腳步不會停滯！

　　中國將堅定不移奉行互利共贏的開放戰略，實行高水平的貿易和投資自由化便利化政策，推動形成陸海內外聯動、東西雙向互濟的開放格局。中國將始終是全球共同開放的重要推動者，中國將始終是世界經濟增長的穩定動力源，中國將始終是各國拓展商機的活力大市場，中國將始終是全球治理改革的積極貢獻者！

　　為進一步擴大開放，中國將在以下幾方面加大推進力度。

　　第一，激發進口潛力。中國主動擴大進口，不是權宜之計，而是面向世界、面向未來、促進共同發展的長遠考量。中國將順應國內消費升級趨勢，採取更加積極有效的政策措施，促進居民收入增加、消費能力增強，培育中高端消費新增長點，持續釋放國內市場潛力，擴大進口空間。中國將進一步降低關稅，提升通關便利化水平，削減進口環節制度性成本，加快跨境電子商務等新業態新模式發展。中國有十三億多人口的大市場，中國真誠向各國開放市場，中國國際進口博覽會不僅要年年辦下去，而且要辦出水平、辦出成效、越辦越好。

　　第二，持續放寬市場准入。四月份我宣佈的放寬市場准入各項舉措，目前已基本落地。中國已經進一步精簡了外商投資准入負面清單，減少投資限制，提升投資自由化水平。中國正在穩步擴大金融業開放，持續推進服務業開放，深化農業、採礦業、製造業開放，加快電信、教育、醫療、文化等領域開放進程，特別是外國投資者關注、國內市場缺口較大的教育、醫療等領域也將放寬外資股比限制。預計未來十五年，中國進口商品和服務將分別超過三十萬億美元和十萬億美元。

第三，營造國際一流營商環境。中國將加快出臺外商投資法規，完善公開、透明的涉外法律體系，全面深入實施准入前國民待遇加負面清單管理制度。中國將尊重國際營商慣例，對在中國境內註冊的各類企業一視同仁、平等對待。中國將保護外資企業合法權益，堅決依法懲處侵犯外商合法權益特別是侵犯知識產權行爲，提高知識產權審查質量和審查效率，引入懲罰性賠償制度，顯著提高違法成本。營商環境只有更好，沒有最好。各國都應該努力改進自己的營商環境，解決自身存在的問題，不能總是粉飾自己、指責他人，不能像手電筒那樣只照他人、不照自己。

第四，打造對外開放新高地。中國將支持自由貿易試驗區深化改革創新，持續深化差別化探索，加大壓力測試，發揮自由貿易試驗區改革開放試驗田作用。中國將抓緊研究提出海南分步驟、分階段建設自由貿易港政策和制度體系，加快探索建設中國特色自由貿易港進程。這是中國擴大對外開放的重大舉措，將帶動形成更高層次改革開放新格局。

第五，推動多邊和雙邊合作深入發展。中國一貫主張，堅定維護世界貿易組織規則，支持對世界貿易組織進行必要改革，共同捍衛多邊貿易體制。中國願推動早日達成區域全面經濟夥伴關係協定，加快推進中歐投資協定談判，加快中日韓自由貿易區談判進程。中國將認真實施二〇一八年中非合作論壇北京峰會提出的"八大行動"[1]。中國支持二十國集團、亞太經合組織、上海合作組織、金磚國家等機制發揮更大作用，推動全球經濟治理體系朝着更加公正合理的方向發展。中國將繼續推進共建"一帶一路",堅持共商共建共享,同相關國家一道推進重大項目建設,搭建更多貿易促進平臺,鼓勵更多有實力、信譽好的中國企業到沿綫國家開展投資合作,深化生態、科技、文化、民生等各領域交流合作,爲全球提供開放合作的國際平臺。

女士們、先生們、朋友們!

當前,中國經濟運行總體平穩、穩中有進。前三季度,中國國內生產總值增長百分之六點七,其中第三季度增長百分之六點五,符合預期目標。全年糧食產量可望保持在一點二萬億斤以上。城鎮新增就業一千一百零七萬人,提前完成全年目標。從經濟增長、就業、物價、國際收支、企業利潤、財政收入、勞動生產率等主要指標看,中國經濟運行都處於合理區間,爲實現全年目標任務打下了重要基礎。同其他主要經濟體相比,中國經濟增長仍居世界前列。

對中國經濟發展前景,大家完全可以抱着樂觀態度。中國經濟發展健康穩定的基本面沒有改變,支撐高質量發展的生產要素條件沒有改變,長期穩中向好的總體勢頭沒有改變。中國宏觀調控能力不斷增強,全面深化改革不斷釋放發展動力。隨着共建"一帶一路"扎實推進,中國同"一帶一路"沿綫國家的投資和貿易合作加快推進。中國具有保持經濟長期健康穩定發展的諸多有利條件。

當然,任何事物都有其兩面,在當前國際國內經濟形勢下,中國經濟發展也遇到了一些突出矛盾和問題,一些領域不確定性有所上升,一些企業經營困難增多,一些領域風險挑戰增大。總體看,這些都是前進中遇到的問題,我們正在採取措施積極加以解決，成效已經或正在顯現出來。

中國是世界第二大經濟體，有十三億多人口的大市場，有九百六十多萬平方公里的國土，中國經濟是一片大海，而不是一個小池塘。大海有風平浪靜之時，也有風狂雨驟之時。沒有風狂雨驟，那就不是大海了。狂風驟雨可以掀翻小池塘，但不能掀翻大海。經歷了無數次狂風驟雨，大海依舊在那兒！經歷了五千多年的艱難困苦，中國依舊在這兒！面向未來，中國將永遠在這兒！

我相信，只要我們保持戰略定力，全面深化改革開放，深化供給側結構性改革，下大氣力解決存在的突出矛盾和問題，中國經濟就一定能加快轉入高質量發展軌道，中國人民就一定能戰勝前進道路上的一切困難挑戰，中國就一定能迎來更加光明的發展前景。

女士們、先生們、朋友們！

一座城市有一座城市的品格。上海背靠長江水，面向太平洋，長期領中國開放風氣之先。上海之所以發展得這麼好，同其開放品格、開放優勢、開放作為緊密相連。我曾經在上海工作過，切身感受到開放之於上海、上海開放之於中國的重要性。開放、創新、包容已成為上海最鮮明的品格。這種品格是新時代中國發展進步的生動寫照。

為了更好發揮上海等地區在對外開放中的重要作用，我們決定，一是將增設中國上海自由貿易試驗區的新片區，鼓勵和支持上海在推進投資和貿易自由化便利化方面大膽創新探索，為全國積累更多可複製可推廣經驗。二是將在上海證券交易所設立科創板並試點註冊制，支持上海國際金融中心和科技創新中心建設，不斷完善資本市場基礎制度。三是將支持長江三角洲區域一體化發展並上升爲國家戰略，着力落實新發展理念，構建現代化經濟體系，推進更高起點的深化改革和更高層次的對外開放，同"一帶一路"建設、京津冀協同發展、長江經濟帶發展、粤港澳大灣區建設相互配合，完善中國改革開放空間佈局。

女士們、先生們、朋友們！

中國國際進口博覽會由中國主辦，世界貿易組織等多個國際組織和衆多國家共同參與，不是中國的獨唱，而是各國的大合唱。我希望各位嘉賓在虹橋國際經貿論壇上深入探討全球經濟治理體系改革新思路，共同維護自由貿易和多邊貿易體制，共建創新包容的開放型世界經濟，向着構建人類命運共同體目標不懈奮進，開創人類更加美好的未來！

謝謝大家。

註　　釋

〔1〕見本卷《共築更加緊密的中非命運共同體》。

開放合作，命運與共[*]

（二〇一九年十一月五日）

尊敬的馬克龍總統，

尊敬的霍爾尼斯總理、米佐塔基斯總理、布爾納比奇總理，

尊敬的各位議長，

尊敬的各位國際組織負責人，

尊敬的各代表團團長，

各位來賓，

女士們，先生們，朋友們：

在這多彩的深秋時節，很高興同大家相聚在黃浦江畔。現在，我宣佈，第二屆中國國際進口博覽會正式開幕！

首先，我謹代表中國政府和中國人民，並以我個人的名義，對遠道而來的各位嘉賓，表示熱烈的歡迎！向來自世界各地的新老朋友們，致以誠摯的問候和良好的祝願！

一年前，我們在這裏成功舉辦首屆中國國際進口博覽會。今天，更多朋友如約而至。本屆中國國際進口博覽會延續"新時代，共享未來"的主題。我相信，各位朋友都能乘興而來、滿意而歸！

---

[*] 這是習近平在第二屆中國國際進口博覽會開幕式上的主旨演講。

女士們、先生們、朋友們！

去年，我在首屆進博會上宣佈了中國擴大對外開放的五方面舉措，對上海提出了三點開放要求。一年來，這些開放措施已經基本落實。其中，上海自由貿易試驗區臨港新片區已經正式設立，我們還在其他省份新設六個自由貿易試驗區；上海證券交易所設立科創板並試點註冊制已經正式實施；長三角區域一體化發展已經作爲國家戰略正式實施；外商投資法將於明年一月一日起實行；全面實施准入前國民待遇加負面清單管理制度已經出臺；擴大進口促進消費、進一步降低關稅等取得重大進展。去年，我在進博會期間舉行的雙邊活動中同有關國家達成九十八項合作事項，其中二十三項已經辦結，四十七項取得積極進展，二十八項正在加緊推進。

女士們、先生們、朋友們！

經濟全球化是歷史潮流。長江、尼羅河、亞馬孫河、多瑙河晝夜不息、奔騰向前，儘管會出現一些回頭浪，儘管會遇到很多險灘暗礁，但大江大河奔騰向前的勢頭是誰也阻擋不了的。

世界經濟發展面臨的難題，沒有哪一個國家能獨自解決。各國應該堅持人類優先的理念，而不應把一己之利凌駕於人類利益之上。我們要以更加開放的心態和舉措，共同把全球市場的蛋糕做大、把全球共享的機制做實、把全球合作的方式做活，共同把經濟全球化動力搞得越大越好、阻力搞得越小越好。

爲此，我願提出以下幾點倡議。

第一，共建開放合作的世界經濟。當今世界，全球價值鏈、供應鏈深入發展，你中有我、我中有你，各國經濟融合是大勢所趨。距離近了，交往多了，難免會有磕磕碰碰。面對矛盾和摩擦，協商合作才是正道。只要平等相待、互諒互讓，就沒有破解不了的難題。我們應該堅持以開放求發展，深化交流合作，堅持"拉手"而不是"鬆手"，堅持"拆牆"而不是"築牆"，堅決反對保護主義、單邊主義，不斷削減貿易壁壘，推動全球價值鏈、供應鏈更加完善，共同培育市場需求。

第二，共建開放創新的世界經濟。創新發展是引領世界經濟持續發展的必然選擇。當前，新一輪科技革命和產業變革正處在實現重大突破的歷史關口。各國應該加強創新合作，推動科技同經濟深度融合，加強創新成果共享，努力打破制約知識、技術、人才等創新要素流動的壁壘，支持企業自主開展技術交流合作，讓創新源泉充分湧流。爲了更好運用知識的創造以造福人類，我們應該共同加強知識產權保護，而不是搞知識封鎖，製造甚至擴大科技鴻溝。

第三，共建開放共享的世界經濟。我們應該謀求包容互惠的發展前景，共同維護以聯合國憲章宗旨和原則爲基礎的國際秩序，堅持多邊貿易體制的核心價值和基本原則，促進貿易和投資自由化便利化，推動經濟全球化朝着更加開放、包容、普惠、平衡、共贏的方向發展。我們應該落實聯合國二〇三〇年可持續發展議程，加大對最不發達國家支持力度，讓發展成果惠及更多國家和民衆。

女士們、先生們、朋友們！

站在新的歷史起點，中國開放的大門只會越開越大。中國共產黨剛剛舉行了十九屆四中全會，制定了關於堅持和完善中國特色社會主義制度、推進國家治理體系和治理能力現代化若干重大問題的決定，其中包括很多深化改革、擴大開放的重要舉措。我們將堅持對外開放的基本國策，堅持以開放促改革、促發展、促創新，持續推進更高水平的對外開放。

第一，繼續擴大市場開放。中國有近十四億人口，中等收入羣體規模全球最大，市場規模巨大、潛力巨大，前景不可限量。中國老百姓有一句話，叫作"世界那麽大，我想去看看"。在這裏我要說，中國市場這麽大，歡迎大家都來看看。中國將增強國內消費對經濟發展的基礎性作用，積極建設更加活躍的國內市場，爲中國經濟發展提供支撐，爲世界經濟增長擴大空間。中國將更加重視進口的作用，進一步降低關稅和制度性成本，培育一批進口貿易促進創新示範區，擴大對各國高質量產品和服務的進口。中國將推動進口和出口、貨物貿易和服務貿易、雙邊貿易和雙向投資、貿易和產業協調發展，促進國際國內要素有序自由流動、資源高效配置、市場深度融合。

第二，繼續完善開放格局。中國對外開放是全方位、全領域的，正在加快推動形成全面開放新格局。中國將繼續鼓勵自由貿易試驗區大膽試、大膽闖，加快推進海南自由貿易港建設，打造開放新高地。中國將繼續推動京津冀協同發展、長江經濟帶發展、長三角區域一體化發展、粵港澳大灣區建設，並將制定黃河流域生態保護和高質量發展新的國家戰略，增強開放聯動效應。

第三，繼續優化營商環境。營商環境是企業生存發展的土壤。今年十月二十四日，世界銀行發表《二〇二〇營商環境報告》，中國營商環境排名由四十六位上升到三十一位，提升十五位。上個月，中國公佈了《優化營商環境條例》。今後，中國將繼續針對制約經濟發展的突出矛盾，在關鍵環節和重要領域加快改革步伐，以國家治理體系和治理能力現代化爲高水平開放、高質量發展提供制度保障。中國將不斷完善市場化、法治化、國際化的營商環境，放寬外資市場准入，繼續縮減負面清單，完善投資促進和保護、信息報告等制度。中國將營造尊重知識價值的環境，完善知識產權保護法律體系，大力強化相關執法，增強知識產權民事和刑事司法保護力度。

第四，繼續深化多雙邊合作。中國是國際合作的倡導者和多邊主義的支持者。中國支持對世界貿易組織進行必要改革，讓世界貿易組織在擴大開放、促進發展方面發揮更大作用，增強多邊貿易體制的權威性和有效性。今天下午，中方將主辦世貿組織小型部長會議。我們期待各方坦誠交換意見，共同採取行動，爲完善全球經濟治理貢獻正能量。我高興地得知，昨天區域全面經濟夥伴關係協定十五個成員國已經整體上結束談判，希望協定能够早日簽署生效。中國願同更多國家商簽高標準自由貿易協定，加快中歐投資協定、中日韓自由貿易協定、中國—海合會自由貿易協定談判進程。中國將積極參與聯合國、二十國集團、亞太經合組織、金磚國家等機制合作，共同推動經濟全球化向前發展。

第五，繼續推進共建"一帶一路"。目前，中國已經同一百三十七個國家和三十個國際組織簽署一百九十七份共建

"一帶一路"合作文件。中國將秉持共商共建共享原則，堅持開放、綠色、廉潔理念，努力實現高標準、惠民生、可持續目標，推動共建"一帶一路"高質量發展。

女士們、先生們、朋友們!

面向未來，中國將堅持新發展理念，繼續實施創新驅動發展戰略，着力培育和壯大新動能，不斷推動轉方式、調結構、增動力，推動經濟高質量發展，爲世界經濟增長帶來新的更多機遇。

我相信，中國經濟發展前景一定會更加光明，也必然更加光明。從歷史的長鏡頭來看，中國發展是屬於全人類進步的偉大事業。中國將張開雙臂，爲各國提供更多市場機遇、投資機遇、增長機遇，實現共同發展。

女士們、先生們、朋友們!

中華文明歷來主張天下大同、協和萬邦。希望大家共同努力，不斷爲推動建設開放型世界經濟、構建人類命運共同體作出貢獻!

謝謝大家。

八、增強憂患意識，防範化解風險挑戰

堅持黨對國家安全
工作的絕對領導[*]

（二○一八年四月十七日）

要加強黨對國家安全工作的集中統一領導，正確把握當前國家安全形勢，全面貫徹落實總體國家安全觀，努力開創新時代國家安全工作新局面，爲實現"兩個一百年"奮鬥目標、實現中華民族偉大復興的中國夢提供牢靠安全保障。

中央國家安全委員會成立四年來，堅持黨的全面領導，按照總體國家安全觀的要求，初步構建了國家安全體系主體框架，形成了國家安全理論體系，完善了國家安全戰略體系，建立了國家安全工作協調機制，解決了許多長期想解決而沒有解決的難題，辦成了許多過去想辦而沒有辦成的大事，國家安全工作得到全面加強，牢牢掌握了維護國家安全的全局性主動。

前進的道路不可能一帆風順，越是前景光明，越是要增強憂患意識，做到居安思危，全面認識和有力應對一些重大風險挑戰。要聚焦重點，抓綱帶目，着力防範各類風險挑戰內外聯動、累積疊加，不斷提高國家安全能力。

＊ 這是習近平在十九屆中央國家安全委員會第一次會議上的講話要點。

　　全面貫徹落實總體國家安全觀，必須堅持統籌發展和安全兩件大事，既要善於運用發展成果夯實國家安全的實力基礎，又要善於塑造有利於經濟社會發展的安全環境；堅持人民安全、政治安全、國家利益至上的有機統一，人民安全是國家安全的宗旨，政治安全是國家安全的根本，國家利益至上是國家安全的準則，實現人民安居樂業、黨的長期執政、國家長治久安；堅持立足於防，又有效處置風險；堅持維護和塑造國家安全，塑造是更高層次更具前瞻性的維護，要發揮負責任大國作用，同世界各國一道，推動構建人類命運共同體；堅持科學統籌，始終把國家安全置於中國特色社會主義事業全局中來把握，充分調動各方面積極性，形成維護國家安全合力。

　　國家安全工作要適應新時代新要求，一手抓當前、一手謀長遠，切實做好維護政治安全、健全國家安全制度體系、完善國家安全戰略和政策、強化國家安全能力建設、防控重大風險、加強法治保障、增強國家安全意識等方面工作。

　　要堅持黨對國家安全工作的絕對領導，實施更爲有力的統領和協調。中央國家安全委員會要發揮好統籌國家安全事務的作用，抓好國家安全方針政策貫徹落實，完善國家安全工作機制，着力在提高把握全局、謀劃發展的戰略能力上下功夫，不斷增強駕馭風險、迎接挑戰的本領。要加強國家安全系統黨的建設，堅持以政治建設爲統領，教育引導國家安全部門和各級幹部增強"四個意識"、堅定"四個自信"，堅決維護黨中央權威和集中統一領導，建設一支忠誠可靠的國家安全隊伍。

堅持底綫思維，
着力防範化解重大風險[*]

（二〇一九年一月二十一日）

堅持以新時代中國特色社會主義思想爲指導，全面貫徹落實黨的十九大和十九屆二中、三中全會精神，深刻認識和準確把握外部環境的深刻變化和我國改革發展穩定面臨的新情況新問題新挑戰，堅持底綫思維，增强憂患意識，提高防控能力，着力防範化解重大風險，保持經濟持續健康發展和社會大局穩定，爲決勝全面建成小康社會、奪取新時代中國特色社會主義偉大勝利、實現中華民族偉大復興的中國夢提供堅强保障。

當前，我國形勢總體上是好的，黨中央領導堅强有力，全黨"四個意識"、"四個自信"、"兩個維護"顯著增强，意識形態領域態勢積極健康向上，經濟保持着穩中求進的態勢，全國各族人民同心同德、鬥志昂揚，社會大局保持穩定。

面對波譎雲詭的國際形勢、複雜敏感的周邊環境、艱巨繁重的改革發展穩定任務，我們必須始終保持高度警惕，既

---

[*] 這是習近平在省部級主要領導幹部堅持底綫思維着力防範化解重大風險專題研討班開班式上的講話要點。

219

要高度警惕"黑天鵝"事件，也要防範"灰犀牛"事件；既要有防範風險的先手，也要有應對和化解風險挑戰的高招；既要打好防範和抵禦風險的有準備之戰，也要打好化險爲夷、轉危爲機的戰略主動戰。

各級黨委和政府要堅決貫徹總體國家安全觀，落實黨中央關於維護政治安全的各項要求，確保我國政治安全。要持續鞏固壯大主流輿論強勢，加大輿論引導力度，加快建立網絡綜合治理體系，推進依法治網。要高度重視對青年一代的思想政治工作，完善思想政治工作體系，不斷創新思想政治工作內容和形式，教育引導廣大青年形成正確的世界觀、人生觀、價值觀，增強中國特色社會主義道路、理論、制度、文化自信，確保青年一代成爲社會主義建設者和接班人。

當前我國經濟形勢總體是好的，但經濟發展面臨的國際環境和國內條件都在發生深刻而複雜的變化，推進供給側結構性改革過程中不可避免會遇到一些困難和挑戰，經濟運行穩中有變、變中有憂，我們既要保持戰略定力，推動我國經濟發展沿着正確方向前進；又要增強憂患意識，未雨綢繆，精準研判、妥善應對經濟領域可能出現的重大風險。各地區各部門要平衡好穩增長和防風險的關係，把握好節奏和力度。要穩妥實施房地產市場平穩健康發展長效機制方案。要加强市場心理分析，做好政策出臺對金融市場影響的評估，善於引導預期。要加强市場監測，加强監管協調，及時消除隱患。要切實解決中小微企業融資難融資貴問題，加大援企穩崗力度，落實好就業優先政策。要加大力度妥善處理"僵屍企業"處置中啟動難、實施難、人員安置難等問題，加快推動市場出清，釋放大量沉澱資源。各地區各部門要採取有效措施，做好穩就業、穩金融、穩外貿、穩外資、穩投資、穩預期工作，保持經濟運行在合理區間。

科技領域安全是國家安全的重要組成部分。要加強體系建設和能力建設，完善國家創新體系，解決資源配置重複、科研力量分散、創新主體功能定位不清晰等突出問題，提高創新體系整體效能。要加快補短板，建立自主創新的制度機制優勢。要加強重大創新領域戰略研判和前瞻部署，抓緊佈局國家實驗室，重組國家重點實驗室體系，建設重大創新基地和創新平臺，完善產學研協同創新機制。要強化事關國家安全和經濟社會發展全局的重大科技任務的統籌組織，強化國家戰略科技力量建設。要加快科技安全預警監測體系建設，圍繞人工智能、基因編輯、醫療診斷、自動駕駛、無人機、服務機器人等領域，加快推進相關立法工作。

維護社會大局穩定，要切實落實保安全、護穩定各項措施，下大氣力解決好人民羣衆切身利益問題，全面做好就業、教育、社會保障、醫藥衛生、食品安全、安全生產、社會治安、住房市場調控等各方面工作，不斷增加人民羣衆獲得感、幸福感、安全感。要堅持保障合法權益和打擊違法犯罪兩手都要硬、都要快。對涉衆型經濟案件受損羣體，要堅持把防範打擊犯罪同化解風險、維護穩定統籌起來，做好控贓控人、資產返還、教育疏導等工作。要繼續推進掃黑除惡專項鬥爭，緊盯涉黑涉惡重大案件、黑惡勢力經濟基礎、背後"關係網"、"保護傘"不放，在打防並舉、標本兼治上下功夫。要創新完善立體化、信息化社會治安防控體系，保持對刑事犯罪的高壓震懾態勢，增強人民羣衆安全感。要推進社會治理現代化，堅持和發展"楓橋經驗"[1]，健全平安建設社會協同機制，從源頭上提升維護社會穩定能力和水平。

當前，世界大變局加速深刻演變，全球動盪源和風險點增多，我國外部環境複雜嚴峻。我們要統籌國內國際兩個大局、發展安全兩件大事，既聚焦重點、又統攬全局，有效防範各類風險連鎖聯動。要加強海外利益保護，確保海外重大項目和人員機構安全。要完善共建"一帶一路"安全保障體系，堅決維護主權、安全、發展利益，爲我國改革發展穩定營造良好外部環境。

黨的十八大以來，我們以自我革命精神推進全面從嚴治黨，清除了黨內存在的嚴重隱患，成效是顯著的，但這並不意味着我們就可以高枕無憂了。黨面臨的長期執政考驗、改革開放考驗、市場經濟考驗、外部環境考驗具有長期性和複雜性，黨面臨的精神懈怠危險、能力不足危險、脱離羣衆危險、消極腐敗危險具有尖銳性和嚴峻性，這是根據實際情況作出的大判斷。全黨要增強"四個意識"、堅定"四個自信"、做到"兩個維護"，自覺在思想上政治上行動上同黨中央保持高度一致，自覺維護黨的團結統一，嚴守黨的政治紀律和政治規矩，始終保持同人民的血肉聯繫。中華民族正處在偉大復興的關鍵時期，我們的改革發展正處在克難攻堅、闖關奪隘的重要階段，迫切需要鋭意進取、奮發有爲、關鍵時頂得住的幹部。黨的十八大以來，我們取得了反腐敗鬥爭壓倒性勝利，但反腐敗鬥爭還沒有取得徹底勝利。反腐敗鬥爭形勢依然嚴峻複雜，零容忍的決心絲毫不能動搖，打擊腐敗的力度絲毫不能削減，必須以永遠在路上的堅韌和執着，堅決打好反腐敗鬥爭攻堅戰、持久戰。

防範化解重大風險，是各級黨委、政府和領導幹部的政治職責，大家要堅持守土有責、守土盡責，把防範化解重大風險工作做實做細做好。要強化風險意識，常觀大勢、常思大局，科學預見形勢發展走勢和隱藏其中的風險挑戰，做到未雨綢繆。要提高風險化解能力，透過複雜現象把握本質，抓住要害、找準原因，果斷決策，善於引導羣衆、組織羣衆，善於整合各方力量、科學排兵佈陣，有效予以處理。領導幹部要加強理論修養，深入學習馬克思主義基本理論，學懂弄通做實新時代中國特色社會主義思想，掌握貫穿其中的辯證唯物主義的世界觀和方法論，提高戰略思維、歷史思維、辯證思維、創新思維、法治思維、底綫思維能力，善於從紛繁複雜的矛盾中把握規律，不斷積累經驗、增長才幹。要完善風險防控機制，建立健全風險研判機制、決策風險評估機制、風險防控協同機制、風險防控責任機制，主動加強協調配合，堅持一級抓一級、層層抓落實。

防範化解重大風險，需要有充沛頑強的鬥爭精神。領導幹部要敢於擔當、敢於鬥爭，保持鬥爭精神、增強鬥爭本領，年輕幹部要到重大鬥爭中去真刀真槍幹。各級領導班子和領導幹部要加強鬥爭歷練，增強鬥爭本領，永葆鬥爭精神，以"踏平坎坷成大道，鬥罷艱險又出發"的頑強意志，應對好每一場重大風險挑戰，切實把改革發展穩定各項工作做實做好。

註　釋

〔1〕二十世紀六十年代初，浙江諸暨楓橋幹部羣衆創造了"發動和依靠羣衆，堅持矛盾不上交，就地解決，實現捕人少，治安好"的"楓橋經驗"。此後，"楓橋經驗"在實踐中不斷豐富發展，特別是中共十八大以來形成了特色鮮明的新時代"楓橋經驗"。其內涵是，堅持和貫徹黨的羣衆路綫，在黨的領導下，充分發動羣衆、組織羣衆、依靠羣衆解決羣衆自己的事情，做到"小事不出村、大事不出鎮、矛盾不上交"。

發揚鬥爭精神，增強鬥爭本領[*]

（二〇一九年九月三日）

廣大幹部特別是年輕幹部要經受嚴格的思想淬煉、政治歷練、實踐鍛煉，發揚鬥爭精神，增強鬥爭本領，爲實現"兩個一百年"奮鬥目標、實現中華民族偉大復興的中國夢而頑强奮鬥。

馬克思主義產生和發展、社會主義國家誕生和發展的歷程充滿着鬥爭的艱辛。建立中國共產黨、成立中華人民共和國、實行改革開放、推進新時代中國特色社會主義事業，都是在鬥爭中誕生、在鬥爭中發展、在鬥爭中壯大的。當今世界正處於百年未有之大變局，我們黨領導的偉大鬥爭、偉大工程、偉大事業、偉大夢想正在如火如荼進行，改革發展穩定任務艱巨繁重，我們面臨着難得的歷史機遇，也面臨着一系列重大風險考驗。勝利實現我們黨確定的目標任務，必須發揚鬥爭精神，增强鬥爭本領。

中華民族偉大復興，絕不是輕輕鬆鬆、敲鑼打鼓就能實現的，實現偉大夢想必須進行偉大鬥爭。在前進道路上我們

---

[*] 這是習近平在二〇一九年秋季學期中央黨校（國家行政學院）中青年幹部培訓班開班式上的講話要點。

面臨的風險考驗只會越來越複雜，甚至會遇到難以想像的驚濤駭浪。我們面臨的各種鬥爭不是短期的而是長期的，至少要伴隨我們實現第二個百年奮鬥目標全過程。必須增強"四個意識"，堅定"四個自信"，做到"兩個維護"，堅定鬥爭意志，當嚴峻形勢和鬥爭任務擺在面前時，骨頭要硬，敢於出擊，敢戰能勝。

共產黨人的鬥爭是有方向、有立場、有原則的，大方向就是堅持中國共產黨領導和我國社會主義制度不動搖。凡是危害中國共產黨領導和我國社會主義制度的各種風險挑戰，凡是危害我國主權、安全、發展利益的各種風險挑戰，凡是危害我國核心利益和重大原則的各種風險挑戰，凡是危害我國人民根本利益的各種風險挑戰，凡是危害我國實現"兩個一百年"奮鬥目標、實現中華民族偉大復興的各種風險挑戰，只要來了，我們就必須進行堅決鬥爭，而且必須取得鬥爭勝利。我們的頭腦要特別清醒、立場要特別堅定，牢牢把握正確鬥爭方向，做到在各種重大鬥爭考驗面前"不畏浮雲遮望眼"[1]，"亂雲飛渡仍從容"[2]。

我們共產黨人的鬥爭，從來都是奔着矛盾問題、風險挑戰去的。當前和今後一個時期，我國發展進入各種風險挑戰不斷積累甚至集中顯露的時期，面臨的重大鬥爭不會少，經濟、政治、文化、社會、生態文明建設和國防和軍隊建設、港澳臺工作、外交工作、黨的建設等方面都有，而且越來越複雜。領導幹部要有草搖葉響知鹿過、松風一起知虎來、一葉易色而知天下秋的見微知著能力，對潛在的風險有科學預判，知道風險在哪裏，表現形式是什麼，發展趨勢會怎樣，該鬥爭的就要鬥爭。

鬥爭是一門藝術，要善於鬥爭。在各種重大鬥爭中，我們要堅持增強憂患意識和保持戰略定力相統一、堅持戰略判斷和戰術決斷相統一、堅持鬥爭過程和鬥爭實效相統一。領導幹部要守土有責、守土盡責，召之即來、來之能戰、戰之必勝。

要注重策略方法，講求鬥爭藝術。要抓主要矛盾、抓矛盾的主要方面，堅持有理有利有節，合理選擇鬥爭方式、把握鬥爭火候，在原則問題上寸步不讓，在策略問題上靈活機動。要根據形勢需要，把握時、度、效，及時調整鬥爭策略。要團結一切可以團結的力量，調動一切積極因素，在鬥爭中爭取團結，在鬥爭中謀求合作，在鬥爭中爭取共贏。

鬥爭精神、鬥爭本領，不是與生俱來的。領導幹部要經受嚴格的思想淬煉、政治歷練、實踐鍛煉，在複雜嚴峻的鬥爭中經風雨、見世面、壯筋骨，真正鍛造成為烈火真金。要學懂弄通做實黨的創新理論，掌握馬克思主義立場觀點方法，夯實敢於鬥爭、善於鬥爭的思想根基，理論上清醒，政治上才能堅定，鬥爭起來才有底氣、才有力量。要堅持在重大鬥爭中磨礪，越是困難大、矛盾多的地方，越是形勢嚴峻、情況複雜的時候，越能練膽魄、磨意志、長才幹。領導幹部要主動投身到各種鬥爭中去，在大是大非面前敢於亮劍，在矛盾衝突面前敢於迎難而上，在危機困難面前敢於挺身而出，在歪風邪氣面前敢於堅決鬥爭。

社會是在矛盾運動中前進的，有矛盾就會有鬥爭。領導幹部不論在哪個崗位、擔任什麼職務，都要勇於擔當、攻堅克難，既當指揮員、又當戰鬥員，培養和保持頑强的鬥爭精神、堅韌的鬥爭意志、高超的鬥爭本領。我們在工作中遇到的鬥爭是多方面的，改革發展穩定、內政外交國防、治黨治國治軍都需要發揚鬥爭精神、提高鬥爭本領。全面從嚴治黨、堅持馬克思主義在意識形態領域的指導地位、全面深化改革、推進供給側結構性改革、推動高質量發展、消除金融領域隱患、保障和改善民生、打贏脫貧攻堅戰、治理生態環境、應對重大自然災害、全面依法治國、處理羣體性事件、打擊黑惡勢力、維護國家安全，等等，都要敢於鬥爭、善於鬥爭。領導幹部要做敢於鬥爭、善於鬥爭的戰士。

註　釋

〔1〕見北宋王安石《登飛來峰》。

〔2〕見毛澤東《七絕·爲李進同志題所攝廬山仙人洞照》（《毛澤東詩詞集》，中央文獻出版社一九九六年版，第122頁）。

九、推動經濟高質量發展

長期堅持、不斷豐富發展新時代中國特色社會主義經濟思想[*]

（二〇一七年十二月十八日）

黨的十八大以來，黨和國家事業取得了歷史性成就、發生了歷史性變革。經濟發展也取得了歷史性成就、發生了歷史性變革，並爲其他領域改革發展提供了重要物質條件。

黨的十八大以後，國內外經濟形勢極其錯綜複雜，很多情況是改革開放以來沒有碰到過的。國際金融危機深層次影響持續蔓延，世界經濟復蘇乏力，國際貿易低迷，保護主義普遍。國內經濟下行壓力不斷加大，產能過剩矛盾突出，工業品價格連續下降，金融風險隱患增多。面對複雜形勢，大家都在思考我國經濟發展的方向和出路，看法不很一致，思路也不很統一。

當時，我們面臨的主要問題是經濟形勢應該怎麼看、經濟工作應該怎麼幹？必須作出科學判斷、作出正確決策。五年來，中央政治局常委會、中央政治局、中央全面深化改革領導小組、中央財經領導小組共召開涉及經濟問題的會議上百次，提出了一系列關係我國經濟發展全局的重大判斷

＊ 這是習近平在中央經濟工作會議上講話的一部分。

和論斷。這個歷程很不平凡，是一個實踐——認識——再實踐——再認識的過程，也是一個不斷探索規律、深化認識、統一思想、正確決策的過程。實踐是檢驗真理的唯一標準。實踐證明，黨中央對經濟形勢的判斷、對經濟工作的決策、對發展思路的調整是完全正確的，引導我國經濟發展取得歷史性成就、發生歷史性變革。

一是經濟實力再上新臺階。五年來，我國經濟年均增長百分之七點一，今年經濟總量達到八十多萬億元，佔世界經濟的比重達到百分之十五，比五年前提高三點五個百分點。我國對世界經濟增長的貢獻率年均超過百分之三十，超過美國、歐洲、日本貢獻率總和，成爲世界經濟增長的主要動力源和穩定器，我國規模巨大的市場展現出空前的擴張力和吸引力。二是經濟結構出現重大變革。推進供給側結構性改革，推進"三去一降一補"[1]，着力化解過剩產能，推動市場出清，促進了供求平衡。新技術、新產品、新產業、新業態蓬勃發展，創新驅動力越來越大，新動能對經濟的支撐作用明顯增強。農業保持穩定，結構調整深化。經過努力，我國經濟增長實現了從主要依靠工業帶動轉爲工業和服務業共同帶動、從主要依靠投資拉動轉爲消費和投資一起拉動，我國從出口大國轉爲出口和進口並重的大國。這些都是我們多年想實現而沒有實現的重大結構性變革。三是經濟更具活力和韌性。我們提出要使市場在資源配置中起決定性作用，更好發揮政府作用，深化經濟體制改革，總體穩步漸進、局部大膽突破。中央全面深化改革領導小組審議通過屬於經濟體制改革領域的一百零五個重大改革事項，經濟體制改革全方位推進，在一些關鍵性、基礎性改革上取得重大突破，極大解放了社會生產力。四是推動對外開放深入發展。我們倡導和推動共建"一帶一路"，發起創辦亞洲基礎設施投資銀行，設立絲路基金，倡導合作共贏理念，爲我國發展拓寬了空間。對外貿易和利用外資保持穩定。人民幣納入國際貨幣基金組織特別提款權貨幣籃子，人民幣國際化邁出重大步伐。我們高舉貿易和投資自由化便利化的旗幟，積極引導經濟全球化朝着正確方向發展，我國對全球經濟發展的影響力、對全球經濟治理的話語權大幅度提升。五是人民獲得感、幸福感明顯增強。五年城鎮新增就業累計六千五百萬人以上，居民收入增長總體快於經濟增長，脫貧攻堅戰取得決定性進展，貧困人口減少六千六百萬人以上。各類教育質量不斷提高，覆蓋城鄉居民的社會保障體系基本建立，人民健康和醫療衛生水平快速提升，基本公共服務均等化程度不斷提高，形成了世界上人口最多的中等收入羣體。六是生態環境狀況明顯好轉。五年來，我們堅決推進生態文明建設，全黨全國貫徹綠色發展理念的自覺性和主動性顯著增強。大氣、水、土壤污染防治行動取得明顯成效，重點區域 $PM_{2.5}$ 平均濃度下降百分之三十以上，能耗強度降低百分之二十點七，森林面積和蓄積量分別增加一點六三億畝和十九億立方米。我們推進生態文明建設決心之大、力度之大、成效之大前所未有。

五年來，我國經濟發展取得的歷史性成就、發生的歷史性變革，是黨中央堅強領導的結果，更是全黨全國各族人民共同奮鬥的結果。

五年來，我們堅持觀大勢、謀全局、幹實事，提出一系列新理念新思想新戰略，主要有以下幾個方面。

一是堅持加強黨對經濟工作的集中統一領導。我們提出，經濟工作是黨治國理政的中心工作，黨中央必須對經濟工作負總責、實施全面領導。黨中央的領導不是清談館，不能議而不決，必須令行禁止。我們完善黨中央領導經濟工作的體制機制，加強黨中央對發展大局大勢的分析和把握，及時制定重大方針、重大戰略，作出重大決策，部署重大工作，確保黨對經濟工作的領導落到實處，保證我國經濟沿着正確方向發展。

二是堅持以人民爲中心的發展思想。我們明確，人民對美好生活的嚮往就是我們的奮鬥目標，發揮人民主體作用是推動發展的強大動力。我們持續抓保障和改善民生工作，強調更多從解決人民羣衆普遍關心的突出問題入手推進全面建成小康社會建設，把堅持以人民爲中心的發展思想貫穿到"五位一體"總體佈局和"四個全面"戰略佈局之中。我們提出精準扶貧、精準脫貧基本方略，全面部署堅決打贏脫貧攻堅戰，讓貧困人口同全國人民一道進入全面小康社會。

三是堅持適應把握引領經濟發展新常態。我們認爲，我國經濟發展處於增長速度換擋期、結構調整陣痛期、前期刺激政策消化期"三期疊加"的階段，我國經濟發展進入了新常態，強調要貫徹新發展理念，推進供給側結構性改革；研判經濟形勢要立足大局，看清長期趨勢，把握經濟規律，特別是強調要堅持正確政績觀，不簡單以生產總值增長率論英雄，不要被短期經濟指標的波動所左右。這一系列重大判斷明確回答了我國經濟形勢怎麼看、經濟工作怎麼幹的問題，有力引導了全黨全社會對經濟形勢的判斷，統一了思想，穩定了市場預期。

　　四是堅持使市場在資源配置中起決定性作用，更好發揮政府作用。我們强調，改革是經濟發展的强大動力，改革只有進行時，没有完成時，必須敢於啃硬骨頭、闖難關、涉險灘，堅決掃除經濟發展的體制機制障礙。我們把處理好政府和市場關係作爲經濟體制改革的關鍵，健全市場機制，破除壟斷，發揮價格機制作用，增强市場主體活力，發揮政府在宏觀調控、公共服務、市場監管、社會管理、環境保護中的作用，增强國有經濟活力、控制力、影響力，激發非公有制經濟活力和創造力，構建親清新型政商關係，激發企業家精神，爲經濟發展注入了强大動力。

　　五是堅持適應我國經濟發展主要矛盾變化完善宏觀調控。我們提出，宏觀調控必須適應發展階段性特徵和經濟形勢變化，該擴大需求時要擴大需求，該調整供給時要調整供給，相機抉擇，開準藥方。現階段我國經濟發展主要矛盾已轉化成結構性問題，矛盾的主要方面在供給側，主要表現在供給結構不能適應需求結構的變化。這時如果一味刺激需求只會積累更多風險、透支未來增長。我們抓住主要矛盾和矛盾的主要方面，及時調整宏觀調控思路，把推進供給側結構性改革作爲經濟工作的主綫，爲保持我國經濟持續健康發展開出治本良藥。

　　六是堅持問題導向部署經濟發展新戰略。我們認爲，保持我國經濟發展良好勢頭必須抓大事、謀長遠。我們針對關係全局、事關長遠的問題實施了一系列重大發展戰略。提出以疏解北京非首都功能爲重點的京津冀協同發展戰略，以共抓大保護、不搞大開發爲原則的長江經濟帶發展戰略，以促進合作共贏爲落腳點的"一帶一路"建設。我們還提出粵港澳大灣區發展戰略，提出以促進人的城鎮化爲核心、提高質量爲導向的新型城鎮化戰略，提出強化激勵實施創新驅動發展戰略，提出穀物基本自給、口糧絕對安全的新糧食安全觀，提出水資源水生態水環境水災害統籌治理的治水新思路，提出推動能源消費、能源供給、能源技術、能源體制革命和加強能源國際合作的能源安全新戰略，等等。這些重大戰略已經並將繼續對我國經濟發展變革產生深遠影響。

七是堅持正確工作策略和方法。我們認識到，推動經濟持續健康發展，不僅要有正確思想和政策，而且要有正確工作策略和方法。我們堅持穩中求進工作總基調，正確處理經濟發展中穩和進的關係，把握宏觀調控的度，提高宏觀調控的針對性和精準度。我們保持戰略定力、堅持久久爲功、堅持底綫思維，充分考慮困難和問題，做好應對最壞情況的準備，發揚釘釘子精神，積小勝爲大勝，一步一個腳印向前邁進，堅決防範各種風險特別是系統性風險。

總之，黨的十八大以來，我們成功駕馭了我國經濟發展大局，形成了以新發展理念爲主要内容的新時代中國特色社會主義經濟思想。這一思想，是五年來我們推動我國經濟發展實踐的理論結晶，是運用馬克思主義基本原理對中國特色社會主義政治經濟學的理性概括，是黨和國家十分寶貴的精神財富，必須長期堅持、不斷豐富發展，推動我國經濟發展產生更深刻、更廣泛的歷史性變革。

註　　釋

〔1〕“三去一降一補”，指去產能、去庫存、去槓桿、降成本、補短板。

我國經濟已由高速增長階段
轉向高質量發展階段*

（二〇一七年十二月十八日）

中國特色社會主義進入了新時代，我國經濟發展也進入了新時代。新時代我國經濟發展的特徵，就是我在黨的十九大報告中强調的，我國經濟已由高速增長階段轉向高質量發展階段。這是一個重大判斷，我們必須深刻認識其重大現實意義和深遠歷史意義。

第一，這是保持經濟持續健康發展的必然要求。我國正處於轉變發展方式的關鍵階段，勞動力成本上升、資源環境約束增大、粗放的發展方式難以爲繼，經濟循環不暢問題十分突出。同時，世界新一輪科技革命和產業變革方興未艾、多點突破。我們必須推動高質量發展，以適應科技新變化、人民新需要，形成優質高效多樣化的供給體系，提供更多優質產品和服務。這樣，供求才能在新的水平上實現均衡，我國經濟才能持續健康發展。

第二，這是適應我國社會主要矛盾變化和全面建成小康社會、全面建設社會主義現代化國家的必然要求。我國社會

＊ 這是習近平在中央經濟工作會議上講話的一部分。

主要矛盾發生了重大變化，我國經濟發展階段也在發生歷史性變化，不平衡不充分的發展就是發展質量不高的表現。解決我國社會的主要矛盾，必須推動高質量發展。我們要重視量的發展，但更要重視解決質的問題，在質的大幅提升中實現量的有效增長。

第三，這是遵循經濟規律發展的必然要求。上世紀六十年代以來，全球一百多個中等收入經濟體中只有十幾個成功進入高收入經濟體。那些取得成功的國家，就是在經歷高速增長階段後實現了經濟發展從量的擴張轉向質的提高。那些徘徊不前甚至倒退的國家，就是沒有實現這種根本性轉變。經濟發展是一個螺旋式上升的過程，上升不是綫性的，量積累到一定階段，必須轉向質的提升，我國經濟發展也要遵循這一規律。

高質量發展，就是能够很好滿足人民日益增長的美好生活需要的發展，是體現新發展理念的發展，是創新成爲第一動力、協調成爲内生特點、綠色成爲普遍形態、開放成爲必由之路、共享成爲根本目的的發展。從供給看，高質量發展應該實現產業體系比較完整，生產組織方式網絡化智能化，創新力、需求捕捉力、品牌影響力、核心競爭力强，產品和服務質量高。從需求看，高質量發展應該不斷滿足人民羣衆個性化、多樣化、不斷升級的需求，這種需求又引領供給體系和結構的變化，供給變革又不斷催生新的需求。從投入產出看，高質量發展應該不斷提高勞動效率、資本效率、土地效率、資源效率、環境效率，不斷提升科技進步貢獻率，不斷提高全要素生產率。從分配看，高質量發展應該實現投資有回報、企業有利潤、員工有收入、政府有稅收，並且充分反映各自按市場評價的貢獻。從宏觀經濟循環看，高質量發展應該實現生產、流通、分配、消費循環通暢，國民經濟重大比例關係和空間佈局比較合理，經濟發展比較平穩，不出現大的起落。更明確地說，高質量發展，就是從"有沒有"轉向"好不好"。

推動高質量發展，就要建設現代化經濟體系，這是我國發展的戰略目標。實現這一戰略目標，必須牢牢把握高質量發展的要求，堅持質量第一、效益優先；牢牢把握工作主綫，堅定推進供給側結構性改革；牢牢把握基本路徑，推動質量變革、效率變革、動力變革；牢牢把握着力點，加快建設實體經濟、科技創新、現代金融、人力資源協同發展的產業體系；牢牢把握制度保障，構建市場機制有效、微觀主體有活力、宏觀調控有度的經濟體制。推動高質量發展是我們當前和今後一個時期確定發展思路、制定經濟政策、實施宏觀調控的根本要求，必須加快形成推動高質量發展的指標體系、政策體系、標準體系、統計體系、績效評價、政績考核，創建和完善制度環境，推動我國經濟在實現高質量發展上不斷取得新進展。

加快建設現代化經濟體系[*]

（二〇一八年一月三十日）

　　建設現代化經濟體系是一篇大文章，既是一個重大理論命題，更是一個重大實踐課題，需要從理論和實踐的結合上進行深入探討。建設現代化經濟體系是我國發展的戰略目標，也是轉變經濟發展方式、優化經濟結構、轉換經濟增長動力的迫切要求。全黨一定要深刻認識建設現代化經濟體系的重要性和艱巨性，科學把握建設現代化經濟體系的目標和重點，推動我國經濟發展煥發新活力、邁上新臺階。

　　建設現代化經濟體系，這是黨中央從黨和國家事業全局出發，着眼於實現“兩個一百年”奮鬥目標、順應中國特色社會主義進入新時代的新要求作出的重大決策部署。國家強，經濟體系必須強。只有形成現代化經濟體系，才能更好順應現代化發展潮流和贏得國際競爭主動，也才能爲其他領域現代化提供有力支撐。我們要按照建設社會主義現代化強國的要求，加快建設現代化經濟體系，確保社會主義現代化強國目標如期實現。

　　現代化經濟體系，是由社會經濟活動各個環節、各個層

　　* 這是習近平在主持中共十九屆中央政治局第三次集體學習時的講話要點。

面、各個領域的相互關係和内在聯繫構成的一個有機整體。要建設創新引領、協同發展的產業體系，實現實體經濟、科技創新、現代金融、人力資源協同發展，使科技創新在實體經濟發展中的貢獻份額不斷提高，現代金融服務實體經濟的能力不斷增強，人力資源支撐實體經濟發展的作用不斷優化。要建設統一開放、競爭有序的市場體系，實現市場准入暢通、市場開放有序、市場競爭充分、市場秩序規範，加快形成企業自主經營公平競爭、消費者自由選擇自主消費、商品和要素自由流動平等交換的現代市場體系。要建設體現效率、促進公平的收入分配體系，實現收入分配合理、社會公平正義、全體人民共同富裕，推進基本公共服務均等化，逐步縮小收入分配差距。要建設彰顯優勢、協調聯動的城鄉區域發展體系，實現區域良性互動、城鄉融合發展、陸海統籌整體優化，培育和發揮區域比較優勢，加強區域優勢互補，塑造區域協調發展新格局。要建設資源節約、環境友好的綠色發展體系，實現綠色循環低碳發展、人與自然和諧共生，牢固樹立和踐行綠水青山就是金山銀山理念，形成人與自然和諧發展現代化建設新格局。要建設多元平衡、安全高效的全面開放體系，發展更高層次開放型經濟，推動開放朝着優化結構、拓展深度、提高效益方向轉變。要建設充分發揮市場作用、更好發揮政府作用的經濟體制，實現市場機制有效、微觀主體有活力、宏觀調控有度。以上幾個體系是統一整體，要一體建設、一體推進。我們建設的現代化經濟體系，要借鑒發達國家有益做法，更要符合中國國情、具有中國特色。

　　建設現代化經濟體系，需要扎實管用的政策舉措和行動。

要突出抓好以下幾方面工作。一是要大力發展實體經濟，築牢現代化經濟體系的堅實基礎。實體經濟是一國經濟的立身之本，是財富創造的根本源泉，是國家強盛的重要支柱。要深化供給側結構性改革，加快發展先進製造業，推動互聯網、大數據、人工智能同實體經濟深度融合，推動資源要素向實體經濟集聚、政策措施向實體經濟傾斜、工作力量向實體經濟加強，營造腳踏實地、勤勞創業、實業致富的發展環境和社會氛圍。二是要加快實施創新驅動發展戰略，強化現代化經濟體系的戰略支撐，加強國家創新體系建設，強化戰略科技力量，推動科技創新和經濟社會發展深度融合，塑造更多依靠創新驅動、更多發揮先發優勢的引領型發展。三是要積極推動城鄉區域協調發展，優化現代化經濟體系的空間佈局，實施好區域協調發展戰略，推動京津冀協同發展和長江經濟帶發展，同時協調推進粵港澳大灣區發展。鄉村振興是一盤大棋，要把這盤大棋走好。四是要着力發展開放型經濟，提高現代化經濟體系的國際競爭力，更好利用全球資源和市場，繼續積極推進"一帶一路"框架下的國際交流合作。五是要深化經濟體制改革，完善現代化經濟體系的制度保障，加快完善社會主義市場經濟體制，堅決破除各方面體制機制弊端，激發全社會創新創業活力。

加快建設海洋强國[*]

（二〇一八年三月八日—二〇一九年十月十五日）

一

海洋是高質量發展戰略要地。要加快建設世界一流的海洋港口、完善的現代海洋產業體系、綠色可持續的海洋生態環境，爲海洋强國建設作出貢獻。

（二〇一八年三月八日在參加十三屆全國人大一次會議山東代表團審議時的講話要點）

二

海洋經濟發展前途無量。建設海洋强國，必須進一步關心海洋、認識海洋、經略海洋，加快海洋科技創新步伐。

（二〇一八年六月十二日—十四日在山東考察時的講話要點）

---

* 這是習近平二〇一八年三月八日至二〇一九年十月十五日期間有關加快建設海洋强國論述的節錄。

三

要加快海洋科技創新步伐，提高海洋資源開發能力，培育壯大海洋戰略性新興產業。要促進海上互聯互通和各領域務實合作，積極發展"藍色夥伴關係"。要高度重視海洋生態文明建設，加强海洋環境污染防治，保護海洋生物多樣性，實現海洋資源有序開發利用，爲子孫後代留下一片碧海藍天。

（二〇一九年十月十五日致二〇一九中國海洋經濟博覽會的賀信）

努力成爲世界主要
科學中心和創新高地[*]

（二〇一八年五月二十八日）

　　進入二十一世紀以來，全球科技創新進入空前密集活躍的時期，新一輪科技革命和產業變革正在重構全球創新版圖、重塑全球經濟結構。以人工智能、量子信息、移動通信、物聯網、區塊鏈爲代表的新一代信息技術加速突破應用，以合成生物學、基因編輯、腦科學、再生醫學等爲代表的生命科學領域孕育新的變革，融合機器人、數字化、新材料的先進製造技術正在加速推進製造業向智能化、服務化、綠色化轉型，以清潔高效可持續爲目標的能源技術加速發展將引發全球能源變革，空間和海洋技術正在拓展人類生存發展新疆域。總之，信息、生命、製造、能源、空間、海洋等的原創突破爲前沿技術、顛覆性技術提供了更多創新源泉，學科之間、科學和技術之間、技術之間、自然科學和人文社會科學之間日益呈現交叉融合趨勢，科學技術從來沒有像今天這樣深刻

---

　　* 這是習近平在中國科學院第十九次院士大會、中國工程院第十四次院士大會上講話的一部分。

影響着國家前途命運，從來沒有像今天這樣深刻影響着人民生活福祉。

當前，我國科技領域仍然存在一些亟待解決的突出問題，特別是同黨的十九大提出的新任務新要求相比，我國科技在視野格局、創新能力、資源配置、體制政策等方面存在諸多不適應的地方。我國基礎科學研究短板依然突出，企業對基礎研究重視不够，重大原創性成果缺乏，底層基礎技術、基礎工藝能力不足，工業母機、高端芯片、基礎軟硬件、開發平臺、基本算法、基礎元器件、基礎材料等瓶頸仍然突出，關鍵核心技術受制於人的局面没有得到根本性改變。我國技術研發聚焦產業發展瓶頸和需求不够，以全球視野謀劃科技開放合作還不够，科技成果轉化能力不强。我國人才發展體制機制還不完善，激發人才創新創造活力的激勵機制還不健全，頂尖人才和團隊比較缺乏。我國科技管理體制還不能完全適應建設世界科技强國的需要，科技體制改革許多重大決策落實還没有形成合力，科技創新政策與經濟、產業政策的統籌銜接還不够，全社會鼓勵創新、包容創新的機制和環境有待優化。

中國要强盛、要復興，就一定要大力發展科學技術，努力成爲世界主要科學中心和創新高地。我們比歷史上任何時期都更接近中華民族偉大復興的目標，我們比歷史上任何時期都更需要建設世界科技强國！

現在，我們迎來了世界新一輪科技革命和產業變革同我國轉變發展方式的歷史性交匯期，既面臨着千載難逢的歷史機遇，又面臨着差距拉大的嚴峻挑戰。我們必須清醒認識到，有的歷史性交匯期可能產生同頻共振，有的歷史性交匯期也可能擦肩而過。

形勢逼人，挑戰逼人，使命逼人。我國廣大科技工作者要把握大勢、搶佔先機，直面問題、迎難而上，瞄準世界科技前沿，引領科技發展方向，肩負起歷史賦予的重任，勇做新時代科技創新的排頭兵。

第一，充分認識創新是第一動力，提供高質量科技供給，着力支撐現代化經濟體系建設。《墨經》[1]中寫道，"力，形之所以奮也"，就是説動力是使物體運動的原因。要以提高發展質量和效益爲中心，以支撐供給側結構性改革爲主綫，把提高供給體系質量作爲主攻方向，推動經濟發展質量變革、效率變革、動力變革，顯著增強我國經濟質量優勢。要通過補短板、挖潛力、增優勢，促進資源要素高效流動和資源優化配置，推動產業鏈再造和價值鏈提升，滿足有效需求和潛在需求，實現供需匹配和動態均衡發展，改善市場發展預期，提振實體經濟發展信心。

世界正在進入以信息產業爲主導的經濟發展時期。我們要把握數字化、網絡化、智能化融合發展的契機，以信息化、智能化爲槓桿培育新動能。要突出先導性和支柱性，優先培育和大力發展一批戰略性新興產業集羣，構建產業體系新支柱。要推進互聯網、大數據、人工智能同實體經濟深度融合，做大做強數字經濟。要以智能製造爲主攻方向推動產業技術變革和優化升級，推動製造業產業模式和企業形態根本性轉變，以"鼎新"帶動"革故"，以增量帶動存量，促進我國產業邁向全球價值鏈中高端。

　　第二，矢志不移自主創新，堅定創新信心，着力增強自主創新能力。只有自信的國家和民族，才能在通往未來的道路上行穩致遠。樹高葉茂，繫於根深。自力更生是中華民族自立於世界民族之林的奮鬥基點，自主創新是我們攀登世界科技高峰的必由之路。"吾心信其可行，則移山填海之難，終有成功之日；吾心信其不可行，則反掌折枝之易，亦無收效之期也。"[2]創新從來都是九死一生，但我們必須有"亦余心之所善兮，雖九死其猶未悔"[3]的豪情。我國廣大科技工作者要有强烈的創新信心和決心，既不妄自菲薄，也不妄自尊大，勇於攻堅克難、追求卓越、贏得勝利，積極搶佔科技競爭和未來發展制高點。

　　實踐反復告訴我們，關鍵核心技術是要不來、買不來、討不來的。只有把關鍵核心技術掌握在自己手中，才能從根本上保障國家經濟安全、國防安全和其他安全。要增強"四個自信"，以關鍵共性技術、前沿引領技術、現代工程技術、顛覆性技術創新爲突破口，敢於走前人沒走過的路，努力實現關鍵核心技術自主可控，把創新主動權、發展主動權牢牢掌握在自己手中。

　　建設世界科技強國，得有標誌性科技成就。要強化戰略導向和目標引導，強化科技創新體系能力，加快構築支撐高端引領的先發優勢，加強對關係根本和全局的科學問題的研究部署，在關鍵領域、卡脖子的地方下大功夫，集合精銳力量，作出戰略性安排，儘早取得突破，力爭實現我國整體科技水平從跟跑向並行、領跑的戰略性轉變，在重要科技領域成爲領跑者，在新興前沿交叉領域成爲開拓者，創造更多競爭優勢。要把滿足人民對美好生活的嚮往作爲科技創新的落腳點，把惠民、利民、富民、改善民生作爲科技創新的重要方向。

基礎研究是整個科學體系的源頭。要瞄準世界科技前沿，抓住大趨勢，下好"先手棋"，打好基礎、儲備長遠，甘於坐冷板凳，勇於做栽樹人、挖井人，實現前瞻性基礎研究、引領性原創成果重大突破，夯實世界科技強國建設的根基。要加大應用基礎研究力度，以推動重大科技項目爲抓手，打通"最後一公里"，拆除阻礙產業化的"籬笆牆"，疏通應用基礎研究和產業化連接的快車道，促進創新鏈和產業鏈精準對接，加快科研成果從樣品到產品再到商品的轉化，把科技成果充分應用到現代化事業中去。

工程科技是推動人類進步的發動機，是產業革命、經濟發展、社會進步的有力槓桿。廣大工程科技工作者既要有工匠精神，又要有團結精神，圍繞國家重大戰略需求，瞄準經濟建設和事關國家安全的重大工程科技問題，緊貼新時代社會民生現實需求和軍民融合需求，加快自主創新成果轉化應用，在前瞻性、戰略性領域打好主動仗。

第三，全面深化科技體制改革，提升創新體系效能，着力激發創新活力。創新決勝未來，改革關乎國運。科技領域是最需要不斷改革的領域。二〇一四年六月九日，我在兩院院士大會講話中強調，推進自主創新，最緊迫的是要破除體制機制障礙，最大限度解放和激發科技作爲第一生產力所蘊藏的巨大潛能。圍繞這些重點任務，這些年來，我們大力推進科技體制改革，科技體制改革全面發力、多點突破、縱深發展，科技體制改革主體架構已經確立，重要領域和關鍵環節改革取得實質性突破。

二〇一五年八月，黨中央、國務院出臺《深化科技體制改革實施方案》，部署了到二〇二〇年要完成的一百四十三條改革任務，目前已完成一百一十多條改革任務。在科技領域存在的多年來一直想解決但沒有能解決的難題方面，我們都取得了實質性突破。同時，科技體制改革還存在一些有待解決的突出問題，主要是國家創新體系整體效能還不強，科技創新資源分散、重複、低效的問題還沒有從根本上得到解決，"項目多、帽子多、牌子多"等現象仍較突出，科技投入的產出效益不高，科技成果轉移轉化、實現產業化、創造市場價值的能力不足，科研院所改革、建立健全科技和金融結合機制、創新型人才培養等領域的進展滯後於總體進展，科研人員開展原創性科技創新的積極性還沒有充分激發出來，等等。

今年是我國改革開放四十周年。新時代全面深化改革決心不能動搖、勇氣不能減弱。科技體制改革要敢於啃硬骨頭，敢於涉險灘、闖難關，破除一切制約科技創新的思想障礙和制度藩籬，正所謂"窮則變，變則通，通則久"[4]。

要堅持科技創新和制度創新"雙輪驅動"，以問題為導向，以需求為牽引，在實踐載體、制度安排、政策保障、環境營造上下功夫，在創新主體、創新基礎、創新資源、創新環境等方面持續用力，強化國家戰略科技力量，提升國家創新體系整體效能。要優化和強化技術創新體系頂層設計，明確企業、高校、科研院所創新主體在創新鏈不同環節的功能定位，激發各類主體創新激情和活力。要加快轉變政府科技管理職能，發揮好組織優勢。

企業是創新的主體，是推動創新創造的生力軍。正如恩格斯所説："社會一旦有技術上的需要，這種需要就會比十所大學更能把科學推向前進。"[5]要推動企業成爲技術創新決策、研發投入、科研組織和成果轉化的主體，培育一批核心技術能力突出、集成創新能力强的創新型領軍企業。要發揮市場對技術研發方向、路綫選擇、要素價格、各類創新要素配置的導向作用，讓市場真正在創新資源配置中起决定性作用。要完善政策支持、要素投入、激勵保障、服務監管等長效機制，帶動新技術、新産品、新業態蓬勃發展。要加快創新成果轉化應用，徹底打通關卡，破解實現技術突破、産品製造、市場模式、産業發展"一條龍"轉化的瓶頸。

要高標準建設國家實驗室，推動大科學計劃、大科學工程、大科學中心、國際科技創新基地的統籌佈局和優化。要加快建立科技諮詢支撐行政决策的科技决策機制，注重發揮智庫和專業研究機構作用，完善科技决策機制，提高科學决策能力。要加快構建軍民融合發展體系，完善軍民融合組織管理體系、工作運行體系、政策制度體系，清除"民參軍"、"軍轉民"障礙。要加大知識産權保護執法力度，完善知識産權服務體系。

二〇一六年五月三十日，我在全國科技創新大會、兩院院士大會、中國科協第九次全國代表大會上的講話中强調，要着力改革和創新科研經費使用和管理方式，讓經費爲人的創造性活動服務，而不能讓人的創造性活動爲經費服務；要改革科技評價制度，建立以科技創新質量、貢獻、績效爲導向的分類評價體系，正確評價科技創新成果的科學價值、技術價值、經濟價值、社會價值、文化價值。我們接連出臺了幾個重要改革方案，包括《關於深化中央財政科技計劃（專項、基金等）管理改革的方案》、《關於進一步完善中央財政科研項目資金管理等政策的若干意見》、《關於實行以增加知識價值爲導向分配政策的若干意見》、《關於分類推進人才評價機制改革的指導意見》、《關於深化科技獎勵制度改革的方案》，得到廣大科技工作者熱烈歡迎。大家反映，這些改革還有需要改進的地方，有的還沒有完全落地，有關部門要認真聽取大家意見和建議，繼續堅決推進，把人的創造性活動從不合理的經費管理、人才評價等體制中解放出來。

第四，深度參與全球科技治理，貢獻中國智慧，着力推動構建人類命運共同體。科學技術是世界性的、時代性的，發展科學技術必須具有全球視野。不拒衆流，方爲江海。自主創新是開放環境下的創新，絕不能關起門來搞，而是要聚四海之氣、借八方之力。要深化國際科技交流合作，在更高起點上推進自主創新，主動佈局和積極利用國際創新資源，努力構建合作共贏的夥伴關係，共同應對未來發展、糧食安全、能源安全、人類健康、氣候變化等人類共同挑戰，在實現自身發展的同時惠及其他更多國家和人民，推動全球範圍平衡發展。

要堅持以全球視野謀劃和推動科技創新，全方位加強國際科技創新合作，積極主動融入全球科技創新網絡，提高國家科技計劃對外開放水平，積極參與和主導國際大科學計劃和工程，鼓勵我國科學家發起和組織國際科技合作計劃。要把"一帶一路"建成創新之路，合作建設面向沿綫國家的科技創新聯盟和科技創新基地，爲各國共同發展創造機遇和平臺。要最大限度用好全球創新資源，全面提升我國在全球創新格局中的位勢，提高我國在全球科技治理中的影響力和規則制定能力。

第五，牢固確立人才引領發展的戰略地位，全面聚集人才，着力夯實創新發展人才基礎。功以才成，業由才廣。世上一切事物中人是最可寶貴的，一切創新成果都是人做出來的。硬實力、軟實力，歸根到底要靠人才實力。全部科技史都證明，誰擁有了一流創新人才、擁有了一流科學家，誰就能在科技創新中佔據優勢。當前，我國高水平創新人才仍然不足，特別是科技領軍人才匱乏。人才評價制度不合理，唯論文、唯職稱、唯學歷的現象仍然嚴重，名目繁多的評審評價讓科技工作者應接不暇，人才"帽子"滿天飛，人才管理制度還不適應科技創新要求、不符合科技創新規律。要創新人才評價機制，建立健全以創新能力、質量、貢獻爲導向的科技人才評價體系，形成並實施有利於科技人才潛心研究和創新的評價制度。要注重個人評價和團隊評價相結合，尊重和認可團隊所有參與者的實際貢獻。要完善科技獎勵制度，讓優秀科技創新人才得到合理回報，釋放各類人才創新活力。要通過改革，改變以靜態評價結果給人才貼上"永久牌"標籤的做法，改變片面將論文、專利、資金數量作爲人才評價標準的做法，不能讓繁文縟節把科學家的手腳捆死了，不能讓無窮的報表和審批把科學家的精力耽誤了！

創新之道，唯在得人。得人之要，必廣其途以儲之。要營造良好創新環境，加快形成有利於人才成長的培養機制、有利於人盡其才的使用機制、有利於競相成長各展其能的激勵機制、有利於各類人才脫穎而出的競爭機制，培植好人才成長的沃土，讓人才根系更加發達，一茬接一茬茁壯成長。要尊重人才成長規律，解決人才隊伍結構性矛盾，構建完備的人才梯次結構，培養造就一大批具有國際水平的戰略科技人才、科技領軍人才、青年科技人才和創新團隊。要加強人才投入，優化人才政策，營造有利於創新創業的政策環境，構建有效的引才用才機制，形成天下英才聚神州、萬類霜天競自由的創新局面！

註　釋

〔1〕《墨經》，戰國後期墨家著作。

〔2〕見孫中山《建國方略》（《孫中山全集》第一卷，人民出版社二〇一五年版，第 15 頁）。

〔3〕見戰國時期屈原《離騷》。

〔4〕見《周易·繫辭下》。

〔5〕見恩格斯《致瓦爾特·博爾吉烏斯》（《馬克思恩格斯選集》第四卷，人民出版社二〇一二年版，第 648 頁）。

把鄉村振興戰略作爲新時代
"三農"工作總抓手[*]

（二〇一八年九月二十一日）

鄉村振興戰略是黨的十九大提出的一項重大戰略。我們以這個題目進行集體學習，目的是加深對這一重大戰略的理解，明確思路，深化認識，切實把工作做好。

一、實施鄉村振興戰略是關係全面建設社會主義現代化國家的全局性、歷史性任務。

我一直强調，没有農業農村現代化，就没有整個國家現代化。在現代化進程中，如何處理好工農關係、城鄉關係，在一定程度上決定着現代化的成敗。從世界各國現代化歷史看，有的國家没有處理好工農關係、城鄉關係，農業發展跟不上，農村發展跟不上，農產品供應不足，不能有效吸納農村勞動力，大量失業農民湧向城市貧民窟，鄉村和鄉村經濟走向凋敝，工業化和城鎮化走入困境，甚至造成社會動盪，最終陷入"中等收入陷阱"。這裏面更深層次的問題是領導體

＊ 這是習近平在主持中共十九屆中央政治局第八次集體學習時的講話。

制和國家治理體制問題。我國作爲中國共產黨領導的社會主義國家，應該有能力、有條件處理好工農關係、城鄉關係，順利推進我國社會主義現代化進程。

當前，我國正處於正確處理工農關係、城鄉關係的歷史關口。新中國成立後，在當時的歷史條件和國際環境下，我們自力更生，依靠農業農村支持，在一窮二白的基礎上推進工業化，建立起比較完整的工業體系和國民經濟體系。改革開放以來，我們依靠農村勞動力、土地、資金等要素，快速推進工業化、城鎮化，城鎮面貌發生了翻天覆地的變化。我國廣大農民爲推進工業化、城鎮化作出了巨大貢獻。在這個過程中，農業發展和農村建設也取得了顯著成就，爲我國改革開放和社會主義現代化建設打下了堅實基礎。

長期以來，我們對工農關係、城鄉關係的把握是完全正確的，也是富有成效的。這些年，我國農業連年豐產，農民連年增收，農村總體和諧穩定。特別是幾億農民工在城鄉之間長時間、大範圍有序有效轉移，不僅沒有帶來社會動盪，而且成爲經濟社會發展的重要支撐。

同時，我們也要看到，同快速推進的工業化、城鎮化相比，我國農業農村發展步伐還跟不上，"一條腿長、一條腿短"問題比較突出。我國發展最大的不平衡是城鄉發展不平衡，最大的不充分是農村發展不充分。黨的十八大以來，我們下決心調整工農關係、城鄉關係，採取了一系列舉措推動"工業反哺農業、城市支持農村"。黨的十九大提出實施鄉村振興戰略，就是爲了從全局和戰略高度來把握和處理工農關係、城鄉關係。

在現代化進程中，城的比重上升，鄉的比重下降，是客觀規律，但在我國擁有近十四億人口的國情下，不管工業化、城鎮化進展到哪一步，農業都要發展，鄉村都不會消亡，城鄉將長期共生並存，這也是客觀規律。即便我國城鎮化率達到百分之七十，農村仍將有四億多人口。如果在現代化進程中把農村四億多人落下，到頭來“一邊是繁榮的城市、一邊是凋敝的農村”，這不符合我們黨的執政宗旨，也不符合社會主義的本質要求。這樣的現代化是不可能取得成功的！四十年前，我們通過農村改革拉開了改革開放大幕。四十年後的今天，我們應該通過振興鄉村，開啟城鄉融合發展和現代化建設新局面。

二、堅持把實施鄉村振興戰略作爲新時代“三農”工作總抓手。

我在黨的十九大報告中對鄉村振興戰略進行了概括，提出要堅持農業農村優先發展，按照產業興旺、生態宜居、鄉風文明、治理有效、生活富裕的總要求，建立健全城鄉融合發展體制機制和政策體系，加快推進農業農村現代化。這其中，農業農村現代化是實施鄉村振興戰略的總目標，堅持農業農村優先發展是總方針，產業興旺、生態宜居、鄉風文明、治理有效、生活富裕是總要求，建立健全城鄉融合發展體制機制和政策體系是制度保障。

新時代“三農”工作必須圍繞農業農村現代化這個總目標來推進。長期以來，爲解決好吃飯問題，我們花了很大精力推進農業現代化，取得了長足進步。現在，全國主要農作物耕種收綜合機械化水平已超過百分之六十五，農業科技進步貢獻率超過百分之五十七，主要農產品人均佔有量均超過世界平均水平，農產品供給極大豐富。相比較而言，農村在基礎設施、公共服務、社會治理等方面差距相當大。農村現代化既包括"物"的現代化，也包括"人"的現代化，還包括鄉村治理體系和治理能力的現代化。我們要堅持農業現代化和農村現代化一體設計、一併推進，實現農業大國向農業強國跨越。

堅持農業農村優先發展的總方針，就是要始終把解決好"三農"問題作爲全黨工作重中之重。我們一直強調，對"三農"要多予少取放活，但實際工作中"三農"工作"說起來重要、幹起來次要、忙起來不要"的問題還比較突出。我們要扭轉這種傾向，在資金投入、要素配置、公共服務、幹部配備等方面採取有力舉措，加快補齊農業農村發展短板，不斷縮小城鄉差距，讓農業成爲有奔頭的產業，讓農民成爲有吸引力的職業，讓農村成爲安居樂業的家園。

產業興旺、生態宜居、鄉風文明、治理有效、生活富裕，"二十個字"的總要求，反映了鄉村振興戰略的豐富內涵。本世紀初，我國剛剛實現總體小康，面臨着全面建設小康社會的任務，我們黨就提出了"生產發展、生活寬裕、鄉風文明、村容整潔、管理民主"的社會主義新農村建設總要求，這在當時是符合實際的。現在，中國特色社會主義進入了新時代，社會主要矛盾、農業主要矛盾發生了很大變化，廣大農民羣衆有更高的期待，需要對農業農村發展提出更高要求。產業興旺，是解決農村一切問題的前提，從"生產發展"到"產業興旺"，反映了農業農村經濟適應市場需求變化、加快優化升級、促進產業融合的新要求。生態宜居，是鄉村振興的內在要求，從"村容整潔"到"生態宜居"，反映了農村生態文明建設質的提升，體現了廣大農民羣衆對建設美麗家園的追求。鄉風文明，是鄉村振興的緊迫任務，重點是弘揚社會主義核心價值觀，保護和傳承農村優秀傳統文化，加强農村公共文化建設，開展移風易俗，改善農民精神風貌，提高鄉村社會文明程度。治理有效，是鄉村振興的重要保障，從"管理民主"到"治理有效"，是要推進鄉村治理能力和治理水平現代化，讓農村既充滿活力又和諧有序。生活富裕，是鄉村振興的主要目的，從"生活寬裕"到"生活富裕"，反映了廣大農民羣衆日益增長的美好生活需要。

由此可見，鄉村振興是包括産業振興、人才振興、文化振興、生態振興、組織振興的全面振興，是"五位一體"總體佈局、"四個全面"戰略佈局在"三農"工作的體現。我們要統籌推進農村經濟建設、政治建設、文化建設、社會建設、生態文明建設和黨的建設，促進農業全面升級、農村全面進步、農民全面發展。

三、堅持走中國特色鄉村振興之路。

實施鄉村振興戰略，首先要按規律辦事。在我們這樣一個擁有近十四億人口的大國，實現鄉村振興是前無古人、後無來者的偉大創舉，沒有現成的、可照抄照搬的經驗。我國鄉村振興道路怎麼走，只能靠我們自己去探索。

我國人多地少矛盾十分突出，户均耕地規模僅相當於歐盟的四十分之一、美國的四百分之一。"人均一畝三分地、户均不過十畝田"，是我國許多地方農業的真實寫照。這樣的資源稟賦決定了我們不可能各地都像歐美那樣搞大規模農業、大機械作業，多數地區要通過健全農業社會化服務體系，實現小規模農戶和現代農業發展有機銜接。當前和今後一個時期，要突出抓好農民合作社和家庭農場兩類農業經營主體發展，賦予雙層經營體制新的內涵，不斷提高農業經營效率。

我國農耕文明源遠流長、博大精深，是中華優秀傳統文化的根。我國很多村莊有幾百年甚至上千年的歷史，至今保持完整。很多風俗習慣、村規民約等具有深厚的優秀傳統文化基因，至今仍然發揮着重要作用。要在實行自治和法治的同時，注重發揮好德治的作用，推動禮儀之邦、優秀傳統文化和法治社會建設相輔相成。要繼續進行這方面的探索和創新，並不斷總結推廣。

要把鄉村振興戰略這篇大文章做好，必須走城鄉融合發展之路。我們一開始就沒有提城市化，而是提城鎮化，目的就是促進城鄉融合。要向改革要動力，加快建立健全城鄉融合發展體制機制和政策體系。要健全多元投入保障機制，增加對農業農村基礎設施建設投入，加快城鄉基礎設施互聯互通，推動人才、土地、資本等要素在城鄉間雙向流動。要建立健全城鄉基本公共服務均等化的體制機制，推動公共服務向農村延伸、社會事業向農村覆蓋。要深化戶籍制度改革，強化常住人口基本公共服務，維護進城落戶農民的土地承包權、宅基地使用權、集體收益分配權，加快農業轉移人口市民化。

打好脫貧攻堅戰是實施鄉村振興戰略的優先任務。貧困村和所在縣鄉當前的工作重點就是脫貧攻堅，目標不變、靶心不散、頻道不換。二○二○年全面建成小康社會之後，我們將消除絕對貧困，但相對貧困仍將長期存在。到那時，現在針對絕對貧困的脫貧攻堅舉措要逐步調整為針對相對貧困的日常性幫扶措施，並納入鄉村振興戰略架構下統籌安排。這個問題要及早謀劃、早作打算。

四、爲實施鄉村振興戰略提供堅強政治保證。

實施鄉村振興戰略，各級黨委和黨組織必須加强領導，匯聚起全黨上下、社會各方的强大力量。要把好鄉村振興戰略的政治方向，堅持農村土地集體所有制性質，發展新型集體經濟，走共同富裕道路。要充分發揮好鄉村黨組織的作用，把鄉村黨組織建設好，把領導班子建設强，弱的村要靠好的黨支部帶領打開局面，富的村要靠好的黨支部帶領再上一層樓。人才振興是鄉村振興的基礎，要創新鄉村人才工作體制機制，充分激發鄉村現有人才活力，把更多城市人才引向鄉村創新創業。

在實施鄉村振興戰略中要注意處理好以下關係。

第一，長期目標和短期目標的關係。實施鄉村振興戰略是一項長期而艱巨的任務，要遵循鄉村建設規律，着眼長遠謀定而後動，堅持科學規劃、注重質量、從容建設，聚焦階段任務，找準突破口，排出優先序，一件事情接着一件事情辦，一年接着一年幹，久久爲功，積小勝爲大成。要有足够的歷史耐心，把可能出現的各種問題想在前面，切忌貪大求快、刮風搞運動，防止走彎路、翻燒餅。

第二，頂層設計和基層探索的關係。黨中央已經明確了鄉村振興的頂層設計，各地要解決好落地問題，制定出符合自身實際的實施方案。編制村莊規劃不能簡單照搬城鎮規劃，更不能搞一個模子套到底。要科學把握鄉村的差異性，因村制宜，精準施策，打造各具特色的現代版"富春山居圖"。要發揮億萬農民的主體作用和首創精神，調動他們的積極性、主動性、創造性，並善於總結基層的實踐創造，不斷完善頂層設計。

第三，充分發揮市場決定性作用和更好發揮政府作用的關係。要進一步解放思想，推進新一輪農村改革，從農業農村發展深層次矛盾出發，聚焦農民和土地的關係、農民和集體的關係、農民和市民的關係，推進農村產權明晰化、農村要素市場化、農業支持高效化、鄉村治理現代化，提高組織化程度，激活鄉村振興內生動力。要以市場需求為導向，深化農業供給側結構性改革，不斷提高農業綜合效益和競爭力。要優化農村創新創業環境，放開搞活農村經濟，培育鄉村發展新動能。要發揮政府在規劃引導、政策支持、市場監管、法治保障等方面的積極作用。推進農村改革不可能一蹴而就，還可能會經歷陣痛，甚至付出一些代價，但在方向問題上不能出大的偏差。有一條是我一直强調的，就是農村改革不論怎麼改，都不能把農村土地集體所有制改垮了、把耕地改少了、把糧食生產能力改弱了、把農民利益損害了。這些底綫必須堅守，決不能犯顛覆性錯誤。

第四，增强羣衆獲得感和適應發展階段的關係。要圍繞農民羣衆最關心最直接最現實的利益問題，加快補齊農村發展和民生短板，讓億萬農民有更多實實在在的獲得感、幸福感、安全感。要科學評估財政收支狀況、集體經濟實力和羣衆承受能力，合理確定投資規模、籌資渠道、負債水平，合理設定階段性目標任務和工作重點，形成可持續發展的長效機制。要堅持盡力而為、量力而行，不能超越發展階段，不能提脫離實際的目標，更不能搞形式主義和"形象工程"。

大力支持民營企業發展壯大[*]

（二〇一八年十一月一日）

保持定力，增强信心，集中精力辦好自己的事情，是我們應對各種風險挑戰的關鍵。當前，我國經濟運行總體平穩、穩中有進，主要指標保持在合理區間。同時，我國經濟發展的不確定性明顯上升，下行壓力有所加大，企業經營困難增多。這些都是前進中必然遇到的問題。

面對困難挑戰，我們要看到有利條件，增强對我國經濟發展的必勝信心。一是我國擁有巨大的發展韌性、潛力和迴旋餘地，我國有十三億多人口的内需市場，正處於新型工業化、信息化、城鎮化、農業現代化同步發展階段，中等收入羣體擴大孕育着大量消費升級需求，城鄉區域發展不平衡蘊藏着可觀發展空間。二是我國擁有較好的發展條件和物質基礎，擁有全球最完整的產業體系和不斷增强的科技創新能力，總儲蓄率仍處於較高水平。三是我國人力資本豐富，有九億多勞動力人口，其中超過一點七億是受過高等教育或擁有專業技能的人才，每年畢業的大學生就有八百多萬，勞動力的比較優勢仍然明顯。四是我國國土面積遼闊，土地總量資源

---

* 這是習近平在民營企業座談會上講話的一部分。

豐富，集約用地潛力巨大，也爲經濟發展提供了很好的空間支撐。五是綜合各方面因素分析，我國經濟發展健康穩定的基本面沒有改變，支撐高質量發展的生產要素條件沒有改變，長期穩中向好的總體勢頭沒有改變，同主要經濟體相比，我國經濟增長仍居世界前列。六是我國擁有獨特的制度優勢，我們有黨的堅強領導，有集中力量辦大事的政治優勢，全面深化改革不斷釋放發展動力，宏觀調控能力不斷增強。

從外部環境看，世界經濟整體呈現復蘇回暖勢頭，和平與發展仍是時代潮流。今年前三季度我國進出口保持了穩定增長勢頭，同主要貿易夥伴進出口貿易總額均實現增長。隨着共建"一帶一路"扎實推進，我國同"一帶一路"沿綫國家的投資貿易合作加快推進，成爲我們外部經濟環境的新亮點。

總之，只要我們保持戰略定力，堅持穩中求進工作總基調，以供給側結構性改革爲主綫，全面深化改革開放，我國經濟就一定能夠加快轉入高質量發展軌道，迎來更加光明的發展前景。

在我國經濟發展進程中，我們要不斷爲民營經濟營造更好發展環境，幫助民營經濟解決發展中的困難，支持民營企業改革發展，變壓力爲動力，讓民營經濟創新源泉充分湧流，讓民營經濟創造活力充分迸發。爲此，要抓好六個方面政策舉措落實。

第一，減輕企業稅費負擔。要抓好供給側結構性改革降成本行動各項工作，實質性降低企業負擔。要加大減稅力度。推進增值稅等實質性減稅，而且要簡明易行好操作，增強企業獲得感。對小微企業、科技型初創企業可以實施普惠性稅收免除。要根據實際情況，降低社保繳費名義費率，穩定繳費方式，確保企業社保繳費實際負擔有實質性下降。既要以最嚴格的標準防範逃避稅，又要避免因爲不當徵稅導致正常運行的企業停擺。要進一步清理、精簡涉及民間投資管理的行政審批事項和涉企收費，規範中間環節、中介組織行爲，減輕企業負擔，加快推進涉企行政事業性收費零收費，降低企業成本。一些地方的好做法要加快在全國推廣。

第二，解決民營企業融資難融資貴問題。要優先解決民營企業特別是中小企業融資難甚至融不到資問題，同時逐步降低融資成本。要改革和完善金融機構監管考核和內部激勵機制，把銀行業績考核同支持民營經濟發展掛鈎，解決不敢貸、不願貸的問題。要擴大金融市場准入，拓寬民營企業融資途徑，發揮民營銀行、小額貸款公司、風險投資、股權和債券等融資渠道作用。對有股權質押平倉風險的民營企業，有關方面和地方要抓緊研究採取特殊措施，幫助企業渡過難關，避免發生企業所有權轉移等問題。對地方政府加以引導，對符合經濟結構優化升級方向、有前景的民營企業進行必要財務救助。省級政府和計劃單列市可以自籌資金組建政策性救助基金，綜合運用多種手段，在嚴格防止違規舉債、嚴格防範國有資產流失前提下，幫助區域內產業龍頭、就業大戶、戰略新興行業等關鍵重點民營企業紓困。要高度重視三角債問題，糾正一些政府部門、大企業利用優勢地位以大欺小、拖欠民營企業款項的行爲。

第三，營造公平競爭環境。要打破各種各樣的"捲簾門"、"玻璃門"、"旋轉門"，在市場准入、審批許可、經營運行、招投標、軍民融合等方面，爲民營企業打造公平競爭環境，給民營企業發展創造充足市場空間。要鼓勵民營企業參與國有企業改革。要推進產業政策由差異化、選擇性向普惠化、功能性轉變，清理違反公平、開放、透明市場規則的政策文件，推進反壟斷、反不正當競爭執法。

第四，完善政策執行方式。任何一項政策出臺，不管初衷多麼好，都要考慮可能產生的負面影響，考慮實際執行同政策初衷的差別，考慮同其他政策是不是有疊加效應，不斷提高政策水平。各地區各部門要從實際出發，提高工作藝術和管理水平，加強政策協調性、細化、量化政策措施，制定相關配套舉措，推動各項政策落地、落細、落實，讓民營企業從政策中增強獲得感。去產能、去槓桿要對各類所有制企業執行同樣標準，不能戴着有色眼鏡落實政策，不能不問青紅皂白對民營企業斷貸抽貸。要提高政府部門履職水平，按照國家宏觀調控方向，在安監、環保等領域微觀執法過程中避免簡單化，堅持實事求是，一切從實際出發，執行政策不能搞"一刀切"。要結合改革督察工作，對中央全面深化改革委員會會議審議通過的產權保護、弘揚企業家精神、市場公平競爭審查等利好民營企業的改革方案專項督察，推動落實。

第五，構建親清新型政商關係。各級黨委和政府要把構建親清新型政商關係的要求落到實處，把支持民營企業發展作爲一項重要任務，花更多時間和精力關心民營企業發展、民營企業家成長，不能成爲掛在嘴邊的口號。我們要求領導幹部同民營企業家打交道要守住底綫、把好分寸，並不意味着領導幹部可以對民營企業家的正當要求置若罔聞，對他們的合法權益不予保護，而是要積極主動爲民營企業服務。各相關部門和地方的主要負責同志要經常聽取民營企業反映和訴求，特別是在民營企業遇到困難和問題情況下更要積極作爲、靠前服務，幫助解決實際困難。對支持和引導國有企業、民營企業特別是中小企業克服困難、創新發展方面的工作情況，要納入幹部考核考察範圍。人民團體、工商聯等組織要深入民營企業了解情況，積極反映企業生產經營遇到的困難和問題，支持企業改革創新。要加強輿論引導，正確宣傳黨和國家大政方針，對一些錯誤說法要及時澄清。

第六，保護企業家人身和財產安全。穩定預期，弘揚企業家精神，安全是基本保障。我們加大反腐敗鬥爭力度，是落實黨要管黨、全面從嚴治黨的要求，是爲了懲治黨內腐敗分子，構建良好政治生態，堅決反對和糾正以權謀私、錢權交易、貪污賄賂、吃拿卡要、欺壓百姓等違紀違法行爲。這有利於爲民營經濟發展創造健康環境。紀檢監察機關在履行職責過程中，有時需要企業經營者協助調查，這種情況下，要查清問題，也要保障其合法的人身和財產權益，保障企業合法經營。對一些民營企業歷史上曾經有過的一些不規範行爲，要以發展的眼光看問題，按照罪刑法定、疑罪從無的原則處理，讓企業家卸下思想包袱，輕裝前進。我多次強調要甄別糾正一批侵害企業產權的錯案冤案，最近人民法院依法重審了幾個典型案例，社會反映很好。

我說過，非公有制經濟要健康發展，前提是非公有制經濟人士要健康成長。希望廣大民營經濟人士加強自我學習、自我教育、自我提升。民營企業家要珍視自身的社會形象，熱愛祖國、熱愛人民、熱愛中國共產黨，踐行社會主義核心價值觀，弘揚企業家精神，做愛國敬業、守法經營、創業創新、回報社會的典範。民營企業家要講正氣、走正道，做到聚精會神辦企業、遵紀守法搞經營，在合法合規中提高企業競爭能力。守法經營，這是任何企業都必須遵守的原則，也是長遠發展之道。要練好企業內功，特別是要提高經營能力、管理水平，完善法人治理結構，鼓勵有條件的民營企業建立現代企業制度。新一代民營企業家要繼承和發揚老一輩人艱苦奮鬥、敢闖敢幹、聚焦實業、做精主業的精神，努力把企業做強做優。民營企業還要拓展國際視野，增強創新能力和核心競爭力，形成更多具有全球競爭力的世界一流企業。

推動形成優勢互補高質量
發展的區域經濟佈局[*]

（二〇一九年八月二十六日）

　　當前我國區域經濟發展出現一些新情況新問題，要研究在國內外發展環境變化中，現有區域政策哪些要堅持、哪些應調整。要面向第二個百年目標，作些戰略性考慮。

　　一、正確認識當前區域經濟發展新形勢。

　　我國幅員遼闊、人口眾多，各地區自然資源稟賦差別之大在世界上是少有的，統籌區域發展從來都是一個重大問題。

　　新中國成立後，我國生產力佈局經歷過幾次重大調整。“一五”時期，蘇聯援建的一百五十六項重點工程，有百分之七十以上佈局在北方，其中東北佔了五十四項。後來，毛澤東同志在《論十大關係》中提出正確處理沿海工業和內地工業的關係，二十世紀六十年代中期開展“三綫”[1]建設。改革開放以後，我們實施了設立經濟特區、開放沿海城市等一系列重大舉措。二十世紀九十年代中後期以來，我們在繼續鼓勵東部地區率先發展的同時，相繼作出實施西部大開發、振興東北地區等老工業基地、促進中部地區崛起等重大戰略

---

　　* 這是習近平在中央財經委員會第五次會議上講話的一部分。

決策。黨的十八大以來，黨中央提出了京津冀協同發展、長江經濟帶發展、共建"一帶一路"、粵港澳大灣區建設、長三角一體化發展等新的區域發展戰略。下一步，我們還要研究黃河流域生態保護和高質量發展問題。

當前，我國區域發展形勢是好的，同時出現了一些值得關注的新情況新問題。一是區域經濟發展分化態勢明顯。長三角、珠三角等地區已初步走上高質量發展軌道，一些北方省份增長放緩，全國經濟重心進一步南移。二〇一八年，北方地區經濟總量佔全國的比重爲百分之三十八點五，比二〇一二年下降四點三個百分點。各板塊內部也出現明顯分化，有的省份內部也有分化現象。二是發展動力極化現象日益突出。經濟和人口向大城市及城市羣集聚的趨勢比較明顯。北京、上海、廣州、深圳等特大城市發展優勢不斷增強，杭州、南京、武漢、鄭州、成都、西安等大城市發展勢頭較好，形成推動高質量發展的區域增長極。三是部分區域發展面臨較大困難。東北地區、西北地區發展相對滯後。二〇一二年至二〇一八年，東北地區經濟總量佔全國的比重從百分之八點七下降到百分之六點二，常住人口減少一百三十七萬，多數是年輕人和科技人才。一些城市特別是資源枯竭型城市、傳統工礦區城市發展活力不足。

總的來看，我國經濟發展的空間結構正在發生深刻變化，中心城市和城市羣正在成爲承載發展要素的主要空間形式。我們必須適應新形勢，謀劃區域協調發展新思路。

二、新形勢下促進區域協調發展的思路。

新形勢下促進區域協調發展，總的思路是：按照客觀經濟規律調整完善區域政策體系，發揮各地區比較優勢，促進各類要素合理流動和高效集聚，增強創新發展動力，加快構建高質量發展的動力系統，增強中心城市和城市羣等經濟發展優勢區域的經濟和人口承載能力，增強其他地區在保障糧食安全、生態安全、邊疆安全等方面的功能，形成優勢互補、高質量發展的區域經濟佈局。

我國經濟由高速增長階段轉向高質量發展階段，對區域協調發展提出了新的要求。不能簡單要求各地區在經濟發展上達到同一水平，而是要根據各地區的條件，走合理分工、優化發展的路子。要形成幾個能夠帶動全國高質量發展的新動力源，特別是京津冀、長三角、珠三角三大地區，以及一些重要城市羣。不平衡是普遍的，要在發展中促進相對平衡。這是區域協調發展的辯證法。

第一，尊重客觀規律。產業和人口向優勢區域集中，形成以城市羣爲主要形態的增長動力源，進而帶動經濟總體效率提升，這是經濟規律。要破除資源流動障礙，使市場在資源配置中起決定性作用，促進各類生產要素自由流動並向優勢地區集中，提高資源配置效率。當然，北京、上海等特大城市要根據資源條件和功能定位合理管控人口規模。

第二，發揮比較優勢。經濟發展條件好的地區要承載更多產業和人口，發揮價值創造作用。生態功能強的地區要得到有效保護，創造更多生態產品。要考慮國家安全因素，增強邊疆地區發展能力，使之有一定的人口和經濟支撐，以促進民族團結和邊疆穩定。

第三，完善空間治理。要完善和落實主體功能區戰略，細化主體功能區劃分，按照主體功能定位劃分政策單元，對重點開發地區、生態脆弱地區、能源資源地區等制定差異化政策，分類精準施策，推動形成主體功能約束有效、國土開發有序的空間發展格局。

第四，保障民生底綫。區域協調發展的基本要求是實現基本公共服務均等化，基礎設施通達程度比較均衡。要完善土地、戶籍、轉移支付等配套政策，提高城市羣承載能力，促進遷移人口穩定落戶。促進遷移人口落戶要克服形式主義，真抓實幹，保證遷得出、落得下。要確保承擔安全、生態等戰略功能的區域基本公共服務均等化。

三、促進區域協調發展的主要舉措。

要從多方面健全區域協調發展新機制，抓緊實施有關政策措施。

第一，形成全國統一開放、競爭有序的商品和要素市場。要實施全國統一的市場准入負面清單制度，消除歧視性、隱蔽性的區域市場壁壘，打破行政性壟斷，堅決破除地方保護主義。除中央已有明確政策規定之外，全面放寬城市落戶條件，完善配套政策，打破阻礙勞動力流動的不合理壁壘，促進人力資源優化配置。要健全市場一體化發展機制，深化區域合作機制，加強區域間基礎設施、環保、產業等方面的合作。

第二，儘快實現養老保險全國統籌。養老保險全國統籌對維護全國統一大市場、促進企業間公平競爭和勞動力自由流動具有重要意義。要在確保二〇二〇年省級基金統收統支的基礎上，加快養老保險全國統籌進度，在全國範圍內實現制度統一和區域間互助共濟。

第三，改革土地管理制度。要加快改革土地管理制度，建設用地資源向中心城市和重點城市羣傾斜。在國土空間規劃、農村土地確權頒證基本完成的前提下，城鄉建設用地供應指標使用應更多由省級政府統籌負責。要使優勢地區有更大發展空間。

第四，完善能源消費雙控制度。能源消費總量和強度雙控制度對節約能源資源、打好污染防治攻堅戰發揮了積極作用。但是，目前有十多個省份提出難以完成"十三五"能耗總量指標。這個問題要認真研究，既要盡力而爲，又要實事求是。對於能耗強度達標而發展較快的地區，能源消費總量控制要有適當彈性。

第五，全面建立生態補償制度。要健全區際利益補償機制，形成受益者付費、保護者得到合理補償的良性局面。要健全縱向生態補償機制，加大對森林、草原、濕地和重點生態功能區的轉移支付力度。要推廣新安江水環境補償試點經驗，鼓勵流域上下游之間開展資金、產業、人才等多種補償。要建立健全市場化、多元化生態補償機制，在長江流域開展生態產品價值實現機制試點。

第六，完善財政轉移支付制度。要完善財政體制，合理確定中央支出佔整個支出的比重。要對重點生態功能區、農產品主產區、困難地區提供有效轉移支付。基本公共服務要同常住人口建立掛鈎機制，由常住地供給。要運用信息化手段建設便捷高效的公共服務平臺，方便全國範圍內人員流動。

四、關於推動東北全方位振興。

東北地區是我國重要的工農業基地，維護國家國防安全、糧食安全、生態安全、能源安全、產業安全的戰略地位十分重要。黨的十八大以來，我先後到東北調研五次，兩次召開專題座談會。下一步，特別是"十四五"時期，要有新的戰略性舉措，推動東北地區實現全面振興。

東北地區建設現代化經濟體系具備很好的基礎條件，全面振興不是把已經衰敗的產業和企業硬扶持起來，而是要有效整合資源，主動調整經濟結構，形成新的均衡發展的產業結構。要加強傳統製造業技術改造，善於揚長補短，發展新技術、新業態、新模式，培育健康養老、旅遊休閒、文化娛樂等新增長點。要促進資源枯竭地區轉型發展，加快培育接續替代產業，延長產業鏈條。要加大創新投入，爲產業多元化發展提供新動力。

東北地區國有經濟比重較高，要以改革爲突破口，加快國有企業改革，讓老企業煥發新活力。要打造對外開放新前沿，多吸引跨國企業到東北投資。開放方面國家可以給一些政策，但更重要的還是靠東北地區自己轉變觀念、大膽去闖。要加快轉變政府職能，大幅減少政府對資源的直接配置，強化事中事後監管，給市場發育創造條件。要支持和愛護本地和外來企業成長，弘揚優秀企業家精神。東北振興的關鍵是人才，要研究更具吸引力的措施，使瀋陽、大連、長春、哈爾濱等重要城市成爲投資興業的熱土。要加強對領導幹部的正向激勵，樹立鮮明用人導向，讓敢擔當、善作爲的幹部有舞臺、受褒獎。

註　釋

〔1〕"三綫"，指三綫地區。二十世紀六十年代初期，中共中央和毛澤東提出從戰備需要出發，根據戰略位置的不同，將我國各地區分爲一、二、三綫。三綫地區泛指全國的戰略大後方。

十、積極發展
社會主義民主政治

爲新時代堅持和發展中國特色社會主義提供憲法保障[*]

（二〇一八年一月十九日）

　　黨的十八大以來，我多次講，全面貫徹實施憲法是全面依法治國、建設社會主義法治國家的首要任務和基礎性工作。我們把實施憲法擺在全面依法治國的突出位置，採取一系列有力措施加强憲法實施和監督工作，維護憲法法律權威。二〇一四年，貫徹黨的十八屆四中全會精神，全國人大常委會以立法形式把每年十二月四日設立爲國家憲法日，已連續開展四個國家憲法日活動，在全社會弘揚憲法精神。二〇一五年，全國人大常委會作出決定，規定各級人大及縣級以上各級人大常委會選舉或者決定任命的國家工作人員，以及各級人民政府、人民法院、人民檢察院任命的國家工作人員，在就職時應該公開進行憲法宣誓，激勵和教育國家工作人員忠於憲法、遵守憲法、維護憲法。二〇一五年，依據憲法規定，全國人大常委會通過關於特赦部分服刑罪犯的決定，國家主席發佈特赦令，這是我國改革開放以來第一次實行特赦，具有重大政治意義和法治意義。二〇一六年，全國人大常委會根據憲

---

　　* 這是習近平在中共十九屆二中全會第二次全體會議上講話的一部分。

法精神和有關法律原則，採取創制性辦法及時妥善處理了遼寧拉票賄選案有關問題，堅決維護人民代表大會制度的權威和尊嚴。二〇一六年，依據憲法和香港基本法賦予的權力，全國人大常委會主動釋法，作出關於香港基本法第一百零四條的解釋，一錘定音，充分表明中央貫徹"一國兩制"方針的堅定決心和反對"港獨"的堅定立場。二〇一七年，全國人大常委會通過《中華人民共和國國歌法》，同之前已經施行的國旗法、國徽法一道，構成和落實了憲法規定的關於國家象徵和標誌的重要制度。不久前，全國人大常委會批准了內地與香港特別行政區關於在廣深港高鐵西九龍站設立口岸實施"一地兩檢"的合作安排，確認有關合作安排符合憲法和香港基本法，解決了在香港特別行政區行政區域範圍內實施"一地兩檢"的合憲性、合法性依據問題。我們健全規範性文件備案審查制度，把各類法規、規章、司法解釋和各類規範性文件納入備案審查範圍，建立健全黨委、人大、政府、軍隊間備案審查銜接聯動機制，加強備案審查制度和能力建設，實行有件必備、有備必審、有錯必糾。

"觀時而制法，因事而制禮。"[1]黨中央考慮啟動這次憲法修改的一個重要因素，就是深化國家監察體制改革的需要。深化國家監察體制改革是黨中央決策和推進的重大政治體制改革，需要在國家機構頂層設計上作出重要調整和完善，涉及憲法修改問題。黨中央決定先進行深化國家監察體制改革試點，全國人大常委會二〇一六年、二〇一七年先後作出在北京市、山西省、浙江省開展試點工作的決定和在全國各地推開試點工作的決定；同時積極準備和推進國家監察立法工作。現在，憲法修改和國家監察立法工作都在抓緊進行，擬依照法定程序提請十三屆全國人民代表大會審議。從推進國家監察體制改革的過程看，比較好地處理了深化改革和推進法治的關係，貫徹了凡屬重大改革都要於法有據的要求，彰顯了黨堅持在憲法法律範圍內活動的執政原則。

憲法集中體現了黨和人民的統一意志和共同願望，是國家意志的最高表現形式。"法者，國家所以佈大信於天下。"[2]可以說，憲法是國家佈最大的公信於天下。建章立法需要講求科學精神，全面認識和自覺運用規律。馬克思說："立法者應該把自己看作一個自然科學家。他不是在創造法律，不是在發明法律，而僅僅是在表述法律，他用有意識的實在法把精神關係的內在規律表現出來。"[3]立憲和修憲在任何一個國家都是最爲重要的政治活動和立法活動，必須以極其嚴肅認真的科學態度來對待。毛澤東同志一九五四年主持起草新中國第一部憲法時就說過："搞憲法是搞科學。"[4]"憲法的起草是慎重的，每一條、每一個字都是認真搞了的"[5]。這一次憲法修改也同樣如此。黨中央決定對憲法進行適當修改是經過反復考慮、綜合方方面面情況作出的，目的是在保持憲法連續性、穩定性、權威性的前提下，通過修改使我國憲法更好體現人民意志，更好體現中國特色社會主義制度的優勢，更好適應提高中國共產黨長期執政能力、推進全面依法治國、推進國家治理體系和治理能力現代化的要求，爲新時代堅持和發展中國特色社會主義提供憲法保障。

從黨內外徵求意見的情況看，這次憲法修改在黨內形成了高度共識、得到了普遍贊成，相信也必將在全體人民中形成高度共識、得到普遍贊成。這充分説明，黨中央建議對現行憲法進行適當修改是完全正確和十分必要的，對保證我國憲法始終是一部符合國情、符合實際、符合時代發展要求的好憲法，推動我國憲法與時俱進和不斷完善，具有十分重大的意義。

註　釋

〔1〕見《戰國策・趙策二》。

〔2〕見唐代吳兢《貞觀政要・論公平》。

〔3〕見馬克思《論離婚法草案》(《馬克思恩格斯全集》第一卷，人民出版社一九九五年版，第 347 頁)。

〔4〕見毛澤東《關於中華人民共和國憲法草案》(《毛澤東文集》第六卷，人民出版社一九九九年版，第 330 頁)。

〔5〕這句話出自毛澤東一九五四年九月十四日主持召開中央人民政府委員會臨時會議時的講話(《毛澤東年譜(一九四九——一九七六)》第二卷，中央文獻出版社二〇一三年版，第 281 頁)。

堅持以全面依法治國新理念 新思想新戰略爲指導，堅定不移 走中國特色社會主義法治道路*

（二〇一八年八月二十四日）

　　黨的十八大以來，黨中央對全面依法治國作出一系列重大決策、提出一系列重大舉措。我們適應黨和國家事業發展要求，完善立法體制，加强重點領域立法，中國特色社會主義法律體系日趨完善。我們堅持依憲治國，與時俱進修改憲法，設立國家憲法日，建立憲法宣誓制度，憲法實施和監督全面加强。我們推進法治政府建設，大幅減少行政審批事項，非行政許可審批徹底終結，建立政府權力清單、負面清單、責任清單，規範行政權力，推動嚴格規範公正文明執法。我們堅定不移推進法治領域改革，廢止勞教制度，推進司法責任制、員額制和以審判爲中心的刑事訴訟制度改革，依法糾正一批重大冤假錯案件，司法質量、效率、公信力顯著提高。我們堅持把全民普法和守法作爲依法治國的基礎性工作，實行國家機關“誰執法誰普法”普法責任制，將法治

---

　　* 這是習近平在中央全面依法治國委員會第一次會議上講話的一部分。

教育納入國民教育體系，全社會法治觀念明顯增強。我們推進法治隊伍建設，發展壯大法律服務隊伍，加强法學教育和法治人才培養。我們堅持依法執政，加强黨內法規制度建設，推進國家監察體制改革，依法懲治腐敗犯罪，全面從嚴治黨成效卓著。

黨的十八大以來，我們提出一系列全面依法治國新理念新思想新戰略，明確了全面依法治國的指導思想、發展道路、工作佈局、重點任務。概括起來，主要有以下十方面。

一是堅持加强黨對依法治國的領導。黨的領導是社會主義法治最根本的保證。全面依法治國決不是要削弱黨的領導，而是要加强和改善黨的領導，不斷提高黨領導依法治國的能力和水平，鞏固黨的執政地位。必須堅持實現黨領導立法、保證執法、支持司法、帶頭守法，健全黨領導全面依法治國的制度和工作機制，通過法定程序使黨的主張成為國家意志、形成法律，通過法律保障黨的政策有效實施，確保全面依法治國正確方向。

二是堅持人民主體地位。法治建設要為了人民、依靠人民、造福人民、保護人民。必須牢牢把握社會公平正義這一法治價值追求，努力讓人民群衆在每一項法律制度、每一個執法決定、每一宗司法案件中都感受到公平正義。要把體現人民利益、反映人民願望、維護人民權益、增進人民福祉落實到依法治國全過程，保證人民在黨的領導下通過各種途徑和形式管理國家事務，管理經濟和文化事業，管理社會事務。

三是堅持中國特色社會主義法治道路。全面推進依法治國必須走對路。要從中國國情和實際出發，走適合自己的法治道路，決不能照搬別國模式和做法，決不能走西方"憲政"、"三權鼎立"、"司法獨立"的路子。

四是堅持建設中國特色社會主義法治體系。中國特色社會主義法治體系是中國特色社會主義制度的法律表現形式。必須抓住建設中國特色社會主義法治體系這個總抓手，努力形成完備的法律規範體系、高效的法治實施體系、嚴密的法治監督體系、有力的法治保障體系，形成完善的黨內法規體系，不斷開創全面依法治國新局面。

五是堅持依法治國、依法執政、依法行政共同推進，法治國家、法治政府、法治社會一體建設。全面依法治國是一個系統工程，必須統籌兼顧、把握重點、整體謀劃，更加注重系統性、整體性、協同性。依法治國、依法執政、依法行政是一個有機整體，關鍵在於黨要堅持依法執政、各級政府要堅持依法行政。法治國家、法治政府、法治社會三者各有側重、相輔相成，法治國家是法治建設的目標，法治政府是建設法治國家的主體，法治社會是構築法治國家的基礎。要善於運用制度和法律治理國家，提高黨科學執政、民主執政、依法執政水平。

六是堅持依憲治國、依憲執政。依法治國首先要堅持依憲治國，依法執政首先要堅持依憲執政。黨領導人民制定憲法法律，領導人民實施憲法法律，黨自身必須在憲法法律範圍內活動。任何公民、社會組織和國家機關都必須以憲法法律爲行爲準則，依照憲法法律行使權利或權力，履行義務或職責，都不得有超越憲法法律的特權，一切違反憲法法律的行爲都必須予以追究。

七是堅持全面推進科學立法、嚴格執法、公正司法、全民守法。解決好立法、執法、司法、守法等領域的突出矛盾和問題，必須堅定不移推進法治領域改革。要緊緊抓住全面依法治國的關鍵環節，完善立法體制，提高立法質量。要推進嚴格執法，理順執法體制，完善行政執法程序，全面落實行政執法責任制。要支持司法機關依法獨立行使職權，健全司法權力分工負責、相互配合、相互制約的制度安排。要加大全民普法力度，培育全社會辦事依法、遇事找法、解決問題用法、化解矛盾靠法的法治環境。

八是堅持處理好全面依法治國的辯證關係。全面依法治國必須正確處理政治和法治、改革和法治、依法治國和以德治國、依法治國和依規治黨的關係。社會主義法治必須堅持黨的領導，黨的領導必須依靠社會主義法治。"改革與法治如鳥之兩翼、車之兩輪"，要堅持在法治下推進改革，在改革中完善法治。要堅持依法治國和以德治國相結合，實現法治和德治相輔相成、相得益彰。要發揮依法治國和依規治黨的互補性作用，確保黨既依據憲法法律治國理政，又依據黨內法規管黨治黨、從嚴治黨。

九是堅持建設德才兼備的高素質法治工作隊伍。全面推進依法治國，必須着力建設一支忠於黨、忠於國家、忠於人民、忠於法律的社會主義法治工作隊伍。要加強理想信念教育，深入開展社會主義核心價值觀和社會主義法治理念教育，推進法治專門隊伍正規化、專業化、職業化，提高職業素養和專業水平。要堅持立德樹人，德法兼修，創新法治人才培養機制，努力培養造就一大批高素質法治人才及後備力量。

十是堅持抓住領導幹部這個"關鍵少數"。領導幹部具體行使黨的執政權和國家立法權、行政權、監察權、司法權，是全面依法治國的關鍵。領導幹部必須帶頭尊崇法治、敬畏法律，了解法律、掌握法律，遵紀守法、捍衛法治，厲行法治、依法辦事，不斷提高運用法治思維和法治方式深化改革、推動發展、化解矛盾、維護穩定的能力，做尊法學法守法用法的模範，以實際行動帶動全社會尊法學法守法用法。

這些新理念新思想新戰略，是馬克思主義法治思想中國化的最新成果，是全面依法治國的根本遵循，必須長期堅持、不斷豐富發展。

走符合國情的人權發展道路[*]

（二〇一八年十二月十日）

《世界人權宣言》是人類文明發展史上具有重大意義的文獻，對世界人權事業發展產生了深刻影響。中國人民願同各國人民一道，秉持和平、發展、公平、正義、民主、自由的人類共同價值，維護人的尊嚴和權利，推動形成更加公正、合理、包容的全球人權治理，共同構建人類命運共同體，開創世界美好未來。

人民幸福生活是最大的人權。中國共產黨從誕生那一天起，就把爲人民謀幸福、爲人類謀發展作爲奮鬥目標。中華人民共和國成立近七十年特別是改革開放四十年來，中華民族迎來了從站起來、富起來到強起來的偉大飛躍。中國發展成就歸結到一點，就是億萬中國人民生活日益改善。

時代在發展，人權在進步。中國堅持把人權的普遍性原則和當代實際相結合，走符合國情的人權發展道路，奉行以人民爲中心的人權理念，把生存權、發展權作爲首要的基本人權，協調增進全體人民的經濟、政治、社會、文化、環境權利，努力維護社會公平正義，促進人的全面發展。

---

* 這是習近平致紀念《世界人權宣言》發表七十周年座談會的賀信要點。

　　我國人權研究工作者要與時俱進、守正創新，爲豐富人類文明多樣性、推進世界人權事業發展作出更大貢獻。

結合地方實際創造性做好
立法監督等工作*

（二〇一九年七月）

　　縣級以上地方人大設立常委會，是發展和完善人民代表大會制度的一個重要舉措。四十年來，地方人大及其常委會堅持黨的領導、人民當家作主、依法治國有機統一，履職盡責，開拓進取，爲地方改革發展穩定工作作出了重要貢獻。

　　新形勢新任務對人大工作提出新的更高要求。地方人大及其常委會要按照黨中央關於人大工作的要求，圍繞地方黨委貫徹落實黨中央大政方針的決策部署，結合地方實際，創造性地做好立法、監督等工作，更好助力經濟社會發展和改革攻堅任務。要自覺接受同級黨委領導，密切同人民羣衆的聯繫，更好發揮人大代表作用，接地氣、察民情、聚民智，用法治保障人民權益、增進民生福祉。要加強自身建設，提高依法履職能力和水平，增強工作整體實效。

---

　　* 這是習近平對地方人大及其常委會工作作出的指示要點。

把人民政協制度堅持好，
把人民政協事業發展好[*]

（二〇一九年九月二十日）

人民政協是中國共產黨把馬克思列寧主義統一戰綫理論、政黨理論、民主政治理論同中國實際相結合的偉大成果，是中國共產黨領導各民主黨派、無黨派人士、人民團體和各族各界人士在政治制度上進行的偉大創造。七十年來，在中國共產黨領導下，人民政協堅持團結和民主兩大主題，服務黨和國家中心任務，在建立新中國和社會主義革命、建設、改革各個歷史時期發揮了十分重要的作用。

中國人民政治協商會議第一屆全體會議，代行全國人民代表大會職權，爲新中國誕生作了全面準備。會議通過了具有臨時憲法性質的中國人民政治協商會議共同綱領和中國人民政治協商會議組織法、中華人民共和國中央人民政府組織法，作出關於國都、國旗、國歌、紀年的決議，選舉產生政協全國委員會和中央人民政府委員會。這也標誌着人民政

---

[*] 這是習近平在中央政協工作會議暨慶祝中國人民政治協商會議成立七十周年大會上講話的一部分。

制度正式確立。新中國成立後，人民政協爲恢復和發展國民經濟、鞏固新生人民政權、完成社會主義革命、確立社會主義基本制度、推進社會主義建設作出了積極貢獻。一九五四年全國人民代表大會召開後，人民政協繼續在國家政治生活和社會生活中開展了卓有成效的工作。

一九七八年黨的十一屆三中全會召開，人民政協事業發展進入了新時期。黨中央進一步明確人民政協的性質、任務、主題、職能，推動人民政協性質和作用載入憲法，把中國共產黨領導的多黨合作和政治協商制度確立爲我國的一項基本政治制度。人民政協認真貫徹黨的理論和路綫方針政策，努力調動一切積極因素，團結一切可以團結的力量，爲推進改革開放和社會主義現代化建設作出了重要貢獻。

中國特色社會主義進入新時代，黨中央對人民政協工作作出一系列重大部署。人民政協認真貫徹新時代中國特色社會主義思想，堅持人民政協性質定位，緊扣統籌推進“五位一體”總體佈局、協調推進“四個全面”戰略佈局，積極投身實現“兩個一百年”奮鬥目標、實現中華民族偉大復興中國夢的偉大實踐，爲黨和國家事業發展凝心聚力，開拓了人民政協工作新局面。

黨的十八大以來，我們總結經驗，對人民政協工作提出了一系列新要求，主要有以下幾個方面。

一是加強黨對人民政協工作的領導。中國共產黨的領導是包括各民主黨派、各團體、各民族、各階層、各界人士在內的全體中國人民的共同選擇，是成立政協時的初心所在，是人民政協事業發展進步的根本保證。要把堅持黨的領導貫穿到政協全部工作之中，切實落實黨中央對人民政協工作的各項要求。

二是準確把握人民政協性質定位。人民政協作爲統一戰綫的組織、多黨合作和政治協商的機構、人民民主的重要實現形式，是社會主義協商民主的重要渠道和專門協商機構，是國家治理體系的重要組成部分，是具有中國特色的制度安排。人民政協要堅持性質定位，堅定不移走中國特色社會主義政治發展道路。

三是發揮好人民政協專門協商機構作用。協商民主是實現黨的領導的重要方式，是我國社會主義民主政治的特有形式和獨特優勢。要發揮好人民政協專門協商機構作用，把協商民主貫穿履行職能全過程，堅持發揚民主和增進團結相互貫通、建言資政和凝聚共識雙向發力，積極圍繞貫徹落實黨和國家重要決策部署情況開展民主監督。

四是堅持和完善我國新型政黨制度。中國共産黨領導的多黨合作和政治協商制度是我國的一項基本政治制度，是從中國土壤中生長出來的新型政黨制度，人民政協要爲民主黨派和無黨派人士在政協更好發揮作用創造條件。

五是廣泛凝聚人心和力量。人民政協要發揮統一戰綫組織功能，堅持大團結大聯合，堅持一致性和多樣性統一，不斷鞏固共同思想政治基礎，加強思想政治引領，廣泛凝聚共識，努力尋求最大公約數、畫出最大同心圓，匯聚起實現民族復興的磅礴力量。

六是聚焦黨和國家中心任務履職盡責。人民政協要以實現第一個百年奮鬥目標、向第二個百年奮鬥目標邁進爲履職方向，以促進解決好發展不平衡不充分的問題爲工作重點，緊緊圍繞大局，瞄準抓重點、補短板、強弱項的重要問題，深入協商集中議政，強化監督助推落實。

七是堅持人民政協爲人民。人民政協要把不斷滿足人民對美好生活的需要、促進民生改善作爲重要着力點，傾聽羣衆呼聲，反映羣衆願望，抓住民生領域實際問題做好工作，協助黨和政府增進人民福祉。

八是以改革創新精神推進履職能力建設。人民政協要堅持改革創新，着力增強政治把握能力、調查研究能力、聯繫羣衆能力、合作共事能力。要加強委員隊伍建設，教育引導委員懂政協、會協商、善議政，守紀律、講規矩、重品行。

七十年的實踐證明，人民政協制度具有多方面的獨特優勢。馬克思、恩格斯說過："民主是什麼呢？它必須具備一定的意義，否則它就不能存在。因此全部問題就在於確定民主的真正意義。"[1] 實現民主政治的形式是豐富多彩的，不能拘泥於刻板的模式。實踐充分證明，中國式民主在中國行得通、很管用。新形勢下，我們必須把人民政協制度堅持好、把人民政協事業發展好，增強開展統一戰綫工作的責任擔當，把更多的人團結在黨的周圍。

當今世界正在經歷百年未有之大變局，實現中華民族偉大復興正處於關鍵時期。越是接近目標，越是形勢複雜，越是任務艱巨，越要發揮中國共產黨領導的政治優勢和中國特色社會主義的制度優勢，把各方面智慧和力量凝聚起來，形成海內外中華兒女心往一處想、勁往一處使的強大合力。

在新時代，加強和改進人民政協工作的總體要求是：以新時代中國特色社會主義思想爲指導，增强"四個意識"、堅定"四個自信"、做到"兩個維護"，把堅持和發展中國特色社會主義作爲鞏固共同思想政治基礎的主軸，把服務實現"兩個一百年"奮鬥目標作爲工作主綫，把加强思想政治引領、廣泛凝聚共識作爲中心環節，堅持團結和民主兩大主題，提高政治協商、民主監督、參政議政水平，更好凝聚共識，擔負起把黨中央決策部署和對人民政協工作要求落實下去、把海内外中華兒女智慧和力量凝聚起來的政治責任，爲決勝全面建成小康社會、進而全面建設社會主義現代化强國作出貢獻。

當前和今後一個時期，人民政協尤其要抓好以下工作。

第一，發揮人民政協專門協商機構作用。我説過，在中國社會主義制度下，有事好商量、衆人的事情由衆人商量，找到全社會意願和要求的最大公約數，是人民民主的真諦。協商民主是黨領導人民有效治理國家、保證人民當家作主的重要制度設計，同選舉民主相互補充、相得益彰。人民政協在協商中促進廣泛團結、推進多黨合作、實踐人民民主，既秉承歷史傳統，又反映時代特徵，充分體現了我國社會主義民主有事多商量、遇事多商量、做事多商量的特點和優勢。

能聽意見、敢聽意見特别是勇於接受批評、改進工作，是有信心、有力量的表現。發展社會主義協商民主，要把民主集中制的優勢運用好，發揚"團結——批評——團結"的優良傳統，廣開言路，集思廣益，促進不同思想觀點的充分表達和深入交流，做到相互尊重、平等協商而不强加於人，遵循規則、有序協商而不各説各話，體諒包容、真誠協商而不偏激偏執，形成既暢所欲言、各抒己見，又理性有度、合法依章的良好協商氛圍。對各種意見和批評，只要堅持黨的基本理論、基本路綫、基本方略，就要讓大家講，哪怕刺耳、尖銳一些，我們也要採取聞過則喜的態度，做到有則改之、無則加勉。

發揮人民政協專門協商機構作用，需要完善制度機制。要堅持黨委會同政府、政協制定年度協商計劃制度，完善協商於決策之前和決策實施之中的落實機制，對明確規定需要政協協商的事項必須經協商後提交決策實施，對協商的參加範圍、討論原則、基本程序、交流方式等作出規定。

第二，加強思想政治引領、廣泛凝聚共識。毛澤東同志說過，所謂政治，就是把擁護我們的人搞得多多的，把反對我們的人搞得少少的。我們黨領導革命、建設、改革取得成功靠的就是這個。在新的時代條件下，我們要繼續前進，就必須增進全國各族人民的大團結，調動一切可以調動的積極因素。

要把大家團結起來，思想引領、凝聚共識就必不可少。人民政協要通過有效工作，努力成爲堅持和加強黨對各項工作領導的重要陣地、用黨的創新理論團結教育引導各族各界代表人士的重要平臺、在共同思想政治基礎上化解矛盾和凝聚共識的重要渠道。要引導參加人民政協的各黨派團體和各族各界人士深入學習黨的創新理論，學習時事政策，學習中共黨史、新中國史和統一戰綫歷史、人民政協歷史，樹立正確的歷史觀和大局觀。

加強思想政治引領，要正確處理一致性和多樣性的關係。一致性是共同思想政治基礎的一致，多樣性是利益多元、思想多樣的反映，要在尊重多樣性中尋求一致性，不要搞成"清一色"。要及時了解統一戰綫內部思想動態，把在一些敏感點、風險點、關切點上強化思想政治引領同經常性思想政治工作結合起來，求同存異、聚同化異，推動各黨派團體和各族各界人士實現思想上的共同進步。人民政協要廣泛聯繫和動員各界羣眾，協助黨和政府做好協調關係、理順情緒、化解矛盾的工作。要鼓勵和支持委員深入基層、深入界別羣眾，及時反映羣眾意見和建議，深入宣傳黨和國家方針政策。

實現中華民族偉大復興的中國夢，需要廣泛匯聚團結奮鬥的正能量。要發揮人民政協作爲實行新型政黨制度重要政治形式和組織形式的作用，對各民主黨派以本黨派名義在政協發表意見、提出建議作出機制性安排。要健全同黨外知識分子、非公有制經濟人士、新的社會階層人士的溝通聯絡機制。要全面貫徹黨的民族政策和宗教政策，推動各民族交往交流交融，引導宗教與社會主義社會相適應。要全面準確貫徹"一國兩制"、"港人治港"、"澳人治澳"、高度自治的方針，引導港澳委員支持特別行政區政府和行政長官依法施政，發展壯大愛國愛港愛澳力量。要堅持一個中國原則和"九二共識"，拓展同臺灣島內有關黨派團體、社會組織、各界人士的交流交往，助推深化海峽兩岸融合發展，堅決反對任何形式的"臺獨"分裂活動。要廣泛團結海外僑胞，吸收僑胞代表參加政協活動。要積極開展對外交往，爲推動構建人類命運共同體提供正能量。

第三，強化委員責任擔當。政協委員作爲各黨派團體和各族各界代表人士，由各方面鄭重協商產生，代表各界羣眾參與國是、履行職責。這是榮譽，更是責任。廣大政協委員要堅持爲國履職、爲民盡責的情懷，把事業放在心上，把責任扛在肩上，認真履行委員職責。

政協委員來自方方面面，對一些問題的看法和認識不一定相同，但政治立場不能含糊、政治原則不能動摇。要學習貫徹黨的基本理論、基本路綫、基本方略，不斷增進對中國共產黨和中國特色社會主義的政治認同、思想認同、理論認同、情感認同。要不斷提高思想水平和認識能力，廣泛學習各方面知識，準確把握政協履職方式方法，深入調查研究，積極建言獻策，全面增强履職本領。要發揮橋梁紐帶作用，在界別羣衆中多做雪中送炭、扶貧濟困的工作，多做春風化雨、解疑釋惑的工作，多做理順情緒、化解矛盾的工作。要自覺遵守憲法法律和政協章程，積極踐行社會主義核心價值觀，錘鍊道德品行，嚴格廉潔自律，以模範行動展現新時代政協委員的風采。

註　　釋

〔1〕見馬克思、恩格斯《〈新萊茵報。政治經濟評論〉第四期上發表的書評》（《馬克思恩格斯全集》第十卷，人民出版社一九九八年版，第315頁）。

鑄牢中華民族共同體意識[*]

（二〇一九年九月二十七日）

中國特色社會主義進入新時代，中華民族迎來了歷史上最好的發展時期。同時，面對複雜的國內外形勢，我們更要團結一致、凝聚力量，確保中國發展的巨輪勝利前進。

各族人民親如一家，是中華民族偉大復興必定要實現的根本保證。實現中華民族偉大復興的中國夢，就要以鑄牢中華民族共同體意識爲主線，把民族團結進步事業作爲基礎性事業抓緊抓好。我們要全面貫徹黨的民族理論和民族政策，堅持共同團結奮鬥、共同繁榮發展，促進各民族像石榴籽一樣緊緊擁抱在一起，推動中華民族走向包容性更强、凝聚力更大的命運共同體。

第一，堅持黨的領導，團結帶領各族人民堅定走中國特色社會主義道路。實踐證明，只有中國共產黨才能實現中華民族的大團結，只有中國特色社會主義才能凝聚各民族、發展各民族、繁榮各民族。我們要堅持黨的領導，不忘初心、牢記使命，堅持走中國特色解決民族問題的正確道路，堅持

---

* 這是習近平在全國民族團結進步表彰大會上講話的一部分。

和完善民族區域自治制度，加强黨的民族理論和民族政策學習以及民族團結教育，以鑄牢中華民族共同體意識爲主綫做好各項工作，把各族幹部羣衆的思想和行動統一到黨中央決策部署上來，不斷增强各族羣衆對偉大祖國、中華民族、中華文化、中國共産黨、中國特色社會主義的認同。

第二，把各族人民對美好生活的嚮往作爲奮鬥目標，確保少數民族和民族地區同全國一道實現全面小康和現代化。中華民族是一個大家庭，一家人都要過上好日子。没有民族地區的全面小康和現代化，就没有全國的全面小康和現代化。我們要加快少數民族和民族地區發展，推進基本公共服務均等化，提高把"緑水青山"轉變爲"金山銀山"的能力，讓改革發展成果更多更公平惠及各族人民，不斷增强各族人民的獲得感、幸福感、安全感。要完善差别化的區域政策，優化轉移支付和對口支援機制，實施好促進民族地區和人口較少民族發展、興邊富民行動等規劃，謀劃好"十四五"時期少數民族和民族地區發展，讓各族人民共創美好未來、共享中華民族新的光榮和夢想。

第三，以社會主義核心價值觀爲引領，構建各民族共有精神家園。文化是一個民族的魂魄，文化認同是民族團結的根脈。各民族在文化上要相互尊重、相互欣賞，相互學習、相互借鑑。在各族羣衆中加强社會主義核心價值觀教育，牢固樹立正確的祖國觀、民族觀、文化觀、歷史觀，對構築各民族共有精神家園、鑄牢中華民族共同體意識至關重要。要以此爲引領，推動各民族文化的傳承保護和創新交融，樹立和突出各民族共享的中華文化符號和中華民族形象，增强各族羣衆對中華文化的認同。要搞好民族地區各級各類教育，全面加強國家通用語言文字教育，不斷提高各族羣衆科學文化素質。要把加強青少年的愛國主義教育擺在更加突出的位置，把愛我中華的種子埋入每個孩子的心靈深處。要牢牢把握輿論主動權和主導權，讓互聯網成爲構築各民族共有精神家園、鑄牢中華民族共同體意識的最大增量。

第四，高舉中華民族大團結的旗幟，促進各民族交往交流交融。七十年來特別是改革開放以來，各民族在社會生活中緊密聯繫的廣度和深度前所未有，我國大散居、小聚居、交錯雜居的民族人口分佈格局不斷深化，呈現出大流動、大融居的新特點。我們要順應這種形勢，出臺有利於構建互嵌式社會結構的政策舉措和體制機制，完善少數民族流動人口服務管理體系，促進各民族共建美好家園、共創美好未來。要把民族團結進步創建全面深入持久開展起來，創新方式載體，推動進機關、進企業、進社區、進鄉鎮、進學校、進連隊、進宗教活動場所等。大漢族主義和地方民族主義都是民族團結的大敵，要堅決反對。

第五，依法治理民族事務，確保各族公民在法律面前人人平等。要全面貫徹落實民族區域自治法，健全民族工作法律法規體系，依法保障各民族合法權益。要堅持一視同仁、一斷於法，依法妥善處理涉民族因素的案事件，保證各族公民平等享有權利、平等履行義務，確保民族事務治理在法治軌道上運行。對各種滲透顛覆破壞活動、暴力恐怖活動、民族分裂活動、宗教極端活動，要嚴密防範、堅決打擊。

做好新形勢下民族工作，必須加強黨對民族工作的領導。

各級黨委要把民族工作擺上重要議事日程，把懂不懂民族工作、會不會搞民族團結作爲考察領導幹部的重要内容。要加強民族領域基礎理論問題和重大現實問題研究，創新中國特色社會主義民族理論政策的話語體系，提升在國際上的影響力和感召力。要夯實基層基礎，推動黨政機關、企事業單位、民主黨派、人民團體一起做好民族工作。要重視民族工作幹部隊伍建設，大力培養選拔少數民族幹部和各類人才，支持民族工作部門更好履職盡責。

實現中華民族偉大復興，需要各民族手挽着手、肩並着肩，共同努力奮鬥。讓我們更加緊密地團結在黨中央周圍，團結一心，開拓進取，爲推進我國民族團結進步事業，爲實現"兩個一百年"奮鬥目標、實現中華民族偉大復興的中國夢而繼續奮鬥！

十一、铸就中华文化新辉煌

自主創新推進網絡强國建設[*]

（二〇一八年四月二十日）

信息化爲中華民族帶來了千載難逢的機遇。我們必須敏銳抓住信息化發展的歷史機遇，加强網上正面宣傳，維護網絡安全，推動信息領域核心技術突破，發揮信息化對經濟社會發展的引領作用，加强網信領域軍民融合，主動參與網絡空間國際治理進程，自主創新推進網絡强國建設，爲決勝全面建成小康社會、奪取新時代中國特色社會主義偉大勝利、實現中華民族偉大復興的中國夢作出新的貢獻。

黨的十八大以來，黨中央重視互聯網、發展互聯網、治理互聯網，統籌協調涉及政治、經濟、文化、社會、軍事等領域信息化和網絡安全重大問題，作出一系列重大決策、提出一系列重大舉措，推動網信事業取得歷史性成就。這些成就充分説明，黨的十八大以來黨中央關於加强黨對網信工作集中統一領導的決策和對網信工作作出的一系列戰略部署是完全正確的。我們不斷推進理論創新和實踐創新，不僅走出一條中國特色治網之道，而且提出一系列新思想新觀點新論斷，形成了網絡强國戰略思想。

---

[*] 這是習近平在全國網絡安全和信息化工作會議上的講話要點。

要提高網絡綜合治理能力，形成黨委領導、政府管理、企業履責、社會監督、網民自律等多主體參與，經濟、法律、技術等多種手段相結合的綜合治網格局。要加強網上正面宣傳，旗幟鮮明堅持正確政治方向、輿論導向、價值取向，用新時代中國特色社會主義思想和黨的十九大精神團結、凝聚億萬網民，深入開展理想信念教育，深化新時代中國特色社會主義和中國夢宣傳教育，積極培育和踐行社會主義核心價值觀，推進網上宣傳理念、內容、形式、方法、手段等創新，把握好時度效，構建網上網下同心圓，更好凝聚社會共識，鞏固全黨全國人民團結奮鬥的共同思想基礎。要壓實互聯網企業的主體責任，決不能讓互聯網成為傳播有害信息、造謠生事的平臺。要加強互聯網行業自律，調動網民積極性，動員各方面力量參與治理。

沒有網絡安全就沒有國家安全，就沒有經濟社會穩定運行，廣大人民羣衆利益也難以得到保障。要樹立正確的網絡安全觀，加強信息基礎設施網絡安全防護，加強網絡安全信息統籌機制、手段、平臺建設，加強網絡安全事件應急指揮能力建設，積極發展網絡安全產業，做到關口前移，防患於未然。要落實關鍵信息基礎設施防護責任，行業、企業作為關鍵信息基礎設施運營者承擔主體防護責任，主管部門履行好監管責任。要依法嚴厲打擊網絡黑客、電信網絡詐騙、侵犯公民個人隱私等違法犯罪行為，切斷網絡犯罪利益鏈條，持續形成高壓態勢，維護人民羣衆合法權益。要深入開展網絡安全知識技能宣傳普及，提高廣大人民羣衆網絡安全意識和防護技能。

核心技術是國之重器。要下定決心、保持恆心、找準重心，加速推動信息領域核心技術突破。要抓產業體系建設，在技術、產業、政策上共同發力。要遵循技術發展規律，做好體系化技術佈局，優中選優、重點突破。要加强集中統一領導，完善金融、財稅、國際貿易、人才、知識產權保護等制度環境，優化市場環境，更好釋放各類創新主體創新活力。要培育公平的市場環境，强化知識產權保護，反對壟斷和不正當競爭。要打通基礎研究和技術創新銜接的綠色通道，力爭以基礎研究帶動應用技術羣體突破。

網信事業代表着新的生產力和新的發展方向，應該在踐行新發展理念上先行一步，圍繞建設現代化經濟體系、實現高質量發展，加快信息化發展，整體帶動和提升新型工業化、城鎮化、農業現代化發展。要發展數字經濟，加快推動數字產業化，依靠信息技術創新驅動，不斷催生新產業新業態新模式，用新動能推動新發展。要推動產業數字化，利用互聯網新技術新應用對傳統產業進行全方位、全角度、全鏈條的改造，提高全要素生產率，釋放數字對經濟發展的放大、疊加、倍增作用。要推動互聯網、大數據、人工智能和實體經濟深度融合，加快製造業、農業、服務業數字化、網絡化、智能化。要堅定不移支持網信企業做大做强，加强規範引導，促進其健康有序發展。企業發展要堅持經濟效益和社會效益相統一，更好承擔起社會責任和道德責任。要運用信息化手段推進政務公開、黨務公開，加快推進電子政務，構建全流程一體化在綫服務平臺，更好解決企業和羣衆反映强烈的辦事難、辦事慢、辦事繁的問題。網信事業發展必須貫徹以人民爲中心的發展思想，把增進人民福祉作爲信息化發展的出發點和落腳點，讓人民羣衆在信息化發展中有更多獲得感、幸福感、安全感。

網信軍民融合是軍民融合的重點領域和前沿領域，也是軍民融合最具活力和潛力的領域。要抓住當前信息技術變革和新軍事變革的歷史機遇，深刻理解生産力和戰鬥力、市場和戰場的内在關係，把握網信軍民融合的工作機理和規律，推動形成全要素、多領域、高效益的軍民深度融合發展的格局。

推進全球互聯網治理體系變革是大勢所趨、人心所向。國際網絡空間治理應該堅持多邊參與、多方參與，發揮政府、國際組織、互聯網企業、技術社羣、民間機構、公民個人等各種主體作用。既要推動聯合國框架内的網絡治理，也要更好發揮各類非國家行爲體的積極作用。要以"一帶一路"建設等爲契機，加强同沿綫國家特別是發展中國家在網絡基礎設施建設、數字經濟、網絡安全等方面的合作，建設二十一世紀數字絲綢之路。

要加强黨中央對網信工作的集中統一領導，確保網信事業始終沿着正確方向前進。各地區各部門要高度重視網信工作，將其納入重點工作計劃和重要議事日程，及時解決新情況新問題。要充分發揮工青婦等羣團組織優勢，發揮好企業、科研院校、智庫等作用，匯聚全社會力量齊心協力推動網信工作。各級領導幹部特別是高級幹部要主動適應信息化要求、强化互聯網思維，不斷提高對互聯網規律的把握能力、對網絡輿論的引導能力、對信息化發展的駕馭能力、對網絡安全的保障能力。各級黨政機關和領導幹部要提高通過互聯網組織羣衆、宣傳羣衆、引導羣衆、服務羣衆的本領。要推動依法管網、依法辦網、依法上網，確保互聯網在法治軌道上健康運行。要研究制定網信領域人才發展整體規劃，推動人才發展體制機制改革，讓人才的創造活力競相迸發、聰明才智充分湧流。要不斷增强"四個意識"，堅持把黨的政治建設擺在首位，加大力度建好隊伍、全面從嚴管好隊伍，選好配好各級網信領導幹部，爲網信事業發展提供堅强的組織和隊伍保障。

自覺承擔起新形勢下
宣傳思想工作的使命任務*

（二〇一八年八月二十一日）

　　完成新形勢下宣傳思想工作的使命任務，必須以新時代中國特色社會主義思想和黨的十九大精神爲指導，增強"四個意識"、堅定"四個自信"，自覺承擔起舉旗幟、聚民心、育新人、興文化、展形象的使命任務，堅持正確政治方向，在基礎性、戰略性工作上下功夫，在關鍵處、要害處下功夫，在工作質量和水平上下功夫，推動宣傳思想工作不斷強起來，促進全體人民在理想信念、價值理念、道德觀念上緊緊團結在一起，爲服務黨和國家事業全局作出更大貢獻。

　　黨的十八大以來，我們把宣傳思想工作擺在全局工作的重要位置，作出一系列重大決策，實施一系列重大舉措。在黨中央堅強領導下，宣傳思想戰綫積極作爲、開拓進取，黨的理論創新全面推進，中國特色社會主義和中國夢深入人心，社會主義核心價值觀和中華優秀傳統文化廣泛弘揚，主流思想輿論不斷鞏固壯大，文化自信得到彰顯，國家文化軟實力

---

　　* 這是習近平在全國宣傳思想工作會議上的講話要點。

和中華文化影響力大幅提升，全黨全社會思想上的團結統一更加鞏固。實踐證明，黨中央關於宣傳思想工作的決策部署是完全正確的，宣傳思想戰綫廣大幹部是完全值得信賴的。

在實踐中，我們不斷深化對宣傳思想工作的規律性認識，提出了一系列新思想新觀點新論斷，這就是堅持黨對意識形態工作的領導權，堅持思想工作"兩個鞏固"[1]的根本任務，堅持用新時代中國特色社會主義思想武裝全黨、教育人民，堅持培育和踐行社會主義核心價值觀，堅持文化自信是更基礎、更廣泛、更深厚的自信，是更基本、更深沉、更持久的力量，堅持提高新聞輿論傳播力、引導力、影響力、公信力，堅持以人民爲中心的創作導向，堅持營造風清氣正的網絡空間，堅持講好中國故事、傳播好中國聲音。這些重要思想，是做好宣傳思想工作的根本遵循，必須長期堅持、不斷發展。

中國特色社會主義進入新時代，必須把統一思想、凝聚力量作爲宣傳思想工作的中心環節。當前，我國發展形勢總的很好，我們黨要團結帶領人民實現黨的十九大確定的戰略目標，奪取中國特色社會主義新勝利，更加需要堅定自信、鼓舞鬥志，更加需要同心同德、團結奮鬥。我們必須把人民對美好生活的嚮往作爲我們的奮鬥目標，既解決實際問題又解決思想問題，更好强信心、聚民心、暖人心、築同心。我們必須既積極主動闡釋好中國道路、中國特色，又有效維護我國政治安全和文化安全。我們必須堅持以立爲本、立破並舉，不斷增强社會主義意識形態的凝聚力和引領力。我們必須科學認識網絡傳播規律，提高用網治網水平，使互聯網這個最大變量變成事業發展的最大增量。

　　做好新形勢下宣傳思想工作，必須自覺承擔起舉旗幟、聚民心、育新人、興文化、展形象的使命任務。舉旗幟，就是要高舉馬克思主義、中國特色社會主義的旗幟，堅持不懈用新時代中國特色社會主義思想武裝全黨、教育人民、推動工作，在學懂弄通做實上下功夫，推動當代中國馬克思主義、二十一世紀馬克思主義深入人心、落地生根。聚民心，就是要牢牢把握正確輿論導向，唱響主旋律，壯大正能量，做大做強主流思想輿論，把全黨全國人民士氣鼓舞起來、精神振奮起來，朝着黨中央確定的宏偉目標團結一心向前進。育新人，就是要堅持立德樹人、以文化人，建設社會主義精神文明、培育和踐行社會主義核心價值觀，提高人民思想覺悟、道德水準、文明素養，培養能夠擔當民族復興大任的時代新人。興文化，就是要堅持中國特色社會主義文化發展道路，推動中華優秀傳統文化創造性轉化、創新性發展，繼承革命文化，發展社會主義先進文化，激發全民族文化創新創造活力，建設社會主義文化強國。展形象，就是要推進國際傳播能力建設，講好中國故事、傳播好中國聲音，向世界展現真實、立體、全面的中國，提高國家文化軟實力和中華文化影響力。

　　建設具有强大凝聚力和引領力的社會主義意識形態，是全黨特別是宣傳思想戰綫必須擔負起的一個戰略任務。要做好做強馬克思主義宣傳教育工作，特別是要在學懂弄通做實新時代中國特色社會主義思想上下功夫。要把堅定"四個自信"作爲建設社會主義意識形態的關鍵，堅持馬克思主義在我國哲學社會科學領域的指導地位，建設具有中國特色、中國風格、中國氣派的哲學社會科學。要把握正確輿論導向，提高新聞輿論傳播力、引導力、影響力、公信力，鞏固壯大主流思想輿論。要加強傳播手段和話語方式創新，讓黨的創新理論"飛入尋常百姓家"[2]。要扎實抓好縣級融媒體中心建設，更好引導羣衆、服務羣衆。要旗幟鮮明堅持真理，立場堅定批駁謬誤。要壓實壓緊各級黨委（黨組）責任，做到任務落實不馬虎、陣地管理不懈怠、責任追究不含糊。

宣傳思想工作是做人的工作的，要把培養擔當民族復興大任的時代新人作爲重要職責。重中之重是要以堅定的理想信念築牢精神之基，堅定對馬克思主義的信仰，對社會主義和共産主義的信念，對中國特色社會主義道路、理論、制度、文化的自信。要强化教育引導、實踐養成、制度保障，把社會主義核心價值觀融入社會發展各方面，引導全體人民自覺踐行。要抓住青少年價值觀形成和確定的關鍵時期，引導青少年扣好人生第一粒扣子。要廣泛開展先進模範學習宣傳活動，營造崇尚英雄、學習英雄、捍衛英雄、關愛英雄的濃厚氛圍。要大力弘揚時代新風，加强思想道德建設，深入實施公民道德建設工程，加强和改進思想政治工作，推進新時代文明實踐中心建設，不斷提升人民思想覺悟、道德水準、文明素養和全社會文明程度。要弘揚新風正氣，推進移風易俗，培育文明鄉風、良好家風、淳樸民風，焕發鄉村文明新氣象。

要引導廣大文化文藝工作者深入生活、扎根人民，把提高質量作爲文藝作品的生命綫，用心用情用功抒寫偉大時代，不斷推出謳歌黨、謳歌祖國、謳歌人民、謳歌英雄的精品力作，書寫中華民族新史詩。要堅持把社會效益放在首位，引導文藝工作者樹立正確的歷史觀、民族觀、國家觀、文化觀，自覺講品位、講格調、講責任，自覺遵守國家法律法規，加強道德品質修養，堅決抵制低俗庸俗媚俗，用健康向上的文藝作品和做人處事陶冶情操、啟迪心智、引領風尚。要推出更多健康優質的網絡文藝作品。要推動公共文化服務標準化、均等化，堅持政府主導、社會參與、重心下移、共建共享，完善公共文化服務體系，提高基本公共文化服務的覆蓋面和適用性。要推動文化產業高質量發展，健全現代文化產業體系和市場體系，推動各類文化市場主體發展壯大，培育新型文化業態和文化消費模式，以高質量文化供給增強人們的文化獲得感、幸福感。要堅定不移將文化體制改革引向深入，不斷激發文化創新創造活力。

要不斷提升中華文化影響力，把握大勢、區分對象、精準施策，主動宣介新時代中國特色社會主義思想，主動講好中國共產黨治國理政的故事、中國人民奮鬥圓夢的故事、中國堅持和平發展合作共贏的故事，讓世界更好了解中國。中華優秀傳統文化是中華民族的文化根脈，其蘊含的思想觀念、人文精神、道德規範，不僅是我們中國人思想和精神的內核，對解決人類問題也有重要價值。要把優秀傳統文化的精神標識提煉出來、展示出來，把優秀傳統文化中具有當代價值、世界意義的文化精髓提煉出來、展示出來。要完善國際傳播工作格局，創新宣傳理念、創新運行機制，匯聚更多資源力量。

要加強黨對宣傳思想工作的全面領導，旗幟鮮明堅持黨管宣傳、黨管意識形態。要以黨的政治建設為統領，牢固樹立"四個意識",堅決維護黨中央權威和集中統一領導,牢牢把握正確政治方向。要加強作風建設,堅決糾正"四風"特別是形式主義、官僚主義。宣傳思想幹部要不斷掌握新知識、熟悉新領域、開拓新視野,增強本領能力,加強調查研究,不斷增強腳力、眼力、腦力、筆力,努力打造一支政治過硬、本領高强、求實創新、能打勝仗的宣傳思想工作隊伍。

註　　釋

〔1〕"兩個鞏固",指鞏固馬克思主義在意識形態領域的指導地位,鞏固全黨全國人民團結奮鬥的共同思想基礎。

〔2〕見唐代劉禹錫《烏衣巷》。

加快推動媒體融合發展[*]

（二〇一九年一月二十五日）

伴隨着信息社會不斷發展，新興媒體影響越來越大。我國網民達到八點零二億，其中手機網民佔比百分之九十八點三。新聞客戶端和各類社交媒體成爲很多幹部羣衆特別是年輕人的第一信息源，而且每個人都可能成爲信息源。有人說，以前是"人找信息"，現在是"信息找人"。所以，推動媒體融合發展、建設全媒體就成爲我們面臨的一項緊迫課題。

我們推動媒體融合發展，是要做大做強主流輿論，鞏固全黨全國人民團結奮鬥的共同思想基礎，爲實現"兩個一百年"奮鬥目標、實現中華民族偉大復興的中國夢提供強大精神力量和輿論支持。

一、深刻認識全媒體時代的挑戰和機遇。

大家讀歷史都知道，《呂氏春秋》[1]裏講："堯有欲諫之鼓，舜有誹謗之木。"[2]"諫鼓"、"謗木"就是爲了收集輿論。陳勝、吳廣起義[3]時讓人在帛上用朱砂寫了"陳勝王"三個字塞到魚肚子裏，還讓人學狐狸叫"大楚興，陳勝王"，一來

---

* 這是習近平在主持中共十九屆中央政治局第十二次集體學習時講話的一部分。

二去人們就相信了。這説明古人就很懂得發揮輿論的作用。

我多次説過，没有網絡安全就没有國家安全；過不了互聯網這一關，就過不了長期執政這一關。全媒體不斷發展，出現了全程媒體、全息媒體、全員媒體、全效媒體，信息無處不在、無所不及、無人不用，導致輿論生態、媒體格局、傳播方式發生深刻變化，新聞輿論工作面臨新的挑戰。

宣傳思想工作要把握大勢，做到因勢而謀、應勢而動、順勢而爲。我們要加快推動媒體融合發展，使主流媒體具有强大傳播力、引導力、影響力、公信力，形成網上網下同心圓，使全體人民在理想信念、價值理念、道德觀念上緊緊團結在一起，讓正能量更强勁、主旋律更高昂。

二、全面把握媒體融合發展的趨勢和規律。

黨的十八大以來，我們堅持導向爲魂、移動爲先、内容爲王、創新爲要，在體制機制、政策措施、流程管理、人才技術等方面加快融合步伐，建立融合傳播矩陣，打造融合產品，取得了積極成效。我們要立足形勢發展，堅定不移推動媒體深度融合。

傳統媒體和新興媒體不是取代關係，而是迭代關係；不是誰主誰次，而是此長彼長；不是誰强誰弱，而是優勢互補。從目前情況看，我國媒體融合發展整體優勢還没有充分發揮出來。要堅持一體化發展方向，加快從相加階段邁向相融階段，通過流程優化、平臺再造，實現各種媒介資源、生產要素有效整合，實現信息内容、技術應用、平臺終端、管理手段共融互通，催化融合質變，放大一體效能，打造一批具有强大影響力、競爭力的新型主流媒體。

　　我多次説過，人在哪兒，宣傳思想工作的重點就在哪兒，網絡空間已經成爲人們生產生活的新空間，那就也應該成爲我們黨凝聚共識的新空間。移動互聯網已經成爲信息傳播主渠道。隨着 5G、大數據、雲計算、物聯網、人工智能等技術不斷發展，移動媒體將進入加速發展新階段。要堅持移動優先策略，建設好自己的移動傳播平臺，管好用好商業化、社會化的互聯網平臺，讓主流媒體借助移動傳播，牢牢佔據輿論引導、思想引領、文化傳承、服務人民的傳播制高點。

　　從全球範圍看，媒體智能化進入快速發展階段。我們要增強緊迫感和使命感，推動關鍵核心技術自主創新不斷實現突破，探索將人工智能運用在新聞採集、生產、分發、接收、反饋中，用主流價值導向駕馭“算法”，全面提高輿論引導能力。

　　推動媒體融合發展，要統籌處理好傳統媒體和新興媒體、中央媒體和地方媒體、主流媒體和商業平臺、大衆化媒體和專業性媒體的關係，不能搞“一刀切”、“一個樣”。要形成資源集約、結構合理、差異發展、協同高效的全媒體傳播體系。

　　沒有規矩不成方圓。無論什麼形式的媒體，無論網上還是網下，無論大屏還是小屏，都沒有法外之地、輿論飛地。主管部門要履行好監管責任，依法加強新興媒體管理，使我們的網絡空間更加清朗。

三、推動媒體融合向縱深發展。

　　信息化爲我們帶來了難得的機遇。我們要運用信息革命成果，加快構建融爲一體、合而爲一的全媒體傳播格局。

　　我多次説過，正能量是總要求，管得住是硬道理，現在還要加一條，用得好是真本事。媒體融合發展不僅僅是新聞單位的事，要把我們掌握的社會思想文化公共資源、社會治理大數據、政策制定權的制度優勢轉化爲鞏固壯大主流思想輿論的綜合優勢。要抓緊做好頂層設計，打造新型傳播平臺，建成新型主流媒體，擴大主流價值影響力版圖，讓黨的聲音傳得更開、傳得更廣、傳得更深入。

網絡是一把雙刃劍，一張圖、一段視頻經由全媒體幾個小時就能形成爆發式傳播，對輿論場造成很大影響。這種影響力，用好了造福國家和人民，用不好就可能帶來難以預見的危害。要旗幟鮮明堅持正確的政治方向、輿論導向、價值取向。在信息生產領域，也要進行供給側結構性改革，通過理念、內容、形式、方法、手段等創新，使正面宣傳質量和水平有一個明顯提高。

準確、權威的信息不及時傳播，虛假、歪曲的信息就會搞亂人心；積極、正確的思想輿論不發展壯大，消極、錯誤的言論觀點就會肆虐泛濫。這方面，主流媒體守土有責，更要守土盡責，及時提供更多真實客觀、觀點鮮明的信息內容，牢牢掌握輿論場主動權和主導權。主流媒體要敢於引導、善於疏導，原則問題要旗幟鮮明、立場堅定，一點都不能含糊。

要使全媒體傳播在法治軌道上運行，對傳統媒體和新興媒體實行一個標準、一體管理。主流媒體要準確及時發佈新聞消息，爲其他合規的媒體提供新聞信息來源。要全面提升技術治網能力和水平，規範數據資源利用，防範大數據等新技術帶來的風險。

我們要把握國際傳播領域移動化、社交化、可視化的趨勢，在構建對外傳播話語體系上下功夫，在樂於接受和易於理解上下功夫，讓更多國外受眾聽得懂、聽得進、聽得明白，不斷提升對外傳播效果。

現在，國際上理性客觀看待中國的人越來越多，爲中國點讚的人也越來越多。我們走的是正路、行的是大道，這是主流媒體的歷史機遇，必須增強底氣、鼓起士氣，堅持不懈講好中國故事，形成同我國綜合國力相適應的國際話語權。

總之，媒體融合發展是一篇大文章。面對全球一張網，需要全國一盤棋。各級黨委和政府要從政策、資金、人才等方面加大對媒體融合發展的支持力度。各級宣傳管理部門要改革創新管理機制，配套落實政策措施，推動媒體融合朝着正確方向發展。各級領導幹部要增強同媒體打交道的能力，不斷提高治國理政能力和水平。

註　釋

〔1〕《呂氏春秋》，戰國時期秦相呂不韋組織門客編寫的著作。

〔2〕見《呂氏春秋·自知》。

〔3〕陳勝、吳廣起義，指陳勝、吳廣領導的秦末農民起義。公元前二〇九年，陳勝、吳廣往戍地途中在蘄縣大澤鄉（今安徽宿州東南）率領同行戍卒九百人起義，反抗秦朝的殘暴統治。

一個國家、一個民族
不能没有靈魂*

（二〇一九年三月四日）

　　二〇一八年是極不平凡的一年。在實現"兩個一百年"奮鬥目標的道路上，我們滿懷信心、堅定前行，很辛苦、也很充實，有付出、更有收穫。中共中央團結帶領全黨全國各族人民，堅持穩中求進工作總基調，我國經濟增長保持在合理區間，社會大局保持穩定，人民羣衆獲得感、幸福感、安全感持續增強，實現了貫徹落實中共十九大精神開門紅。我們隆重慶祝改革開放四十周年，這是一個偉大的歷史時期，在中國幾千年的歷史上，改革開放四十年、中華人民共和國成立七十年，這都是偉大的。總結改革開放偉大成就、寶貴經驗，堅定不移全面深化改革開放，全黨全國各族人民推進改革開放的決心信心更加堅定。這些成績來之不易，是中共中央堅强領導的結果，是全國各族人民團結奮鬥的結果，也凝結着包括在座各位同志在内的廣大政協委員的心血和智慧。

---

　　* 這是習近平在參加全國政協十三屆二次會議文化藝術界、社會科學界委員聯組會時的講話。

黨中央一直高度重視文化文藝事業、哲學社會科學事業。二〇一四年十月、二〇一六年五月，我分別主持召開文藝工作座談會、哲學社會科學工作座談會並作了講話。幾年來，文化藝術界、社會科學界增強"四個意識"、堅定"四個自信"、做到"兩個維護"，緊緊圍繞舉旗幟、聚民心、育新人、興文化、展形象的使命任務，在正本清源上展現新擔當，在守正創新上實現新作爲，馬克思主義指導地位更加鞏固，爲人民創作的導向更加鮮明，文化文藝創作生產質量不斷提升，中國特色哲學社會科學建設加快推進，取得了顯著成績。正本清源、守正創新，一個國家、一個民族不能沒有靈魂，作爲精神事業，文化文藝、哲學社會科學當然就是一個靈魂的創作，一是不能沒有，一是不能混亂。

文化藝術界、社會科學界的政協委員做了大量工作，圍繞培育和踐行社會主義核心價值觀、堅定文化自信講好中國故事、推動社會主義文藝繁榮發展、完善公共文化服務體系、營造風清氣正網絡空間等協商議政。二〇一八年，就弘揚勞模精神和工匠精神、加強紅色資源保護和利用、推動文化創意產業發展等調研建言，對促進科學決策、有效施政發揮了重要作用。

總的看，過去幾年，文化藝術界、社會科學界明方向、正導向，轉作風、樹新風，出精品、育人才，事業發展欣欣向榮，隊伍面貌煥然一新。

文化文藝工作、哲學社會科學工作在黨和國家全局工作中居於十分重要的地位，在新時代堅持和發展中國特色社會主義中具有十分重要的作用。在去年召開的全國宣傳思想工作會議上，我對做好新形勢下文化文藝工作、哲學社會科學工作提出了要求。借這個機會，再講幾點意見。

第一，希望大家堅持與時代同步伐。古人講："文章合爲時而著，歌詩合爲事而作。"[1] 所謂"爲時"、"爲事"，就是要發時代之先聲，在時代發展中有所作爲。去年，我們隆重慶祝改革開放四十周年，表彰了一百名改革先鋒，其中就有許多作家藝術家、社會科學家，像李谷一、李雪健、施光南、蔣子龍、謝晉、路遥、樊錦詩、厲以寧、林毅夫、王家福、胡福明、許崇德、杜潤生、鄭德榮等，他們都是緊跟時代、奉獻時代的優秀代表。

中國特色社會主義進入了新時代，新時代呼喚着傑出的文學家、藝術家、理論家，文藝創作、學術創新擁有無比廣闊的空間。希望大家堅定文化自信，把握時代脈搏，聆聽時代聲音，承擔記録新時代、書寫新時代、謳歌新時代的使命，勇於回答時代課題，從當代中國的偉大創造中發現創作的主題、捕捉創新的靈感，深刻反映我們這個時代的歷史巨變，描繪我們這個時代的精神圖譜，爲時代畫像、爲時代立傳、爲時代明德。

第二，希望大家堅持以人民爲中心。人民是歷史的創造者。一切成就都歸功於人民，一切榮耀都歸屬於人民。面向未來，要戰勝前進道路上的種種風險挑戰，順利實現中共十九大描繪的宏偉藍圖，必須緊緊依靠人民。正所謂"大鵬之動，非一羽之輕也；騏驥之速，非一足之力也"[2]。中國要飛得高、跑得快，就得匯集和激發近十四億人民的磅礴力量。

文學藝術創造、哲學社會科學研究首先要搞清楚爲誰創作、爲誰立言的問題，這是一個根本問題。人民是創作的源頭活水，只有扎根人民，創作才能獲得取之不盡、用之不竭的源泉。文化文藝工作者要跳出"身邊的小小的悲歡"〔3〕，走進實踐深處，觀照人民生活，表達人民心聲，用心用情用功抒寫人民、描繪人民、歌唱人民。哲學社會科學工作者要走出象牙塔，多到實地調查研究，了解百姓生活狀況、把握羣衆思想脈搏，着眼羣衆需要解疑釋惑、闡明道理，把學問寫進羣衆心坎裏。哲學社會科學包括文化文藝不接地氣不行，要解釋現實的社會問題，開什麼處方治什麼病，首先要把是什麼病搞清楚。要把好脈，中國身體怎麼樣，如果有病是什麼病，用什麼藥來治，對這心裏要透亮透亮的。號脈都號不清楚，那治什麼病？

　　第三，希望大家堅持以精品奉獻人民。大師、大家，不是說有大派頭，而是說要有大作品。我們提到老子、孔子、孟子，想到的是《道德經》、《論語》、《孟子》〔4〕；提起陶淵明、李白、杜甫〔5〕，想到的是他們的千古名篇；說到柏拉圖、莎士比亞、亞當·斯密〔6〕，想到的也是他們的《理想國》、《哈姆雷特》、《國富論》。如果不把心思和精力放在創作精品上，只想着走捷徑、搞速成，是成不了大師、成不了大家的。我在文藝工作座談會上也説過，没有優秀作品，其他事情搞得再熱鬧、再花哨，那也只是表面文章、過眼煙雲。

　　一切有價值、有意義的文藝創作和學術研究，都應該反映現實、觀照現實，都應該有利於解決現實問題、回答現實課題。希望大家立足中國現實，植根中國大地，把當代中國發展進步和當代中國人精彩生活表現好展示好，把中國精神、中國價值、中國力量闡釋好。原創性是好作品的標誌。文藝創作要以扎根本土、深植時代爲基礎，在觀念和手段結合上、內容和形式融合上進行深度創新，提高作品的精神高度、文化內涵、藝術價值。哲學社會科學研究要立足中國特色社會主義偉大實踐，提出具有自主性、獨創性的理論觀點，構建中國特色學科體系、學術體系、話語體系。去年，我在全國宣傳思想工作會議上強調要增強"脚力、眼力、腦力、筆力"，這也是創作精品力作的前提和基礎。希望文化藝術界、社會科學界的委員帶好頭、作表率。除了天賦以外，確實要去積累、去挖掘，很多事情都是在細節，演電影、寫小説都是細節，細節感人，細節要真實，而真實要去挖掘。

第四，希望大家堅持用明德引領風尚。《左傳》[7]講"太上有立德，其次有立功，其次有立言"[8]，立德是最高的境界。文化文藝工作者、哲學社會科學工作者都肩負着啟迪思想、陶冶情操、溫潤心靈的重要職責，承擔着以文化人、以文育人、以文培元的使命。大家社會影響力大，理應以高遠志向、良好品德、高尚情操爲社會作出表率。

明明德，首先要明大德、立大德。新時代的文化文藝工作者、哲學社會科學工作者明大德、立大德，就要有信仰、有情懷、有擔當，樹立高遠的理想追求和深沉的家國情懷，把個人的藝術追求、學術理想同國家前途、民族命運緊緊結合在一起，同人民福祉緊緊結合在一起，努力做對國家、對民族、對人民有貢獻的藝術家和學問家。要堅守高尚職業道德，多下苦功、多練真功，做到勤業精業。要自覺踐行社會主義核心價值觀，在市場經濟大潮面前自尊自重、自珍自愛，講品位、講格調、講責任，抵制低俗庸俗媚俗。良好職業道德體現在執着堅守上，要有"望盡天涯路"的追求，耐得住"昨夜西風凋碧樹"的清冷和"獨上高樓"的寂寞，[9]最後達到"驀然回首，那人卻在，燈火闌珊處"[10]的領悟。

今年是新中國成立七十周年。七十年砥礪奮進，我們的國家發生了天翻地覆的變化，中華民族迎來了從站起來、富起來到强起來的偉大飛躍。無論是在中華民族歷史上，還是在世界歷史上，這都是一部感天動地的奮鬥史詩。希望大家深刻反映七十年來黨和人民的奮鬥實踐，深刻解讀新中國七十年歷史性變革中所蘊藏的內在邏輯，講清楚歷史性成就背後的中國特色社會主義道路、理論、制度、文化優勢，更好用中國理論解讀中國實踐，爲黨和人民繼續前進提供强大精神激勵。

去年底，我在全國政協新年茶話會上强調，人心是最大的政治，共識是奮進的動力。實現"兩個一百年"奮鬥目標、實現中華民族偉大復興的中國夢，需要匯聚全民族的智慧和力量，需要廣泛凝聚共識、不斷增進團結。我們要準確把握人民政協的性質定位，聚焦黨和國家中心任務履職盡責，加强和改進政協民主監督工作，廣泛凝聚實現中華民族偉大復興的正能量。希望各位政協委員不斷提高自身素質和能力，在方方面面都發揮帶頭作用，做到不負重託、不辱使命。

註　釋

〔1〕見唐代白居易《與元九書》。

〔2〕見東漢王符《潛夫論·釋難》。

〔3〕見魯迅《〈中國新文學大系〉小説二集序》(《魯迅全集》第六卷，人民文學出版社二〇〇五年版，第250頁)。

〔4〕《道德經》，又稱《老子》，相傳爲春秋時期老子所著，中國古代重要哲學著作。《論語》，中國儒家經典之一，是孔子的弟子記錄孔子言行的著作，其中間有孔子弟子的對話。《孟子》，中國儒家經典之一，是戰國時期孟子的言論彙編，爲孟子與其弟子共同編纂而成。

〔5〕陶淵明（三六五—四二七），潯陽柴桑（今江西九江西南）人，東晉詩人。李白（七〇一—七六二），祖籍隴西成紀（今甘肅靜寧西南），生於綿州昌隆（今四川江油南），一説生於碎葉（唐屬安西都護府，今吉爾吉斯斯坦北部托克馬克附近），唐代詩人。杜甫（七一二—七七〇），生於河南鞏縣（今鞏義市），唐代詩人。

〔6〕柏拉圖（前四二七—前三四七），古希臘哲學家。莎士比亞（一五六四—一六一六），英國詩人、劇作家。亞當·斯密（一七二三—一七九〇），英國經濟學家。

〔7〕《左傳》，又稱《左氏春秋》，相傳爲春秋時期左丘明所著，中國儒家經典之一。

〔8〕見《左傳·襄公二十四年》。

〔9〕參見北宋晏殊《鵲踏枝·檻菊愁煙蘭泣露》。原文是："昨夜西風凋碧樹。獨上高樓，望盡天涯路。"

〔10〕見南宋辛棄疾《青玉案·元夕》。

用新時代中國特色社會主義思想鑄魂育人*

（二〇一九年三月十八日）

　　辦好思想政治理論課，最根本的是要全面貫徹黨的教育方針，解決好培養什麼人、怎樣培養人、爲誰培養人這個根本問題。新時代貫徹黨的教育方針，要堅持馬克思主義指導地位，貫徹新時代中國特色社會主義思想，堅持社會主義辦學方向，落實立德樹人的根本任務，堅持教育爲人民服務、爲中國共產黨治國理政服務、爲鞏固和發展中國特色社會主義制度服務、爲改革開放和社會主義現代化建設服務，扎根中國大地辦教育，同生產勞動和社會實踐相結合，加快推進教育現代化、建設教育強國、辦好人民滿意的教育，努力培養擔當民族復興大任的時代新人，培養德智體美勞全面發展的社會主義建設者和接班人。

　　青少年是祖國的未來、民族的希望。我們黨立志於中華民族千秋偉業，必須培養一代又一代擁護中國共產黨領導和我國社會主義制度、立志爲中國特色社會主義事業奮鬥終身

---

　　* 這是習近平在學校思想政治理論課教師座談會上的講話要點。

的有用人才。在這個根本問題上，必須旗幟鮮明、毫不含糊。這就要求我們把下一代教育好、培養好，從學校抓起、從娃娃抓起。在大中小學循序漸進、螺旋上升地開設思想政治理論課非常必要，是培養一代又一代社會主義建設者和接班人的重要保障。

思想政治理論課是落實立德樹人根本任務的關鍵課程。青少年階段是人生的"拔節孕穗期"，最需要精心引導和栽培。我們辦中國特色社會主義教育，就是要理直氣壯開好思政課，用新時代中國特色社會主義思想鑄魂育人，引導學生增強中國特色社會主義道路自信、理論自信、制度自信、文化自信，厚植愛國主義情懷，把愛國情、強國志、報國行自覺融入堅持和發展中國特色社會主義事業、建設社會主義現代化強國、實現中華民族偉大復興的奮鬥之中。思政課作用不可替代，思政課教師隊伍責任重大。

黨中央對教育工作高度重視。我們對思想政治工作高度重視，始終堅持馬克思主義指導地位，大力推進中國特色社會主義學科體系建設，爲思政課建設提供了根本保證。我們對共產黨執政規律、社會主義建設規律、人類社會發展規律的認識和把握不斷深入，開闢了中國特色社會主義理論和實踐發展新境界，中國特色社會主義取得舉世矚目的成就，中國特色社會主義道路自信、理論自信、制度自信、文化自信不斷增強，爲思政課建設提供了有力支撐。中華民族幾千年來形成了博大精深的優秀傳統文化，我們黨帶領人民在革命、建設、改革過程中鍛造的革命文化和社會主義先進文化，爲思政課建設提供了深厚力量。思政課建設長期以來形成的一系列規律性認識和成功經驗，爲思政課建設守正創新提供了重要基礎。有了這些基礎和條件，有了我們這支可信、可敬、可靠，樂爲、敢爲、有爲的思政課教師隊伍，我們完全有信心有能力把思政課辦得越來越好。

辦好思想政治理論課關鍵在教師，關鍵在發揮教師的積極性、主動性、創造性。思政課教師，要給學生心靈埋下真善美的種子，引導學生扣好人生第一粒扣子。第一，政治要強，讓有信仰的人講信仰，善於從政治上看問題，在大是大非面前保持政治清醒。第二，情懷要深，保持家國情懷，心裏裝着國家和民族，在黨和人民的偉大實踐中關注時代、關注社會，汲取養分、豐富思想。第三，思維要新，學會辯證唯物主義和歷史唯物主義，創新課堂教學，給學生深刻的學習體驗，引導學生樹立正確的理想信念、學會正確的思維方法。第四，視野要廣，有知識視野、國際視野、歷史視野，通過生動、深入、具體的縱橫比較，把一些道理講明白、講清楚。第五，自律要嚴，做到課上課下一致、網上網下一致，自覺弘揚主旋律，積極傳遞正能量。第六，人格要正，有人格，才有吸引力。親其師，才能信其道。要有堂堂正正的人格，用高尚的人格感染學生、贏得學生，用真理的力量感召學生，以深厚的理論功底贏得學生，自覺做爲學爲人的表率，做讓學生喜愛的人。

推動思想政治理論課改革創新，要不斷增強思政課的思想性、理論性和親和力、針對性。要堅持政治性和學理性相統一，以透徹的學理分析回應學生，以徹底的思想理論說服學生，用真理的強大力量引導學生。要堅持價值性和知識性相統一，寓價值觀引導於知識傳授之中。要堅持建設性和批判性相統一，傳導主流意識形態，直面各種錯誤觀點和思潮。要堅持理論性和實踐性相統一，用科學理論培養人，重視思政課的實踐性，把思政小課堂同社會大課堂結合起來，教育引導學生立鴻鵠志，做奮鬥者。要堅持統一性和多樣性相統一，落實教學目標、課程設置、教材使用、教學管理等方面的統一要求，又因地制宜、因時制宜、因材施教。要堅持主導性和主體性相統一，思政課教學離不開教師的主導，同時要加大對學生的認知規律和接受特點的研究，發揮學生主體性作用。要堅持灌輸性和啟發性相統一，注重啟發性教育，引導學生發現問題、分析問題、思考問題，在不斷啟發中讓學生水到渠成得出結論。要堅持顯性教育和隱性教育相統一，挖掘其他課程和教學方式中蘊含的思想政治教育資源，實現全員全程全方位育人。

辦好中國的事情，關鍵在黨。各級黨委要把思想政治理論課建設擺上重要議程，抓住制約思政課建設的突出問題，在工作格局、隊伍建設、支持保障等方面採取有效措施。要建立黨委統一領導、黨政齊抓共管、有關部門各負其責、全社會協同配合的工作格局，推動形成全黨全社會努力辦好思政課、教師認真講好思政課、學生積極學好思政課的良好氛圍。學校黨委要堅持把從嚴管理和科學治理結合起來。學校黨委書記、校長要帶頭走進課堂，帶頭推動思政課建設，帶頭聯繫思政課教師。要配齊建強思政課專職教師隊伍，建設專職爲主、專兼結合、數量充足、素質優良的思政課教師隊伍。要把統籌推進大中小學思政課一體化建設作爲一項重要工程，推動思政課建設內涵式發展。要完善課程體系，解決好各類課程和思政課相互配合的問題，鼓勵教學名師到思政課堂上講課。各地區各部門負責同志要積極到學校去講思政課。

發揚五四精神，不負偉大時代[*]

（二〇一九年四月三十日）

今天，在中國共產黨領導下，我們開闢了中國特色社會主義道路，形成了中國特色社會主義理論體系，建立了中國特色社會主義制度，發展了中國特色社會主義文化，推動中國特色社會主義進入了新時代。中國人民擁有了前所未有的道路自信、理論自信、制度自信、文化自信，中華民族偉大復興展現出前所未有的光明前景！

新時代中國青年運動的主題，新時代中國青年運動的方向，新時代中國青年的使命，就是堅持中國共產黨領導，同人民一道，爲實現"兩個一百年"奮鬥目標、實現中華民族偉大復興的中國夢而奮鬥。

青年是整個社會力量中最積極、最有生氣的力量，國家的希望在青年，民族的未來在青年。今天，新時代中國青年處在中華民族發展的最好時期，既面臨着難得的建功立業的人生際遇，也面臨着"天將降大任於斯人"[1]的時代使命。新時代中國青年要繼續發揚五四精神，以實現中華民族偉大復興爲己任，不辜負黨的期望、人民期待、民族重託，不辜

---

* 這是習近平在紀念五四運動一百周年大會上講話的一部分。

負我們這個偉大時代。

第一，新時代中國青年要樹立遠大理想。青年的理想信念關乎國家未來。青年理想遠大、信念堅定，是一個國家、一個民族無堅不摧的前進動力。青年志存高遠，就能激發奮進潛力，青春歲月就不會像無舵之舟漂泊不定。正所謂"立志而聖則聖矣，立志而賢則賢矣"〔2〕。青年的人生目標會有不同，職業選擇也有差異，但只有把自己的小我融入祖國的大我、人民的大我之中，與時代同步伐、與人民共命運，才能更好實現人生價值、昇華人生境界。離開了祖國需要、人民利益，任何孤芳自賞都會陷入越走越窄的狹小天地。

新時代中國青年要樹立對馬克思主義的信仰、對中國特色社會主義的信念、對中華民族偉大復興中國夢的信心，到人民羣衆中去，到新時代新天地中去，讓理想信念在創業奮鬥中昇華，讓青春在創新創造中閃光！

第二，新時代中國青年要熱愛偉大祖國。孫中山先生說，做人最大的事情，"就是要知道怎麼樣愛國"〔3〕。一個人不愛國，甚至欺騙祖國、背叛祖國，那在自己的國家、在世界上都是很丟臉的，也是沒有立足之地的。對每一個中國人來說，愛國是本分，也是職責，是心之所繫、情之所歸。對新時代中國青年來說，熱愛祖國是立身之本、成才之基。當代中國，愛國主義的本質就是堅持愛國和愛黨、愛社會主義高度統一。

新時代中國青年要聽黨話、跟黨走，胸懷憂國憂民之心、愛國愛民之情，不斷奉獻祖國、奉獻人民，以一生的真情投入、一輩子的頑强奮鬥來體現愛國主義情懷，讓愛國主義的偉大旗幟始終在心中高高飄揚！

　　第三，新時代中國青年要擔當時代責任。時代呼喚擔當，民族振興是青年的責任。魯迅先生説，青年"所多的是生力，遇見深林，可以闢成平地的，遇見曠野，可以栽種樹木的，遇見沙漠，可以開掘井泉的"[4]。在實現中華民族偉大復興的新征程上，應對重大挑戰、抵禦重大風險、克服重大阻力、解決重大矛盾，迫切需要迎難而上、挺身而出的擔當精神。只要青年都勇挑重擔、勇克難關、勇鬥風險，中國特色社會主義就能充滿活力、充滿後勁、充滿希望。青年要保持初生牛犢不怕虎、越是艱險越向前的剛健勇毅，勇立時代潮頭，爭做時代先鋒。一切視探索嘗試爲畏途、一切把負重前行當吃虧、一切"躲進小樓成一統"[5]逃避責任的思想和行爲，都是要不得的，都是成不了事的，也是難以真正獲得人生快樂的。

　　新時代中國青年要珍惜這個時代、擔負時代使命，在擔當中歷練，在盡責中成長，讓青春在新時代改革開放的廣闊天地中綻放，讓人生在實現中國夢的奮進追逐中展現出勇敢奔跑的英姿，努力成爲德智體美勞全面發展的社會主義建設者和接班人！

　　第四，新時代中國青年要勇於砥礪奮鬥。奮鬥是青春最亮麗的底色。"自信人生二百年，會當水擊三千里。"[6]民族復興的使命要靠奮鬥來實現，人生理想的風帆要靠奮鬥來揚起。沒有廣大人民特別是一代代青年前赴後繼、艱苦卓絶的接續奮鬥，就沒有中國特色社會主義新時代的今天，更不會有實現中華民族偉大復興的明天。千百年來，中華民族歷經苦難，但沒有任何一次苦難能够打垮我們，最後都推動了我們民族精神、意志、力量的一次次昇華。今天，我們的生活條件好了，但奮鬥精神一點都不能少，中國青年永久奮鬥的好傳統一點都不能丟。在實現中華民族偉大復興的新征程上，必然會有艱巨繁重的任務，必然會有艱難險阻甚至驚濤駭浪，特別需要我們發揚艱苦奮鬥精神。奮鬥不只是響亮的口號，而是要在做好每一件小事、完成每一項任務、履行每一項職責中見精神。奮鬥的道路不會一帆風順，往往荊棘叢生、充滿坎坷。強者，總是從挫折中不斷奮起、永不氣餒。

新時代中國青年要勇做走在時代前列的奮進者、開拓者、奉獻者，毫不畏懼面對一切艱難險阻，在劈波斬浪中開拓前進，在披荊斬棘中開闢天地，在攻堅克難中創造業績，用青春和汗水創造出讓世界刮目相看的新奇迹！

第五，新時代中國青年要練就過硬本領。青年是苦練本領、增長才幹的黃金時期。"青春虛度無所成，白首銜悲亦何及。"[7] 當今時代，知識更新不斷加快，社會分工日益細化，新技術新模式新業態層出不窮。這既為青年施展才華、競展風采提供了廣闊舞臺，也對青年能力素質提出了新的更高要求。不論是成就自己的人生理想，還是擔當時代的神聖使命，青年都要珍惜韶華、不負青春，努力學習掌握科學知識，提高內在素質，錘鍊過硬本領，使自己的思維視野、思想觀念、認識水平跟上越來越快的時代發展。

新時代中國青年要增強學習緊迫感，如飢似渴、孜孜不倦學習，努力學習馬克思主義立場觀點方法，努力掌握科學文化知識和專業技能，努力提高人文素養，在學習中增長知識、錘鍊品格，在工作中增長才幹、練就本領，以真才實學服務人民，以創新創造貢獻國家！

　　第六，新時代中國青年要錘鍊品德修爲。人無德不立，品德是爲人之本。止於至善，是中華民族始終不變的人格追求。我們要建設的社會主義現代化强國，不僅要在物質上强，更要在精神上强。精神上强，才是更持久、更深沉、更有力量的。青年要把正確的道德認知、自覺的道德養成、積極的道德實踐緊密結合起來，不斷修身立德，打牢道德根基，在人生道路上走得更正、走得更遠。面對複雜的世界大變局，要明辨是非、恪守正道，不人云亦云、盲目跟風。面對外部誘惑，要保持定力、嚴守規矩，用勤勞的雙手和誠實的勞動創造美好生活，拒絕投機取巧、遠離自作聰明。面對美好歲月，要有飲水思源、懂得回報的感恩之心，感恩黨和國家，感恩社會和人民。要在奮鬥中摸爬滾打，體察世間冷暖、民衆憂樂、現實矛盾，從中找到人生真諦、生命價值、事業方向。

　　新時代中國青年要自覺樹立和踐行社會主義核心價值觀，善於從中華民族傳統美德中汲取道德滋養，從英雄人物和時代楷模的身上感受道德風範，從自身內省中提升道德修爲，明大德、守公德、嚴私德，自覺抵制拜金主義、享樂主義、極端個人主義、歷史虛無主義等錯誤思想，追求更有高度、更有境界、更有品位的人生，讓清風正氣、蓬勃朝氣遍佈全社會！

註　　釋

〔1〕見《孟子·告子下》。

〔2〕見明代王守仁《教條示龍場諸生》。

〔3〕見孫中山《在廣東第一女子師範學校校慶紀念會的演説》(《孫中山全集》第七卷，人民出版社二〇一五年版，第 597 頁)。

〔4〕見魯迅《導師》(《魯迅全集》第三卷，人民文學出版社二〇〇五年版，第 59 頁)。

〔5〕見魯迅《自嘲》(《魯迅全集》第七卷，人民文學出版社二〇〇五年版，第 151 頁)。

〔6〕見毛澤東《對〈毛主席詩詞〉若干詞句的解釋》(《毛澤東文集》第八卷，人民出版社一九九九年版，第 364 頁)。

〔7〕見唐代權德輿《放歌行》。

十二、提高保障和改善民生水平

堅持不懈推進"厠所革命"*

（二〇一七年十一月）

　　兩年多來，旅遊系統堅持不懈推進"厠所革命"，體現了真抓實幹、努力解決實際問題的工作態度和作風。旅遊業是新興產業，方興未艾，要像抓"厠所革命"一樣，不斷加强各類軟硬件建設，推動旅遊業大發展。

　　厠所問題不是小事情，是城鄉文明建設的重要方面，不但景區、城市要抓，農村也要抓，要把這項工作作爲鄉村振興戰略的一項具體工作來推進，努力補齊這塊影響羣衆生活品質的短板。

＊ 這是習近平就旅遊系統推進"厠所革命"工作取得成效作出的指示要點。

讓人民羣衆有更多
獲得感、幸福感、安全感[*]

（二〇一七年十二月—二〇一九年十一月三日）

一

近年來，"四好農村路"建設取得了實實在在的成效，爲農村特別是貧困地區帶去了人氣、財氣，也爲黨在基層凝聚了民心。

交通運輸部等有關部門和各地區要認真貫徹落實黨的十九大精神，從實施鄉村振興戰略、打贏脱貧攻堅戰的高度，進一步深化對建設農村公路重要意義的認識，聚焦突出問題，完善政策機制，既要把農村公路建好，更要管好、護好、運營好，爲廣大農民致富奔小康、爲加快推進農業農村現代化提供更好保障。

（二〇一七年十二月對"四好農村路"建設
作出的指示要點）

---

[*] 這是習近平二〇一七年十二月至二〇一九年十一月三日期間有關讓人民羣衆有更多獲得感、幸福感、安全感論述的節錄。

二

要始終把人民利益擺在至高無上的地位，加快推進民生領域體制機制改革，盡力而爲、量力而行，着力提高保障和改善民生水平，不斷完善公共服務體系，不斷促進社會公平正義，推動公共資源向基層延伸、向農村覆蓋、向困難羣體傾斜，着力解決人民羣衆關心的現實利益問題。

（二〇一八年四月十三日在慶祝海南建省辦經濟特區三十周年大會上的講話）

三

棚户區改造事關千千萬萬羣衆安居樂業。我們的城市不能一邊是高樓大厦，一邊是髒亂差的棚户區。目前全國棚户區改造任務還很艱巨。只要是有利於老百姓的事，我們就要努力去辦，而且要千方百計辦好。

（二〇一八年四月二十四日—二十八日在湖北考察時的講話要點）

四

確保藥品安全是各級黨委和政府義不容辭之責，要始終把人民羣衆的身體健康放在首位，以猛藥去痾、刮骨療毒的決心，完善我國疫苗管理體制，堅決守住安全底綫，全力保障羣衆切身利益和社會安全穩定大局。

（二〇一八年七月對吉林長春長生生物疫苗案件作出的指示要點）

五

我國學生近視呈現高發、低齡化趨勢，嚴重影響孩子們的身心健康，這是一個關係國家和民族未來的大問題，必須高度重視，不能任其發展。

有關方面要結合深化教育改革，拿出有效的綜合防治方案，並督促各地區、各有關部門抓好落實。全社會都要行動起來，共同呵護好孩子的眼睛，讓他們擁有一個光明的未來。

（二〇一八年八月就有關報刊刊載的《中國學生近視高發亟待干預》一文作出的指示要點）

六

"快遞小哥"工作很辛苦，起早貪黑、風雨無阻，越是節假日越忙碌，像勤勞的小蜜蜂，是最辛勤的勞動者，爲大家生活帶來了便利。要堅持就業優先戰略，把解決人民羣衆就業問題放在更加突出的位置，努力創造更多就業崗位。

（二〇一九年二月一日春節前夕在北京看望慰問基層幹部羣衆時的講話要點）

七

古人講，"夫孝，德之本也"[1]。自古以來，中國人就提倡孝老愛親，倡導老吾老以及人之老、幼吾幼以及人之幼。我國已經進入老齡化社會。讓老年人老有所養、老有所依、老有所樂、老有所安，關係社會和諧穩定。我們要在全社會大力提倡尊敬老人、關愛老人、瞻養老人，大力發展老齡事業，讓所有老年人都能有一個幸福美滿的晚年。

（二〇一九年二月三日在二〇一九年春節團拜會上的講話）

八

民政工作關係民生、連着民心，是社會建設的兜底性、基礎性工作。各級黨委和政府要堅持以人民爲中心，加強對民政工作的領導，增強基層民政服務能力，推動民政事業持續健康發展。各級民政部門要加強黨的建設，堅持改革創新，聚焦脫貧攻堅，聚焦特殊羣體，聚焦羣眾關切，更好履行基本民生保障、基層社會治理、基本社會服務等職責，爲全面建成小康社會、全面建設社會主義現代化國家作出新的貢獻。

（二〇一九年四月對民政工作作出的指示要點）

九

實行垃圾分類，關係廣大人民羣眾生活環境，關係節約使用資源，也是社會文明水平的一個重要體現。

推行垃圾分類，關鍵是要加強科學管理、形成長效機制、推動習慣養成。要加強引導、因地制宜、持續推進，把工作做細做實，持之以恆抓下去。要開展廣泛的教育引導工作，讓廣大人民羣衆認識到實行垃圾分類的重要性和必要性，通過有效的督促引導，讓更多人行動起來，培養垃圾分類的好習慣，全社會人人動手，一起來爲改善生活環境作努力，一起來爲綠色發展、可持續發展作貢獻。

（二〇一九年六月對垃圾分類工作作出的指示要點）

要抓住人民最關心最直接最現實的利益問題，扭住突出民生難題，一件事情接着一件事情辦，一年接着一年幹，爭取早見成效，讓人民羣衆有更多獲得感、幸福感、安全感。要履行好黨和政府的責任，鼓勵和支持企業、羣團組織、社會組織積極參與，發揮羣衆主體作用，調動羣衆積極性、主動性、創造性，探索建立可持續的運作機制。

（二〇一九年十一月二日—三日在上海考察時的講話要點）

註　釋

〔1〕見《孝經·開宗明義章》。

堅決破除制約教育事業
發展的體制機制障礙[*]

（二〇一八年九月十日）

目前，我們的教育總體上符合我國國情、適應經濟社會發展需要，但也存在一些突出問題和短板，特別是教育的壓力普遍前移，學前教育、基礎教育普遍存在超前教育、過度教育現象，既有損學生身心健康成長，也加重家庭經濟和精力負擔；高等教育經歷了量的快速擴張，質的提升矛盾越來越突出；教育重知識、輕素質狀況尚未得到根本扭轉，教風、學風亟待進一步淨化；黨對教育領域的領導和黨的建設、思想政治工作亟待加强。解決這些問題，迫切需要深化教育體制改革。

黨的十八大以來，我國教育體制機制改革取得顯著成效，但教育改革點多面廣綫長，需要做的事情很多。去年，中央印發了《關於深化教育體制機制改革的意見》，總的要求是，遵循教育規律、人才成長規律，着力形成充滿活力、富有效率、更加開放、有利於高質量發展的教育體制機制。

　＊　這是習近平在全國教育大會上講話的一部分。

我們要堅持我國教育現代化的社會主義方向，堅持教育公益性原則，把教育公平作爲國家基本教育政策，大力推進教育體制改革創新。要加快建成伴隨每個人一生的教育，讓學習成爲每個人的生活習慣和生活方式，實現人人皆學、處處能學、時時可學。要加快建成平等面向每個人的教育，努力使每個人不分性別、不分城鄉、不分地域、不分貧富、不分民族都能接受良好教育。要加快建成適合每個人的教育，努力使不同性格稟賦、不同興趣特長、不同素質潛力的學生都能接受符合自己成長需要的教育。要加快建成更加開放靈活的教育，努力使教育選擇更多樣、成長道路更寬廣，使學業提升通道、職業晉升通道、社會上升通道更加暢通。

第一，健全立德樹人落實機制，扭轉不科學的教育評價導向。有什麼樣的評價指揮棒，就有什麼樣的辦學導向。現在，教育最突出的問題是中小學生太苦太累，辦學中的一些做法太短視太功利，更嚴重的是大家都知道這種狀況是不對的，但又在沿着這條路走，越陷越深，越深越陷！素質教育提出二十多年了，取得了一定進展，但總的看各地區成效不够平衡。說到底，是立德樹人的要求沒有完全落實到體制機制上，教育的指揮棒在中小學實際上是考試分數和升學率，在高校主要是科研論文，關於德育、素質教育的應有地位和科學評價體系沒有真正確立起來。這是一個必須解決的老大難問題。要堅決克服唯分數、唯升學、唯文憑、唯論文、唯帽子的頑瘴痼疾，從根本上解決教育評價指揮棒問題，扭轉教育功利化傾向。要全面落實立德樹人根本任務，推進育人方式、辦學模式、管理體制、保障機制改革，建立促進學生身心健康、全面發展的長效機制。

要支持有條件的高校創一流，但不能把高校人爲分爲三六九等，而是要鼓勵高校辦出特色，在不同學科不同方面爭創一流。考試招生制度的指揮棒要改，真正實現學生成長、國家選才、社會公平的有機統一。對學校、教師、學生、教育工作的評價體系要改，堅決改變簡單以考分排名評老師、以考試成績評學生、以升學率評學校的導向和做法。直接以升學率獎優罰劣的做法要改，把升學率與工程項目、經費分配、評優評先等掛鈎的潛規則也要改。高考改革牽一髮而動全身，各級黨委和政府要做到親自把關、親自協調、親自督查，加大統籌協調力度，確保這項備受關注的高風險改革平穩落地。

一些校外培訓機構違背教育規律和學生成長發展規律，開展以"應試"爲導向的培訓，增加了學生課外負擔，增加了家庭經濟負擔，甚至擾亂了學校正常教育教學秩序，社會反響強烈。良心的行業不能變成逐利的產業。對校外培訓機構要依法管起來，讓校外教育培訓回歸育人正常軌道。

第二，深化辦學體制和教育管理改革，充分激發教育事業發展生機活力。我國有着全世界最大的教育體系，同時情況也非常複雜，城鄉區域發展不平衡，人民羣衆教育需求也存在很大差異。要運行好、發展好這樣龐大而複雜的教育事業，必須針對學校自我約束和自我發展機制不健全、政府管理越位缺位錯位不到位、社會參與不足等問題，深化辦學體制和教育管理改革，推進教育領域治理能力和水平現代化。

現在，基層反映，對學校管得還是多、還是細，活力出不來，該政府出面爲學校排憂解難的服務又不到位。對學校人財物的管理涉及多個部門，有些是延續多年的老政策、老辦法，這個問題要系統解決。辦學有規律，學校有主業，各級黨委和政府要減少不必要的檢查評比，不能動輒讓學校停課出人出場地辦活動，更不能把招商、拆遷等"攤派"給學校。對社會上各種各樣的大學排行榜，可以參考，但絕不能被排名牽着鼻子走。學校是辦學主體，要儘可能把資源配置、經費使用、考評管理等放給學校，保證學校事情學校辦。

深化教育體制改革，目的是提高教育質量。要着眼於"教好"，圍繞教師、教材、教法推進改革，探索形式多樣、行之有效的教學方式方法，切實在素質教育上取得真正的突破。要着眼於"學好"，圍繞立德立志、增智健體、成才用才推進改革，促進學前教育普惠發展、義務教育城鄉一體化發展、普通高中多樣化有特色發展、高等教育内涵式發展，提高職業教育質量，打好教育脱貧攻堅戰，提升民族教育、特殊教育、繼續教育水平，爲每個人成長成才創造條件。要着眼於"管好"，堅持依法治教、依法辦學、依法治校，完善辦學制度，强化從嚴治校機制，不斷健全教育管理制度體系。

第三，提升教育服務經濟社會發展能力。要根據建設社會主義現代化强國的需要，調整優化高校區域佈局、學科結構、專業設置，改進高等教育管理方式，促進高等學校科學定位、差異化發展，把創新創業教育貫穿人才培養全過程，建立健全學科專業動態調整機制，加快一流大學和一流學科建設，推進產學研協同創新，積極投身實施創新驅動發展戰略，着重培養創新型、複合型、應用型人才。要高度重視職業教育，大力推進產教融合，健全德技並修、工學結合的育人機制，源源不斷爲各行各業培養億萬高素質的產業生力軍，讓職業院校畢業生在職業發展上也有廣闊空間。要出臺靈活有效的優惠政策，厚植企業承擔職業教育責任的文化環境，推動職業院校和行業企業形成命運共同體。

第四，擴大教育開放，提升我國教育世界影響力。不拒細流，方爲江海。推進教育現代化，要堅持對外開放不動搖，加強同世界各國的互容、互鑑、互通。要聚焦世界科技前沿和國內薄弱、空白、緊缺學科專業，同世界一流資源開展高水平合作辦學，把質量高、符合需要的引進來。要打造更具國際競爭力的留學教育，將我國建成全球主要留學中心和世界傑出青年嚮往的留學目的地，吸引海外頂尖人才來華留學，培養未來全球精英。要增強教育服務國家外交的能力，通過教育交流合作，繼續辦好全球孔子學院、孔子課堂，讓全球幾千萬漢語學習者、幾十萬來華留學生成爲中國的好朋友。要大力培養掌握黨和國家方針政策、具有全球視野、通曉國際規則、熟練運用外語、精通中外談判和溝通的國際化人才，有針對性地培養"一帶一路"等對外急需的懂外語的各類專業技術和管理人才，有計劃地培養選拔優秀人才到國際組織任職。要加快建設中國特色海外國際學校，解決各類駐外機構、海外中資機構工作人員以及赴海外經商、務工人員隨居子女在國外接受漢語教育問題，同時爲海外華僑華人子女學習中文、學習中國歷史文化提供便利。

維護政治安全、
社會安定、人民安寧*

（二〇一九年一月十五日）

　　要堅持以新時代中國特色社會主義思想爲指導，堅持黨對政法工作的絕對領導，堅持以人民爲中心的發展思想，加快推進社會治理現代化，加快推進政法領域全面深化改革，加快推進政法隊伍革命化、正規化、專業化、職業化建設，忠誠履職盡責，勇於擔當作爲，銳意改革創新，履行好維護國家政治安全、確保社會大局穩定、促進社會公平正義、保障人民安居樂業的職責任務，不斷譜寫政法事業發展新篇章。

　　黨的十八大以來，黨中央把政法工作擺到更加重要的位置來抓，作出一系列重大決策，實施一系列重大舉措，維護了政治安全、社會安定、人民安寧，促進了經濟社會持續健康發展。這是黨中央堅強領導的結果，是全黨全國各族人民共同奮鬥的結果，凝聚着全國政法戰綫和廣大政法幹警的智慧和汗水。

　　要貫徹好黨的羣衆路綫，堅持社會治理爲了人民，善於把黨的優良傳統和新技術新手段結合起來，創新組織羣衆、

---

　　* 這是習近平在中央政法工作會議上的講話要點。

發動羣衆的機制，創新爲民謀利、爲民辦事、爲民解憂的機制，讓羣衆的聰明才智成爲社會治理創新的不竭源泉。要加大關係羣衆切身利益的重點領域執法司法力度，讓天更藍、水更清、空氣更清新、食品更安全、交通更順暢、社會更和諧有序。

要善於把黨的領導和我國社會主義制度優勢轉化爲社會治理效能，完善黨委領導、政府負責、社會協同、公衆參與、法治保障的社會治理體制，打造共建共治共享的社會治理格局。要創新完善平安建設工作協調機制，統籌好政法系統和相關部門的資源力量，形成問題聯治、工作聯動、平安聯創的良好局面。各地區各部門主要負責同志要落實好平安建設領導責任制，履行好維護一方穩定、守護一方平安的政治責任。要深入推進社區治理創新，構建富有活力和效率的新型基層社會治理體系。

要大力弘揚社會主義核心價值觀，加強思想教育、道德教化，改進見義勇爲英雄模範評選表彰工作，讓全社會充滿正氣、正義。要堅持依法辦事，讓遵法守紀者揚眉吐氣，讓違法失德者寸步難行。要完善基層羣衆自治機制，調動城鄉羣衆、企事業單位、社會組織自主自治的積極性，打造人人有責、人人盡責的社會治理共同體。要健全社會心理服務體系和疏導機制、危機干預機制，塑造自尊自信、理性平和、親善友愛的社會心態。要加快推進立體化、信息化社會治安防控體系建設。

黑惡勢力是社會毒瘤，嚴重破壞經濟社會秩序，侵蝕黨的執政根基。要咬定三年爲期目標不放鬆，分階段、分領域地完善策略方法、調整主攻方向，保持強大攻勢。要緊盯涉黑涉惡重大案件、黑惡勢力經濟基礎、背後"關係網""保護傘"不放，在打防並舉、標本兼治上下真功夫、細功夫，確保取得實效、長效。

政法系統要在更高起點上，推動改革取得新的突破性進展，加快構建優化協同高效的政法機構職能體系。要優化政法機關職權配置，構建各盡其職、配合有力、制約有效的工作體系。要推進政法機關內設機構改革，優化職能配置、機構設置、人員編制，讓運行更加順暢高效。要全面落實司法責任制，讓司法人員集中精力盡好責、辦好案，提高司法質量、效率、公信力。要聚焦人民羣衆反映強烈的突出問題，抓緊完善權力運行監督和制約機制，堅決防止執法不嚴、司法不公甚至執法犯法、司法腐敗。要深化訴訟制度改革，推進案件繁簡分流、輕重分離、快慢分道，推動大數據、人工智能等科技創新成果同司法工作深度融合。

政法機關承擔着大量公共服務職能，要努力提供普惠均等、便捷高效、智能精準的公共服務。要持續開展"減證便民"行動，加快推進跨域立案訴訟服務改革，推動訴訟事項跨區域遠程辦理、跨層級聯動辦理，解決好異地訴訟難等問題。要深化公共法律服務體系建設，加快整合律師、公證、司法鑑定、仲裁、司法所、人民調解等法律服務資源，儘快建成覆蓋全業務、全時空的法律服務網絡。要加快構建海外安全保護體系，保障我國在海外的機構、人員合法權益。

要旗幟鮮明把政治建設放在首位，努力打造一支黨中央放心、人民羣衆滿意的高素質政法隊伍。要抓好科學理論武裝，教育引導廣大幹警學深悟透新時代中國特色社會主義思想，增強"四個意識"、堅定"四個自信"、做到"兩個維護"，矢志不渝做中國特色社會主義事業的建設者、捍衛者。政法機關要敢於刀刃向內、刮骨療毒，堅決清除害羣之馬。

政法系統要把專業化建設擺到更加重要的位置來抓。專業化建設要突出實戰、實用、實效導向，全面提升政法幹警的法律政策運用能力、防控風險能力、羣衆工作能力、科技應用能力、輿論引導能力。政法隊伍是和平年代奉獻最多、犧牲最大的隊伍。對這支特殊的隊伍，要給予特殊的關愛，做到政治上激勵、工作上鼓勁、待遇上保障、人文上關懷，千方百計幫助解決各種實際困難，讓幹警安身、安心、安業。

要加强政法領導班子和幹部隊伍建設，加强政法機關基層黨組織建設。各級黨組織和領導幹部要支持政法單位開展工作，支持司法機關依法獨立公正行使職權。各級黨委政法委要把工作着力點放在把握政治方向、協調各方職能、統籌政法工作、建設政法隊伍、督促依法履職、創造公正司法環境上，健全完善政治督察、綜治督導、執法監督、紀律作風督查巡查等制度機制。

十三、促進人與自然和諧共生

加强生態文明建設
必須堅持的原則[*]

(二〇一八年五月十八日)

生態環境是關係黨的使命宗旨的重大政治問題，也是關係民生的重大社會問題。我們黨歷來高度重視生態環境保護，把節約資源和保護環境確立爲基本國策，把可持續發展確立爲國家戰略。隨着經濟社會發展和實踐深入，我們對中國特色社會主義總體佈局的認識不斷深化，從當年的"兩個文明"[1]到"三位一體"[2]、"四位一體"[3]，再到今天的"五位一體"，這是重大理論和實踐創新，更帶來了發展理念和發展方式的深刻轉變。

現在，隨着我國社會主要矛盾轉化爲人民日益增長的美好生活需要和不平衡不充分的發展之間的矛盾，人民羣衆對優美生態環境需要已經成爲這一矛盾的重要方面，廣大人民羣衆熱切期盼加快提高生態環境質量。人民對美好生活的嚮往是我們黨的奮鬥目標，解決人民最關心最直接最現實的利益問題是執政黨使命所在。人心是最大的政治。我們要積極

---

* 這是習近平在全國生態環境保護大會上講話的一部分。

回應人民羣衆所想、所盼、所急，大力推進生態文明建設，提供更多優質生態産品，不斷滿足人民日益增長的優美生態環境需要。

人類是命運共同體，保護生態環境是全球面臨的共同挑戰和共同責任。生態文明建設做好了，對中國特色社會主義是加分項，反之就會成爲別有用心的勢力攻擊我們的藉口。人類進入工業文明時代以來，傳統工業化迅猛發展，在創造巨大物質財富的同時也加速了對自然資源的攫取，打破了地球生態系統原有的循環和平衡，造成人與自然關係緊張。從上世紀三十年代開始，一些西方國家相繼發生多起環境公害事件，損失巨大，震驚世界，引發了人們對資本主義發展模式的深刻反思。在人類二百多年的現代化進程中，實現工業化的國家不超過三十個、人口不超過十億。在我們這個十三億多人口的最大發展中國家推進生態文明建設，建成富強民主文明和諧美麗的社會主義現代化强國，其影響將是世界性的。

黨的十八大以來，我們黨深刻回答了爲什麼建設生態文明、建設什麼樣的生態文明、怎樣建設生態文明的重大理論和實踐問題，提出了一系列新理念新思想新戰略。新時代推進生態文明建設，必須堅持好以下原則。

一是堅持人與自然和諧共生。人與自然是生命共同體。生態環境沒有替代品，用之不覺，失之難存。"天地與我並生，而萬物與我爲一。"[4] "天不言而四時行，地不語而百物生。"[5]當人類合理利用、友好保護自然時，自然的回報常常是慷慨的；當人類無序開發、粗暴掠奪自然時，自然的懲罰必然是無情的。人類對大自然的傷害最終會傷及人類自身，這是無法抗拒的規律。"萬物各得其和以生，各得其養以成"[6]。這方面有很多鮮活生動的事例。始建於戰國時期的都江堰，距今已有兩千多年歷史，就是根據岷江的洪澇規律和成都平原懸江的地勢特點，因勢利導建設的大型生態水利工程，不僅造福當時，而且澤被後世。

在整個發展過程中，我們都要堅持節約優先、保護優先、自然恢復爲主的方針，不能只講索取不講投入，不能只講發展不講保護，不能只講利用不講修復，要像保護眼睛一樣保護生態環境，像對待生命一樣對待生態環境，多謀打基礎、利長遠的善事，多幹保護自然、修復生態的實事，多做治山理水、顯山露水的好事，讓羣衆望得見山、看得見水、記得住鄉愁，讓自然生態美景永駐人間，還自然以寧靜、和諧、美麗。

二是綠水青山就是金山銀山。這是重要的發展理念，也是推進現代化建設的重大原則。綠水青山就是金山銀山，闡述了經濟發展和生態環境保護的關係，揭示了保護生態環境就是保護生產力、改善生態環境就是發展生產力的道理，指明了實現發展和保護協同共生的新路徑。綠水青山既是自然財富、生態財富，又是社會財富、經濟財富。保護生態環境就是保護自然價值和增值自然資本，就是保護經濟社會發展潛力和後勁，使綠水青山持續發揮生態效益和經濟社會效益。

生態環境問題歸根結底是發展方式和生活方式問題，要從根本上解決生態環境問題，必須貫徹創新、協調、綠色、開放、共享的發展理念，加快形成節約資源和保護環境的空間格局、產業結構、生產方式、生活方式，把經濟活動、人的行爲限制在自然資源和生態環境能够承受的限度内，給自然生態留下休養生息的時間和空間。要加快劃定並嚴守生態保護紅綫、環境質量底綫、資源利用上綫三條紅綫。對突破三條紅綫、仍然沿用粗放增長模式、吃祖宗飯砸子孫碗的事，絕對不能再幹，絕對不允許再幹。在生態保護紅綫方面，要建立嚴格的管控體系，實現一條紅綫管控重要生態空間，確保生態功能不降低、面積不减少、性質不改變。在環境質量底綫方面，將生態環境質量只能更好、不能變壞作爲底綫，並在此基礎上不斷改善，對生態破壞嚴重、環境質量惡化的區域必須嚴肅問責。在資源利用上綫方面，不僅要考慮人類和當代的需要，也要考慮大自然和後人的需要，把握好自然資源開發利用的度，不要突破自然資源承載能力。

三是良好生態環境是最普惠的民生福祉。民之所好好之，民之所惡惡之。環境就是民生，青山就是美麗，藍天也是幸福。發展經濟是爲了民生，保護生態環境同樣也是爲了民生。既要創造更多的物質財富和精神財富以滿足人民日益增長的美好生活需要，也要提供更多優質生態產品以滿足人民日益增長的優美生態環境需要。要堅持生態惠民、生態利民、生態爲民，重點解決損害羣衆健康的突出環境問題，加快改善生態環境質量，提供更多優質生態產品，努力實現社會公平正義，不斷滿足人民日益增長的優美生態環境需要。

生態文明是人民羣衆共同參與共同建設共同享有的事業，要把建設美麗中國轉化爲全體人民自覺行動。每個人都是生態環境的保護者、建設者、受益者，沒有哪個人是旁觀者、局外人、批評家，誰也不能只說不做、置身事外。要增强全民節約意識、環保意識、生態意識，培育生態道德和行爲準則，開展全民綠色行動，動員全社會都以實際行動減少能源資源消耗和污染排放，爲生態環境保護作出貢獻。

四是山水林田湖草是生命共同體。生態是統一的自然系統，是相互依存、緊密聯繫的有機鏈條。人的命脈在田，田的命脈在水，水的命脈在山，山的命脈在土，土的命脈在林和草，這個生命共同體是人類生存發展的物質基礎。一定要算大賬、算長遠賬、算整體賬、算綜合賬，如果因小失大、顧此失彼，最終必然對生態環境造成系統性、長期性破壞。

要從系統工程和全局角度尋求新的治理之道，不能再是頭痛醫頭、腳痛醫腳，各管一攤、相互掣肘，而必須統籌兼顧、整體施策、多措並舉，全方位、全地域、全過程開展生態文明建設。比如，治理好水污染、保護好水環境，就需要全面統籌左右岸、上下游、陸上水上、地表地下、河流海洋、水生態水資源、污染防治與生態保護，達到系統治理的最佳效果。要深入實施山水林田湖草一體化生態保護和修復，開展大規模國土綠化行動，加快水土流失和荒漠化石漠化綜合治理。推動長江經濟帶發展，要共抓大保護，不搞大開發，堅持生態優先、綠色發展，涉及長江的一切經濟活動都要以不破壞生態環境爲前提。

五是用最嚴格制度最嚴密法治保護生態環境。保護生態環境必須依靠制度、依靠法治。我國生態環境保護中存在的突出問題大多同體制不健全、制度不嚴格、法治不嚴密、執行不到位、懲處不得力有關。要加快制度創新，增加制度供給，完善制度配套，強化制度執行，讓制度成爲剛性的約束和不可觸碰的高壓綫。要嚴格用制度管權治吏、護藍增綠，有權必有責、有責必擔當、失責必追究，保證黨中央關於生態文明建設決策部署落地生根見效。

奉法者强則國强，奉法者弱則國弱。令在必信，法在必行。制度的生命力在於執行，關鍵在真抓，靠的是嚴管。我們已出臺一系列改革舉措和相關制度，要像抓中央環境保護督察一樣抓好落實。制度的剛性和權威必須牢固樹立起來，不得作選擇、搞變通、打折扣。要落實領導幹部生態文明建設責任制，嚴格考核問責。對那些不顧生態環境盲目決策、造成嚴重後果的人，必須追究其責任，而且應該終身追責。對破壞生態環境的行爲不能手軟，不能下不爲例。要下大氣力抓住破壞生態環境的反面典型，釋放出嚴加懲處的强烈信號。對任何地方、任何時候、任何人，凡是需要追責的，必須一追到底，決不能讓制度規定成爲"没有牙齒的老虎"。

六是共謀全球生態文明建設。生態文明建設關乎人類未來，建設綠色家園是人類的共同夢想，保護生態環境、應對氣候變化需要世界各國同舟共濟、共同努力，任何一國都無法置身事外、獨善其身。我國已成爲全球生態文明建設的重要參與者、貢獻者、引領者，主張加快構築尊崇自然、綠色發展的生態體系，共建清潔美麗的世界。要深度參與全球環境治理，增强我國在全球環境治理體系中的話語權和影響力，積極引導國際秩序變革方向，形成世界環境保護和可持續發展的解決方案。要堅持環境友好，引導應對氣候變化國際合作。要推進"一帶一路"建設，讓生態文明的理念和實踐造福沿綫各國人民。

註　釋

〔1〕"兩個文明"，指社會主義物質文明和精神文明。

〔2〕"三位一體"，指社會主義經濟建設、政治建設、文化建設。

〔3〕"四位一體"，指社會主義經濟建設、政治建設、文化建設、社會建設。

〔4〕見《莊子·齊物論》。

〔5〕見唐代李白《上安州裴長史書》。

〔6〕見《荀子·天論》。

堅決打好污染防治攻堅戰[*]

（二〇一八年五月十八日）

在黨的十九大報告中，我強調要突出抓重點、補短板、強弱項，特別是要堅決打好防範化解重大風險、精準脫貧、污染防治的攻堅戰，使全面建成小康社會得到人民認可、經得起歷史檢驗。現在，我們就要集中優勢兵力，採取更有效的政策舉措，打好這場攻堅戰。

第一，加快構建生態文明體系。加快解決歷史交匯期的生態環境問題，必須加快建立健全以生態價值觀念爲準則的生態文化體系，以產業生態化和生態產業化爲主體的生態經濟體系，以改善生態環境質量爲核心的目標責任體系，以治理體系和治理能力現代化爲保障的生態文明制度體系，以生態系統良性循環和環境風險有效防控爲重點的生態安全體系。

要通過加快構建生態文明體系，使我國經濟發展質量和效益顯著提升，確保到二〇三五年節約資源和保護環境的空間格局、產業結構、生產方式、生活方式總體形成，生態環境質量實現根本好轉，生態環境領域國家治理體系和治理能力現代化基本實現，美麗中國目標基本實現。到本世紀中葉，

＊ 這是習近平在全國生態環境保護大會上講話的一部分。

建成富強民主文明和諧美麗的社會主義現代化強國，物質文明、政治文明、精神文明、社會文明、生態文明全面提升，綠色發展方式和生活方式全面形成，人與自然和諧共生，生態環境領域國家治理體系和治理能力現代化全面實現，建成美麗中國。

第二，全面推動綠色發展。綠色是生命的象徵、大自然的底色，更是美好生活的基礎、人民羣眾的期盼。綠色發展是新發展理念的重要組成部分，與創新發展、協調發展、開放發展、共享發展相輔相成、相互作用，是全方位變革，是構建高質量現代化經濟體系的必然要求，目的是改變傳統的"大量生產、大量消耗、大量排放"的生產模式和消費模式，使資源、生產、消費等要素相匹配相適應，實現經濟社會發展和生態環境保護協調統一、人與自然和諧共處。

加快形成綠色發展方式，是解決污染問題的根本之策。只有從源頭上使污染物排放大幅降下來，生態環境質量才能明顯好上去。重點是調結構、優佈局、強產業、全鏈條。調整經濟結構和能源結構，既提升經濟發展水平，又降低污染排放負荷。對重大經濟政策和產業佈局開展規劃環評，優化國土空間開發佈局，調整區域流域產業佈局。培育壯大節能環保產業、清潔生產產業、清潔能源產業，發展高效農業、先進製造業、現代服務業。推進資源全面節約和循環利用，實現生產系統和生活系統循環鏈接。

綠色生活方式涉及老百姓的衣食住行。要倡導簡約適度、綠色低碳的生活方式，反對奢侈浪費和不合理消費。廣泛開展節約型機關、綠色家庭、綠色學校、綠色社區創建活動，推廣綠色出行，通過生活方式綠色革命，倒逼生產方式綠色轉型。

第三，把解決突出生態環境問題作爲民生優先領域。有利於百姓的事再小也要做，危害百姓的事再小也要除。打好污染防治攻堅戰，就要打幾場標誌性的重大戰役，集中力量攻克老百姓身邊的突出生態環境問題。當前，重污染天氣、黑臭水體、垃圾圍城、農村環境已成爲民心之痛、民生之患，嚴重影響人民羣衆生產生活，老百姓意見大、怨言多，甚至成爲誘發社會不穩定的重要因素，必須下大氣力解決好這些問題。要集中優勢兵力，動員各方力量，羣策羣力，羣防羣治，一個戰役一個戰役打，打一場污染防治攻堅的人民戰爭。

堅決打贏藍天保衛戰是重中之重。這既是國內民衆的迫切期盼，也是我們就辦好北京冬奧會向國際社會作出的承諾。要以京津冀及周邊、長三角、汾渭平原等爲主戰場，以北京爲重點，以空氣質量明顯改善爲剛性要求，強化聯防聯控，基本消除重污染天氣，還老百姓藍天白雲、繁星閃爍。要調整產業結構，減少過剩和落後產能，增加新的增長動能。要推進達標排放，降低重點行業污染物排放，實施火電、鋼鐵等重點行業超低排放改造。要在全國推開"散亂污"企業治理，堅決關停取締一批，整改提升一批，搬遷入園一批。要調整能源結構，減少煤炭消費比重，加快清潔能源發展。要堅持因地制宜、多措並舉、宜電則電、宜氣則氣，堅定不移推進北方地區冬季清潔取暖，加快天然氣產供儲銷體系建設，優化天然氣來源佈局，加強管網互聯互通，保障氣源供應。要提供補貼政策和價格支持，確保"煤改氣"、"煤改電"後老百姓用得上、用得起。要加大燃煤小鍋爐淘汰力度，暫停一部分污染重的煤電機組，加快升級改造。要調整運輸結構，減少公路運輸量，增加鐵路運輸量。要抓緊治理柴油貨車污染，推動貨運經營整合升級、提質增效，加快規模化發展、連鎖化經營。

要深入實施水污染防治行動計劃，打好水源地保護、城市黑臭水體治理、渤海綜合治理、長江保護修復攻堅戰，保障飲用水安全，基本消滅城市黑臭水體，還給老百姓清水綠岸、魚翔淺底的景象。在治水上有不少問題要解決，其中有一個問題非常迫切，就是要加快補齊城鎮污水收集和處理設施短板。這方面欠賬太多。根據中央環境保護督察提供的情況，甚至一些直轄市、沿海發達省份、經濟特區都有大量污水直排。要定個硬目標，全力攻克，儘快實現污水管網全覆蓋、全收集、全處理。否則，一邊治，一邊排，效果就會事倍功半。

要全面落實土壤污染防治行動計劃，推動制定和實施土壤污染防治法。突出重點區域、行業和污染物，強化土壤污染管控和修復，有效防範風險，讓老百姓吃得放心、住得安心。要全面禁止洋垃圾入境，大幅減少進口固體廢物種類和數量，嚴厲打擊危險廢物破壞環境違法行為，堅決遏制住危險廢物非法轉移、傾倒、利用和處理處置。

農村環境直接影響米袋子、菜籃子、水缸子、城鎮後花園。要調整農業投入結構，減少化肥農藥使用量，增加有機肥使用比重，完善廢舊地膜回收處理制度。要持續開展農村人居環境整治行動，實現全國行政村環境整治全覆蓋，基本解決農村的垃圾、污水、廁所問題，打造美麗鄉村，爲老百姓留住鳥語花香田園風光。

生態保護和污染防治密不可分、相互作用。其中，污染防治好比是分子，生態保護好比是分母，要對分子做好減法降低污染物排放量，對分母做好加法擴大環境容量，協同發力。要嚴格管控生態保護紅綫，實現山水林田湖草系統監管和事前事中事後的全過程監管。要推進城鎮留白增綠，使老百姓享有愜意生活休閒空間。

第四，有效防範生態環境風險。生態環境安全是國家安全的重要組成部分，是經濟社會持續健康發展的重要保障。"圖之於未萌，慮之於未有。"[1]要始終保持高度警覺，防止各類生態環境風險積聚擴散，做好應對任何形式生態環境風險挑戰的準備。

要把生態環境風險納入常態化管理，系統構建全過程、多層級生態環境風險防範體系，嚴密防控垃圾焚燒、對二甲苯（PX）等重點領域生態環境風險，推進"鄰避"問題防範化解，破解涉環保項目"鄰避"問題，着力提升突發環境事件應急處置能力。要加强核與輻射安全監管，健全監管體系，完善監管機制，提升監管能力，確保萬無一失。

第五，加快推進生態文明體制改革落地見效。生態文明體制改革是全面深化改革的重要領域，要以解決生態環境領域突出問題爲導向，抓好已出臺改革舉措的落地，及時制定新的改革方案。對涉及生態文明體制改革的一些重要舉措要儘快到位、發揮作用。中央環境保護督察要强化權威，加强力量配備，向縱深發展。要探索政府主導、企業和社會各界參與、市場化運作、可持續的生態產品價值實現路徑，開展試點，積累經驗。要健全環保信用評價、信息強制性披露、嚴懲重罰等制度。

這次深化黨和國家機構改革，黨中央決定組建生態環境部。主要考慮有兩點：一是在污染防治上改變九龍治水的狀況，整合職能，爲打好污染防治攻堅戰提供支撐。二是在生態保護修復上強化統一監管，堅決守住生態保護紅綫。要打通地上和地下、岸上和水裏、陸地和海洋、城市和農村、一氧化碳和二氧化碳，貫通污染防治和生態保護，加強生態環境保護統一監管。生態環境部門要履行好職責，統一政策規劃標準制定，統一監測評估，統一監督執法，統一督察問責。要整合組建生態環境保護綜合執法隊伍，按照減少層次、整合隊伍、提高效率的原則，優化職能配置，統一實行生態環境保護執法。要健全區域流域海域生態環境管理體制，推進跨地區環保機構試點，整合相關部門和地方政府大氣環境管理職責；加快組建流域環境監管執法機構，增強流域環境監管和行政執法合力。要完善海域生態環境管理體制，按海域設置監管機構。

第六，提高環境治理水平。環境治理是系統工程，需要綜合運用行政、市場、法治、科技等多種手段。要充分運用市場化手段，推進生態環境保護市場化進程，撬動更多社會資本進入生態環境保護領域。要完善資源環境價格機制，將生態環境成本納入經濟運行成本。要採取多種方式支持政府和社會資本合作項目。生態環境保護該花的錢必須花，該投的錢決不能省。要堅持資金投入同污染防治攻堅任務相匹配。

要加强大氣重污染成因研究和治理、京津冀環境綜合治理重大項目等科技攻關，對臭氧、揮發性有機物以及新的污染物治理開展專項研究和前瞻研究，對涉及經濟社會發展的重大生態環境問題開展對策性研究，加快成果轉化與應用，爲科學決策、環境管理、精準治污、便民服務提供支撐。要實施積極應對氣候變化國家戰略，推動和引導建立公平合理、合作共贏的全球氣候治理體系，彰顯我國負責任大國形象，推動構建人類命運共同體。

註　　釋

〔1〕見後晉劉昫等《舊唐書·柳亨傳附柳澤傳》。

共謀綠色生活，共建美麗家園[*]

（二〇一九年四月二十八日）

尊敬的各位國家元首，政府首腦和夫人，

尊敬的國際展覽局秘書長和國際園藝生産者協會主席，

尊敬的各國使節，各位國際組織代表，

女士們，先生們，朋友們：

"遲日江山麗，春風花草香。"[1]四月的北京，春回大地，萬物復蘇。很高興同各位嘉賓相聚在雄偉的長城腳下、美麗的媽水河畔，共同拉開二〇一九年中國北京世界園藝博覽會大幕。

首先，我謹代表中國政府和中國人民，並以我個人的名義，對遠道而來的各位嘉賓，表示熱烈的歡迎！對支持和參與北京世界園藝博覽會的各國朋友，表示衷心的感謝！

北京世界園藝博覽會以"綠色生活，美麗家園"爲主題，旨在倡導人們尊重自然、融入自然、追求美好生活。北京世界園藝博覽會園區，同大自然的湖光山色交相輝映。我希望，這片園區所闡釋的綠色發展理念能傳導至世界各個角落。

＊ 這是習近平在二〇一九年中國北京世界園藝博覽會開幕式上的講話。

女士們、先生們、朋友們！

錦繡中華大地，是中華民族賴以生存和發展的家園，孕育了中華民族五千多年的燦爛文明，造就了中華民族天人合一的崇高追求。

現在，生態文明建設已經納入中國國家發展總體佈局，建設美麗中國已經成爲中國人民心嚮往之的奮鬥目標。中國生態文明建設進入了快車道，天更藍、山更綠、水更清將不斷展現在世人面前。

縱觀人類文明發展史，生態興則文明興，生態衰則文明衰。工業化進程創造了前所未有的物質財富，也產生了難以彌補的生態創傷。殺雞取卵、竭澤而漁的發展方式走到了盡頭，順應自然、保護生態的綠色發展昭示着未來。

女士們、先生們、朋友們！

仰望夜空，繁星閃爍。地球是全人類賴以生存的唯一家園。我們要像保護自己的眼睛一樣保護生態環境，像對待生命一樣對待生態環境，同築生態文明之基，同走綠色發展之路！

——我們應該追求人與自然和諧。山巒層林盡染，平原藍綠交融，城鄉鳥語花香。這樣的自然美景，既帶給人們美的享受，也是人類走向未來的依託。無序開發、粗暴掠奪，人類定會遭到大自然的無情報復；合理利用、友好保護，人類必將獲得大自然的慷慨回報。我們要維持地球生態整體平衡，讓子孫後代既能享有豐富的物質財富，又能遙望星空、看見青山、聞到花香。

——我們應該追求綠色發展繁榮。綠色是大自然的底色。

我一直講，綠水青山就是金山銀山，改善生態環境就是發展生產力。良好生態本身蘊含着無窮的經濟價值，能够源源不斷創造綜合效益，實現經濟社會可持續發展。

——我們應該追求熱愛自然情懷。"取之有度，用之有節"[2]，是生態文明的真諦。我們要倡導簡約適度、綠色低碳的生活方式，拒絕奢華和浪費，形成文明健康的生活風尚。要倡導環保意識、生態意識，構建全社會共同參與的環境治理體系，讓生態環保思想成爲社會生活中的主流文化。要倡導尊重自然、愛護自然的綠色價值觀念，讓天藍地綠水清深入人心，形成深刻的人文情懷。

——我們應該追求科學治理精神。生態治理必須遵循規律，科學規劃，因地制宜，統籌兼顧，打造多元共生的生態系統。只有賦之以人類智慧，地球家園才會充滿生機活力。生態治理，道阻且長，行則將至。我們既要有只爭朝夕的精神，更要有持之以恆的堅守。

——我們應該追求攜手合作應對。建設美麗家園是人類的共同夢想。面對生態環境挑戰，人類是一榮俱榮、一損俱損的命運共同體，没有哪個國家能獨善其身。唯有攜手合作，我們才能有效應對氣候變化、海洋污染、生物保護等全球性環境問題，實現聯合國二〇三〇年可持續發展目標。只有並肩同行，才能讓綠色發展理念深入人心、全球生態文明之路行穩致遠。

女士們、先生們、朋友們！

昨天，第二屆"一帶一路"國際合作高峰論壇成功閉幕，在座許多嘉賓出席了論壇。共建"一帶一路"就是要建設一條開放發展之路，同時也必須是一條綠色發展之路。這是與會各方達成的重要共識。中國願同各國一道，共同建設美麗地球家園，共同構建人類命運共同體。

女士們、先生們、朋友們！

一代人有一代人的使命。建設生態文明，功在當代，利在千秋。讓我們從自己、從現在做起，把接力棒一棒一棒傳下去。

我宣佈，二〇一九年中國北京世界園藝博覽會開幕！

註　　釋

〔1〕見唐代杜甫《絶句二首》。

〔2〕見唐代陸贄《均節賦税恤百姓六條》。

黄河流域生態保護和
高質量發展的主要目標任務*

（二〇一九年九月十八日）

我曾經提出，治理黄河，重在保護，要在治理。要堅持山水林田湖草綜合治理、系統治理、源頭治理，統籌推進各項工作，加强協同配合，推動黄河流域高質量發展。要堅持綠水青山就是金山銀山的理念，堅持生態優先、綠色發展，以水而定、量水而行，因地制宜、分類施策，上下游、幹支流、左右岸統籌謀劃，共同抓好大保護，協同推進大治理，着力加强生態保護治理、保障黄河長治久安、促進全流域高質量發展、改善人民羣衆生活、保護傳承弘揚黄河文化，讓黄河成爲造福人民的幸福河。

第一，加强生態環境保護。黄河生態系統是一個有機整體，要充分考慮上中下游的差異。上游要以三江源、祁連山、甘南黄河上游水源涵養區等爲重點，推進實施一批重大生態保護修復和建設工程，提升水源涵養能力。中游要突出抓好水土保持和污染治理。水土保持不是簡單挖幾個坑種幾棵樹，

---

* 這是習近平在黄河流域生態保護和高質量發展座談會上講話的一部分。

黃土高原降雨量少，能不能種樹，種什麼樹合適，要搞清楚再幹。有條件的地方要大力建設旱作梯田、淤地壩等，有的地方則要以自然恢復爲主，減少人爲干擾，逐步改善局部小氣候。對汾河等污染嚴重的支流，則要下大氣力推進治理。下游的黃河三角洲是我國暖溫帶最完整的濕地生態系統，要做好保護工作，促進河流生態系統健康，提高生物多樣性。

第二，保障黃河長治久安。黃河水少沙多、水沙關係不協調，是黃河複雜難治的癥結所在。儘管黃河多年沒出大的問題，但黃河水害隱患還像一把利劍懸在頭上，絲毫不能放鬆警惕。要保障黃河長久安瀾，必須緊緊抓住水沙關係調節這個"牛鼻子"。要完善水沙調控機制，解決九龍治水、分頭管理問題，實施河道和灘區綜合提升治理工程，減緩黃河下游淤積，確保黃河沿岸安全。

第三，推進水資源節約集約利用。黃河水資源量就這麼多，搞生態建設要用水，發展經濟、吃飯過日子也離不開水，不能把水當作無限供給的資源。"有多少湯泡多少饃"。要堅持以水定城、以水定地、以水定人、以水定產，把水資源作爲最大的剛性約束，合理規劃人口、城市和產業發展，堅決抑制不合理用水需求，大力發展節水產業和技術，大力推進農業節水，實施全社會節水行動，推動用水方式由粗放向節約集約轉變。

第四，推動黃河流域高質量發展。八月二十六日，我在中央財經委第五次會議上強調，要支持各地區發揮比較優勢，構建高質量發展的動力系統。沿黃河各地區要從實際出發，宜水則水、宜山則山，宜糧則糧、宜農則農，宜工則工、宜商則商，積極探索富有地域特色的高質量發展新路子。三江源、祁連山等生態功能重要的地區，就不宜發展產業經濟，主要是保護生態，涵養水源，創造更多生態產品。河套灌區、汾渭平原等糧食主產區要發展現代農業，把農產品質量提上去，爲保障國家糧食安全作出貢獻。區域中心城市等經濟發展條件好的地區要集約發展，提高經濟和人口承載能力。貧困地區要提高基礎設施和公共服務水平，全力保障和改善民生。要積極參與共建"一帶一路"，提高對外開放水平，以開放促改革、促發展。

第五，保護、傳承、弘揚黃河文化。黃河文化是中華文明的重要組成部分，是中華民族的根和魂。要推進黃河文化遺產的系統保護，守好老祖宗留給我們的寶貴遺產。要深入挖掘黃河文化蘊含的時代價值，講好"黃河故事"，延續歷史文脈，堅定文化自信，爲實現中華民族偉大復興的中國夢凝聚精神力量。

十四、把人民軍隊
全面建成世界一流軍隊

全面加强新時代人民軍隊黨的領導和黨的建設工作[*]

（二〇一八年八月十七日）

全面加强新時代我軍黨的領導和黨的建設工作，是推進黨的建設新的偉大工程的必然要求，是推進强國强軍的必然要求。全軍要全面貫徹新時代中國特色社會主義思想和黨的十九大精神，深入貫徹新時代黨的强軍思想，落實新時代黨的建設總要求，落實新時代黨的組織路綫，堅持黨對軍隊絕對領導，堅持全面從嚴治黨，堅持聚焦備戰打仗，全面提高我軍加强黨的領導和黨的建設工作質量，爲實現黨在新時代的强軍目標、完成好新時代軍隊使命任務提供堅强政治保證。

黨的十八大之後，黨中央和中央軍委堅持從政治上建設和掌握軍隊，特別是召開古田全軍政治工作會議，狠抓全面從嚴治黨、全面從嚴治軍，堅持黨對軍隊絕對領導，堅持以整風精神推進政治整訓，堅持以理論武裝凝心聚魂，堅持把黨組織搞堅强，堅持貫徹軍隊好幹部標準，堅持正風肅紀、反腐懲惡，帶領全軍尋根溯源、革弊鼎新，推動管黨治黨從

---

* 這是習近平在中央軍委黨的建設會議上的講話要點。

寬鬆軟走向嚴緊硬。我軍黨的領導和黨的建設發生全面深刻變化，爲强軍事業取得歷史性成就、發生歷史性變革提供了堅强政治保證。要認真總結經驗，把取得的成果鞏固好、發展好。

黨的領導和黨的建設是我軍建設發展的關鍵，關係强軍事業興衰成敗，關係黨和國家長治久安。實現黨在新時代的强軍目標、把人民軍隊全面建成世界一流軍隊，完成好黨和人民賦予的新時代使命任務，必須持之以恆、久久爲功，下大氣力解決我軍黨的領導和黨的建設方面存在的矛盾問題和短板弱項，把我軍黨的領導和黨的建設工作抓得更緊更實，把我軍各級黨組織建設得更加堅强有力。

堅持黨對軍隊絕對領導是我軍加强黨的領導和黨的建設工作的首要任務。要加强黨的政治建設，引導全軍堅決維護黨中央權威和集中統一領導，堅決聽從黨中央和中央軍委指揮。要堅持用新時代中國特色社會主義思想和新時代黨的强軍思想武裝官兵，鑄牢部隊對黨絕對忠誠的思想根基。要落實黨委統一的集體領導下的首長分工負責制，做到一切工作都置於黨委統一領導之下，一切重要問題都由黨委研究決定。要健全黨領導軍隊的制度體系，全面規範我軍黨的工作和政治工作。

黨的力量來自組織，組織强則軍隊强。要堅持組織路綫服務政治路綫，聚焦備戰打仗主責主業，加强我軍黨的組織體系建設，增强各級黨組織的領導力、組織力、執行力，把黨的政治優勢和組織優勢轉化爲制勝優勢。要適應改革後的新體制新職能，堅持軍委管總、戰區主戰、軍種主建總原則，找準各級各類黨組織職能定位，優化組織設置，健全制度機制，改進領導方式，把組織功能充分發揮出來。

軍級以上高層黨委在我軍黨的組織體系中地位重要、責任重大。要旗幟鮮明講政治，站穩政治立場，把準政治方向，堅定政治信念，提升政治能力，確保政治過硬。高層黨委要抓備戰打仗，提高戰略謀劃能力、真打實備能力、改革創新能力、科學管理能力、狠抓落實能力。

強軍之道，要在得人。要把培養幹部、培養人才擺在更加突出的位置，着力鍛造忠誠乾淨擔當的高素質幹部隊伍，着力集聚矢志強軍打贏的各方面優秀人才。要堅持德才兼備、以德為先、任人唯賢，突出政治標準和打仗能力，深入解決選人用人突出問題，把強軍事業需要的人用起來，把合適的人放到合適崗位上。要貫徹黨中央戰略部署，制定和落實好優秀年輕幹部培養規劃，對看得準的要重點培養，放在備戰打仗一綫、吃勁要緊崗位和急難險重任務中摔打磨練。

人才資源是強軍興軍的寶貴戰略資源。要加緊構建"三位一體"[1]新型軍事人才培養體系，加大聯合作戰指揮人才、新型作戰力量人才、高層次科技創新人才、高水平戰略管理人才培養力度。要完善相關配套政策，加強文職人員隊伍建設。要堅持嚴管和厚愛結合、激勵和約束並重，鼓勵實幹，鼓勵創新，幫助解決現實問題，把大家積極性、主動性、創造性充分調動起來。

要以永遠在路上的執着和韌勁，堅持嚴字當頭、全面從嚴、一嚴到底，深入推進我軍黨風廉政建設和反腐敗鬥爭。對享樂主義、奢靡之風要窮追猛打，對形式主義、官僚主義要堅決破除。要加快轉變治軍方式，按法定職責權限履職用權，依據條令條例和規章制度開展工作。要深入開展紀律教育，嚴格紀律執行，用鐵的紀律推動全面從嚴治黨、全面從嚴治軍。

反腐敗鬥爭必須堅定不移抓下去，不會變風轉向。要堅持無禁區、全覆蓋、零容忍，堅持重遏制、強高壓、長震懾，堅持受賄行賄一起查，健全完善權力運行制約和監督體系，紮緊制度籠子，不給權力脫軌、越軌留空子。要堅持標本兼治，加強黨內政治文化建設，注重在固本培元上下功夫，引導大家正心修身、律己持家、清廉爲官，自覺抵禦歪風邪氣的侵蝕。

註　釋

〔1〕"三位一體"，這裏指軍隊院校教育、部隊訓練實踐、軍事職業教育。

建立健全中國特色社會主義
軍事政策制度體系*

（二〇一八年十一月十三日）

軍事政策制度調節軍事關係、規範軍事實踐、保障軍事發展，軍事政策制度改革對實現黨在新時代的强軍目標、把人民軍隊全面建成世界一流軍隊，對實現"兩個一百年"奮鬥目標、實現中華民族偉大復興的中國夢具有重大意義。要認清軍事政策制度改革的重要性和緊迫性，統一思想、堅定信心、步調一致、狠抓落實，把軍事政策制度改革任務完成好。

在革命、建設、改革各個歷史時期，我們黨根據形勢發展變化、黨的歷史使命、人民軍隊擔負的職責任務，根據建軍治軍特點規律和實踐要求，不斷調整和完善軍事政策制度，爲人民軍隊永葆性質和宗旨、提高打贏能力、不斷從勝利走向勝利提供了重要保障。

中國特色社會主義進入了新時代，國防和軍隊建設也進入了新時代，解決軍事政策制度深層次矛盾和問題，全面釋放深化國防和軍隊改革效能，開創强軍事業新局面，掌握軍

---

* 這是習近平在中央軍委政策制度改革工作會議上的講話要點。

事競爭和戰爭主動權，迫切需要適應形勢任務發展要求，對軍事政策制度進行系統、深入改革。

軍事政策制度改革的指導思想是，以新時代中國特色社會主義思想和黨的十九大精神爲指導，深入貫徹新時代黨的強軍思想，以確保黨對軍隊絕對領導爲指向，以戰鬥力爲唯一的根本的標準，以調動軍事人員積極性、主動性、創造性爲着力點，系統謀劃、前瞻設計，創新發展、整體重塑，建立健全中國特色社會主義軍事政策制度體系，爲實現黨在新時代的強軍目標、把人民軍隊全面建成世界一流軍隊提供有力政策制度保障。

要深化我軍黨的建設制度改革，貫徹新時代黨的建設總要求，以黨章爲根本遵循，完善軍隊黨的政治建設、思想建設、組織建設、作風建設、紀律建設制度，形成維護黨中央權威和集中統一領導，確保黨對軍隊絕對領導的我軍黨的建設制度。

要創新軍事力量運用政策制度，適應國家安全戰略需求，聚焦能打仗、打勝仗，創新軍事戰略指導制度，構建聯合作戰法規體系，調整完善戰備制度，形成基於聯合、平戰一體的軍事力量運用政策制度，全面履行新時代我軍使命任務。

要重塑軍事力量建設政策制度，加強軍事人力資源制度體系設計，建立軍官職業化制度，優化軍人待遇保障制度，構建完善軍人榮譽體系，統籌推進軍事訓練、裝備發展、後勤建設、軍事科研、國防動員、軍民融合等方面政策制度改革，形成聚焦打仗、激勵創新、軍民融合的軍事力量建設政策制度，更好解放和發展戰鬥力。

　　要推進軍事管理政策制度改革，創新戰略管理制度，構建軍費管理制度，加強軍事資源統籌安排，推進法規制度建設集成化、軍事法規法典化，推進軍事司法制度改革，形成精準高效、全面規範、剛性約束的軍事管理政策制度，提升軍事系統運行效能，推動我軍高質量發展。

　　全軍要把落實黨中央和中央軍委關於軍事政策制度改革決策部署作爲重大政治責任，強化使命擔當，周密組織實施，有力有序推進。要抓好統一思想工作，引導全軍深刻認識和把握軍事政策制度改革的重大意義，自覺站在政治和大局高度認識改革、支持改革、服從改革。各級特別是高級幹部要強化"四個意識"，帶頭講政治、顧大局、守紀律、促改革、盡責任。要抓好責任落實工作，按照職能和任務分工抓好政策制度擬制和落實工作，加強改革舉措協調對接，加強改革進程總體調控，加強改革落實情況督查，確保改革按照既定部署向前推進。要抓好統籌協調工作，突出改革急需、備戰急用、官兵急盼，抓緊出臺一批政策制度。

　　推進軍事政策制度改革是軍地雙方的共同任務，中央和國家機關、地方各級黨委和政府要關心支持軍隊改革，落實好擔負的改革任務，形成軍地合力的良好局面。

在新的起點上
做好軍事鬥爭準備工作[*]

（二〇一九年一月四日）

全軍要堅持以新時代中國特色社會主義思想爲指導，深入貫徹黨的十九大和十九屆二中、三中全會精神，深入貫徹新時代黨的強軍思想，深入貫徹新時代軍事戰略方針，在新的起點上做好軍事鬥爭準備工作，開創強軍事業新局面。

黨的十八大以來，面對錯綜複雜的國內外形勢和艱巨繁重的軍事任務，黨中央和中央軍委審時度勢、統攬全局，帶領全軍銳意進取、攻堅克難，軍事工作在鬥爭中加強、在創新中發展，取得許多標誌性、開創性、歷史性重大成就。全軍以堅定意志品質、靈活戰略策略、有力軍事行動，堅決維護國家主權、安全、發展利益，經受住了複雜形勢和嚴峻鬥爭考驗。

當今世界正面臨百年未有之大變局，我國發展仍處於重要戰略機遇期，同時各種可以預料和難以預料的風險挑戰增多。全軍要正確認識和把握我國安全和發展大勢，強化憂患

　＊ 這是習近平在中央軍委軍事工作會議上的講話要點。

意識、危機意識、打仗意識，扎扎實實做好軍事鬥爭準備各項工作，堅決完成黨和人民賦予的使命任務。

要把新時代軍事戰略思想立起來，把新時代軍事戰略方針立起來，把備戰打仗指揮棒立起來，把抓備戰打仗的責任擔當立起來。要強化戰鬥隊思想，堅持戰鬥力這個唯一的根本的標準，各項工作和建設、各方面力量和資源都要聚焦軍事鬥爭準備、服務軍事鬥爭準備，推動軍事鬥爭準備工作有一個很大加強。

要深化戰爭和作戰籌劃，確保一旦有事能快速有效應對。要加快推進聯合作戰指揮體系建設，提升聯合作戰指揮能力。要加強新型作戰力量建設，增加新質戰鬥力比重。要大抓實戰化軍事訓練，提高練兵備戰質量和水平。要堅持問題導向，對突出短板弱項要扭住不放、持續用力，一個問題一個問題解決，確保取得成效。

中央和國家機關各部門、地方各級黨委和政府要支持國防和軍隊建設，共同把我們這支英雄的人民軍隊建設得更加強大、更有戰鬥力。

十五、維護香港、澳門長期繁榮穩定，推進祖國和平統一

在融入國家發展大局中實現香港、澳門更好發展[*]

（二〇一八年十一月十二日）

一九七八年十二月，在鄧小平同志倡導下，以中共十一屆三中全會爲標誌，我們國家開啟了改革開放偉大歷程。國家改革開放從一開始就注入了香港、澳門活力元素。四十年來，港澳同胞在改革開放中發揮的作用是開創性的、持續性的，也是深層次的、多領域的。

對這方面的情況，我是很了解的，我在福建、浙江、上海工作期間都親自謀劃和推動了大量內地同香港、澳門的合作項目。二〇〇七年到中央工作後，我分管港澳工作，全面了解這方面的情況。在這個過程中，我結識了很多港澳朋友。

我總結了一下，港澳同胞和社會各界人士主要發揮了以下作用。

一是投資興業的龍頭作用。國家改革開放之初，港澳同胞率先響應，踴躍北上投資興業，創造了許多"全國第一"，如內地第一家合資企業、第一條合資高速公路、第一家外資

＊ 這是習近平在會見香港、澳門各界慶祝國家改革開放四十周年訪問團時講話的一部分。

銀行分行、第一家五星級合資飯店等。霍英東先生、何鴻燊先生一九七九年建的中山溫泉賓館開業後，我去參觀過，無論是硬件設備還是軟件服務，都是當時內地招待所無法相比的。港澳同胞不僅爲內地經濟發展注入了資金，而且起到了帶動作用，吸引國際資本紛至沓來。長期以來，香港、澳門一直是內地最大的投資來源地，到去年年底，內地累計使用香港、澳門資金一點零二萬億美元，佔引進境外資本總額的百分之五十四。

二是市場經濟的示範作用。內地剛開始搞改革開放時，很多人觀念還沒有完全轉過來，條條框框很多。許多香港、澳門有識之士率先向內地介紹國際規則和有益經驗。香港許多了解國際市場、熟悉國際規則的專業人士扮演了"帶徒弟"的"師傅"角色，爲內地企業改革、土地制度改革等提供了諮詢意見。梁振英先生一九七八年就到深圳、上海等地免費舉辦西方土地經濟管理制度的講座，一九八七年參與編寫了深圳第一份也是全國第一份土地拍賣中英文標書。梁定邦先生、史美倫女士幫助創建證券市場有關監管制度，只拿"一元人民幣"的象徵性年薪。港澳同胞爲內地市場經濟發展作出了重要貢獻。

三是體制改革的助推作用。創辦經濟特區這一重大決策充分考慮了香港、澳門因素。一九七九年廣東省委向黨中央建議，發揮廣東鄰近香港、澳門的優勢，在對外開放上做點文章，讓廣東先走一步，在深圳、珠海和重要僑鄉汕頭劃出一些地方搞貿易合作區。在經濟特區創辦過程中，從規劃到有關法律法規制定，再到各項事業興辦，都有港澳同胞參與和努力。

四是雙向開放的橋梁作用。國家改革開放初期，香港、澳門利用擁有歐美市場配額等優勢，爲內地帶來了大量出口訂單。到上世紀九十年代中期，香港百分之八十以上的製造業轉移到珠三角等地，促進內地出口導向型製造業迅速發展，助推內地產業融入全球產業鏈。香港、澳門也是內地企業境外融資和對外投資的窗口平臺。很多內地企業通過香港逐漸熟悉和適應國際市場，學會了在國際市場大海中游泳。目前，在香港上市的內地企業已經佔香港上市公司總數的近百分之五十，市值更是接近百分之七十。

五是先行先試的試點作用。國家實行開放政策中，有不少是對香港、澳門先行先試，積累經驗之後再逐步推廣。這既促進了國家對外開放，又有效控制了風險，也爲香港、澳門發展提供了先機。比如，內地服務業市場開放，就是先在CEPA框架內基本實現廣東與香港、澳門服務貿易自由化，爲全面實行准入前國民待遇加負面清單管理模式積累了經驗。香港、澳門在國家金融領域開放中的試點作用更爲突出。近年來推出的"滬港通"、"深港通"、"債券通"都是內地資本市場開放的重要舉措。人民幣國際化也是從香港開始的。目前，香港擁有全球最豐富的離岸人民幣產品，是全球最大的人民幣離岸業務中心。

六是城市管理的借鑑作用。香港、澳門在城市建設和管理、公共服務等方面積累了比較豐富的經驗，是內地學習借鑑的近水樓臺。比如，上海虹橋機場引進香港國際機場管理理念，短期內實現了管理水平躍升，被評爲"世界最快進步機場獎"第一名；北京、廣州、深圳等多個城市的地鐵建設和管理借鑑了香港地鐵的先進經驗；内地第一支救助飛行隊是在香港飛行服務隊手把手幫助下組建起來的。内地通過學習借鑑香港、澳門的先進做法和有益經驗，有力提升了内地城市建設和管理水平。

古人説："恩德相結者，謂之知己；腹心相照者，謂之知心。"[1] 特别值得肯定的是，廣大港澳同胞到内地投資興業，不只是因爲看到了商機，而且是希望看到内地擺脱貧困、國家日益富强。大家無償捐助内地的教科文衛體和扶貧濟困等公益事業，不只是爲了行善積德，而且是基於與内地人民的同胞之情。比如，邵逸夫先生對内地公益捐款超過一百億港元，田家炳先生爲了捐助内地教育慈善事業甚至賣掉自己的别墅，晚年租着公寓住。二〇一〇年青海玉樹發生大地震，香港"愛心義工"黄福榮先生冒着餘震救人，不幸遇難。每一次内地遇到重大自然災害時，港澳同胞都是感同身受，最先伸出援手，表現出守望相助、血濃於水的同胞之情。

總之，四十年改革開放，港澳同胞是見證者也是參與者，是受益者也是貢獻者。港澳同胞同内地人民一樣，都是國家改革開放偉大奇迹的創造者。國家改革開放的歷程就是香港、澳門同内地優勢互補、一起發展的歷程，是港澳同胞和祖國人民同心協力、一起打拼的歷程，也是香港、澳門日益融入國家發展大局、共享祖國繁榮富强偉大榮光的歷程。

"任重而道遠者，不擇地而息。"[2] 中共十八大以來，我們高舉改革開放的旗幟，以前所未有的力度推進全面深化改革，作出頂層設計，在經濟、政治、文化、社會、生態文明建設等領域一共推出一千六百多項改革方案，其中許多是事關全局、前所未有的重大改革，如市場體制改革、宏觀調控體制改革、財稅體制改革、金融體制改革、國有企業改革、司法體制改革、教育體制改革、生態文明建設體制改革、黨和國家機構改革、監察體制改革、國防和軍隊改革等。每逢重要場合，我都要談改革、談開放，強調要敢於啃硬骨頭、敢於涉險灘，拿出壯士斷腕的勇氣，把改革進行到底。今年，我在博鰲亞洲論壇年會開幕式、首屆中國國際進口博覽會開幕式等場合都宣示了改革永不停步的決心。前不久，我去廣東考察，目的就是釋放新時代改革開放再出發的強烈信號，強調改革只有進行時，沒有完成時。我在廣東特別講到，中國改革不停頓、開放不止步，中國一定會有讓世界刮目相看的新的更大奇迹！越是環境複雜，我們越是要堅持改革開放不動搖，絕不會回到關起門來搞建設的老路上去。中華民族要實現偉大復興，必須與時俱進、不斷前進，也就是我們古人說的苟日新、日日新、又日新！

中國特色社會主義進入了新時代，意味着國家改革開放和"一國兩制"事業也進入了新時代。新時代的顯著特徵之一就是堅持改革開放。在新時代國家改革開放進程中，香港、澳門仍然具有特殊地位和獨特優勢，仍然可以發揮不可替代的作用。希望港澳同胞繼續以真摯的愛國熱忱、敢爲人先的精神投身國家改革開放事業，順時而爲，乘勢而上，在融入國家發展大局中實現香港、澳門更好發展，共同譜寫中華民族偉大復興的時代篇章。

對香港、澳門來說，"一國兩制"是最大的優勢，國家改革開放是最大的舞臺，共建"一帶一路"、粵港澳大灣區建設等國家戰略實施是新的重大機遇。我們要充分認識和準確把握香港、澳門在新時代國家改革開放中的定位，支持香港、澳門抓住機遇，培育新優勢，發揮新作用，實現新發展，作出新貢獻。爲此，我對大家提幾點希望。

第一，更加積極主動助力國家全面開放。在國家擴大對外開放的過程中，香港、澳門的地位和作用只會加強，不會減弱。希望香港、澳門繼續帶頭並帶動資本、技術、人才等參與國家經濟高質量發展和新一輪高水平開放。特別是要把香港、澳門國際聯繫廣泛、專業服務發達等優勢同内地市場廣闊、產業體系完整、科技實力較強等優勢結合起來，提升香港國際金融、航運、貿易中心地位，加快建設香港國際創新科技中心，加強澳門世界旅遊休閒中心、中葡商貿合作服務平臺建設，努力把香港、澳門打造成國家雙向開放的重要橋頭堡。

第二，更加積極主動融入國家發展大局。香港、澳門融入國家發展大局，是“一國兩制”的應有之義，是改革開放的時代要求，也是香港、澳門探索發展新路向、開拓發展新空間、增添發展新動力的客觀要求。實施粵港澳大灣區建設，是我們立足全局和長遠作出的重大謀劃，也是保持香港、澳門長期繁榮穩定的重大決策。建設好大灣區，關鍵在創新。要在“一國兩制”方針和基本法框架内，發揮粵港澳綜合優勢，創新體制機制，促進要素流通。大灣區是在一個國家、兩種制度、三個關稅區、三種貨幣的條件下建設的，國際上沒有先例。要大膽闖、大膽試，開出一條新路來。香港、澳門也要注意練好内功，着力培育經濟增長新動力。

　　第三，更加積極主動參與國家治理實踐。香港、澳門回歸祖國後，已納入國家治理體系。港澳同胞要按照同"一國兩制"相適應的要求，完善特別行政區同憲法和基本法實施相關的制度和機制，提高管治能力和水平。同時，大家要關心國家發展全局，維護國家政治體制，積極參與國家經濟、政治、文化、社會、生態文明建設，自覺維護國家安全。港澳人士還有許多在國際社會發揮作用的優勢，可以用多種方式支持國家參與全球治理。

　　第四，更加積極主動促進國際人文交流。香港、澳門多元文化共存，是中西文化交流的重要紐帶。要保持香港、澳門國際性城市的特色，利用香港、澳門對外聯繫廣泛的有利條件，傳播中華優秀文化，宣介國家方針政策，講好當代中國故事，講好"一國兩制"成功實踐的香港故事、澳門故事，發揮香港、澳門在促進東西方文化交流、文明互鑑、民心相通等方面的特殊作用。

　　今天在座有不少港澳青年創業者，看到你們我很高興。青年興則國家興，青年強則國家強。廣大港澳青年不僅是香港、澳門的希望和未來，也是建設國家的新鮮血液。港澳青年發展得好，香港、澳門就會發展得好，國家就會發展得好。要為港澳青年發展多搭臺、多搭梯，幫助青年解決在學業、就業、創業等方面遇到的實際困難和問題，創造有利於青年成就人生夢想的社會環境。

　　現在，我們前所未有地接近實現中華民族偉大復興的目標。實現中華民族偉大復興，港澳同胞大有可為，也必將帶來香港、澳門發展新的輝煌。行百里者半九十。全體中華兒

女要同心協力、堅忍不拔，風雨無阻、勇往直前，矢志實現
我們的目標。希望廣大港澳同胞和社會各界人士同内地人民
一道，不斷開創"一國兩制"事業新局面，爲創造港澳同胞
更加美好的生活、爲實現中華民族偉大復興的中國夢而團結
奮鬥！

註　　釋

〔1〕見明代馮夢龍《警世通言·俞伯牙摔琴謝知音》。
〔2〕見西漢韓嬰《韓詩外傳》卷一。

爲實現民族偉大復興、
推進祖國和平統一而共同奮鬥[*]

(二〇一九年一月二日)

同志們，同胞們，朋友們：

今天，我們在這裏隆重集會，紀念全國人民代表大會常務委員會《告臺灣同胞書》發表四十周年。值此新年之際，我代表祖國大陸人民，向廣大臺灣同胞致以誠摯的問候和衷心的祝福！

海峽兩岸分隔已屆七十年。臺灣問題的産生和演變同近代以來中華民族命運休戚相關。一八四〇年鴉片戰爭之後，西方列強入侵，中國陷入內憂外患、山河破碎的悲慘境地，臺灣更是被外族侵佔長達半個世紀。爲戰勝外來侵略、爭取民族解放、實現國家統一，中華兒女前仆後繼，進行了可歌可泣的鬥爭。臺灣同胞在這場鬥爭中作出了重要貢獻。一九四五年，中國人民同世界各國人民一道，取得了中國人民抗日戰爭暨世界反法西斯戰爭的偉大勝利，臺灣隨之光復，重回祖國懷抱。其後不久，由於中國內戰延續和外部勢力干涉，海峽兩岸陷入長期政治對立的特殊狀態。

---

* 這是習近平在《告臺灣同胞書》發表四十周年紀念會上的講話。

一九四九年以來，中國共產黨、中國政府、中國人民始終把解決臺灣問題、實現祖國完全統一作爲矢志不渝的歷史任務。我們團結臺灣同胞，推動臺海形勢從緊張對峙走向緩和改善、進而走上和平發展道路，兩岸關係不斷取得突破性進展。

——七十年來，我們順應兩岸同胞共同願望，推動打破兩岸隔絕狀態，實現全面直接雙向"三通"[1]，開啟兩岸同胞大交流大交往大合作局面，兩岸交流合作日益廣泛，相互往來日益密切，彼此心靈日益契合。臺灣同胞爲祖國大陸改革開放作出重大貢獻，也分享了大陸發展機遇。

——七十年來，我們秉持求同存異精神，推動兩岸雙方在一個中國原則基礎上達成"海峽兩岸同屬一個中國，共同努力謀求國家統一"的"九二共識"，開啟兩岸協商談判，推進兩岸政黨黨際交流，開闢兩岸關係和平發展道路，實現兩岸領導人歷史性會晤，使兩岸政治互動達到新高度。

——七十年來，我們把握兩岸關係發展時代變化，提出和平解決臺灣問題的政策主張和"一國兩制"科學構想，確立了"和平統一、一國兩制"基本方針，進而形成了堅持"一國兩制"和推進祖國統一基本方略，回答了新時代推動兩岸關係和平發展、團結臺灣同胞共同致力於實現民族偉大復興和祖國和平統一的時代命題。

——七十年來，我們高舉和平、發展、合作、共贏的旗幟，在和平共處五項原則基礎上發展同各國的友好合作，鞏固國際社會堅持一個中國原則的格局，越來越多國家和人民理解和支持中國統一事業。

——七十年來，我們始終著眼於中華民族整體利益和長遠利益，堅定維護國家主權和領土完整，團結全體中華兒女，堅決挫敗各種製造"兩個中國"、"一中一臺"、"臺灣獨立"的圖謀，取得一系列反"臺獨"、反分裂鬥爭的重大勝利。

兩岸關係發展歷程證明：臺灣是中國一部分、兩岸同屬一個中國的歷史和法理事實，是任何人任何勢力都無法改變的！兩岸同胞都是中國人，血濃於水、守望相助的天然情感和民族認同，是任何人任何勢力都無法改變的！臺海形勢走向和平穩定、兩岸關係向前發展的時代潮流，是任何人任何勢力都無法阻擋的！國家強大、民族復興、兩岸統一的歷史大勢，更是任何人任何勢力都無法阻擋的！

同志們、同胞們、朋友們！

回顧歷史，是為了啟迪今天、昭示明天。祖國必須統一，也必然統一。這是七十載兩岸關係發展歷程的歷史定論，也是新時代中華民族偉大復興的必然要求。兩岸中國人、海內外中華兒女理應共擔民族大義、順應歷史大勢，共同推動兩岸關係和平發展、推進祖國和平統一進程。

第一，攜手推動民族復興，實現和平統一目標。民族復興、國家統一是大勢所趨、大義所在、民心所向。一水之隔、咫尺天涯，兩岸迄今尚未完全統一是歷史遺留給中華民族的創傷。兩岸中國人應該共同努力謀求國家統一，撫平歷史創傷。廣大臺灣同胞都是中華民族一分子，要做堂堂正正的中國人，認真思考臺灣在民族復興中的地位和作用，把促進國家完全統一、共謀民族偉大復興作為無上光榮的事業。

臺灣前途在於國家統一，臺灣同胞福祉繫於民族復興。

兩岸關係和平發展是維護兩岸和平、促進兩岸共同發展、造福兩岸同胞的正確道路。兩岸關係和平發展要兩岸同胞共同推動，靠兩岸同胞共同維護，由兩岸同胞共同分享。中國夢是兩岸同胞共同的夢，民族復興、國家強盛，兩岸中國人才能過上富足美好的生活。在中華民族走向偉大復興的進程中，臺灣同胞定然不會缺席。兩岸同胞要攜手同心，共圓中國夢，共擔民族復興的責任，共享民族復興的榮耀。臺灣問題因民族弱亂而產生，必將隨着民族復興而終結！

第二，探索"兩制"臺灣方案，豐富和平統一實踐。"和平統一、一國兩制"是實現國家統一的最佳方式，體現了海納百川、有容乃大的中華智慧，既充分考慮臺灣現實情況，又有利於統一後臺灣長治久安。

制度不同，不是統一的障礙，更不是分裂的藉口。"一國兩制"的提出，本來就是爲了照顧臺灣現實情況，維護臺灣同胞利益福祉。"一國兩制"在臺灣的具體實現形式會充分考慮臺灣現實情況，會充分吸收兩岸各界意見和建議，會充分照顧到臺灣同胞利益和感情。在確保國家主權、安全、發展利益的前提下，和平統一後，臺灣同胞的社會制度和生活方式等將得到充分尊重，臺灣同胞的私人財產、宗教信仰、合法權益將得到充分保障。

兩岸同胞是一家人，兩岸的事是兩岸同胞的家裏事，當然也應該由家裏人商量着辦。和平統一，是平等協商、共議統一。兩岸長期存在的政治分歧問題是影響兩岸關係行穩致遠的總根子，總不能一代一代傳下去。兩岸雙方應該本着對民族、對後世負責的態度，凝聚智慧，發揮創意，聚同化異，争取早日解決政治對立，實現臺海持久和平，達成國家統一願景，讓我們的子孫後代在祥和、安寧、繁榮、尊嚴的共同家園中生活成長。

在一個中國原則基礎上，臺灣任何政黨、團體同我們的交往都不存在障礙。以對話取代對抗、以合作取代爭鬥、以雙贏取代零和，兩岸關係才能行穩致遠。我們願意同臺灣各黨派、團體和人士就兩岸政治問題和推進祖國和平統一進程的有關問題開展對話溝通，廣泛交換意見，尋求社會共識，推進政治談判。

我們鄭重倡議，在堅持"九二共識"、反對"臺獨"的共同政治基礎上，兩岸各政黨、各界別推舉代表性人士，就兩岸關係和民族未來開展廣泛深入的民主協商，就推動兩岸關係和平發展達成制度性安排。

第三，堅持一個中國原則，維護和平統一前景。儘管海峽兩岸尚未完全統一，但中國主權和領土從未分割，大陸和臺灣同屬一個中國的事實從未改變。一個中國原則是兩岸關係的政治基礎。堅持一個中國原則，兩岸關係就能改善和發展，臺灣同胞就能受益。背離一個中國原則，就會導致兩岸關係緊張動盪，損害臺灣同胞切身利益。

統一是歷史大勢，是正道。"臺獨"是歷史逆流，是絶路。廣大臺灣同胞具有光榮的愛國主義傳統，是我們的骨肉天親。我們堅持寄希望於臺灣人民的方針，一如既往尊重臺灣同胞、關愛臺灣同胞、團結臺灣同胞、依靠臺灣同胞，全心全意爲臺灣同胞辦實事、做好事、解難事。廣大臺灣同胞不分黨派、不分宗教、不分階層、不分軍民、不分地域，都要認清"臺獨"只會給臺灣帶來深重禍害，堅決反對"臺獨"分裂，共同追求和平統一的光明前景。我們願意爲和平統一創造廣闊空間，但絕不爲各種形式的"臺獨"分裂活動留下任何空間。

中國人不打中國人。我們願意以最大誠意、盡最大努力爭取和平統一的前景，因爲以和平方式實現統一，對兩岸同胞和全民族最有利。我們不承諾放棄使用武力，保留採取一切必要措施的選項，針對的是外部勢力干涉和極少數"臺獨"分裂分子及其分裂活動，絕非針對臺灣同胞。兩岸同胞要共謀和平、共護和平、共享和平。

第四，深化兩岸融合發展，夯實和平統一基礎。兩岸同胞血脈相連。親望親好，中國人要幫中國人。我們對臺灣同胞一視同仁，將繼續率先同臺灣同胞分享大陸發展機遇，爲臺灣同胞臺灣企業提供同等待遇，讓大家有更多獲得感。和平統一之後，臺灣將永保太平，民衆將安居樂業。有強大祖國做依靠，臺灣同胞的民生福祉會更好，發展空間會更大，在國際上腰杆會更硬、底氣會更足，更加安全、更有尊嚴。

我們要積極推進兩岸經濟合作制度化，打造兩岸共同市場，爲發展增動力，爲合作添活力，壯大中華民族經濟。兩岸要應通盡通，提升經貿合作暢通、基礎設施聯通、能源資源互通、行業標準共通，可以率先實現金門、馬祖同福建沿海地區通水、通電、通氣、通橋。要推動兩岸文化教育、醫療衛生合作，社會保障和公共資源共享，支持兩岸鄰近或條件相當地區基本公共服務均等化、普惠化、便捷化。

第五，實現同胞心靈契合，增進和平統一認同。國家之魂，文以化之，文以鑄之。兩岸同胞同根同源、同文同種，中華文化是兩岸同胞心靈的根脈和歸屬。人之相交，貴在知心。不管遭遇多少干擾阻礙，兩岸同胞交流合作不能停、不能斷、不能少。

兩岸同胞要共同傳承中華優秀傳統文化，推動其實現創造性轉化、創新性發展。兩岸同胞要交流互鑑、對話包容，推己及人、將心比心，加深相互理解，增進互信認同。要秉持同胞情、同理心，以正確的歷史觀、民族觀、國家觀化育後人，弘揚偉大民族精神。親人之間，沒有解不開的心結。久久爲功，必定能達到兩岸同胞心靈契合。

支持和追求國家統一是民族大義，應該得到全民族肯定。偉大祖國永遠是所有愛國統一力量的堅強後盾！我們真誠希望所有臺灣同胞，像珍視自己的眼睛一樣珍視和平，像追求人生的幸福一樣追求統一，積極參與到推進祖國和平統一的正義事業中來。

國家的希望、民族的未來在青年。兩岸青年要勇擔重任、團結友愛、攜手打拼。我們熱忱歡迎臺灣青年來祖國大陸追夢、築夢、圓夢。兩岸中國人要精誠團結，攜手同心，爲同胞謀福祉，爲民族創未來！

同志們、同胞們、朋友們！

長期以來，香港同胞、澳門同胞和海外僑胞關心支持祖國統一大業，作出了積極貢獻。希望香港同胞、澳門同胞和海外僑胞一如既往，爲推動兩岸關係和平發展、實現祖國和平統一再立新功。

同志們、同胞們、朋友們！

世界上只有一個中國，堅持一個中國原則是公認的國際關係準則，是國際社會普遍共識。國際社會廣泛理解和支持中國人民反對"臺獨"分裂活動、爭取完成國家統一的正義事業。中國政府對此表示讚賞和感謝。中國人的事要由中國人來決定。臺灣問題是中國的內政，事關中國核心利益和中國人民民族感情，不容任何外來干涉。

中國的統一，不會損害任何國家的正當利益包括其在臺灣的經濟利益，只會給各國帶來更多發展機遇，只會給亞太地區和世界繁榮穩定注入更多正能量，只會為構建人類命運共同體、為世界和平發展和人類進步事業作出更大貢獻。

同志們、同胞們、朋友們！

歷史不能選擇，現在可以把握，未來可以開創！新時代是中華民族大發展大作為的時代，也是兩岸同胞大發展大作為的時代。前進道路不可能一帆風順，但只要我們和衷共濟、共同奮鬥，就一定能夠共創中華民族偉大復興美好未來，就一定能夠完成祖國統一大業！

註　釋

〔1〕"三通"，指臺灣海峽兩岸之間通航、通郵、通商。

在慶祝澳門回歸祖國二十周年大會暨澳門特別行政區第五屆政府就職典禮上的講話

（二〇一九年十二月二十日）

同胞們，朋友們：

前不久，我們隆重慶祝了中華人民共和國成立七十周年，今天又滿懷喜悅慶祝澳門回歸祖國二十周年。首先，我謹代表中央政府和全國各族人民，向全體澳門居民表示誠摯的問候！向新就任的澳門特別行政區第五任行政長官賀一誠先生和第五屆政府主要官員、行政會委員，表示熱烈的祝賀！向所有關心、支持澳門發展的海內外同胞和國際友人，表示衷心的感謝！

二十年前的今天，飽經滄桑的澳門回到祖國懷抱，中華人民共和國澳門特別行政區宣告成立，開啟了澳門歷史新紀元。二十年來，在中央政府和祖國內地大力支持下，在何厚鏵、崔世安兩位行政長官帶領下，澳門特別行政區政府和社會各界人士同心協力，開創了澳門歷史上最好的發展局面，譜寫了具有澳門特色的"一國兩制"成功實踐的華彩篇章。

——澳門回歸祖國二十年來，以憲法和澳門基本法爲基礎的憲制秩序牢固確立，治理體系日益完善。澳門特別行政區堅決維護中央全面管治權，正確行使高度自治權。順利完成基本法第二十三條和國歌法等本地立法，成立特別行政區維護國家安全委員會，維護國家主權、安全、發展利益的憲制責任有效落實。行政、立法、司法機關嚴格依法履行職責，正確處理相互關係，自覺維護行政長官權威，確保以行政長官爲核心的行政主導體制順暢運行。特別行政區民主政制有序發展，澳門居民依法享有的廣泛權利和自由得到充分保障。

——澳門回歸祖國二十年來，經濟實現跨越發展，居民生活持續改善。"一中心、一平臺、一基地"[1] 建設扎實推進，人均地區生產總值大幅增長，躍居世界第二。經濟適度多元發展成效初顯，會展、中醫藥、特色金融等新興產業方興未艾。參與共建"一帶一路"和粵港澳大灣區建設取得積極進展。民生福利水平顯著提升，免費教育、免費醫療、雙層式社會保障等一系列政策惠及全社會，澳門居民獲得感、幸福感越來越強。

——澳門回歸祖國二十年來，社會保持穩定和諧，多元文化交相輝映。回歸前治安不靖的狀況得到迅速扭轉，澳門成爲世界最安全的城市之一。政府和市民、不同界別、不同族羣保持密切溝通，社會各界理性表達各種訴求，形成良好協調機制。中華文化傳承光大，多元文化異彩紛呈。

同胞們、朋友們！

澳門回歸祖國二十年來取得的成就舉世矚目。澳門地方雖小，但在"一國兩制"實踐中作用獨特。總結澳門"一國兩制"成功實踐，可以獲得以下四點重要經驗。

第一，始終堅定"一國兩制"制度自信。廣大澳門同胞發自內心擁護"一國兩制"，認同"一國兩制"是澳門保持長期繁榮穩定的最佳制度。在踐行"一國兩制"過程中，特別行政區政府和社會各界堅持把維護國家主權、安全、發展利益和維護澳門長期繁榮穩定統一起來，意志堅定，從不爲一時之曲折而動搖，從不爲外部之干擾而迷惘，善於把握國家重大發展戰略和一系列政策支持帶來的機遇，乘勢而上，在融入國家發展大局中實現自身更好發展。

澳門的成功實踐告訴我們，只要對"一國兩制"堅信而篤行，"一國兩制"的生命力和優越性就會充分顯現出來。

第二，始終準確把握"一國兩制"正確方向。廣大澳門同胞深刻認同"一國"是"兩制"的前提和基礎，旗幟鮮明維護憲法和基本法確定的憲制秩序，尊重國家主體實行的社會主義制度，正確處理涉及中央和特別行政區關係的有關問題。特別行政區行政、立法、司法機關堅持把維護中央對特別行政區全面管治權和保障特別行政區高度自治權有機結合起來，堅守"一國"原則底綫，自覺維護中央權力和基本法權威。

澳門的成功實踐告訴我們，確保"一國兩制"實踐不變形、不走樣，才能推動"一國兩制"事業行得穩、走得遠。

第三，始終强化"一國兩制"使命擔當。廣大澳門同胞以主人翁意識，自覺站在國家整體利益和澳門根本利益的立場上考慮問題，把成功實行"一國兩制"、"澳人治澳"、高度自治作爲共同使命，並把這一擔當同實現中華民族偉大復興的中國夢緊密聯繫在一起。特別行政區政府團結帶領社會各界人士，積極探索適合澳門實際的治理方式和發展路徑，相繼提出"固本培元、穩健發展"、"全面提升澳門社會綜合生活素質"、"傳承創新、共建和諧"、"同心致遠、共享繁榮"等施政方針，集中精力發展經濟，切實有效改善民生，堅定不移守護法治，循序漸進推進民主，包容共濟促進和諧，讓澳門煥發出蓬勃向上的生機活力。

澳門的成功實踐告訴我們，當家作主的澳門同胞完全能够擔負起時代重任，把特別行政區管理好、建設好、發展好。

第四，始終築牢"一國兩制"社會政治基礎。廣大澳門同胞素有愛國傳統，有强烈的國家認同感、歸屬感和民族自豪感，這是"一國兩制"在澳門成功實踐的最重要原因。特別行政區政府和社會各界高度重視弘揚愛國傳統，堅決落實以愛國者爲主體的"澳人治澳"，特別行政區政權機關均以愛國者爲主組成，愛國愛澳力量日益發展壯大，愛國愛澳核心價值在澳門社會居於主導地位。在行政長官親自領導、政府部門切實履職、社會各界共同參與下，澳門各類學校的愛國主義教育有聲有色，國家意識和愛國精神在青少年心田中深深扎根。

澳門的成功實踐告訴我們，不斷鞏固和發展同"一國兩制"實踐相適應的社會政治基礎，在愛國愛澳旗幟下實現最廣泛的團結，是"一國兩制"始終沿着正確軌道前進的根本保障。

同胞們、朋友們！

"一國兩制"事業任重道遠。面對世界百年未有之大變局，面對澳門內外環境新變化，澳門特別行政區新一屆政府和社會各界要站高望遠、居安思危，守正創新、務實有爲，在已有成就的基礎上推動澳門特別行政區各項建設事業躍上新臺階。我在這裏提四點希望。

一是堅持與時俱進，進一步提升特別行政區治理水平。古人說："善爲政者，弊則補之，決則塞之。"[2] 要適應現代社會治理發展變化及其新要求，推進公共行政等制度改革，提高政府管治效能，促進治理體系和治理能力現代化。要把依法辦事作爲特別行政區治理的基本準則，不斷健全完善依法治澳的制度體系。要善用科技，加快建設智慧城市，以大數據等信息化技術推進政府管理和社會治理模式創新，不斷促進政府決策科學化、社會治理精準化、公共服務高效化。

二是堅持開拓創新，進一步推動經濟持續健康發展。要着眼長遠、加强謀劃，圍繞"一中心、一平臺、一基地"的目標定位，堅持規劃先行，注重統籌協調，有序推進各項部署。要結合澳門實際，在科學論證基礎上，選準經濟適度多元發展的主攻方向和相關重大項目，從政策、人力、財力等方面多管齊下，聚力攻堅。要積極對接國家戰略，把握共建"一帶一路"和粵港澳大灣區建設的機遇，更好發揮自身所長，增强競爭優勢。當前，特別要做好珠澳合作開發橫琴這篇文章，爲澳門長遠發展開闢廣闊空間、注入新動力。

三是堅持以人爲本，進一步保障和改善民生。要堅持發展的目的是爲廣大市民創造更加美好的生活，採取更加公正、合理、普惠的制度安排，確保廣大市民分享發展成果。要結合發展需要和市民需求，加强交通、能源、環保、信息、城市安全等公共基礎設施建設，改善市民生活環境，提升市民生活質量。要積極回應市民關切，着力解決住房、醫療、養老等方面的突出問題，更加關注對弱勢羣體的幫助和扶持。要不斷提高教育水平，打造高標準教育體系，爲青少年成長成才創造更好條件。

四是堅持包容共濟，進一步促進社會和諧穩定。要堅持和弘揚愛國愛澳核心價值，廣泛凝聚共建澳門的社會共識。要加強社團建設，充分發揮衆多愛國愛澳社團在政府和市民之間的溝通橋梁作用。要保持澳門社會講團結、重協商的傳統，有事多商量，做事多協調，妥善處理社會矛盾，共同維護社會祥和。要發揮澳門中西文化薈萃的優勢，助力國際人文交流，促進世界文明互鑑。

同胞們、朋友們！

我要在此強調的是，香港、澳門回歸祖國後，處理這兩個特別行政區的事務完全是中國內政，用不着任何外部勢力指手畫腳。中國政府和中國人民維護國家主權、安全、發展利益的意志堅如磐石，我們絕不允許任何外部勢力干預香港、澳門事務！

同胞們、朋友們！

上個世紀八十年代初，鄧小平同志等老一輩領導人提出"一國兩制"偉大構想時，就堅信這個方針是對頭的，是行得通、辦得到、得人心的。三十多年來，"一國兩制"實踐取得的成功舉世公認。當然，"一國兩制"的制度體系也要在實踐中不斷加以完善。我們堅信，包括港澳同胞在內的中國人民完全有智慧、有能力把"一國兩制"實踐發展得更好，把

"一國兩制"制度體系完善得更好，把特別行政區治理得更好。中華民族偉大復興的前進步伐勢不可擋，香港、澳門與祖國內地同發展、共繁榮的道路必將越走越寬廣！

謝謝大家。

註　釋

〔1〕"一中心、一平臺、一基地"，指世界旅遊休閒中心，中國與葡語國家商貿合作服務平臺，以中華文化爲主流、多元文化共存的交流合作基地。

〔2〕見西漢桓寬《鹽鐵論·申韓》。

二〇一七年十一月十四日，習近平在萬象下榻飯店會見老撾奔舍那家族友人。

二〇一八年六月八日，習近平同俄羅斯總統普京在天津共同觀看中俄青少年冰球友誼賽。這是習近平和普京分別接受小球員們贈送的俄、中兩隊球衣。

二〇一八年六月十日，習近平在青島國際會議中心主持上海合作組織成員國元首理事會第十八次會議並發表講話。這是習近平同與會各方合影。

二〇一八年七月十日，習近平在北京人民大會堂出席中阿合作論壇第八屆
部長級會議開幕式並發表講話。

二〇一八年七月二十四日，習近平和南非總統拉馬福薩在比勒陀利亞一道出席中南科學家高級別對話會開幕式。這是習近平和拉馬福薩在開幕式前共同參觀中南科技創新合作成果圖片展。

二〇一八年七月二十五日，習近平在南非約翰内斯堡出席金磚國家領導人第十次會晤期間，應邀出席金磚國家工商論壇開幕式並發表講話。

二〇一八年九月三日，習近平在人民大會堂出席中非合作論壇北京峰會開幕式並發表主旨講話。這是習近平同出席論壇峰會的外方領導人走向會場。

二〇一八年十一月五日，習近平在上海同出席首屆中國國際進口博覽會的外國領導人共同巡館。

二〇一八年十一月三十日，二十國集團領導人第十三次峰會在阿根廷布宜諾斯艾利斯舉行。這是習近平和夫人彭麗媛同出席峰會的各代表團團長夫婦集體合影。

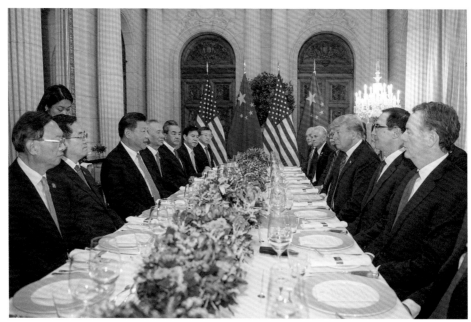

二〇一八年十二月一日，習近平在阿根廷布宜諾斯艾利斯出席二十國集團領導人第十三次峰會期間，應邀同美國總統特朗普共進晚餐並舉行會晤。

二〇一八年十二月三日，習近平和夫人彭麗媛在巴拿馬城同巴拿馬總統巴雷拉夫婦共同參觀巴拿馬運河新船閘。

二〇一九年三月二十四日，習近平在法國尼斯會見法國總統馬克龍。會見前，馬克龍向習近平贈送一六八八年法國出版的首部《論語導讀》法文版原著。

二〇一九年三月二十六日，習近平在巴黎同出席中法全球治理論壇閉幕式的法國總統馬克龍、德國總理默克爾和歐盟委員會主席容克舉行會晤。

二〇一九年四月二十六日，習近平和夫人彭麗媛在北京人民大會堂舉行宴會，歡迎出席第二屆"一帶一路"國際合作高峰論壇的外方領導人夫婦及嘉賓。

二〇一九年四月二十八日，習近平和夫人彭麗媛在北京延慶同出席二〇一九年中國北京世界園藝博覽會開幕式的外方領導人夫婦共同參觀園藝展。

二〇一九年五月十五日，習近平在北京國家會議中心出席亞洲文明對話大會開幕式並發表主旨演講。這是習近平同出席開幕式的外方領導人、嘉賓代表合影。

十六、深入推進中國特色大國外交

做好新時代外交工作[*]

（二〇一七年十二月二十八日）

黨的十八大以來，在黨中央領導下，在全國各族人民支持下，外交工作攻堅克難、砥礪奮進，堅定維護國家主權、安全、發展利益，積極拓展全方位外交佈局，主動參與全球治理，推動共建"一帶一路"，取得了前所未有的重大成就，爲實現"兩個一百年"奮鬥目標、實現中華民族偉大復興的中國夢營造了良好外部環境，爲推動人類社會發展進步作出了重大貢獻。五年來外交工作取得的成就贏得了全黨全國各族人民普遍讚譽。

中國特色社會主義進入了新時代。做好新時代外交工作，首先要深刻領會黨的十九大精神，正確認識當今時代潮流和國際大勢。放眼世界，我們面對的是百年未有之大變局。新世紀以來一大批新興市場國家和發展中國家快速發展，世界多極化加速發展，國際格局日趨均衡，國際潮流大勢不可逆轉。中國共產黨團結帶領中國人民頑强奮鬥、發憤圖强，中華民族迎來了從站起來、富起來到强起來的偉大飛躍，中華民族偉大復興展現出前所未有的光明前景。只要我們咬定青

<small>* 這是習近平在接見二〇一七年度駐外使節工作會議與會使節時的講話要點。</small>

山不放鬆，沿着中國特色社會主義道路奮勇前進，我們的國家必將日益繁榮昌盛，必將日益走近世界舞臺中央，必將日益爲人類作出新的更大貢獻。在中國共產黨堅强領導下，我國各族人民堅定信心、堅定信念，堅定不移走中國特色社會主義道路，堅定不移改革開放，不走老路，不走邪路，勇開新路，使中國特色社會主義取得了舉世矚目的發展成就，展現出日益光明的發展前景。

當前我國發展既面臨前所未有的機遇，也面臨前所未有的挑戰。外交戰綫全體同志要認真學習貫徹黨的十九大精神、新時代中國特色社會主義思想，不忘初心，牢記使命，銳意進取，開拓創新，深入推進中國特色大國外交，繼續爲黨和國家事業發展貢獻力量。

第一，永葆對黨忠誠、爲國奉獻的赤子心。堅定理想信念，對黨、國家、人民絕對忠誠，是外交人員的根和魂。要牢固樹立"四個意識"，堅定"四個自信"，自覺在思想上政治上行動上同黨中央保持高度一致，堅決維護黨中央權威和集中統一領導，堅決貫徹執行黨中央外交方針政策，堅決維護國家利益和民族尊嚴，堅持外交爲民，全心全意爲人民服務。

第二，永葆開拓奮進、擔當有爲的事業心。中國共產黨既爲中國人民謀幸福，也把爲全人類作貢獻作爲重要使命。要統籌國內國際兩個大局，樹立更寬廣的世界眼光、更宏大的戰略抱負，胸懷祖國，兼濟天下，推動構建新型國際關係，推動構建人類命運共同體。要深化全方位外交佈局，拓展全球夥伴關係網，不斷擴大我國的"朋友圈"。要推動共建"一帶一路"，深化同各國的廣泛合作，促進共同發展。要積極參與全球治理和多邊事務，維護中國人民利益和全人類共同利益。要講好中國共產黨的故事，講好中國的故事，講好中國人民的故事，促進中外理解和友誼。

第三，永葆主動學習、自我革新的進取心。我國外交工作內涵和外延不斷擴展，形勢和任務不斷變化，對外交隊伍建設提出了更高要求。外交人員既要政治過硬，又要本領高強。要堅持不懈加強學習，認真學習黨的理論和路綫方針政策、國家法律法規，學習各方面知識，不斷提高科學化、專業化水平。要加強能力建設，爲做好對外工作提供有力支撑。

第四，永葆黨要管黨、從嚴治黨的責任心。外交大權在黨中央，黨中央對外交工作實行集中統一領導。要落實好管黨治黨主體責任，堅持全面從嚴治黨，抓好黨的領導和黨的建設，抓好思想政治工作。要嚴格遵守黨的政治紀律和政治規矩，嚴格落實中央八項規定精神。要努力打造一支政治强、業務精、作風好、紀律嚴的外交隊伍。

希望各位使節牢記黨和人民重託，忠實履責，奮發有爲，努力用自己的實際行動，爲新時代中國外交工作譜寫新的華彩樂章。

加强黨中央對外事工作的
集中統一領導[*]

（二〇一八年五月十五日）

　　黨的十八大以來，在黨中央堅強領導下，我們積極推進外交理論和實踐創新，完善和深化全方位外交佈局，倡導和推進"一帶一路"建設，深入參與全球治理體系改革和建設，堅定捍衛國家主權、安全、發展利益，加強黨對外事工作的集中統一領導，走出了一條中國特色大國外交新路，取得了歷史性成就。

　　當今世界不確定不穩定因素增多，我國發展面臨的機遇和挑戰並存。我們要準確把握國際形勢變化的規律，既認清中國和世界發展大勢，又看到前進道路上面臨的風險挑戰，未雨綢繆、妥善應對，切實做好工作。當前和今後一個時期，要深化外交佈局，落實重大外交活動規劃，增強風險意識，堅定維護國家主權、安全、發展利益。

　　"一帶一路"建設是我們推動構建人類命運共同體的重要實踐平臺。幾年來，"一帶一路"建設從理念到行動，發展成

＊　這是習近平在中央外事工作委員會第一次會議上的講話要點。

爲實實在在的國際合作，取得了令人矚目的成就。要抓好首屆"一帶一路"國際合作高峰論壇成果的落實，凝聚各方共識，規劃合作願景，擴大對外開放，加強同各國的溝通、協商、合作，推動"一帶一路"建設走深走實、行穩致遠，更好造福各國人民。

地方外事工作是黨和國家對外工作的重要組成部分，對推動對外交往合作、促進地方改革發展具有重要意義。要在中央外事工作委員會集中統一領導下，統籌做好地方外事工作，從全局高度集中調度、合理配置各地資源，有目標、有步驟推進相關工作。

做好新形勢下外事工作，中央外事工作委員會要發揮決策議事協調作用，推動外交理論和實踐創新，爲外事工作不斷開創新局面提供有力指導。要強化頂層設計和統籌協調，提高把方向、謀大局、定政策能力，推進對外工作體制機制改革，加強外事工作隊伍建設，抓好重點工作的推進、檢查、督辦，確保黨中央對外決策部署落到實處。

努力開創中國特色
大國外交新局面[*]

（二〇一八年六月二十二日）

我國對外工作要堅持以新時代中國特色社會主義外交思想爲指導，統籌國內國際兩個大局，牢牢把握服務民族復興、促進人類進步這條主綫，推動構建人類命運共同體，堅定維護國家主權、安全、發展利益，積極參與引領全球治理體系改革，打造更加完善的全球夥伴關係網絡，努力開創中國特色大國外交新局面，爲全面建成小康社會、進而全面建設社會主義現代化强國創造有利條件、作出應有貢獻。

黨的十八大以來，在黨中央堅强領導下，面對國際形勢風雲變幻，我國對外工作攻堅克難、砥礪前行、波瀾壯闊，開創性推進中國特色大國外交，經歷了許多風險考驗，打贏了不少大仗硬仗，辦成了不少大事難事，取得了歷史性成就。在實踐中，我們積累了有益經驗和深刻體會，對外工作要堅持統籌國內國際兩個大局，堅持戰略自信和保持戰略定力，堅持推進外交理論和實踐創新，堅持戰略謀劃和全球佈局，

---

* 這是習近平在中央外事工作會議上的講話要點。

堅持捍衛國家核心和重大利益，堅持合作共贏和義利相兼，堅持底綫思維和風險意識。

黨的十八大以來，我們深刻把握新時代中國和世界發展大勢，在對外工作上進行一系列重大理論和實踐創新，形成了新時代中國特色社會主義外交思想，概括起來主要有以下十個方面：堅持以維護黨中央權威爲統領加强黨對對外工作的集中統一領導，堅持以實現中華民族偉大復興爲使命推進中國特色大國外交，堅持以維護世界和平、促進共同發展爲宗旨推動構建人類命運共同體，堅持以中國特色社會主義爲根本增强戰略自信，堅持以共商共建共享爲原則推動"一帶一路"建設，堅持以相互尊重、合作共贏爲基礎走和平發展道路，堅持以深化外交佈局爲依託打造全球夥伴關係，堅持以公平正義爲理念引領全球治理體系改革，堅持以國家核心利益爲底綫維護國家主權、安全、發展利益，堅持以對外工作優良傳統和時代特徵相結合爲方向塑造中國外交獨特風範。我們要全面貫徹落實新時代中國特色社會主義外交思想，不斷爲實現中華民族偉大復興的中國夢、推動構建人類命運共同體創造良好外部條件。

把握國際形勢要樹立正確的歷史觀、大局觀、角色觀。所謂正確歷史觀，就是不僅要看現在國際形勢什麽樣，而且要端起歷史望遠鏡回顧過去、總結歷史規律，展望未來、把握歷史前進大勢。所謂正確大局觀，就是不僅要看到現象和細節怎麽樣，而且要把握本質和全局，抓住主要矛盾和矛盾的主要方面，避免在林林總總、紛紜多變的國際亂象中迷失方向、捨本逐末。所謂正確角色觀，就是不僅要冷靜分析各種國際現象，而且要把自己擺進去，在我國同世界的關係中看問題，弄清楚在世界格局演變中我國的地位和作用，科學制定我國對外方針政策。當前，我國處於近代以來最好的發展時期，世界處於百年未有之大變局，兩者同步交織、相互激盪。做好當前和今後一個時期對外工作具備很多國際有利條件。

從黨的十九大到黨的二十大，是實現"兩個一百年"奮鬥目標的歷史交匯期，在中華民族偉大復興歷史進程中具有特殊重大意義。縱觀人類歷史，世界發展從來都是各種矛盾相互交織、相互作用的綜合結果。我們要深入分析世界轉型過渡期國際形勢的演變規律，準確把握歷史交匯期我國外部環境的基本特徵，統籌謀劃和推進對外工作。既要把握世界多極化加速推進的大勢，又要重視大國關係深入調整的態勢。既要把握經濟全球化持續發展的大勢，又要重視世界經濟格局深刻演變的動向。既要把握國際環境總體穩定的大勢，又要重視國際安全挑戰錯綜複雜的局面。既要把握各種文明交流互鑑的大勢，又要重視不同思想文化相互激盪的現實。

對外工作要根據黨中央統一部署，加強謀篇佈局，突出工作重點，抓好工作。要圍繞黨和國家工作重要節點，推動對外工作不斷開創新局面。未來五年第一個百年奮鬥目標要實現，第二個百年奮鬥目標要開篇，其中有一系列重要時間節點和重大活動。對外工作要以此爲坐標，通盤考慮，梯次推進，既整體佈局又突出重點，既多點開花又精準發力，發揮綜合積極效應。要高舉構建人類命運共同體旗幟，推動全球治理體系朝着更加公正合理的方向發展。要堅持共商共建共享，推動"一帶一路"建設走實走深、行穩致遠，推動對外開放邁上新臺階。要運籌好大國關係，推動構建總體穩定、均衡發展的大國關係框架。要做好周邊外交工作，推動周邊環境更加友好、更加有利。要深化同發展中國家團結合作，推動形成攜手共進、共同發展新局面。廣大發展中國家是我國在國際事務中的天然同盟軍，要堅持正確義利觀，做好同發展中國家團結合作的大文章。要深入推動中國同世界深入交流、互學互鑑。

外交是國家意志的集中體現，必須堅持外交大權在黨中央。要增強政治意識、大局意識、核心意識、看齊意識，堅決維護黨中央權威和集中統一領導，自覺在思想上政治上行動上同黨中央保持高度一致，確保令行禁止、步調統一。對外工作是一個系統工程，政黨、政府、人大、政協、軍隊、地方、民間等要強化統籌協調，各有側重，相互配合，形成黨總攬全局、協調各方的對外工作大協同局面，確保黨中央對外方針政策和戰略部署落到實處。

十七、攜手構建
人類命運共同體

把世界各國人民對
美好生活的嚮往變成現實[*]

（二〇一七年十二月一日）

　　人類命運共同體，顧名思義，就是每個民族、每個國家的前途命運都緊緊聯繫在一起，應該風雨同舟，榮辱與共，努力把我們生於斯、長於斯的這個星球建成一個和睦的大家庭，把世界各國人民對美好生活的嚮往變成現實。

　　——我們要努力建設一個遠離恐懼、普遍安全的世界。縱觀人類文明發展進程，儘管千百年來人類一直期盼永久和平，但戰爭從未遠離，人類始終面臨着戰火的威脅。人類生存在同一個地球上，一國安全不能建立在別國不安全之上，別國面臨的威脅也可能成爲本國的挑戰。面對日益複雜化、綜合化的安全威脅，單打獨鬥不行，迷信武力更不行。我們應該堅持共同、綜合、合作、可持續的新安全觀，營造公平正義、共建共享的安全格局，共同消除引發戰爭的根源，共同解救被槍炮驅趕的民衆，共同保護被戰火燒灼的婦女兒童，讓和平的陽光普照大地，讓人人享有安寧祥和。

---

　　* 這是習近平在中國共産黨與世界政黨高層對話會上主旨講話的一部分。

——我們要努力建設一個遠離貧困、共同繁榮的世界。今天的世界，物質技術水平已經發展到古人難以想像的地步，但發展不平衡不充分問題仍然普遍存在，南北發展差距依然巨大，貧困和飢餓依然嚴重，新的數字鴻溝正在形成，世界上還有很多國家的民衆生活在困境之中。如果奉行你輸我贏、贏者通吃的老一套邏輯，如果採取爾虞我詐、以鄰爲壑的老一套辦法，結果必然是封上了別人的門，也堵上了自己的路，侵蝕的是自己發展的根基，損害的是全人類的未來。我們應該堅持你好我好大家好的理念，推進開放、包容、普惠、平衡、共贏的經濟全球化，創造全人類共同發展的良好條件，共同推動世界各國發展繁榮，共同消除許多國家民衆依然面臨的貧窮落後，共同爲全球的孩子們營造衣食無憂的生活，讓發展成果惠及世界各國，讓人人享有富足安康。

——我們要努力建設一個遠離封閉、開放包容的世界。中國有句古話："萬物並育而不相害，道並行而不相悖。"[1] 文明的繁盛、人類的進步，離不開求同存異、開放包容，離不開文明交流、互學互鑑。歷史呼喚着人類文明同放異彩，不同文明應該和諧共生、相得益彰，共同爲人類發展提供精神力量。我們應該堅持世界是豐富多彩的、文明是多樣的理念，讓人類創造的各種文明交相輝映，編織出斑斕絢麗的圖畫，共同消除現實生活中的文化壁壘，共同抵制妨礙人類心靈互動的觀念紕繆，共同打破阻礙人類交往的精神隔閡，讓各種文明和諧共存，讓人人享有文化滋養。

——我們要努力建設一個山清水秀、清潔美麗的世界。地球是人類的共同家園，也是人類到目前爲止唯一的家園。

現在，有人正在外太空爲人類尋找新的家園，但這還是一個遙遠的夢想。在可預見的將來，人類都要生活在地球之上。這是一個不可改變的事實。我們應該共同呵護好地球家園，爲了我們自己，也爲了子孫後代。我們應該堅持人與自然共生共存的理念，像對待生命一樣對待生態環境，對自然心存敬畏，尊重自然、順應自然、保護自然，共同保護不可替代的地球家園，共同醫治生態環境的纍纍傷痕，共同營造和諧宜居的人類家園，讓自然生態休養生息，讓人人都享有綠水青山。

當前，世界格局在變，發展格局在變，各個政黨都要順應時代發展潮流、把握人類進步大勢、順應人民共同期待，把自身發展同國家、民族、人類的發展緊密結合在一起。我們應該志存高遠、敢於擔當，着眼本國和世界，着眼全局和長遠，自覺擔負起時代使命。我們應該深入體察民情，把民衆需求轉化爲政黨的理念、宗旨、目標，制定符合實際的實施方案。構建人類命運共同體，需要世界各國人民普遍參與。我們應該凝聚不同民族、不同信仰、不同文化、不同地域人民的共識，共襄構建人類命運共同體的偉業。

實現偉大夢想需要各方面智慧和力量。我們應該全方位、多層次、多角度集思廣益，從實踐中總結經驗、尋找思路、昇華思想、獲取動力。不同國家的政黨應該增進互信、加強溝通、密切協作，探索在新型國際關係的基礎上建立求同存異、相互尊重、互學互鑑的新型政黨關係，搭建多種形式、多種層次的國際政黨交流合作網絡，匯聚構建人類命運共同體的強大力量。

事要去做才能成就事業，路要去走才能開闢通途。構建人類命運共同體是一個歷史過程，不可能一蹴而就，也不可能一帆風順，需要付出長期艱苦的努力。爲了構建人類命運共同體，我們應該鍥而不舍、馳而不息進行努力，不能因現實複雜而放棄夢想，也不能因理想遙遠而放棄追求。

中國共産黨是爲中國人民謀幸福的黨，也是爲人類進步事業而奮鬥的黨。中國共産黨是世界上最大的政黨。我説過，大就要有大的樣子。中國共産黨所做的一切，就是爲中國人民謀幸福、爲中華民族謀復興、爲人類謀和平與發展。我們要把自己的事情做好，這本身就是對構建人類命運共同體的貢獻。我們也要通過推動中國發展給世界創造更多機遇，通過深化自身實踐探索人類社會發展規律並同世界各國分享。我們不"輸入"外國模式，也不"輸出"中國模式，不會要求別國"複製"中國的做法。中國共産黨將始終做到以下幾條。

第一，一如既往爲世界和平安寧作貢獻。將近一百年前，中國共産黨在中國社會的劇烈動盪中誕生，成立時的任務之一就是結束中國從十九世紀中葉起陷入的戰亂頻仍、民不聊生的悲慘境地。從一九二一年到一九四九年，爲實現中國和平穩定、中國人民安居樂業，中國共産黨團結帶領中國人民進行了長達二十八年的武裝鬥爭，付出了巨大犧牲。所以，中國共産黨人深知和平的可貴，也具有維護和平的堅定決心。中國將高舉和平、發展、合作、共贏的旗幟，始終不渝走和平發展道路，積極推進全球夥伴關係建設，主動參與國際熱點難點問題的政治解決進程。目前，中國累計派出三點六萬餘人次維和人員，成爲聯合國維和行動的主要出兵國和出資國。此時此刻，二千五百多名中國官兵正在八個維和任務區不畏艱苦和危險，維護着當地和平安寧。中國將積極參與全球治理體系改革和建設，推動國際政治經濟秩序朝着更加公正合理的方向發展。中國無論發展到什麼程度，都永遠不稱霸，永遠不搞擴張。我們倡議世界各國政黨同我們一道，做世界和平的建設者、全球發展的貢獻者、國際秩序的維護者。

第二，一如既往爲世界共同發展作貢獻。中國共產黨從人民中走來、依靠人民發展壯大，歷來有着深厚的人民情懷，不僅對中國人民有着深厚情懷，而且對世界各國人民有着深厚情懷，不僅願意爲中國人民造福，也願意爲世界各國人民造福。長期以來，中國爲廣大發展中國家提供了大量無償援助、優惠貸款，提供了大量技術支持、人員支持、智力支持，爲廣大發展中國家建成了大批經濟社會發展和民生改善項目。今天，成千上萬的中國科學家、工程師、企業家、技術人員、醫務人員、教師、普通職工、志願者等正奮鬥在衆多發展中國家廣闊的土地上，同當地民衆手拉手、肩並肩，幫助他們改變命運。根據中共十九大的安排，到二○二○年中國將全面建成小康社會，到二○三五年中國將基本實現社會主義現代化，到本世紀中葉中國將建成富強民主文明和諧美麗的社會主義現代化強國。這將造福中國人民，也將造福世界各國人民。我們倡議世界各國政黨同我們一道，爲世界創造更多合作機會，努力推動世界各國共同發展繁榮。

第三，一如既往爲世界文明交流互鑑作貢獻。他山之石，可以攻玉。中國共產黨歷來強調樹立世界眼光，積極學習借鑑世界各國人民創造的文明成果，並結合中國實際加以運用。

馬克思主義就是中國共產黨人從國外學來的科學真理。我們結合中國實際，不斷推進馬克思主義中國化時代化大衆化，使之成爲指導中國共產黨領導中國人民不斷前進的科學理論。中國共產黨將以開放的眼光、開闊的胸懷對待世界各國人民的文明創造，願意同世界各國人民和各國政黨開展對話和交流合作，支持各國人民加强人文往來和民間友好。未來五年，中國共產黨將向世界各國政黨提供一點五萬名人員來華交流的機會。我們倡議將中國共產黨與世界政黨高層對話會機制化，使之成爲具有廣泛代表性和國際影響力的高端政治對話平臺。

兩千多年前，中國古代思想家孔子就説，益者三友，友直、友諒、友多聞。中國共產黨願廣交天下朋友。長期以來，中國共產黨同世界上一百六十多個國家和地區的四百多個政黨和政治組織保持着經常性聯繫，"朋友圈"不斷擴大。面向未來，中國共產黨願同世界各國政黨加强往來，分享治黨治國經驗，開展文明交流對話，增進彼此戰略信任，同世界各國人民一道，推動構建人類命運共同體，攜手建設更加美好的世界！

註　釋

〔1〕見《禮記·中庸》。

弘揚"上海精神", 構建命運共同體*

（二〇一八年六月十日）

尊敬的各位同事：

六月的青島，風景如畫。在這美好的時節，歡迎大家來到這裏，出席上海合作組織成員國元首理事會第十八次會議。早在二千五百多年前，中國古代偉大的思想家孔子就説："有朋自遠方來，不亦樂乎？"[1] 今天，孔子的故鄉山東喜迎遠道而來的各方貴賓，我們在這裏共商上海合作組織發展大計，具有特殊意義。

再過五天，上海合作組織將迎來十七歲生日。撫今追昔，本組織走過了不平凡的發展歷程，取得了重大成就。

十七年來，我們以《上海合作組織憲章》、《上海合作組織成員國長期睦鄰友好合作條約》爲遵循，構建起不結盟、不對抗、不針對第三方的建設性夥伴關係。這是國際關係理論和實踐的重大創新，開創了區域合作新模式，爲地區和平與發展作出了新貢獻。

---

* 這是習近平在上海合作組織成員國元首理事會第十八次會議上的講話。

今天，上海合作組織是世界上幅員最廣、人口最多的綜合性區域合作組織，成員國的經濟和人口總量分別約佔全球的百分之二十和百分之四十。上海合作組織擁有四個觀察員國、六個對話夥伴，並同聯合國等國際和地區組織建立了廣泛的合作關係，國際影響力不斷提升，已經成爲促進世界和平與發展、維護國際公平正義不可忽視的重要力量。

上海合作組織始終保持旺盛生命力、強勁合作動力，根本原因在於它創造性地提出並始終踐行"上海精神"，主張互信、互利、平等、協商、尊重多樣文明、謀求共同發展。這超越了文明衝突、冷戰思維、零和博弈等陳舊觀念，掀開了國際關係史嶄新的一頁，得到國際社會日益廣泛的認同。

各位同事！

"孔子登東山而小魯，登泰山而小天下"[2]。面對世界大發展大變革大調整的新形勢，爲更好推進人類文明進步事業，我們必須登高望遠，正確認識和把握世界大勢和時代潮流。

儘管當今世界霸權主義和強權政治依然存在，但推動國際秩序朝着更加公正合理方向發展的呼聲不容忽視，國際關係民主化已成爲不可阻擋的時代潮流。

儘管各種傳統和非傳統安全威脅不斷湧現，但捍衛和平的力量終將戰勝破壞和平的勢力，安全穩定是人心所向。

儘管單邊主義、貿易保護主義、逆全球化思潮不斷有新的表現，但"地球村"的世界決定了各國日益利益交融、命運與共，合作共贏是大勢所趨。

儘管文明衝突、文明優越等論調不時沉渣泛起，但文明多樣性是人類進步的不竭動力，不同文明交流互鑑是各國人民共同願望。

各位同事！

當前，世界發展既充滿希望，也面臨挑戰，我們的未來無比光明，但前方的道路不會平坦。我們要進一步弘揚"上海精神"，破解時代難題，化解風險挑戰。

——我們要提倡創新、協調、綠色、開放、共享的發展觀，實現各國經濟社會協同進步，解決發展不平衡帶來的問題，縮小發展差距，促進共同繁榮。

——我們要踐行共同、綜合、合作、可持續的安全觀，摒棄冷戰思維、集團對抗，反對以犧牲別國安全換取自身絕對安全的做法，實現普遍安全。

——我們要秉持開放、融通、互利、共贏的合作觀，拒絕自私自利、短視封閉的狹隘政策，維護世界貿易組織規則，支持多邊貿易體制，構建開放型世界經濟。

——我們要樹立平等、互鑑、對話、包容的文明觀，以文明交流超越文明隔閡，以文明互鑑超越文明衝突，以文明共存超越文明優越。

——我們要堅持共商共建共享的全球治理觀，不斷改革完善全球治理體系，推動各國攜手建設人類命運共同體。

各位同事！

"上海精神"是我們共同的財富，上海合作組織是我們共同的家園。我們要繼續在"上海精神"指引下，同舟共濟，精誠合作，齊心協力構建上海合作組織命運共同體，推動建設新型國際關係，攜手邁向持久和平、普遍安全、共同繁榮、開放包容、清潔美麗的世界。為此，我願提出以下建議。

第一，凝聚團結互信的強大力量。我們要全面落實青島宣言、長期睦鄰友好合作條約實施綱要等文件，尊重各自選擇的發展道路，兼顧彼此核心利益和重大關切，通過換位思考增進相互理解，通過求同存異促進和睦團結，不斷增強組織的凝聚力和向心力。

第二，築牢和平安全的共同基礎。我們要積極落實打擊"三股勢力"〔3〕二〇一九至二〇二一年合作綱要，繼續舉行"和平使命"等聯合反恐演習，强化防務安全、執法安全、信息安全合作。要發揮"上海合作組織—阿富汗聯絡組"作用，促進阿富汗和平重建進程。未來三年，中方願利用中國—上海合作組織國際司法交流合作培訓基地等平臺，爲各方培訓兩千名執法人員，强化執法能力建設。

第三，打造共同發展繁榮的強勁引擎。我們要促進發展戰略對接，本着共商共建共享原則，推進"一帶一路"建設，加快地區貿易便利化進程，加緊落實國際道路運輸便利化協定等合作文件。中國歡迎各方積極參與今年十一月將在上海舉辦的首屆中國國際進口博覽會。中國政府支持在青島建設中國—上海合作組織地方經貿合作示範區，還將設立"中國—上海合作組織法律服務委員會"，爲經貿合作提供法律支持。

我宣佈，中方將在上海合作組織銀行聯合體框架内設立三百億元人民幣等值專項貸款。

第四，拉緊人文交流合作的共同紐帶。我們要積極落實成員國環保合作構想等文件，繼續辦好青年交流營等品牌項目，扎實推進教育、科技、文化、旅遊、衛生、減災、媒體等各領域合作。未來三年，中方將爲各成員國提供三千個人力資源開發培訓名額，增强民衆對上海合作組織大家庭的了解和認同。中方願利用風雲二號氣象衛星爲各方提供氣象服務。

第五，共同拓展國際合作的夥伴網絡。我們要强化同觀察員國、對話夥伴等地區國家交流合作，密切同聯合國等國際和地區組織的夥伴關係，同國際貨幣基金組織、世界銀行等國際金融機構開展對話，爲推動化解熱點問題、完善全球治理作出貢獻。

各位同事！

一年來，在各成員國大力支持和幫助下，中方完成了主席國工作，並舉辦了本次峰會。在這裏，我向大家表示誠摯的謝意。中方願同各成員國一道，本着積極務實、友好合作的精神，全面落實本次會議的共識，支持下一任主席國吉爾吉斯斯坦的工作，攜手創造本組織更加光明的美好未來！

謝謝各位。

註　　釋

〔1〕見《論語·學而》。
〔2〕見《孟子·盡心上》。
〔3〕“三股勢力”，指暴力恐怖勢力、民族分裂勢力、宗教極端勢力。

金磚國家要爲構建人類命運共同體發揮建設性作用[*]

（二〇一八年七月二十五日）

金磚機制的誕生和發展，是世界經濟變遷和國際格局演變的產物。在第一個十年裏，金磚合作乘勢而起，亮點紛呈。五國秉持開放包容、合作共贏金磚精神，推動各領域務實合作不斷深入，深化了團結互信，增進了五國人民福祉，拉緊了利益和情感紐帶，爲世界經濟企穩復蘇並重回增長之路作出了突出貢獻。

當今世界正面臨百年未有之大變局。對廣大新興市場國家和發展中國家而言，這個世界既充滿機遇，也存在挑戰。我們要在國際格局演變的歷史進程中運籌金磚合作，在世界發展和金磚國家共同發展的歷史進程中謀求自身發展，在“金色十年”裏實現新的飛躍。

——未來十年，將是世界經濟新舊動能轉換的關鍵十年。人工智能、大數據、量子信息、生物技術等新一輪科技革命和產業變革正在積聚力量，催生大量新產業、新業態、新模

＊ 這是習近平在金磚國家工商論壇上講話的一部分。

式，給全球發展和人類生產生活帶來翻天覆地的變化。我們要抓住這個重大機遇，推動新興市場國家和發展中國家實現跨越式發展。

——未來十年，將是國際格局和力量對比加速演變的十年。新興市場國家和發展中國家對世界經濟增長的貢獻率已經達到百分之八十。按匯率法計算，這些國家的經濟總量佔世界的比重接近百分之四十。保持現在的發展速度，十年後將接近世界總量一半。新興市場國家和發展中國家羣體性崛起勢不可當，將使全球發展的版圖更加全面均衡，使世界和平的基礎更為堅實穩固。

——未來十年，將是全球治理體系深刻重塑的十年。世界多極化、經濟全球化在曲折中前行，地緣政治熱點此起彼伏，恐怖主義、武裝衝突的陰霾揮之不去。單邊主義、保護主義愈演愈烈，多邊主義和多邊貿易體制受到嚴重衝擊。要合作還是要對立，要開放還是要封閉，要互利共贏還是要以鄰為壑，國際社會再次來到何去何從的十字路口。全球治理體系的走向，關乎各國特別是新興市場國家和發展中國家發展空間，關乎全世界繁榮穩定。

金磚國家要順應歷史大勢，把握發展機遇，合力克服挑戰，為構建新型國際關係、構建人類命運共同體發揮建設性作用。

第一，堅持合作共贏，建設開放經濟。開放合作是科技進步和生產力發展的必然邏輯。貿易戰不可取，因為不會有贏家。經濟霸權主義更要不得，因為這將損害國際社會共同利益，最終也將搬起石頭砸自己的腳。

在世界經濟經歷深刻調整變革之時，只有開放才能使不同國家相互受益、共同繁榮、持久發展，才是各國應當作出的明智選擇。金磚國家要堅定建設開放型世界經濟，旗幟鮮明反對單邊主義和保護主義，促進貿易和投資自由化便利化，共同引導經濟全球化朝着更加開放、包容、普惠、平衡、共贏方向發展。要讓經濟全球化的正面效應更多釋放出來，幫助新興市場國家和發展中國家，特別是非洲國家和最不發達國家有效參與國際產業分工，共享經濟全球化的紅利。

第二，堅持創新引領，把握發展機遇。科技是第一生產力，爲人類文明進步提供了不竭動力。人類曾經歷農業文明、工業文明的數次飛躍，帶來了社會生產力大發展，同時也伴生着蛻變的陣痛。今天，世界再次來到這樣一個重要歷史節點。在新一輪科技革命和產業變革大潮中，除舊佈新必然導致產業變革，這個過程是艱難痛苦的。成功跨越蛻變，各國將得到發展新生機、新活力，給人民帶來更好生活、更多福祉。

在新科技帶來的新機遇面前，每個國家都有平等發展權利。潮流來了，跟不上就會落後，就會被淘汰。我們能够做的和應該做的就是要搶抓機遇，加大創新投入，着力培育新的經濟增長點，實現新舊動能轉換。要全力推進結構性改革，消除一切不利於創新的體制機制障礙，充分激發創新潛能和市場活力。要樹立全球視野，深化國際創新交流合作，發揮各自比較優勢和資源稟賦，讓科技進步惠及更多國家和人民。同時，我們要妥善化解信息化、自動化、智能化對傳統產業的衝擊，在培育新產業過程中創造新的就業機會。

　　第三，堅持包容普惠，造福各國人民。發展不平衡、不充分問題是各國面臨的共同挑戰。一方面，新興市場國家和發展中國家同發達國家的南北差距仍很明顯。另一方面，在各國內部，也都不同程度存在發展差距。

　　二〇三〇年可持續發展議程爲國際社會提供了綜合行動方案。金磚國家要立足自身國情，將二〇三〇年議程同本國發展戰略深入對接，堅持以人民爲中心，統籌經濟、社會、環境發展，不斷增強人民羣衆的獲得感、幸福感。要堅持人與自然和諧共生，推動國際社會全面落實《巴黎協定》，加快構築尊崇自然、綠色發展的生態體系。要積極推動國際發展合作，敦促發達國家履行官方發展援助承諾，增加對廣大發展中國家的支持。

　　非洲是發展中國家最集中的大陸，也是全球最具發展潛力的地區。我們要加強對非合作，支持非洲發展，努力把金磚國家同非洲合作打造成南南合作的樣板。具體合作中，應該結合自身實際，積極同非洲國家開展減貧、糧食安全、創新、基礎設施建設、工業化等領域項目合作，幫助各國經濟結構發展，爲落實非盟《二〇六三年議程》提供助力，讓古老的非洲大地展現出旺盛生機活力。

　　第四，堅持多邊主義，完善全球治理。良好穩定的外部環境，是所有國家發展的重要前提，對新興市場國家和發展中國家來說更是如此。現行國際秩序並不完美，但只要它以規則爲基礎，以公平爲導向，以共贏爲目標，就不能隨意被捨棄，更容不得推倒重來。

　　金磚國家要堅定奉行多邊主義，敦促各方切實遵守共同制定的國際規則，堅持大小國家一律平等，大家的事商量着辦，反對霸權主義和强權政治。要倡導共同、綜合、合作、可持續的安全觀，積極參與斡旋解決地緣政治熱點問題。要堅定支持多邊貿易體制，繼續推進全球經濟治理改革，提高新興市場國家和發展中國家代表性和發言權。不管是創新、貿易投資、知識産權保護等問題，還是網絡、外空、極地等新疆域，在制定新規則時都要充分聽取新興市場國家和發展中國家意見，反映他們的利益和訴求，確保他們的發展空間。

共築更加緊密的中非命運共同體[*]

（二〇一八年九月三日）

"海不辭水，故能成其大。"^{〔1〕}中國是世界上最大的發展中國家，非洲是發展中國家最集中的大陸，中非早已結成休戚與共的命運共同體。我們願同非洲人民心往一處想、勁往一處使，共築更加緊密的中非命運共同體，爲推動構建人類命運共同體樹立典範。

第一，攜手打造責任共擔的中非命運共同體。我們要擴大各層級政治對話和政策溝通，加強在涉及彼此核心利益和重大關切問題上的相互理解和支持，密切在重大國際和地區問題上的協作配合，維護中非和廣大發展中國家共同利益。

第二，攜手打造合作共贏的中非命運共同體。我們要抓住中非發展戰略對接的機遇，用好共建"一帶一路"帶來的重大機遇，把"一帶一路"建設同落實非洲聯盟《二〇六三年議程》、聯合國二〇三〇年可持續發展議程以及非洲各國發展戰略相互對接，開拓新的合作空間，發掘新的合作潛力，在傳統優勢領域深耕厚植，在新經濟領域加快培育亮點。

第三，攜手打造幸福共享的中非命運共同體。我們要把

＊ 這是習近平在二〇一八年中非合作論壇北京峰會開幕式上主旨講話的一部分。

增進民生福祉作爲發展中非關係的出發點和落腳點。中非合作要給中非人民帶來看得見、摸得着的成果和實惠。長期以來，中非一直互幫互助、同舟共濟，中國將爲非洲減貧發展、就業創收、安居樂業作出新的更大的努力。

第四，攜手打造文化共興的中非命運共同體。我們都爲中非各自燦爛的文明而自豪，也願爲世界文明多樣化作出更大貢獻。我們要促進中非文明交流互鑑、交融共存，爲彼此文明復興、文化進步、文藝繁榮提供持久助力，爲中非合作提供更深厚的精神滋養。我們要擴大文化藝術、教育體育、智庫媒體、婦女青年等各界人員交往，拉緊中非人民的情感紐帶。

第五，攜手打造安全共築的中非命運共同體。歷經磨難，方知和平可貴。中國主張共同、綜合、合作、可持續的新安全觀，堅定支持非洲國家和非洲聯盟等地區組織以非洲方式解決非洲問題，支持非洲落實"消弭槍聲的非洲"倡議。中國願爲促進非洲和平穩定發揮建設性作用，支持非洲國家提升自主維穩維和能力。

第六，攜手打造和諧共生的中非命運共同體。地球是人類唯一的家園。中國願同非洲一道，倡導綠色、低碳、循環、可持續的發展方式，共同保護青山綠水和萬物生靈。中國願同非洲加強在應對氣候變化、應用清潔能源、防控荒漠化和水土流失、保護野生動植物等生態環保領域交流合作，讓中國和非洲都成爲人與自然和睦相處的美好家園。

二〇一五年中非合作論壇約翰內斯堡峰會以來，中國全面落實約翰內斯堡峰會上確定的中非"十大合作計劃"：一大批鐵路、公路、機場、港口等基礎設施以及經貿合作區陸續建成或在建設之中，中非和平安全、科教文衛、減貧惠民、民間交往等合作深入推進，中國承諾提供的六百億美元資金支持都已兌現或作出安排。"十大合作計劃"給中非人民帶來豐碩成果，展現了中非共同的創造力、凝聚力、行動力，將中非全面戰略合作夥伴關係成功推向新的高度。

中國願以打造新時代更加緊密的中非命運共同體爲指引，在推進中非"十大合作計劃"基礎上，同非洲國家密切配合，未來三年和今後一段時間重點實施"八大行動"：

一是實施產業促進行動。中國決定在華設立中國—非洲經貿博覽會；鼓勵中國企業擴大對非投資，在非洲新建和升級一批經貿合作區；支持非洲在二〇三〇年前基本實現糧食安全，同非洲一道制定並實施中非農業現代化合作規劃和行動計劃，實施五十個農業援助項目，向非洲受災國家提供十億元人民幣緊急人道主義糧食援助，向非洲派遣五百名高級農業專家，培養青年農業科研領軍人才和農民致富帶頭人；支持成立中國在非企業社會責任聯盟；繼續加強和非洲國家本幣結算合作，發揮中非發展基金、中非產能合作基金、非洲中小企業發展專項貸款作用。

二是實施設施聯通行動。中國決定和非洲聯盟啓動編制《中非基礎設施合作規劃》；支持中國企業以投建營一體化等模式參與非洲基礎設施建設，重點加強能源、交通、信息通信、跨境水資源等合作，同非方一道實施一批互聯互通重點項目；支持非洲單一航空運輸市場建設，開通更多中非直航航班；爲非洲國家及其金融機構來華發行債券提供便利；在遵循多邊規則和程序的前提下，支持非洲國家更好利用亞洲基礎設施投資銀行、新開發銀行、絲路基金等資源。

三是實施貿易便利行動。中國決定擴大進口非洲商品特別是非資源類產品，支持非洲國家參加中國國際進口博覽會，免除非洲最不發達國家參展費用；繼續加強市場監管及海關方面交流合作，爲非洲實施五十個貿易暢通項目；定期舉辦中非品牌面對面活動；支持非洲大陸自由貿易區建設，繼續同非洲有意願的國家和地區開展自由貿易談判；推動中非電子商務合作，建立電子商務合作機制。

四是實施綠色發展行動。中國決定爲非洲實施五十個綠色發展和生態環保援助項目，重點加強在應對氣候變化、海洋合作、荒漠化防治、野生動物和植物保護等方面的交流合作；推進中非環境合作中心建設，加强環境政策交流對話和環境問題聯合研究；開展中非綠色使者計劃，在環保管理、污染防治、綠色經濟等領域爲非洲培養專業人才；建設中非竹子中心，幫助非洲開發竹藤產業；開展環境保護宣傳教育合作。

五是實施能力建設行動。中國決定同非洲加强發展經驗交流，支持開展經濟社會發展規劃方面合作；在非洲設立十個魯班[2]工坊，向非洲青年提供職業技能培訓；支持設立旨在推動青年創新創業合作的中非創新合作中心；實施頭雁計劃，爲非洲培訓一千名精英人才；爲非洲提供五萬個中國政府獎學金名額，爲非洲提供五萬個研修培訓名額，邀請兩千名非洲青年來華交流。

六是實施健康衛生行動。中國決定優化升級五十個醫療衛生援非項目，重點援建非洲疾控中心總部、中非友好醫院等旗艦項目；開展公共衛生交流和信息合作，實施中非新發再發傳染病、血吸蟲病、艾滋病、瘧疾等疾控合作項目；爲非洲培養更多專科醫生，繼續派遣並優化援非醫療隊；開展"光明行"、"愛心行"、"微笑行"等醫療巡診活動；實施面向弱勢羣體的婦幼心連心工程。

七是實施人文交流行動。中國決定設立中國非洲研究院，同非方深化文明互鑑；打造中非聯合研究交流計劃增強版；實施五十個文體旅遊項目，支持非洲國家加入絲綢之路國際劇院、博物館、藝術節等聯盟；打造中非媒體合作網絡；繼續推動中非互設文化中心；支持非洲符合條件的教育機構申辦孔子學院；支持更多非洲國家成爲中國公民組團出境旅遊目的地。

八是實施和平安全行動。中國決定設立中非和平安全合作基金，支持中非開展和平安全和維和維穩合作，繼續向非洲聯盟提供無償軍事援助。支持薩赫勒、亞丁灣、幾內亞灣等地區國家維護地區安全和反恐努力；設立中非和平安全論壇，爲中非在和平安全領域加強交流提供平臺；在共建"一帶一路"、社會治安、聯合國維和、打擊海盜、反恐等領域推動實施五十個安全援助項目。

爲推動"八大行動"順利實施，中國願以政府援助、金融機構和企業投融資等方式，向非洲提供六百億美元支持，其中包括：提供一百五十億美元的無償援助、無息貸款和優惠貸款；提供二百億美元的信貸資金額度；支持設立一百億美元的中非開發性金融專項資金和五十億美元的自非洲進口貿易融資專項資金；推動中國企業未來三年對非洲投資不少於一百億美元。同時，免除與中國有外交關係的非洲最不發達國家、重債窮國、内陸發展中國家、小島嶼發展中國家截至二〇一八年底到期未償還政府間無息貸款債務。

青年是中非關係的希望所在。我提出的中非"八大行動"倡議中，許多措施都着眼青年、培養青年、扶助青年，致力於爲他們提供更多就業機會、更好發展空間。去年十月，我同南南合作與發展學院的留華學生互致書信，他們中絶大多數來自非洲。我在信中勉勵他們堅持學以致用，行遠升高，積厚成器，爲推動中非合作和南南合作譜寫新篇章。

"紅日初升，其道大光。"[3] 我相信，只要中非友好的接力棒能够在青年一代手中不斷相傳，中非命運共同體就一定會更具生機活力，中華民族偉大復興的中國夢和非洲人民團結振興的非洲夢就一定能够早日實現！

註　　釋

〔1〕見《管子·形勢解》。

〔2〕魯班，姓公輸名般，春秋時期魯國人。中國古代建築工程家，被建築工匠尊爲祖師。

〔3〕見梁啟超《少年中國説》。

爲國際社會找到 有效經濟治理思路*

（二〇一八年十一月十七日）

　　當今世界的變局百年未有，變革會催生新的機遇，但變革過程往往充滿着風險挑戰，人類又一次站在了十字路口。合作還是對抗？開放還是封閉？互利共贏還是零和博弈？如何回答這些問題，關乎各國利益，關乎人類前途命運。

　　回顧近代以來的世界歷史，我們可以清楚地看到，不同選擇曾經給世界帶來迥異的歷史軌迹。

　　亞太地區有着亞太經合組織這樣的成功故事。亞太經合組織的誕生和發展順應了開放融合的歷史潮流，順應了亞太地區謀求發展的强烈願望，順應了各國人民攜手應對挑戰的共同需要。亞太的開放合作不僅激蕩着太平洋，也活躍了世界經濟的海洋。如今的亞太，是全球最具增長活力和發展潛力的經濟板塊，也是舉世公認的世界經濟增長的一個重要引擎。

　　然而，不是所有故事都這麽美好，人類也有過慘痛教訓。上世紀發生的第二次世界大戰，讓人類陷入了滔天浩劫。就

＊　這是習近平在亞太經合組織工商領導人峰會上主旨演講的一部分。

在離我們不遠的地方，曾經爆發第二次世界大戰期間慘烈的珊瑚海戰役、瓜達爾卡納爾戰役。今天，這片海面已經波瀾不驚，但我們不能忘卻歷史上的風風雨雨。

"明鏡所以照形，古事所以知今。"[1]我們回顧歷史，是要以史爲鑑，不讓歷史悲劇重演。面對歷史大潮，如何才能爲世界經濟發展把握正確方向？如何才能爲國際社會找到有效治理思路？這裏，我願提出以下主張。

第一，堅持開放導向，拓展發展空間。經濟全球化是人類社會發展必經之路，多邊貿易體制爲各國帶來了共同機遇。在各國相互依存日益緊密的今天，全球供應鏈、產業鏈、價值鏈緊密聯繫，各國都是全球合作鏈條中的一環，日益形成利益共同體、命運共同體。

這是經濟規律使然，不以人的意志爲轉移。我們應該把握時代大勢，客觀認識世界發展變化，以負責任、合規矩的方式應對新情況新挑戰。如果人爲設置壁壘，切斷各國經濟上的密切聯繫，不僅違背經濟規律和歷史潮流，也不符合各國人民普遍願望，既是短視的，也是不會成功的。

一個時代有一個時代的問題。問題本身並不可怕，關鍵是採取正確的辦法來解決問題。走保護主義、單邊主義的老路，不僅解決不了問題，還會加劇世界經濟的不確定性。歷史已經證明，只有堅持開放合作才能獲得更多發展機遇和更大發展空間，自我封閉只會失去世界，最終也會失去自己。

亞太經合組織是建設開放型世界經濟的先驅。茂物目標將於二〇二〇年到期，我們應該着眼二〇二〇年後合作願景，堅持推進亞太自由貿易區建設。我們應該旗幟鮮明反對保護主義、單邊主義，維護以世界貿易組織爲核心的多邊貿易體制，引導經濟全球化朝着更加開放、包容、普惠、平衡、共贏的方向發展，在開放中擴大共同利益，在合作中實現機遇共享。

第二，堅持發展導向，增進人民福祉。我們應該把人民福祉放在首位。世界上所有國家都享有平等的發展權利，任何人都無權也不能阻擋發展中國家人民對美好生活的追求。我們應該致力於加強發展合作，幫助發展中國家擺脫貧困，讓所有國家的人民都過上好日子。這才是最大的公平，也是國際社會的道義責任。

我們應該把落實二○三○年可持續發展議程納入本國發展戰略，促進經濟、社會、環境協調發展，根據自身國情推動普惠發展，積極構建平等均衡的全球發展夥伴關係。發達國家應該履行官方發展援助承諾，增加對廣大發展中國家的支持。

我們應該加強發展在國際經濟政策協調中的地位，在討論制定貿易和投資、知識産權保護、數字經濟等各領域政策和規則時應該有明確的發展視角，爲各國營造共同的發展機遇和空間，爲世界經濟增長提供強勁動力和穩定環境。"特殊與差別待遇"是世界貿易組織的重要基石。這一原則不能否定，否則將動搖多邊貿易體制的根基。

第三，堅持包容導向，促進交融互鑑。我們共同居住在同一個星球上，這個星球有二百多個國家和地區、二千五百多個民族、七十多億人口，搞清一色是不可能的。這種差異不應該成爲交流的障礙，更不能成爲對抗的理由。不同文明、制度、道路的多樣性及交流互鑑可以為人類社會進步提供強大動力。我們應該少一點傲慢和偏見、多一些尊重和包容，擁抱世界的豐富多樣，努力做到求同存異、取長補短，謀求和諧共處、合作共贏。

一個國家走什麼樣的道路，只有這個國家的人民最有發言權。一副藥方不可能包治百病，一種模式也不可能解決所有國家的問題。生搬硬套或強加於人都會引起水土不服。

第四，堅持創新導向，開闢增長源泉。當前，信息技術、生命科學、智能製造、綠色能源等前沿領域不斷突破，新材料、新產品、新業態迭代周期不斷縮短。大數據、3D打印、人工智能，這些曾經的科學幻想，如今已經融入人們的衣食住行用，未來已經來到我們身邊。

百舸爭流，奮楫者先。新科技革命和產業變革的時代浪潮奔騰而至，如果我們不應變、不求變，將錯失發展機遇，甚至錯過整個時代。我們應該以只爭朝夕的精神，探尋新的增長動力和發展路徑，消除一切不利於創新的體制機制障礙，充分激發創新潛能和市場活力，深化國際創新交流合作，更好應對各自和共同的發展挑戰。

新科技革命和產業變革是一次全方位變革，將對人類生產模式、生活方式、價值理念產生深刻影響。公平和效率、資本和勞動、技術和就業的關係成為國際社會的共同課題，處理不當將導致南北貧富差距進一步拉大。我們應該審時度勢、科學決策，引領新科技革命和產業變革朝着正確方向發展。

服務人民是科技創新的本質要求，各國都有權通過自身努力和國際合作從科技創新中受益。科技創新成果不應該被封鎖起來，不應該成爲只爲少數人牟利的工具。設立知識產權制度的目的是保護和激勵創新，而不是製造甚至擴大科技鴻溝。我們應該共同探討建立面向新科技革命和產業變革的政策制度體系，營造國際合作環境，讓科技創新成果爲更多國家和人民所及、所享、所用。

第五，堅持規則導向，完善全球治理。兩次世界大戰的慘痛教訓讓各國人民痛定思痛，建立了以聯合國爲主體，包括國際貨幣基金組織、世界銀行、世界貿易組織等機制的全球治理框架。雖然這個框架並不完美，卻是人類社會邁出的重要一步，爲過去幾十年世界和平與發展發揮了重要作用。以規則爲基礎加強全球治理是實現穩定發展的必要前提。規則應該由國際社會共同制定，而不是誰的胳膊粗、氣力大誰就說了算，更不能搞實用主義、雙重標準，合則用、不合則棄。

全球經濟治理體系要想公平有效，必須跟上時代。我們應該秉持共商共建共享理念，推動全球經濟治理體系變革。變革過程應該體現平等、開放、透明、包容精神，提高發展中國家代表性和發言權，遇到分歧應該通過協商解決，不能搞小圈子，不能强加於人。歷史告訴我們，如果走上對抗的道路，無論是冷戰、熱戰還是貿易戰，都不會有真正的贏家。國與國只要平等相待、互諒互讓，就沒有通過協商解決不了的問題。

註　釋

〔1〕見西晉陳壽《三國志·吳書·孫奮傳》。

共同努力把人類前途命運掌握在自己手中[*]

（二〇一九年三月二十六日）

　　兩年前，我在聯合國日內瓦總部演講時，發出"世界怎麼了、我們怎麼辦"之問。當今世界正面臨百年未有之大變局，和平與發展仍然是時代主題，同時不穩定性不確定性更加突出，人類面臨許多共同挑戰。

　　法國有句諺語説："人的命運掌握在自己的手裏。"面對嚴峻的全球性挑戰，面對人類發展在十字路口何去何從的抉擇，各國應該有以天下爲己任的擔當精神，積極做行動派、不做觀望者，共同努力把人類前途命運掌握在自己手中。

　　第一，堅持公正合理，破解治理赤字。全球熱點問題此起彼伏、持續不斷，氣候變化、網絡安全、難民危機等非傳統安全威脅持續蔓延，保護主義、單邊主義擡頭，全球治理體系和多邊機制受到衝擊。我們要堅持共商共建共享的全球治理觀，堅持全球事務由各國人民商量着辦，積極推進全球治理規則民主化。我們要繼續高舉聯合國這面多邊主義旗幟，

---

　　[*]　這是習近平在中法全球治理論壇閉幕式上講話的一部分。

充分發揮世界貿易組織、國際貨幣基金組織、世界銀行、二十國集團、歐盟等全球和區域多邊機制的建設性作用，共同推動構建人類命運共同體。

第二，堅持互商互諒，破解信任赤字。信任是國際關係中最好的黏合劑。當前，國際競爭摩擦呈上升之勢，地緣博弈色彩明顯加重，國際社會信任和合作受到侵蝕。我們要把互尊互信挺在前頭，把對話協商利用起來，堅持求同存異、聚同化異，通過坦誠深入的對話溝通，增進戰略互信，減少相互猜疑。要堅持正確義利觀，以義爲先、義利兼顧，構建命運與共的全球夥伴關係。要加強不同文明交流對話，加深相互理解和彼此認同，讓各國人民相知相親、互信互敬。當前中歐關係中合作是主流，即使有競爭，也應是良性競爭。我們要相互信任，並肩前行。

第三，堅持同舟共濟，破解和平赤字。人類今天所處的安全環境仍然堪憂，地區衝突和局部戰爭持續不斷，恐怖主義仍然猖獗，不少國家民衆特別是兒童飽受戰火摧殘。我們要秉持共同、綜合、合作、可持續的新安全觀，摒棄冷戰思維、零和博弈的舊思維，摒棄弱肉強食的叢林法則，以合作謀和平、以合作促安全，堅持以和平方式解決爭端，反對動輒使用武力或以武力相威脅，反對爲一己之私挑起事端、激化矛盾，反對以鄰爲壑、損人利己，各國一起走和平發展道路，實現世界長久和平。

第四，堅持互利共贏，破解發展赤字。經濟全球化是推動世界經濟增長的引擎。當前，逆全球化思潮正在發酵，保護主義的負面效應日益顯現，收入分配不平等、發展空間不平衡已成爲全球經濟治理面臨的最突出問題。我們要堅持創新驅動，打造富有活力的增長模式；堅持協同聯動，打造開放共贏的合作模式；堅持公平包容，打造平衡普惠的發展模式，讓世界各國人民共享經濟全球化發展成果。中國支持對世界貿易組織進行必要的改革，更好建設開放型世界經濟，維護多邊貿易體制，引導經濟全球化更加健康發展。"一帶一路"倡議豐富了國際經濟合作理念和多邊主義内涵，爲促進世界經濟增長、實現共同發展提供了重要途徑。我們歡迎包括法國在内的世界各國積極參與到共建"一帶一路"中來。

推動構建海洋命運共同體[*]

（二〇一九年四月二十三日）

海洋對於人類社會生存和發展具有重要意義。海洋孕育了生命、聯通了世界、促進了發展。我們人類居住的這個藍色星球，不是被海洋分割成了各個孤島，而是被海洋連結成了命運共同體，各國人民安危與共。海洋的和平安寧關乎世界各國安危和利益，需要共同維護，倍加珍惜。中國人民熱愛和平、渴望和平，堅定不移走和平發展道路。中國堅定奉行防禦性國防政策，倡導樹立共同、綜合、合作、可持續的新安全觀。中國軍隊始終高舉合作共贏旗幟，致力於營造平等互信、公平正義、共建共享的安全格局。海軍作爲國家海上力量主體，對維護海洋和平安寧和良好秩序負有重要責任。大家應該相互尊重、平等相待、增進互信，加強海上對話交流，深化海軍務實合作，走互利共贏的海上安全之路，攜手應對各類海上共同威脅和挑戰，合力維護海洋和平安寧。

當前，以海洋爲載體和紐帶的市場、技術、信息、文化等合作日益緊密，中國提出共建二十一世紀海上絲綢之路倡

---

* 這是習近平在集體會見出席中國人民解放軍海軍成立七十周年多國海軍活動外方代表團團長時的講話要點。

議，就是希望促進海上互聯互通和各領域務實合作，推動藍色經濟發展，推動海洋文化交融，共同增進海洋福祉。中國軍隊願同各國軍隊一道，爲促進海洋發展繁榮作出積極貢獻。

我們要像對待生命一樣關愛海洋。中國全面參與聯合國框架內海洋治理機制和相關規則制定與實施，落實海洋可持續發展目標。中國高度重視海洋生態文明建設，持續加強海洋環境污染防治，保護海洋生物多樣性，實現海洋資源有序開發利用，爲子孫後代留下一片碧海藍天。中國海軍將一如既往同各國海軍加強交流合作，積極履行國際責任義務，保障國際航道安全，努力提供更多海上公共安全產品。

海納百川、有容乃大。國家間要有事多商量、有事好商量，不能動輒就訴諸武力或以武力相威脅。各國應堅持平等協商，完善危機溝通機制，加強區域安全合作，推動涉海分歧妥善解決。這次多國海軍活動，將召開以“構建海洋命運共同體”爲主題的高層研討會，希望大家集思廣益、增進共識，努力爲推動構建海洋命運共同體貢獻智慧。

深化文明交流互鑑，
共建亞洲命運共同體*

（二〇一九年五月十五日）

尊敬的各位國家元首、政府首腦、國際組織負責人，

尊敬的各位嘉賓，

女士們，先生們，朋友們：

在這個草木生長的美好季節，來自亞洲四十七個國家和五大洲的各方嘉賓，爲深化文明交流互鑑共聚一堂，共襄盛舉。首先，我謹代表中國政府和中國人民，並以我個人的名義，對亞洲文明對話大會的召開，表示誠摯的祝賀！對各位嘉賓的到來，表示熱烈的歡迎！

當前，世界多極化、經濟全球化、文化多樣化、社會信息化深入發展，人類社會充滿希望。同時，國際形勢的不穩定性不確定性更加突出，人類面臨的全球性挑戰更加嚴峻，需要世界各國齊心協力、共同應對。

應對共同挑戰、邁向美好未來，既需要經濟科技力量，也需要文化文明力量。亞洲文明對話大會，爲促進亞洲及世

＊ 這是習近平在亞洲文明對話大會開幕式上的主旨演講。

界各國文明開展平等對話、交流互鑑、相互啟迪提供了一個新的平臺。

女士們、先生們、朋友們！

亞洲是人類最早的定居地之一，也是人類文明的重要發祥地。亞洲地大物博、山河秀美，在世界三分之一的陸地上居住着全球三分之二的人口，四十七個國家、一千多個民族星羅棋佈。從公元前數千年起，生活在底格里斯河—幼發拉底河、印度河—恆河、黃河—長江等流域的人們，開始耕耘灌溉、鑄器造皿、建設家園。一代又一代亞洲先民歷經歲月洗禮，把生產生活實踐鐫刻成悠久歷史、積澱成深厚文明。廣袤富饒的平原，碧波蕩漾的水鄉，遼闊壯美的草原，浩瀚無垠的沙漠，奔騰不息的江海，巍峨挺拔的山脈，承載和滋潤了多彩的亞洲文明。

在數千年發展歷程中，亞洲人民創造了輝煌的文明成果。《詩經》[1]、《論語》、《塔木德》[2]、《一千零一夜》[3]、《梨俱吠陀》[4]、《源氏物語》[5]等名篇經典，楔形文字、地圖、玻璃、阿拉伯數字、造紙術、印刷術等發明創造，長城、麥加大清真寺、泰姬陵、吳哥窟等恢宏建築……都是人類文明的寶貴財富。各種文明在這片土地上交相輝映，譜寫了亞洲文明發展史詩。

亞洲先人們早就開始了文明交流互鑑。絲綢之路、茶葉之路、香料之路等古老商路，助推絲綢、茶葉、陶瓷、香料、繪畫雕塑等風靡亞洲各國，記錄着亞洲先人們交往交流、互通有無的文明對話。現在，"一帶一路"、"兩廊一圈"、"歐亞經濟聯盟"等拓展了文明交流互鑑的途徑，各國在科技、教育、文化、衛生、民間交往等領域的合作蓬勃開展，亞洲文明也在自身内部及同世界文明的交流互鑑中發展壯大。

璀璨的亞洲文明，爲世界文明發展史書寫了濃墨重彩的篇章，人類文明因亞洲而更加絢爛多姿。從宗教到哲學、從道德到法律、從文學到繪畫、從戲劇到音樂、從城市到鄉村，亞洲形成了覆蓋廣泛的世俗禮儀、寫下了傳承千年的不朽巨著、留下了精湛深邃的藝術瑰寶、形成了種類多樣的制度成果，爲世界提供了豐富的文明選擇。

回顧歷史、展望世界，我們應該增强文明自信，在先輩們鑄就的光輝成就的基礎上，堅持同世界其他文明交流互鑑，努力續寫亞洲文明新輝煌。

女士們、先生們、朋友們!

亞洲各國山水相連、人文相親，有着相似的歷史境遇、相同的夢想追求。面向未來，我們應該把握大勢、順應潮流，努力把亞洲人民對美好生活的嚮往變成現實。

——亞洲人民期待一個和平安寧的亞洲。維護和平是每個國家都應該肩負起來的責任。没有和平，衝突不斷甚至戰火紛飛，經濟增長、民生改善、社會穩定、人民往來等都會淪爲空談。亞洲各國人民希望遠離恐懼，實現安居樂業、普遍安全，希望各國互尊互信、和睦相處，廣泛開展跨國界、跨時空、跨文明的交往活動，共同維護比金子還珍貴的和平時光。

——亞洲人民期待一個共同繁榮的亞洲。經濟發展是文明存續的有力支撑，繁榮富强是國家進步的重要基石。亞洲一些民衆特別是婦女兒童正忍受着貧困、飢餓、疾病的折磨，這樣的局面必須改變。亞洲各國人民希望遠離貧困、富足安康，希望各國合力推進開放、包容、普惠、平衡、共贏的經濟全球化，共同消除一些國家民眾依然面臨的貧窮落後，共同爲孩子們創造衣食無憂的生活，讓幸福和歡樂走進每一個家庭。

——亞洲人民期待一個開放融通的亞洲。亞洲近幾十年快速發展，一條十分重要的經驗就是敞開大門，主動融入世界經濟發展潮流。如果各國重新回到一個個自我封閉的孤島，人類文明就將因老死不相往來而喪失生機活力。亞洲各國人民希望遠離封閉、融會通達，希望各國秉持開放精神，推進政策溝通、設施聯通、貿易暢通、資金融通、民心相通，共同構建亞洲命運共同體、人類命運共同體。

女士們、先生們、朋友們！

文明因多樣而交流，因交流而互鑑，因互鑑而發展。我們要加強世界上不同國家、不同民族、不同文化的交流互鑑，夯實共建亞洲命運共同體、人類命運共同體的人文基礎。爲此，我願提出四點主張。

第一，堅持相互尊重、平等相待。每一種文明都扎根於自己的生存土壤，凝聚着一個國家、一個民族的非凡智慧和精神追求，都有自己存在的價值。人類只有膚色語言之別，文明只有姹紫嫣紅之別，但絕無高低優劣之分。認爲自己的人種和文明高人一等，執意改造甚至取代其他文明，在認識上是愚蠢的，在做法上是災難性的！如果人類文明變得只有一個色調、一個模式了，那這個世界就太單調了，也太無趣了！我們應該秉持平等和尊重，摒棄傲慢和偏見，加深對自身文明和其他文明差異性的認知，推動不同文明交流對話、和諧共生。

我訪問過世界上許多地方，最吸引我的就是韻味不同的文明，如中亞的古城撒馬爾罕、埃及的盧克索神廟、新加坡的聖淘沙、泰國的曼谷玉佛寺、希臘的雅典衛城等。中國願同各國開展亞洲文化遺產保護行動，爲更好傳承文明提供必要支撑。

第二，堅持美人之美、美美與共。每一種文明都是美的結晶，都彰顯着創造之美。一切美好的事物都是相通的。人們對美好事物的嚮往，是任何力量都無法阻擋的！各種文明本没有衝突，只是要有欣賞所有文明之美的眼睛。我們既要讓本國文明充滿勃勃生機，又要爲他國文明發展創造條件，讓世界文明百花園羣芳競艷。

文明之美集中體現在哲學、社會科學等經典著作和文學、音樂、影視劇等文藝作品之中。現在，大量外國優秀文化產品進入中國，許多中國優秀文化產品走向世界。中國願同有關國家一道，實施亞洲經典著作互譯計劃和亞洲影視交流合作計劃，幫助人們加深對彼此文化的理解和欣賞，爲展示和傳播文明之美打造交流互鑑平臺。

第三，堅持開放包容、互學互鑑。一切生命有機體都需要新陳代謝，否則生命就會停止。文明也是一樣，如果長期自我封閉，必將走向衰落。交流互鑑是文明發展的本質要求。只有同其他文明交流互鑑、取長補短，才能保持旺盛生命活力。文明交流互鑑應該是對等的、平等的，應該是多元的、多向的，而不應該是强制的、强迫的，不應該是單一的、單向的。我們應該以海納百川的寬廣胸懷打破文化交往的壁壘，以兼收並蓄的態度汲取其他文明的養分，促進亞洲文明在交流互鑑中共同前進。

人是文明交流互鑑最好的載體。深化人文交流互鑑是消除隔閡和誤解、促進民心相知相通的重要途徑。這些年來，中國同各國一道，在教育、文化、體育、衛生等領域搭建了衆多合作平臺，開闢了廣泛合作渠道。中國願同各國加強青少年、民間團體、地方、媒體等各界交流，打造智庫交流合作網絡，創新合作模式，推動各種形式的合作走深走實，爲推動文明交流互鑑創造條件。

第四，堅持與時俱進、創新發展。文明永續發展，既需要薪火相傳、代代守護，更需要順時應勢、推陳出新。世界文明歷史揭示了一個規律：任何一種文明都要與時偕行，不斷吸納時代精華。我們應該用創新增添文明發展動力、激活文明進步的源頭活水，不斷創造出跨越時空、富有永恆魅力的文明成果。

激發人們創新創造活力，最直接的方法莫過於走入不同文明，發現別人的優長，啟發自己的思維。二〇一八年，中國國內居民出境超過一點六億人次，入境遊客超過一點四億人次，這是促進中外文明交流互鑑的重要力量。中國願同各國實施亞洲旅遊促進計劃，爲促進亞洲經濟發展、增進亞洲人民友誼貢獻更大力量。

女士們、先生們、朋友們！

中華文明是亞洲文明的重要組成部分。自古以來，中華文明在繼承創新中不斷發展，在應時處變中不斷昇華，積澱着中華民族最深沉的精神追求，是中華民族生生不息、發展壯大的豐厚滋養。中國的造紙術、火藥、印刷術、指南針、天文曆法、哲學思想、民本理念等在世界上影響深遠，有力推動了人類文明發展進程。

中華文明是在同其他文明不斷交流互鑑中形成的開放體系。從歷史上的佛教東傳、"伊儒會通"，到近代以來的"西學東漸"、新文化運動、馬克思主義和社會主義思想傳入中國，再到改革開放以來全方位對外開放，中華文明始終在兼收並蓄中歷久彌新。親仁善鄰、協和萬邦是中華文明一貫的處世之道，惠民利民、安民富民是中華文明鮮明的價值導向，革故鼎新、與時俱進是中華文明永恆的精神氣質，道法自然、天人合一是中華文明內在的生存理念。

今日之中國，不僅是中國之中國，而且是亞洲之中國、世界之中國。未來之中國，必將以更加開放的姿態擁抱世界、以更有活力的文明成就貢獻世界。

女士們、先生們、朋友們！

這次亞洲文明對話大會議題廣泛、內容豐富，希望大家集思廣益、暢所欲言，提出真知灼見，共同創造亞洲文明和世界文明的美好未來！

最後，預祝亞洲文明對話大會圓滿成功！

謝謝大家。

註　　釋

〔1〕《詩經》，中國第一部詩歌總集。收録了西周初期至春秋中葉約五百年間的詩歌三百零五篇，分爲《國風》、《雅》、《頌》三部分。

〔2〕《塔木德》，猶太教口傳律法的彙編。

〔3〕《一千零一夜》，阿拉伯民間故事集。

〔4〕《梨俱吠陀》，印度最古老的詩歌總集。

〔5〕《源氏物語》，日本女作家紫式部創作的長篇小説，約於十一世紀初成書。

合力打造高質量世界經濟*

（二〇一九年六月二十八日）

國際金融危機發生十年後，世界經濟再次來到十字路口。保護主義、單邊主義持續蔓延，貿易和投資爭端加劇，全球產業格局和金融穩定受到衝擊，世界經濟運行風險和不確定性顯著上升，國際投資者信心明顯不足。

二十國集團是國際經濟合作主要論壇。作爲世界主要經濟體領導人，我們有責任在關鍵時刻爲世界經濟和全球治理把準航向，爲市場增强信心，給人民帶來希望。

——我們要尊重客觀規律。經濟運行有其自身規律。只有充分尊重經濟規律，發揮市場作用，掃除人爲障礙，才能適應生產力發展要求，實現貿易暢通、百業興旺。

——我們要把握發展大勢。古往今來，人類從閉塞走向開放、從隔絕走向融合是不可阻擋的時代潮流。我們要以更大的開放擁抱發展機遇，以更好的合作謀求互利共贏，引導經濟全球化朝正確方向發展。

——我們要胸懷共同未來。放眼世界，各國早已休戚相關、命運相連。我們要立足共同利益，着眼長遠發展，致力

＊ 這是習近平在二十國集團領導人峰會上關於世界經濟形勢和貿易問題發言的一部分。

於實現世界持久和平繁榮、各國人民安居樂業，避免因一時短視犯下不可挽回的歷史性錯誤。

我願提出以下幾點建議。

第一，堅持改革創新，挖掘增長動力。世界經濟已經進入新舊動能轉換期。我們要找準切入點，大力推進結構性改革，通過發展數字經濟、促進互聯互通、完善社會保障措施等，建設適應未來發展趨勢的產業結構、政策框架、管理體系，提升經濟運行效率和韌性，努力實現高質量發展。我們要抓住新技術、新產業、新業態不斷湧現的歷史機遇，營造有利市場環境，尊重、保護、鼓勵創新。我們要提倡國際創新合作，超越疆域局限和人爲藩籬，集全球之智，克共性難題，讓創新成果得以廣泛應用，惠及更多國家和人民。

第二，堅持與時俱進，完善全球治理。當前，經濟全球化遇到一些曲折，向我們提出了如何完善全球治理的時代命題。二十國集團應該繼續發揮引領作用，確保世界經濟開放、包容、平衡、普惠發展。我們要加強多邊貿易體制，對世界貿易組織進行必要改革。改革的目的是與時俱進，使得世界貿易組織能夠更加有效地踐行其開放市場、促進發展的宗旨。改革的結果應當有利於維護自由貿易和多邊主義，收窄發展鴻溝。同時，面對未來全球系統性金融風險挑戰，我們不但要確保金融安全網資源充足，也要讓國際金融架構的代表性更加合理，更好反映世界經濟現實格局。這不僅事關公平，也直接影響到應對挑戰和危機的針對性和有效性。我們還要落實應對氣候變化《巴黎協定》，完善能源治理、環境治理、數字治理。

第三，堅持迎難而上，破解發展瓶頸。當今世界面臨的各種難題，追根溯源都與發展鴻溝、發展赤字有關。全球範圍看，發展領域仍面臨巨大融資缺口，落實聯合國二○三○年可持續發展議程任重道遠。中國提出共建“一帶一路”倡議，目的就是動員更多資源，拉緊互聯互通紐帶，釋放增長動力，實現市場對接，讓更多國家和地區融入經濟全球化，共同走出一條互利共贏的康莊大道。第二屆“一帶一路”國際合作高峰論壇的成功表明，這一倡議是合民心、順潮流的好事，得到國際社會普遍歡迎和支持。二十國集團應該繼續將發展置於宏觀經濟政策協調的優先位置，增加發展投入，用實實在在的行動引領發展合作。這既是對廣大發展中國家期待的回應，也將爲世界經濟增長增添持久動力。

第四，堅持夥伴精神，妥善處理分歧。二十國集團成員匯聚了主要發達經濟體和新興市場經濟體，經濟總量佔世界近百分之九十。我們處在不同發展階段，在一些問題上存在利益差異和觀點分歧很正常。關鍵是要弘揚夥伴精神，本着相互尊重、相互信任態度，平等協商、求同存異、管控分歧、擴大共識。大國之間如果能做到這一點，不僅符合自身利益，也有利於世界和平與發展。

十八、推動共建
"一帶一路"走深走實

打造一條跨越太平洋的合作之路[*]

（二〇一八年一月二十二日）

當今世界正處於大發展大變革大調整時期，各國相互聯繫和依存日益加深，人類面臨許多共同挑戰。中國同拉美和加勒比國家地理相距雖然遙遠，但同屬發展中國家，世界和平、發展繁榮和人民幸福是我們共同追求的夢想。中國人民願同拉美和加勒比各國人民攜手並進，爲推動構建人類命運共同體作出更大貢獻。

四年前，我提出"一帶一路"國際合作倡議，就是要同有關各方一道，建設互聯互通國際合作新平臺，增添共同發展新動力。倡議提出後，得到包括許多拉美和加勒比國家在內的國際社會積極熱烈響應。歷史上，我們的先輩劈波斬浪，遠涉重洋，開闢了中拉"太平洋海上絲綢之路"。今天，我們要描繪共建"一帶一路"新藍圖，打造一條跨越太平洋的合作之路，把中國和拉美兩塊富饒的土地更加緊密地聯通起來，開啟中拉關係嶄新時代。

讓我們一起揚帆起航，駛向中拉關係更加美好的明天，駛向人類更加美好的未來！

---

[*] 這是習近平致中國—拉美和加勒比國家共同體論壇第二屆部長級會議賀信的一部分。

加强戰略和行動對接，
攜手推進"一帶一路"建設[*]

（二〇一八年七月十日）

中阿友誼源遠流長，歷久彌新。中阿兩大民族雖相隔遥遠，卻親如一家。我們在古絲綢之路上"舟舶繼路、商使交屬"[1]，在爭取民族獨立和人民解放的鬥爭中並肩奮鬥、患難與共，在各自國家建設事業中相互支持、互利合作，譜寫了合作共贏的燦爛篇章。歷史和實踐證明，無論國際風雲如何變幻，無論面臨怎樣的艱難險阻，中阿始終是互惠互利的好夥伴、同甘共苦的好兄弟。

爲促進各國共同繁榮進步，中方倡議共建"一帶一路"，秉持共商共建共享原則，推動政策溝通、設施聯通、貿易暢通、資金融通、民心相通，得到包括阿拉伯世界在内的國際社會廣泛支持和積極參與。作爲歷史上絲路文明的重要參與者和締造者之一，阿拉伯國家身處"一帶一路"交匯地帶，是共建"一帶一路"的天然合作夥伴。

中國發表了對阿拉伯國家政策白皮書，"一帶一路"成

　＊　這是習近平在中阿合作論壇第八屆部長級會議開幕式上講話的一部分。

爲中阿關係重要内容。阿拉伯國家聯盟外長理事會通過決議，表達阿拉伯國家集體參與“一帶一路”建設政治意願。本屆部長級會議上，中阿雙方還將簽署《中阿合作共建“一帶一路”行動宣言》。

四年來，我們攜手同行，把“一帶一路”同地區實際結合起來，把集體行動同雙邊合作結合起來，把促進發展同維護和平結合起來，優勢互補，合作共贏，造福地區人民和世界人民。“一帶一路”建設落地之處呈現出多姿多彩、生機勃勃的面貌，結出纍纍碩果。

四年來，“一帶一路”建設全面帶動中阿關係發展，中阿全方位合作進入新階段。在此，我宣佈，經過中阿雙方友好協商，我們一致同意建立全面合作、共同發展、面向未來的中阿戰略夥伴關係。這是中阿友好合作新的歷史起點。

中方願同阿方加强戰略和行動對接，攜手推進“一帶一路”建設，共同做中東和平穩定的維護者、公平正義的捍衛者、共同發展的推動者、互學互鑑的好朋友，努力打造中阿命運共同體，爲推動構建人類命運共同體作出貢獻。

第一，增進戰略互信。“大道之行，天下爲公。”[2]當前，中東面臨消除和平之殤、破解發展之困的緊迫任務，中國的中東政策順應中東人民追求和平、期盼發展的强烈願望，在國際上爲阿拉伯國家合理訴求代言，願爲促進地區和平穩定發揮更大作用。

我們要堅持對話協商。中東很多事情盤根錯節，大家要商量着辦，不能一家説了算，一家説了也不可能算。我們要堅守主權原則，反對搞分裂割據。我們要倡導包容性和解，反對搞壓制性妥協。我們要反對恐怖主義，加强綜合施策，抓好民生建設。

中方願圍繞發展促和平、集體安全、人道主義救援、海上通道航行、無核武器區等廣泛議題，同阿方開展更多對話協商。在此，我宣佈，中方設立"以產業振興帶動經濟重建專項計劃"，提供二百億美元貸款額度，同有重建需求的國家加强合作，按照商業化原則推進就業面廣、促穩效益好的項目。中國將再向叙利亞、也門、約旦、黎巴嫩人民提供六億元人民幣援助，用於當地人道主義和重建事業。中國還將同地區國家探討實施總額爲十億元人民幣的項目，支持有關國家維穩能力建設。

第二，實現復興夢想。阿拉伯世界區位條件優越、能源稟賦突出。中阿雙方優勢互補、利益交匯，我們要把彼此發展戰略對接起來，讓兩大民族復興之夢緊密相連。

要牢牢抓住互聯互通這個"龍頭"。中方願參與阿拉伯國家有關港口和未來阿拉伯鐵路網建設，支持阿方構建連接中亞和東非、溝通印度洋和地中海的黄金樞紐物流網。我們要攜手打造藍色經濟通道，共建海洋合作中心，促進海洋產業發展，提升海洋公共服務能力。要共建"一帶一路"空間信息走廊，發展航天合作，推動中國北斗導航系統和氣象遥感衛星技術服務阿拉伯國家建設。

要積極推動油氣合作、低碳能源合作"雙輪"轉動。我們要繼續推進"油氣＋"合作模式，深化石油、天然氣勘探、開採、煉化、儲運等全產業鏈合作，要順應全球能源革命、綠色低碳產業蓬勃發展，加强和平利用核能、太陽能、風能、水電等領域合作，共同構建油氣牽引、核能跟進、清潔能源提速的中阿能源合作格局，打造互惠互利、長期友好的中阿能源戰略合作關係。

要努力實現金融合作、高新技術合作"兩翼"齊飛。我們要研究如何發揮好高新技術的驅動作用和金融合作的服務支撐作用，爲共建"一帶一路"做好短期配合和長期配套，探索適合中東需求、體現中東特色的金融、科技合作模式。

中方支持建立産能合作金融平臺，圍繞工業園建設拓展多元化投融資渠道，推進園區服務、企業成長、金融支持三位一體發展。中方支持中國有關金融證券機構同阿拉伯國家主權財富基金和管理機構合作，建立立足海灣、輻射中東北非、吸收全球投資者的國際交易平臺，爭取實現要素自由流動、資源高效配置、市場深度融合，服務"一帶一路"建設。爲推動金融同業交流合作，中方將成立"中國—阿拉伯國家銀行聯合體"，配備三十億美元金融合作專項貸款。

中方願結合阿拉伯國家中長期發展戰略規劃，加強雙方數字經濟、人工智能、新材料、生物製藥、智慧城市等領域合作。我們要落實好中阿科技夥伴計劃，在雙方感興趣的重點領域共建聯合實驗室。要加快網上絲綢之路建設，爭取在網絡基礎設施、大數據、雲計算、電子商務等領域達成更多合作共識和成果。

第三，實現互利共贏。中國將堅持全面深化改革，堅持對外開放基本國策，堅持打開國門搞建設。未來五年，中國將進口超過八萬億美元商品，對外投資總額將超過七千五百億美元，這將給阿拉伯國家帶來更多合作機會和實實在在的利好。我們要繼續用好支持中東工業化的專項貸款和優惠性質貸款，推動中國企業參與園區開發建設、招商運營，促進產業聚集。中國歡迎阿拉伯國家參加今年十一月在上海舉辦的首屆中國國際進口博覽會，將在今後五年實現阿拉伯國家參加博覽會及貿易和投資綜合展全覆蓋。中國願務實推進同海灣阿拉伯國家合作委員會、巴勒斯坦自由貿易區談判，也願同更多阿拉伯國家探索商簽全面自由貿易協定的可能性。

第四，促進包容互鑑。文明的活力在於交往交流交融。歷史上，中華文明和阿拉伯文明交相輝映。今天，我們要更多向對方汲取智慧和營養。我倡議成立的中阿改革發展研究中心運作良好，已成為雙方交流改革開放、治國理政經驗的思想平臺。今後，中心要做大做強，為雙方提供更多智力支持。

我們要傳播重和平、尚和諧、求真知的理念，辦好中阿文明對話暨去極端化圓桌會議。我們要以對話消除誤解，以包容化解分歧，營造正信正行的良好氛圍。我們要深入挖掘不同宗教中增進和諧、健康向上的內容，結合時代進步要求做好教義闡釋。我們要合作建設網絡文明，共同反對網絡上宣揚極端、散佈仇恨的言論。

為推動中阿人民情感交流、心靈溝通，未來三年，中國將再從阿拉伯國家邀請一百名青年創新領袖、二百名青年科學家、三百名科技人員來華研討，再邀請一百名宗教人士、六百名政黨領導人訪華，再為阿拉伯國家提供一萬個各類培訓名額，再向阿拉伯國家派遣五百名醫療隊員。

我在此宣佈，中阿新聞交流中心正式成立，中阿電子

圖書館門户網站項目正式啟動，中阿共同在華舉辦的第四屆
“阿拉伯藝術節”正式啟動。

註　　釋

〔1〕見南北朝時期沈約《宋書·夷蠻傳》。
〔2〕見《禮記·禮運》。

共同繪製好
"一帶一路"的"工筆畫"*

（二〇一八年八月二十七日）

　　共建"一帶一路"順應了全球治理體系變革的内在要求，彰顯了同舟共濟、權責共擔的命運共同體意識，爲完善全球治理體系變革提供了新思路新方案。我們要堅持對話協商、共建共享、合作共贏、交流互鑑，同沿綫國家謀求合作的最大公約數，推動各國加强政治互信、經濟互融、人文互通，一步一個腳印推進實施，一點一滴抓出成果，推動共建"一帶一路"走深走實，造福沿綫國家人民，推動構建人類命運共同體。

　　二〇一三年秋天，我們提出共建"一帶一路"倡議以來，引起越來越多國家熱烈響應，共建"一帶一路"正在成爲我國參與全球開放合作、改善全球經濟治理體系、促進全球共同發展繁榮、推動構建人類命運共同體的中國方案。五年來，共建"一帶一路"大幅提升了我國貿易投資自由化便利化水平，推動我國開放空間從沿海、沿江向内陸、沿邊延伸，形成陸海内外聯動、東西雙向互濟的開放新格局；我們同"一

---

　　* 這是習近平在推進"一帶一路"建設工作五周年座談會上的講話要點。

帶一路"相關國家的貨物貿易額累計超過五萬億美元,對外直接投資超過六百億美元,爲當地創造二十多萬個就業崗位,我國對外投資成爲拉動全球對外直接投資增長的重要引擎。

當今世界正處於大發展大變革大調整時期,我們要具備戰略眼光,樹立全球視野,既要有風險憂患意識,又要有歷史機遇意識,努力在這場百年未有之大變局中把握航向。以共建"一帶一路"爲實踐平臺推動構建人類命運共同體,這是從我國改革開放和長遠發展出發提出來的,也符合中華民族歷來秉持的天下大同理念,符合中國人懷柔遠人、和諧萬邦的天下觀,佔據了國際道義制高點。共建"一帶一路"不僅是經濟合作,而且是完善全球發展模式和全球治理、推進經濟全球化健康發展的重要途徑。

廣大發展中國家加快工業化城鎮化、進而實現經濟獨立和民族振興方興未艾。共建"一帶一路"之所以得到廣泛支持,反映了各國特別是廣大發展中國家對促和平、謀發展的願望。共建"一帶一路"是經濟合作倡議,不是搞地緣政治聯盟或軍事同盟;是開放包容進程,不是要關起門來搞小圈子或者"中國俱樂部";是不以意識形態劃界,不搞零和遊戲,只要各國有意願,我們都歡迎。

經過夯基壘臺、立柱架梁的五年,共建"一帶一路"正在向落地生根、持久發展的階段邁進。我們要百尺竿頭、更進一步,在保持健康良性發展勢頭的基礎上,推動共建"一帶一路"向高質量發展轉變,這是下一階段推進共建"一帶一路"工作的基本要求。要堅持穩中求進工作總基調,貫徹新發展理念,集中力量、整合資源,以基礎設施等重大項目建設和產能合作爲重點，解決好重大項目、金融支撐、投資環境、風險管控、安全保障等關鍵問題，形成更多可視性成果，積土成山、積水成淵，推動這項工作不斷走深走實。

過去幾年共建"一帶一路"完成了總體佈局，繪就了一幅"大寫意"，今後要聚焦重點、精雕細琢，共同繪製好精謹細膩的"工筆畫"。要在項目建設上下功夫，建立工作機制，完善配套支持，全力推動項目取得積極進展，注意實施雪中送炭、急對方之所急、能够讓當地老百姓受益的民生工程。要在開拓市場上下功夫，搭建更多貿易促進平臺，引導有實力的企業到沿綫國家開展投資合作，發展跨境電子商務等貿易新業態、新模式，注重貿易平衡。要在金融保障上下功夫，加快形成金融支持共建"一帶一路"的政策體系，有序推動人民幣國際化，引導社會資金共同投入沿綫國家基礎設施、資源開發等項目，爲走出去企業提供外匯資金支持。要推動教育、科技、文化、體育、旅遊、衛生、考古等領域交流蓬勃開展，圍繞共建"一帶一路"開展卓有成效的民生援助。要規範企業投資經營行爲，合法合規經營，注意保護環境，履行社會責任，成爲共建"一帶一路"的形象大使。要高度重視境外風險防範，完善安全風險防範體系，全面提高境外安全保障和應對風險能力。

要加強黨對共建"一帶一路"工作的領導。各地區各部門要增強"四個意識"、堅定"四個自信"，主動站在黨和國家大局上謀劃推動共建"一帶一路"工作。推進"一帶一路"建設工作領導小組要根據黨中央統一部署，發揮牽頭抓總作用，協調各地區各部門，明確工作重點，細化工作方案，層層分解任務，加强督促檢查，推動有關部署和舉措逐項落到實處。各地區要加强共建"一帶一路"同京津冀協同發展、長江經濟帶發展、粵港澳大灣區建設等國家戰略對接，促進西部地區、東北地區在更大範圍、更高層次上開放，助推内陸沿邊地區成爲開放前沿，帶動形成陸海内外聯動、東西雙向互濟的開放格局。

推動共建"一帶一路"高質量發展[*]

（二〇一九年四月二十六日）

　　共建"一帶一路"倡議，目的是聚焦互聯互通，深化務實合作，攜手應對人類面臨的各種風險挑戰，實現互利共贏、共同發展。在各方共同努力下，"六廊六路多國多港"的互聯互通架構基本形成，一大批合作項目落地生根，首屆高峰論壇的各項成果順利落實，一百五十多個國家和國際組織同中國簽署共建"一帶一路"合作協議。共建"一帶一路"倡議同聯合國、東盟、非盟、歐盟、歐亞經濟聯盟等國際和地區組織的發展和合作規劃對接，同各國發展戰略對接。從亞歐大陸到非洲、美洲、大洋洲，共建"一帶一路"爲世界經濟增長開闢了新空間，爲國際貿易和投資搭建了新平臺，爲完善全球經濟治理拓展了新實踐，爲增進各國民生福祉作出了新貢獻，成爲共同的機遇之路、繁榮之路。事實證明，共建"一帶一路"不僅爲世界各國發展提供了新機遇，也爲中國開放發展開闢了新天地。

---

[*] 這是習近平在第二屆"一帶一路"國際合作高峰論壇開幕式上主旨演講的一部分。

中國古人説:"萬物得其本者生,百事得其道者成。"[1]共建"一帶一路",順應經濟全球化的歷史潮流,順應全球治理體系變革的時代要求,順應各國人民過上更好日子的強烈願望。面向未來,我們要聚焦重點、深耕細作,共同繪製精謹細膩的"工筆畫",推動共建"一帶一路"沿着高質量發展方向不斷前進。

——我們要秉持共商共建共享原則,倡導多邊主義,大家的事大家商量着辦,推動各方各施所長、各盡所能,通過雙邊合作、三方合作、多邊合作等各種形式,把大家的優勢和潛能充分發揮出來,聚沙成塔、積水成淵。

——我們要堅持開放、綠色、廉潔理念,不搞封閉排他的小圈子,把綠色作爲底色,推動綠色基礎設施建設、綠色投資、綠色金融,保護好我們賴以生存的共同家園,堅持一切合作都在陽光下運作,共同以零容忍態度打擊腐敗。我們發起了《廉潔絲綢之路北京倡議》,願同各方共建風清氣正的絲綢之路。

——我們要努力實現高標準、惠民生、可持續目標,引入各方普遍支持的規則標準,推動企業在項目建設、運營、採購、招投標等環節按照普遍接受的國際規則標準進行,同時要尊重各國法律法規。要堅持以人民爲中心的發展思想,聚焦消除貧困、增加就業、改善民生,讓共建"一帶一路"成果更好惠及全體人民,爲當地經濟社會發展作出實實在在的貢獻,同時確保商業和財政上的可持續性,做到善始善終、善作善成。

共建"一帶一路",關鍵是互聯互通。我們應該構建全球互聯互通夥伴關係，實現共同發展繁榮。我相信，只要大家齊心協力、守望相助，即使相隔萬水千山，也一定能够走出一條互利共贏的康莊大道。

基礎設施是互聯互通的基石，也是許多國家發展面臨的瓶頸。建設高質量、可持續、抗風險、價格合理、包容可及的基礎設施，有利於各國充分發揮資源禀賦，更好融入全球供應鏈、產業鏈、價值鏈，實現聯動發展。中國將同各方繼續努力，構建以新亞歐大陸橋等經濟走廊為引領，以中歐班列、陸海新通道等大通道和信息高速路為骨架，以鐵路、港口、管網等為依託的互聯互通網絡。我們將繼續發揮共建"一帶一路"專項貸款、絲路基金、各類專項投資基金的作用，發展絲路主題債券，支持多邊開發融資合作中心有效運作。我們歡迎多邊和各國金融機構參與共建"一帶一路"投融資，鼓勵開展第三方市場合作，通過多方參與實現共同受益的目標。

商品、資金、技術、人員流通，可以為經濟增長提供强勁動力和廣闊空間。"河海不擇細流，故能就其深。"[2]如果人為阻斷江河的流入，再大的海，遲早都有乾涸的一天。我們要促進貿易和投資自由化便利化，旗幟鮮明反對保護主義，推動經濟全球化朝着更加開放、包容、普惠、平衡、共贏的方向發展。我們將同更多國家商簽高標準自由貿易協定，加強海關、稅收、審計監管等領域合作，建立共建"一帶一路"稅收徵管合作機制，加快推廣"經認證的經營者"國際互認合作。我們還制定了《"一帶一路"融資指導原則》，發佈了《"一帶一路"債務可持續性分析框架》，為共建"一帶一路"

融資合作提供指南。中方今年將舉辦第二屆中國國際進口博覽會，爲各方進入中國市場搭建更廣闊平臺。

創新就是生產力，企業賴之以强，國家賴之以盛。我們要順應第四次工業革命發展趨勢，共同把握數字化、網絡化、智能化發展機遇，共同探索新技術、新業態、新模式，探尋新的增長動能和發展路徑，建設數字絲綢之路、創新絲綢之路。中國將繼續實施共建“一帶一路”科技創新行動計劃，同各方一道推進科技人文交流、共建聯合實驗室、科技園區合作、技術轉移四大舉措。我們將積極實施創新人才交流項目，未來五年支持五千人次中外方創新人才開展交流、培訓、合作研究。我們還將支持各國企業合作推進信息通信基礎設施建設，提升網絡互聯互通水平。

發展不平衡是當今世界最大的不平衡。在共建“一帶一路”過程中，要始終從發展的視角看問題，將可持續發展理念融入項目選擇、實施、管理的方方面面。我們要致力於加强國際發展合作，爲發展中國家營造更多發展機遇和空間，幫助他們擺脱貧困，實現可持續發展。爲此，我們同各方共建“一帶一路”可持續城市聯盟、綠色發展國際聯盟，制定《“一帶一路”綠色投資原則》，發起“關愛兒童、共享發展，促進可持續發展目標實現”合作倡議。我們啟動共建“一帶一路”生態環保大數據服務平臺，將繼續實施綠色絲路使者計劃，並同有關國家一道，實施“一帶一路”應對氣候變化南南合作計劃。我們還將深化農業、衛生、減災、水資源等領域合作，同聯合國在發展領域加强合作，努力縮小發展差距。

我們要積極架設不同文明互學互鑑的橋梁，深入開展教育、科學、文化、體育、旅遊、衛生、考古等各領域人文合作，加強議會、政黨、民間組織往來，密切婦女、青年、殘疾人等羣體交流，形成多元互動的人文交流格局。未來五年，中國將邀請共建"一帶一路"國家的政黨、智庫、民間組織等一萬名代表來華交流。我們將鼓勵和支持沿綫國家社會組織廣泛開展民生合作，聯合開展一系列環保、反腐敗等領域培訓項目，深化各領域人力資源開發合作。我們將持續實施"絲綢之路"中國政府獎學金項目，舉辦"一帶一路"青年創意與遺產論壇、青年學生"漢語橋"夏令營等活動。我們還將設立共建"一帶一路"國際智庫合作委員會、新聞合作聯盟等機制，匯聚各方智慧和力量。

註　釋

〔1〕見本卷《堅持和完善中國特色社會主義制度、推進國家治理體系和治理能力現代化》註〔6〕。

〔2〕見西漢司馬遷《史記·李斯列傳》。

十九、不忘初心、牢記使命，把黨的自我革命推向深入

走得再遠都不能忘記來時的路[*]

（二○一七年十月三十一日）

只有不忘初心、牢記使命、永遠奮鬥，才能讓中國共產黨永遠年輕。只要全黨全國各族人民團結一心、苦幹實幹，中華民族偉大復興的巨輪就一定能夠乘風破浪、勝利駛向光輝的彼岸。

毛澤東同志稱這裏是中國共產黨的“產牀”，這個比喻很形象，我看這裏也是我們中國共產黨人的精神家園。

建黨時的每件文物都十分珍貴、每個情景都耐人尋味，我們要經常回憶、深入思索，從中解讀我們黨的初心。

我們黨的全部歷史都是從中共一大開啟的，我們走得再遠都不能忘記來時的路。

入黨誓詞字數不多，記住並不難，難的是終身堅守。每個黨員要牢記入黨誓詞，經常加以對照，堅定不移，終生不渝。

小小紅船承載千鈞，播下了中國革命的火種，開啟了中國共產黨的跨世紀航程。

從紀念館奠基那一刻起，我就一直想着落成後要來看一看，今天如願以償了，確實深受教育和鼓舞。在浙江工作期間，我曾經把“紅船精神”概括爲開天闢地、敢爲人先的首創

＊ 這是習近平在瞻仰上海中共一大會址和浙江嘉興南湖紅船時的講話要點。

精神，堅定理想、百折不撓的奮鬥精神，立黨爲公、忠誠爲民的奉獻精神。我們要結合時代特點大力弘揚"紅船精神"。

我們全體中央政治局常委同志這次集體出行，目的是回顧我們黨的光輝歷程特別是建黨時的歷史，進行革命傳統教育，學習革命先輩的崇高精神，明確肩負的重大責任，增強爲實現黨的十九大提出的目標任務而奮鬥的責任感和使命感。

上海黨的一大會址、嘉興南湖紅船是我們黨夢想起航的地方。我們黨從這裏誕生，從這裏出征，從這裏走向全國執政。這裏是我們黨的根脈。

"其作始也簡，其將畢也必巨。"[1]九十六年來，我們黨團結帶領人民取得了舉世矚目的偉大成就，這值得我們驕傲和自豪。同時，事業發展永無止境，共產黨人的初心永遠不能改變。唯有不忘初心，方可告慰歷史、告慰先輩，方可贏得民心、贏得時代，方可善作善成、一往無前。

黨的十九大擘畫了黨和國家事業發展的目標和任務，全黨同志必須堅持全心全意爲人民服務的根本宗旨，不斷帶領人民創造更加幸福美好的生活；牢記共產主義遠大理想，堅定中國特色社會主義共同理想，一步一個腳印向着美好未來和最高理想前進；始終保持謙虛謹慎、不驕不躁的作風，不畏艱難、不怕犧牲，爲實現"兩個一百年"奮鬥目標、實現中華民族偉大復興的中國夢而不懈奮鬥。

註　　釋

〔1〕見《莊子·人間世》。

力戒形式主義、官僚主義[*]

（二〇一七年十二月—二〇一九年一月十一日）

一

文章反映的情況，看似新表現，實則老問題，再次表明"四風"問題具有頑固性反復性。糾正"四風"不能止步，作風建設永遠在路上。各地區各部門都要擺擺表現，找找差距，抓住主要矛盾，特別要針對表態多調門高、行動少落實差等突出問題，拿出過硬措施，扎扎實實地改。各級領導幹部要帶頭轉變作風，身體力行，以上率下，形成"頭雁效應"。在即將開展的"不忘初心、牢記使命"主題教育中，要力戒形式主義，以好的作風確保好的效果。

（二〇一七年十二月就新華社文章《形式主義、官僚主義新表現值得警惕》作出的指示要點）

---

* 這是習近平二〇一七年十二月至二〇一九年一月十一日期間有關力戒形式主義、官僚主義論述的節錄。

二

黨的十九大描繪了未來發展的宏偉藍圖，要完成大會確定的各項目標任務，就必須在全黨大興調查研究之風。各級領導幹部要帶頭調研、經常調研，撲下身子，沉到一綫，全面了解情況，深入研究問題，把準事物的本質和規律，找到破解難題的辦法和路徑。要實事求是，有一是一、有二是二，既報喜又報憂，特別要力戒形式主義、官僚主義，堅決反對在調查研究中走馬觀花、淺嘗輒止、一得自矜、以偏概全，草率地下結論、做判斷。

（二〇一七年十二月十五日在中央宣傳部呈報的《弘揚脱貧攻堅精神，推動農村物質文明和精神文明協調發展——尋烏扶貧調研報告》上的批示）

三

"四風"問題具有頑固性反復性，糾正"四風"不能止步，作風建設永遠在路上。形式主義、官僚主義同我們黨的性質宗旨和優良作風格格不入，是我們黨的大敵、人民的大敵。中央政治局的同志必須帶頭樹立正確政績觀，始終做老實人、説老實話、幹老實事，自覺反對形式主義、官僚主義。中央政治局的同志不僅要帶頭不搞形式主義、官僚主義，而且要同形式主義、官僚主義的種種表現進行堅決鬥爭，聚焦突出問題，充分認識形式主義、官僚主義的多樣性和變異性，摸清形式主義、官僚主義在不同時期、不同地區、不同部門的不同表現，緊密聯繫具體實際，既解決老問題，也察覺新問題；既解決顯性問題，也解決隱性問題；既解決表層次問題，也解決深層次問題，抓出習慣，抓出長效。

（二〇一七年十二月二十五日—二十六日在主持中共中央政治局民主生活會時的講話要點）

四

還要注意一個問題，就是要把幹部從一些無謂的事務中解脫出來。現在，"痕跡管理"比較普遍，但重"痕"不重"績"、留"迹"不留"心"；檢查考核名目繁多、頻率過高、多頭重複；"文山會海"有所反彈。這些問題既佔用幹部大量時間、耗費大量精力，又助長了形式主義、官僚主義。過去常說"上面千條綫、下面一根針"，現在基層幹部說"上面千把錘、下面一根釘"，"上面千把刀、下面一顆頭"。這種狀況必須改變！黨中央已經對糾正這些問題提出了要求，各地區各部門各方面要抓好落實。要加强信息資源共享，不能簡單以留痕多少、上報材料多少來評判工作好壞。能利用現有數據材料的就不要基層反復提供，不要爲了圖自己方便，同樣的材料反復要、次次要、年年要，不要每個部門都去要同樣的材料，不要什麼人都去要材料。這方面要有個章法，把基層從提供材料的忙亂中解放出來。要控制各級開展監督檢查的總量和頻次，同類事項可以合併的要合併進行，減輕基層負擔，讓基層把更多時間用在抓工作落實上來。

（二〇一八年十一月二十六日在主持中共十九屆中央政治局第十次集體學習時的講話）

五

　　形式主義、官僚主義是目前黨內存在的突出矛盾和問題，是阻礙黨的路綫方針政策和黨中央重大決策部署貫徹落實的大敵。現實生活中，有的落實黨中央決策部署不用心、不務實、不盡力，口號喊得震天響、行動起來輕飄飄，把説的當做了，把做了當做成了。有的地方要求事事留痕，把“痕迹”當“政績”，把精準扶貧搞成了精準填表，用紙面數字來展現所謂扶貧成效。有的工作拖沓敷衍，遇事推諉扯皮、迴避矛盾和問題，一點點小事都要層層上報請示，看似講規矩，實則不擔當。有的拍腦袋決策，搞家長制、“一言堂”，把個人凌駕於組織之上，容不下他人，聽不得不同意見。有的地方問責泛化濫用，動不動就簽“責任狀”、搞“一票否決”，甚至把問責作爲推卸責任的“擋箭牌”。

　　這些問題必須從講政治的高度來審視，從思想和利益根源上來破解。形式主義背後是功利主義、實用主義作祟，政績觀錯位、責任心缺失，只想當官不想幹事，只想出彩不想擔責，滿足於做表面文章，重顯績不重潛績，重包裝不重實效。官僚主義背後是官本位思想，價值觀走偏、權力觀扭曲，盲目依賴個人經驗和主觀判斷，嚴重脫離實際、脫離羣衆。這些思想和行爲，都會使黨的路綫方針政策難以貫徹，使羣衆熱切期待落空，使黨的執政基礎受到侵蝕。

（二〇一九年一月十一日在中共十九屆中央紀委三次全會上的講話）

六

要把力戒形式主義、官僚主義作爲重要任務。反對形式主義要着重解決工作不實問題，督促領導幹部樹立正確政績觀，克服浮躁情緒，拋棄私心雜念。反對官僚主義要着重解決在人民羣衆利益上不維護、不作爲問題，既注重維護最廣大人民根本利益和長遠利益，又切實解決羣衆最關心最直接最現實的利益問題。各地區各部門黨委（黨組）要履行主體責任，緊盯形式主義、官僚主義新動向新表現，拿出有效管用的整治措施。各級領導機關要把自己擺進去，帶頭查擺自身存在的形式主義、官僚主義問題。各級紀檢監察機關要把整治形式主義、官僚主義擺在突出位置來抓，對典型案例一律通報曝光。

（二〇一九年一月十一日在中共十九屆中央紀委三次全會上的講話）

重整行裝再出發，以永遠在路上的執着把全面從嚴治黨引向深入[*]

（二〇一八年一月十一日）

當前和今後一個時期，深入推進全面從嚴治黨，要全面貫徹黨的十九大精神，以新時代中國特色社會主義思想爲指導，增強"四個意識"，堅定"四個自信"，緊緊圍繞堅持和加強黨的全面領導，緊緊圍繞維護黨中央權威和集中統一領導，全面推進黨的政治建設、思想建設、組織建設、作風建設、紀律建設，把制度建設貫穿其中，深入推進反腐敗鬥爭，在堅持中深化、在深化中發展，實現黨內政治生態根本好轉，不斷增強黨的創造力、凝聚力、戰鬥力，爲決勝全面建成小康社會、全面建設社會主義現代化國家提供堅強保證。

（一）堅持以黨的政治建設爲統領，堅決維護黨中央權威和集中統一領導。馬克思主義執政黨就要旗幟鮮明講政治。大量事實表明，黨內存在的各種問題，從根本上講，都與政治建設軟弱乏力、政治生活不嚴肅不健康有關。黨的十九大把黨的政治建設納入黨的建設總體佈局並擺在首位，是從戰略和全局高度作出的重大決策。

---

[*] 這是習近平在中共十九屆中央紀委二次全會上講話的一部分。

　　加强黨的政治建設，必須把維護黨中央權威和集中統一領導作爲首要任務。黨内所有的政治問題，歸根到底就是對黨是否忠誠。忠誠是共產黨人必須具備的優秀品格。"忠誠印寸心，浩然充兩間"[1]的堅毅，"砍頭不要緊，只要主義真"[2]的無畏，腹中滿是草根而寧死不屈的氣節，十指釘入竹籤而永不叛黨的堅貞，無數先烈用鮮血詮釋了對黨的忠誠。對黨忠誠必須是純粹的、無條件的，是政治標準、更是實踐標準，鮮明體現在堅決貫徹黨中央決策部署上。中軍帳運籌帷幄，一盤棋車馬分明，黨中央作出的決策部署，所有黨組織都要不折不扣貫徹落實。任何時候任何情況下，黨的領導幹部在政治上都要站得穩、靠得住，對黨忠誠老實、與黨中央同心同德，嚴守政治紀律和政治規矩，不斷增强政治定力、紀律定力、道德定力、抵腐定力，把"四個意識"轉化成聽黨指揮、爲黨盡責的實際行動。

　　一個政黨必須有自己的政治靈魂。中國共產黨的理想信念，就是馬克思主義真理信仰，共產主義遠大理想，中國特色社會主義共同理想。領導幹部要結合學習領會新時代中國特色社會主義思想，多讀、精讀一些馬克思主義經典作家的著作，多讀、精讀一些馬克思主義中國化的經典篇章，掌握貫穿其中的馬克思主義立場觀點方法，將其内化於心，真正做到對馬克思主義虔誠而執着、至信而深厚，真正讓理想信念成爲自己心中的燈塔，凝聚精氣神的靈魂。

　　理想信念不可能憑空產生，也不可能輕而易舉堅守。我們要經受住"四大考驗"[3]、抵禦住"四種危險"[4]，必須立足當前、着眼長遠，深刻認識共產主義遠大理想和中國特色社會主義共同理想的辯證關係，既不能離開發展中國特色社會主義事業、實現民族復興的現實工作而空談遠大理想，也不能因爲實現共產主義是一個漫長的歷史過程就諱言甚至丢掉遠大理想。正所謂"生年不滿百，常懷千歲憂"[5]。堅定"四個自信"，最終要堅信共產主義、堅信馬克思主義。我們身處社會主義初級階段、幹着中國特色社會主義事業，心要想着遠大目標。黨的十八大以來，我們持續開展的理想信念教育是有效管用的，要繼續堅持。

這些年來，黨内政治生態中出現的種種不正常現象，無一不同背離黨章要求有關；黨員領導幹部中發生的種種觸犯黨紀的行爲，無一不是漠視黨章規定。黨的十九大把黨的十八大以來管黨治黨的新鮮經驗和理念創新成果寫入黨章。全黨思想統一，首先是對黨章認識的統一；全黨行動一致，首先是在執行黨章上的一致。尊崇黨章是最根本、最重要的政治紀律。黨的各級組織和全體黨員要更加自覺地學習黨章、遵守黨章、貫徹黨章、維護黨章，堅持用黨章規範自己的言行、按黨章要求規規矩矩辦事，始終在政治立場、政治方向、政治原則、政治道路上同黨中央保持高度一致。

從黨的十八屆四中全會開始，我就反復强調警惕"七個有之"[6]。"七個有之"本質上是政治問題，概括起來是兩個方面。一個是政治問題和經濟問題交織形成利益集團，妄圖攫取黨和國家權力；一個是山頭主義和宗派主義作祟，大搞非組織活動，破壞黨的集中統一。對政治上的這種隱患不能採取鴕鳥政策，王顧左右而言他，必須採取斷然措施予以防範和遏制，消除隱患後患。要時刻强調政治紀律和政治規矩，嚴肅查處違規逾矩行爲，決不允許搞小山頭、小團夥、小圈子，決不允許自行其是、各自爲政。要弘揚忠誠老實、公道正派、實事求是、清正廉潔等價值觀，使黨員、幹部在嚴肅認真的黨内政治生活中加強黨性鍛鍊，錘鍊政治能力，提高思想境界和政治覺悟。古人説，"内無妄思，外無妄動"[7]。黨的領導幹部更要對組織和人民常懷感恩敬畏之心，對功名利禄要知足，對物質享受和個人待遇要知止。"惟江上之清風，與山間之明月，耳得之而爲聲，目遇之而成色，取之無禁，用之不竭。"[8]蘇軾的這份情懷，正是今人所欠缺的，也是最爲珍貴的。生不帶來、死不帶去。想通這個道理，就一定能够以身作則、以上率下，以清廉養浩然正氣。

（二）鍥而不舍落實中央八項規定精神，保持黨同人民羣衆的血肉聯繫。中央八項規定不是只管五年、十年，而是要長期堅持。要拿出恆心和韌勁，繼續在常和長、嚴和實、深和細上下功夫，管出習慣、抓出成效，化風成俗。要緊盯時間節點，密切關注享樂主義、奢靡之風新動向新表現，找出可能反彈的風險點，堅決防止回潮復燃。糾正形式主義、官僚主義，一把手要負總責，對貫徹黨中央精神"説起來重要、喊起來響亮、做起來掛空擋"的行爲要嚴肅查處，決不允許"只聽樓梯響，不見人下來"。要靠深入調查研究下功夫解難題，靠貼近實際和貼近羣衆的務實舉措抓落實，靠一級壓一級推動工作，確保黨中央決策部署落地生根。各地區各部門要總結梳理中央八項規定精神執行五年來的成效，重新修訂本地區本部門本單位的落實措施，向社會公開，接受羣衆監督。

　　加強作風建設必須緊扣保持黨同人民羣衆血肉聯繫這個關鍵。"四風"問題只是表象，根上是背離了黨性，丟掉了宗旨。現在基層的種種問題，很多是因爲黨員、幹部心裏没有羣衆，不去做、不想做、不會做羣衆工作，少數幹部或無視羣衆期盼、或不敢應對訴求，在羣衆面前處於失語狀態。領導幹部要破除"官本位"思想，堅決反對特權思想、特權現象。就像毛澤東同志當年説的："羣衆是從實踐中來選擇他們的領導工具、他們的領導者。被選的人，如果自以爲了不得，不是自覺地作工具，而以爲'我是何等人物'！那就錯了。"[9] 這句擲地有聲的話，今日聽來依然振聾發聵。

　　二〇一二年十二月我在中央政治局會議審議八項規定時就講過一個道理："我們不舒服一點、不自在一點，老百姓的舒適度就好一點、滿意度就高一點，對我們的感覺就好一點。"職務越高越要強化羣衆觀念、增強公僕意識，越要在思想上尊重羣衆、感情上貼近羣衆，保持對人民的赤子之心。要堅持工作重心下移，撲下身子深入羣衆，面對面、心貼心、實打實做好羣衆工作，着力解決羣衆反映強烈的突出問題。辦事情都要把羣衆利益放在第一位，凡是羣衆反映強烈的問題都要嚴肅認真對待，凡是侵害羣衆利益的行爲都要堅決糾正，永遠贏得人民羣衆信任和擁護。

　　（三）全面加強紀律建設，用嚴明的紀律管全黨治全黨。"法令既行，紀律自正，則無不治之國，無不化之民。"[10] 紀律嚴明是我們黨不斷從勝利走向勝利的重要保障。黨的十九大把紀律建設擺在更加突出位置，納入黨的建設總體佈局，表明了用嚴明的紀律管黨治黨的堅定決心。

正風反腐，人人有責，要當參與者，不當旁觀者。每名黨員幹部都應堅決拋棄"看戲"心態，真正從別人身上汲取教訓，把未病當作有病防，堅守底綫、追求高標準，不斷提高自身免疫力。要加强紀律教育，不搞不教而誅，用身邊人身邊事開展警示教育，用典型案例當頭棒喝，使更多的幹部紅臉出汗、知錯知止，"見不賢而内自省"〔11〕，使鐵的紀律轉化爲黨員、幹部的日常習慣和自覺遵循。要更加重視防微杜漸，加强咬耳扯袖，做到"勿以惡小而爲之"〔12〕。要完善紀律規章，實現制度與時俱進。權責是統一的，黨章賦予了包括黨組在内的各級組織紀律處分的權限，各級黨委（黨組）就要敢抓敢管、嚴格執紀，把全面從嚴治黨政治責任擔負起來。

古人講，"禁微則易，救末者難"〔13〕。這些年，我們總結黨的歷史經驗和從嚴治黨新要求，提出並實踐監督執紀"四種形態"，在高壓震懾和政策感召下，一些犯錯誤甚至犯嚴重錯誤的幹部，主動向組織講清楚問題，得到寬大處理；一些遊走在違紀邊緣的幹部受到警示，懸崖勒馬、迷途知返；還有更多幹部受到警醒，知敬畏、存戒懼、守底綫，真正體現了黨的政策和策略，體現對幹部的最大關心和愛護。要在用好第一種形態上下更大功夫，幹部有問題就要批評、教育、處理，多積尺寸之功，常咬耳朵、常扯袖子；對屬於一般性問題、能如實説明的予以了結，向本人反饋澄清，幫助幹部放下包袱輕裝上陣；被談話函詢的黨員、幹部，要在民主生活會上把情況講清楚、説明白，體現黨内政治生活的嚴肅性。對違反紀律的，要認真開展約談誡勉和必要的審查談話，促其講清問題，爭取從輕處理；對存在嚴重違紀需要追究黨紀責任的，要在紀律審查過程中做好思想政治工作，促其認錯悔錯改錯；對於極少數嚴重違紀甚至涉嫌違法，執迷不悟、拒絕挽救，對抗欺瞞組織、負隅頑抗到底的，必須堅決依紀依法嚴肅處理，以儆效尤。

（四）深化標本兼治，奪取反腐敗鬥爭壓倒性勝利。黨的十八大以來我們以霹靂手段懲治腐敗，黨的十九大後仍然要一刻不停歇深入推進反腐敗鬥爭，激濁揚清、固本培元，不斷深化標本兼治。

標本兼治，既要夯實治本的基礎，又要敢於用治標的利器。沒有懲的威懾，治也難見實效。要堅持無禁區、全覆蓋、零容忍，堅持重遏制、強高壓、長震懾，堅持受賄行賄一起查，堅決減存量、重點遏增量，重點查處政治問題和經濟問題相互交織形成利益集團的腐敗案件；不收斂、不收手，問題綫索反映集中、羣衆反映強烈，現在重要崗位且可能還要提拔使用的領導幹部；重要領域和關鍵環節的腐敗問題。對有政治、組織、廉潔問題反映的必查必核。

“老虎”要露頭就打，“蒼蠅”亂飛也要拍。正風反腐，涓流莫輕。不管是“老虎”還是“蒼蠅”，無論是大腐敗還是“微腐敗”，都在堅決糾治之列。要推動全面從嚴治黨向基層延伸，嚴厲整治發生在羣衆身邊的腐敗問題，開展扶貧民生領域專項整治，對膽敢向扶貧民生、救濟救災款物伸手的決不手軟，對在徵地拆遷中違反有關政策和侵吞挪用補償資金的決不客氣，對基層站所、街道幹部吃拿卡要、盤剝剋扣、優親厚友的堅決查處，切實把黨的惠民好政策落實到羣衆心裏。要把掃黑除惡同反腐敗結合起來，同基層“拍蠅”結合起來，嚴厲打擊"村霸"、宗族惡勢力和黃賭毒背後的腐敗行爲，既抓涉黑組織，也抓後面的"保護傘"，不斷增強人民羣衆的獲得感、幸福感、安全感。

天網恢恢，疏而不漏。要深化反腐敗國際合作，堅持追逃防逃兩手抓，繼續發佈外逃人員紅色通緝令，加強反腐敗綜合執法國際協作，强化對腐敗犯罪分子的震懾。

標本兼治，關鍵在治，治是根本。我們黨强調不敢腐、不能腐、不想腐，揭示了反腐防腐的基本規律。要强化不敢腐的震懾，紮牢不能腐的籠子，增强不想腐的自覺。要通過改革和制度創新切斷利益輸送鏈條，鏟除領導幹部被"圍獵"這個腐敗"污染源"，加強對權力運行的制約和監督，形成有效管用的體制機制。

（五）健全黨和國家監督體系，增强自我淨化能力。自我監督是世界性難題，是國家治理的哥德巴赫猜想。我們要通過行動回答"窯洞之問"[14]，練就中國共產黨人自我淨化的"絕世武功"。黨的十八大以來全面從嚴治黨的實踐證明，我們黨自我淨化的機制是有效的，我們完全有能力解決自身存在的問題。要構建黨統一指揮、全面覆蓋、權威高效的監督體系，把黨內監督同國家機關監督、民主監督、司法監督、羣衆監督、輿論監督貫通起來。

巡視是黨內監督的戰略性制度安排。要深化政治巡視，在政治高度上突出黨的全面領導，在政治要求上抓住黨的建設，在政治定位上聚焦全面從嚴治黨，重點加強對貫徹黨章和黨的十九大精神情況的監督檢查，發揮巡視利劍作用。要在一屆任期內實現巡視全覆蓋的基礎上，推進中央單位巡視和市縣巡察工作，建立上下聯動的監督網。要創新方式方法，深入開展"回頭看"，推進"機動式"巡視，發揮"游動哨"的威懾力，當好"守更人"。要强化巡視成果綜合運用，健全整改督查制度，對整改責任不落實、整改不力、敷衍整改的，抓住典型，嚴肅問責，强化震懾遏制治本作用。

國家監察體制改革是事關全局的重大政治體制改革，是强化黨和國家自我監督的重大決策部署。要按照黨中央確定的時間表和路綫圖，完成國家和省、市、縣監察委員會組建工作，建立黨統一領導的反腐敗工作機構，構建集中統一、權威高效的監察體系。要結合制定監察法，修改完善相關法律，形成巡視、派駐、監察三個全覆蓋的權力監督格局，把制度優勢轉化爲治理效能。

（六）踐行忠誠乾淨擔當，建設讓黨放心、人民信賴的紀檢監察幹部隊伍。黨的十八大以來，中央紀委和各級紀檢監察機關牢固樹立"四個意識"，同黨中央保持高度自覺的一致，堅決貫徹黨中央決策部署，堅定維護黨章，忠誠履職盡責，做到了無私無畏、敢於擔當，向黨和人民交上了優異答卷。

紀檢機關就是黨内的"紀律部隊"，幹的就是監督的活、得罪人的活，必須有對黨絕對忠誠的高度自覺和責任擔當。要做到政治强、站位高，謀大局、抓具體，堅守職責定位，强化監督、鐵面執紀、嚴肅問責。要加强對黨章和新形勢下黨内政治生活若干準則等黨内法規執行情況的監督檢查，把維護黨中央權威和集中統一領導作爲首要任務，落實到紀律建設、監督執紀、巡視巡察、責任追究各個環節，維護黨章黨規黨紀的嚴肅性。要深化紀律檢查體制改革，持續轉職能、轉方式、轉作風，推進理念思路、體制機制、方式方法創新，強化高校、國有企業紀檢機構監督作用，不斷開創紀檢工作新局面。

執紀者必先守紀，律人者必先律己。紀檢監察隊伍權力很大、責任很重，是一些別有用心的人"圍獵"的重點對象。各級紀檢監察機關要以更高的標準、更嚴的紀律要求自己，強化日常監管，提高自身免疫力。廣大紀檢監察幹部要做到忠誠堅定、擔當盡責、遵紀守法、清正廉潔，確保黨和人民賦予的權力不被濫用、懲惡揚善的利劍永不蒙塵。

註　　釋

〔1〕見蔡和森《少年行——北上過洞庭有感》（《蔡和森文集（上）》，人民出版社二〇一三年版，第23頁）。

〔2〕見夏明翰《就義詩》（《夏明翰》，人民出版社一九八四年版，第1頁）。

〔3〕"四大考驗"，指執政考驗、改革開放考驗、市場經濟考驗、外部環境考驗。

〔4〕"四種危險"，指精神懈怠危險、能力不足危險、脫離羣衆危險、消極腐敗危險。

〔5〕見《古詩十九首》。

〔6〕二〇一四年十月，習近平在中共十八屆四中全會第二次全體會議上提出：一些人無視黨的政治紀律和政治規矩，爲了自己的所謂仕途，爲了自己的所謂影響力，搞任人唯親、排斥異己的有之，搞團團夥夥、拉幫結派的有之，搞匿名誣告、製造謠言的有之，搞收買人心、拉動選票的有

之，搞封官許願、彈冠相慶的有之，搞自行其是、陽奉陰違的有之，搞尾大不掉、妄議中央的也有之，如此等等。

〔7〕見《朱子語類·學六·持守》。

〔8〕見北宋蘇軾《赤壁賦》。

〔9〕見毛澤東《第七屆中央委員會的選舉方針》（《毛澤東文集》第三卷，人民出版社一九九六年版，第 373 頁）。

〔10〕見北宋包拯《上殿劄子》。

〔11〕見《論語·里仁》。

〔12〕見西晉陳壽《三國志·蜀書·先主傳》裴松之註引《諸葛亮集》。

〔13〕見南北朝時期范曄《後漢書·丁鴻傳》。

〔14〕一九四五年七月，民主人士黃炎培在訪問延安同毛澤東談話時說到，希望將來中國共產黨建立的政權能夠跳出舊政權"其興也浡焉"、"其亡也忽焉"的周期率。毛澤東說，我們已經找到新路，我們能跳出這周期率，這條新路就是民主；只有讓人民來監督政府，政府才不敢鬆懈；只有人人起來負責，才不會人亡政息。

新時代黨的建設和黨的組織路綫[*]

（二〇一八年七月三日）

我在黨的十九大上強調，偉大鬥爭、偉大工程、偉大事業、偉大夢想，其中起決定性作用的是黨的建設新的偉大工程。要把新時代堅持和發展中國特色社會主義這場偉大社會革命進行好，我們黨必須勇於進行自我革命，把黨建設得更加堅強有力。

黨的十八大以來，我們推進全面從嚴治黨取得了顯著成效，但還遠未到大功告成的時候。我們黨面臨的"四大考驗"、"四種危險"是長期的、尖銳的，影響黨的先進性、弱化黨的純潔性的因素也是複雜的，黨內存在的思想不純、政治不純、組織不純、作風不純等突出問題尚未得到根本解決。一些老問題反彈回潮的因素依然存在，實踐中還在出現一些新情況新問題。在黨員、幹部隊伍中，有的不守政治紀律和政治規矩，妄議中央大政方針，當面一套、背後一套，當兩面派、做兩面人；有的理想信念"總開關"常年失修，對共產主義心存懷疑，不信馬列信鬼神，世界觀、人生觀、價值觀全面蛻變；有的幹事創業精氣神不够，不擔當、不作爲，

---

* 這是習近平在全國組織工作會議上講話的一部分。

奉行"既不落後頭，也不出風頭"，怕決策失誤，不敢拍板定事，幹工作推諉拖延；有的熱衷於搞"小圈子"、"拜碼頭"、"搭天綫"；有的反對形式主義、官僚主義、享樂主義和奢靡之風不堅決、不徹底，耍花樣，搞變通；有的不顧黨中央三令五申，依然不收斂、不收手，以權謀私、腐敗墮落；有的基層黨組織政治功能不強，弱化、虛化、邊緣化問題沒有解決；有的地方人才隊伍發展不平衡不充分、創新創造活力不強，有的引才不切實際，貪大、貪高、貪洋；有的地方和單位管黨治黨意識不強，履行管黨治黨政治責任不到位，甚至不願不屑抓黨建，等等。這些問題，嚴重破壞黨的團結和集中統一，嚴重影響黨和人民事業發展。

特別是要看到，在新時代，我們黨領導人民進行偉大社會革命，涵蓋領域的廣泛性、觸及利益格局調整的深刻性、涉及矛盾和問題的尖銳性、突破體制機制障礙的艱巨性、進行偉大鬥爭形勢的複雜性，都是前所未有的。我們必須增強憂患意識、責任意識，把黨的偉大自我革命進行到底。

鄧小平同志曾經指出："正確的政治路綫要靠正確的組織路綫來保證。"[1]我們黨一路走來，始終堅持組織路綫服務政治路綫。黨的一大黨綱就規定了黨的組織建設的原則。黨的六大明確提出"組織路綫"的概念。一九二九年召開的古田會議要求"努力去改造黨的組織，務使黨的組織確實能擔負黨的政治任務"[2]。在一九三八年召開的黨的六屆六中全會上，毛澤東同志明確指出，"政治路綫確定之後，幹部就是決定的因素"[3]，並提出"才德兼備"的幹部標準和"任人唯賢"的幹部路綫。新中國成立後，我們黨着眼社會主義革命和建設的需要，强調各行各業幹部要又紅又專。黨的十一届三中全會以後，鄧小平同志明確指出，"中國的穩定，四個現代化的實現，要有正確的組織路綫來保證"〔4〕，並提出了幹部隊伍革命化、年輕化、知識化、專業化的方針。

"秉綱而目自張，執本而末自從。"〔5〕組織路綫對堅持黨的領導、加强黨的建設、做好黨的組織工作具有十分重要的意義。現在，需要明確提出新時代黨的組織路綫，這就是：全面貫徹新時代中國特色社會主義思想，以組織體系建設爲重點，着力培養忠誠乾淨擔當的高素質幹部，着力集聚愛國奉獻的各方面優秀人才，堅持德才兼備、以德爲先、任人唯賢，爲堅持和加强黨的全面領導、堅持和發展中國特色社會主義提供堅强組織保證。新時代黨的組織路綫是理論的也是實踐的，要在推進黨的建設新的偉大工程、落實全面從嚴治黨的實踐中切實貫徹落實。

註　釋

〔1〕見鄧小平《在武昌、深圳、珠海、上海等地的談話要點》（《鄧小平文選》第三卷，人民出版社一九九三年版，第 380 頁）。

〔2〕見毛澤東《中國共産黨紅軍第四軍第九次代表大會決議案》（《毛澤東文集》第一卷，人民出版社一九九三年版，第 88 頁）。

〔3〕見毛澤東《中國共産黨在民族戰爭中的地位》（《毛澤東選集》第二卷，人民出版社一九九一年版，第 526 頁）。

〔4〕見鄧小平《思想路綫政治路綫的實現要靠組織路綫來保證》（《鄧小平文選》第二卷，人民出版社一九九四年版，第 193 頁）。

〔5〕見魏晉時期楊泉《物理論》。

廣大幹部特別是年輕幹部要做到信念堅、政治强、本領高、作風硬[*]

（二○一九年三月一日）

　　培養選拔優秀年輕幹部是一件大事，關乎黨的命運、國家的命運、民族的命運、人民的福祉，是百年大計。廣大幹部特別是年輕幹部要在常學常新中加强理論修養，在真學真信中堅定理想信念，在學思踐悟中牢記初心使命，在細照篤行中不斷修煉自我，在知行合一中主動擔當作爲，保持對黨的忠誠心、對人民的感恩心、對事業的進取心、對法紀的敬畏心，做到信念堅、政治强、本領高、作風硬。

　　政治上的堅定、黨性上的堅定都離不開理論上的堅定。幹部要成長起來，必須加强馬克思主義理論武裝。我們黨在中國這樣一個有着近十四億人口的大國執政，面對十分複雜的國內外環境，肩負繁重的執政使命，如果缺乏理論思維，是難以戰勝各種風險和困難的，也是難以不斷前進的。這就要求我們

---

* 這是習近平在二○一九年春季學期中央黨校（國家行政學院）中青年幹部培訓班開班式上的講話要點。

加強理論學習，掌握和運用辯證唯物主義和歷史唯物主義，掌握貫穿其中的馬克思主義立場、觀點、方法，深入認識共產黨執政規律、社會主義建設規律、人類社會發展規律。

在學習理論上，幹部要捨得花精力，全面系統學，及時跟進學，深入思考學，聯繫實際學。學習新時代中國特色社會主義思想，要深刻認識和領會其時代意義、理論意義、實踐意義、世界意義，深刻理解其核心要義、精神實質、豐富內涵、實踐要求。要緊密結合新時代新實踐，緊密結合思想和工作實際，有針對性地重點學習，多思多想、學深悟透，知其然又知其所以然。學習理論最有效的辦法是讀原著、學原文、悟原理，強讀強記，常學常新，往深裏走、往實裏走、往心裏走，把自己擺進去、把職責擺進去、把工作擺進去，做到學、思、用貫通，知、信、行統一。

中國共產黨人的理想信念建立在對馬克思主義的深刻理解之上，建立在對歷史規律的深刻把握之上。歷史和實踐反復證明，一個政黨有了遠大理想和崇高追求，就會堅強有力，無堅不摧，無往不勝，就能經受一次次挫折而又一次次奮起；一名幹部有了堅定的理想信念，站位就高了，心胸就開闊了，就能堅持正確政治方向，做到"風雨不動安如山"[1]。信仰認定了就要信上一輩子，否則就會出大問題。

衡量幹部是否有理想信念，關鍵看是否對黨忠誠。領導幹部要忠誠乾淨擔當，忠誠始終是第一位的。對黨忠誠，就要增強"四個意識"、堅定"四個自信"、做到"兩個維護"，嚴守黨的政治紀律和政治規矩，始終在政治立場、政治方向、政治原則、政治道路上同黨中央保持高度一致。這種一致必須是發自內心、堅定不移的，任何時候任何情況下都要站得穩、靠得住。忠誠和信仰是具體的、實踐的。要經常對照黨章黨規黨紀，檢視自己的理想信念和思想言行，不斷撣去思想上的灰塵，永葆政治本色。

不忘初心，方得始終。新中國成立七十周年，是進行"不忘初心、牢記使命"教育的最好時間節點。幹部要把黨的初心、黨的使命銘刻於心，這樣，人生奮鬥才有更高的思想起點，才有不竭的精神動力。幹部要把人民放在心中最高位置。同人民風雨同舟、血脈相通、生死與共，是我們黨戰勝一切困難和風險的根本保證。離開了人民，我們就會一事無成。要牢記羣衆是真正的英雄，任何時候都不能忘記爲了誰、依靠誰、我是誰，真正同人民結合起來。

爲什麼人、靠什麼人的問題，是檢驗一個政黨、一個政權性質的試金石。幹部要堅持立黨爲公、執政爲民，虛心向羣衆學習，真心對羣衆負責，熱心爲羣衆服務，誠心接受羣衆監督。要拜人民爲師、向人民學習，放下架子、撲下身子，接地氣、通下情，深入開展調查研究，解剖麻雀，發現典型，真正把羣衆面臨的問題發現出來，把羣衆的意見反映上來，把羣衆創造的經驗總結出來。幹部要懷着強烈的愛民、憂民、爲民、惠民之心，心裏要始終裝着父老鄉親，想問題、作決策、辦事情都要想一想是不是站在人民的立場上，是不是有助於解決羣衆的難題，是不是有利於增進人民福祉，不斷增強人民羣衆獲得感、幸福感、安全感。幹部要胸懷強烈的政治責任感、歷史使命感，積極投身偉大鬥爭、偉大工程、偉大事業、偉大夢想的火熱實踐，把人生理想融入國家富強、民族振興、人民幸福的偉業之中。

爲政之道，修身爲本。幹部的黨性修養、道德水平，不會隨着黨齡工齡的增長而自然提高，也不會隨着職務的升遷而自然提高，必須强化自我修煉、自我約束、自我改造。新時代中國特色社會主義思想，不僅包含着黨治國理政的重要思想，也貫穿着中國共產黨人的政治品格、價值追求、精神境界、作風操守的要求。要涵養政治定力，煉就政治慧眼，恪守政治規矩，自覺做政治上的明白人、老實人。

人格是一個人精神修養的集中體現。光明磊落、坦蕩無私，是共產黨人的光輝品格，也是幹部應該錘鍊的品質修養。要堅守精神追求，見賢思齊，見不賢而內自省，處理好公和私、義和利、是和非、正和邪、苦和樂關係。要立志做大事，不要立志做大官，保持平和心態，看淡個人進退得失，心無旁鶩努力工作，爲黨和人民做事。

幹部要想行得端、走得正，就必須涵養道德操守，明禮誠信，懷德自重，保持嚴肅的生活作風、培養健康的生活情趣，特別是要增强自制力，做到慎獨慎微。一個人廉潔自律不過關，做人就沒有骨氣。要牢記清廉是福、貪慾是禍的道理，樹立正確的權力觀、地位觀、利益觀，任何時候都要穩得住心神、管得住行爲、守得住清白。幹部幹事創業要樹立正確政績觀，有功成不必在我的精神境界、功成必定有我的歷史擔當，發揚釘釘子精神，腳踏實地幹。

武裝頭腦、指導實踐、推動工作，落腳點在指導實踐、推動工作；學懂弄通做實，落腳點在做實。要牢記空談誤國、實幹興邦的道理，堅持知行合一、真抓實幹，做實幹家。幹部要面對大是大非敢於亮劍，面對矛盾敢於迎難而上，面對危機敢於挺身而出，面對失誤敢於承擔責任，面對歪風邪氣敢於堅決鬥爭，做疾風勁草、當烈火真金。幹部成長無捷徑可走，經風雨、見世面才能壯筋骨、長才幹。要做起而行之的行動者、不做坐而論道的清談客，當攻堅克難的奮鬥者、不當怕見風雨的泥菩薩，在摸爬滾打中增長才幹，在層層歷練中積累經驗。

能否敢於負責、勇於擔當，最能看出一個幹部的黨性和作風。統籌推進"五位一體"總體佈局、協調推進"四個全面"戰略佈局，貫徹落實新發展理念，打好三大攻堅戰[2]，做好穩增長、促改革、調結構、惠民生、防風險、保穩定工作，等等，都需要擔當，都需要發揚鬥爭精神、提高鬥爭本領。要用知重負重、攻堅克難的實際行動，詮釋對黨的忠誠、對人民的赤誠。

註　釋

〔1〕見唐代杜甫《茅屋爲秋風所破歌》。
〔2〕三大攻堅戰，指防範化解重大風險、精準脫貧、污染防治攻堅戰。

準確把握"不忘初心、牢記使命" 主題教育的目標要求*

（二〇一九年五月三十一日）

黨中央對這次主題教育的總要求、目標任務、方法步驟作出了明確規定，要準確把握黨中央精神，結合本地區本部門本單位實際，對準目標，積極推進，確保取得預期效果。

第一，認真貫徹總要求。"守初心、擔使命，找差距、抓落實"的總要求，是根據新時代黨的建設任務、針對黨內存在的突出問題、結合這次主題教育的特點提出來的。

守初心，就是要牢記全心全意爲人民服務的根本宗旨，以堅定的理想信念堅守初心，牢記人民對美好生活的嚮往就是我們的奮鬥目標；以真摯的人民情懷滋養初心，時刻不忘我們黨來自人民、根植人民，人民羣衆的支持和擁護是我們勝利前進的不竭力量源泉；以牢固的公僕意識踐行初心，永遠銘記人民是共產黨人的衣食父母，共產黨人是人民的勤務員，永遠不能脫離羣衆、輕視羣衆、漠視羣衆疾苦。

擔使命，就是要牢記我們黨肩負的實現中華民族偉大復

---

* 這是習近平在"不忘初心、牢記使命"主題教育工作會議上講話的一部分。

興的歷史使命，勇於擔當負責，積極主動作爲，用科學的理念、長遠的眼光、務實的作風謀劃事業；保持鬥爭精神，敢於直面風險挑戰，知重負重、攻堅克難，以堅忍不拔的意志和無私無畏的勇氣戰勝前進道路上的一切艱難險阻；在實踐歷練中增長經驗智慧，在經風雨、見世面中壯筋骨、長才幹。

找差距，就是要對照新時代中國特色社會主義思想和黨中央決策部署，對照黨章黨規，對照人民羣衆新期待，對照先進典型、身邊榜樣，堅持高標準、嚴要求，找一找在增強"四個意識"、堅定"四個自信"、做到"兩個維護"方面存在哪些差距，找一找在知敬畏、存戒懼、守底綫方面存在哪些差距，找一找在羣衆觀點、羣衆立場、羣衆感情、服務羣衆方面存在哪些差距，找一找在思想覺悟、能力素質、道德修養、作風形象方面存在哪些差距，有的放矢進行整改。

抓落實，就是要把新時代中國特色社會主義思想轉化爲推進改革發展穩定和黨的建設各項工作的實際行動，把初心使命變成黨員幹部銳意進取、開拓創新的精氣神和埋頭苦幹、真抓實幹的自覺行動，力戒形式主義、官僚主義，推動黨的路綫方針政策落地生根，推動解決人民羣衆反映強烈的突出問題，不斷增強人民羣衆獲得感、幸福感、安全感。

"守初心、擔使命，找差距、抓落實"是一個相互聯繫的整體，要全面把握，貫穿主題教育全過程。

第二，牢牢把握目標任務。開展這次主題教育，根本任務是深入學習貫徹新時代中國特色社會主義思想，錘鍊忠誠乾淨擔當的政治品格，團結帶領全國各族人民爲實現偉大夢想共同奮鬥。具體目標是理論學習有收穫、思想政治受洗禮、幹事創業敢擔當、爲民服務解難題、清正廉潔作表率。這一目標任務，體現了黨對新時代黨員幹部思想、政治、作風、能力、廉政方面的基本要求。

理論學習有收穫，重點是教育引導廣大黨員幹部在原有學習的基礎上取得新進步，加深對新時代中國特色社會主義思想和黨中央大政方針的理解，學深悟透、融會貫通，增強貫徹落實的自覺性和堅定性，提高運用黨的創新理論指導實踐、推動工作的能力。

思想政治受洗禮，重點是教育引導廣大黨員幹部堅定對馬克思主義的信仰、對中國特色社會主義的信念，傳承紅色基因，增強"四個意識"、堅定"四個自信"、做到"兩個維護"，自覺在思想上政治上行動上同黨中央保持高度一致，始終忠誠於黨、忠誠於人民、忠誠於馬克思主義。

幹事創業敢擔當，重點是教育引導廣大黨員幹部以強烈的政治責任感和歷史使命感，保持只爭朝夕、奮發有爲的奮鬥姿態和越是艱險越向前的鬥爭精神，以釘釘子精神抓工作落實，堅決摒棄一切明哲保身、得過且過、敷衍塞責、懶政怠政等消極行爲，努力創造經得起實踐、人民、歷史檢驗的實績。

爲民服務解難題，重點是教育引導廣大黨員幹部堅守人民立場，樹立以人民爲中心的發展理念，增進同人民羣衆的感情，自覺同人民想在一起、幹在一起，着力解決羣衆的操心事、煩心事，以爲民謀利、爲民盡責的實際成效取信於民。

清正廉潔作表率，重點是教育引導廣大黨員幹部保持爲民務實清廉的政治本色，正確處理公私、義利、是非、情法、親清、儉奢、苦樂、得失的關係，自覺同特權思想和特權現象作鬥爭，堅決預防和反對腐敗，清清白白爲官、乾乾淨淨做事、老老實實做人。

第三，落實重點措施。這次主題教育不劃階段、不分環節，不是降低標準，而是提出更高要求。各地區各部門各單位要結合實際，創造性開展工作，把學習教育、調查研究、檢視問題、整改落實貫穿主題教育全過程，努力取得最好成效。

黨內存在的一些突出問題，從根源上説都是思想上的問題。從延安整風運動[1]以來，我們黨開展歷次集中性教育活動，都是以思想教育打頭。開展這次主題教育，要強化理論武裝，聚焦解決思想根子問題，組織黨員幹部讀原著、學原文、悟原理，自覺對表對標，及時校準偏差。要採取理論學習中心組學習、舉辦讀書班等形式，分專題進行研討交流。要採取多種形式，深入開展革命傳統教育、形勢政策教育、先進典型教育和警示教育，增强學習教育針對性、實效性、感染力。要宣傳那些秉持理想信念、保持崇高境界、堅守初心使命、敢於擔當作爲的先進典型，形成學習先進、爭當先進的良好風尚。

"一語不能踐，萬卷徒空虛。"[2]要教育引導廣大黨員幹部了解民情、掌握實情，搞清楚問題是什麽、癥結在哪裏，拿出破解難題的實招、硬招。調查研究要注重實效，使調研的過程成爲加深對黨的創新理論領悟的過程，成爲保持同人民羣衆血肉聯繫的過程，成爲推動事業發展的過程。要防止爲調研而調研，防止搞"出發一車子、開會一屋子、發言念稿子"式的調研,防止扎堆調研、"作秀式"調研。

敢於直面問題、勇於修正錯誤是我們黨的顯著特點和優勢。要教育黨員幹部以刀刃向內的自我革命精神,廣泛聽取意見,認真檢視反思,把問題找實、把根源挖深,明確努力方向和改進措施。檢視問題要防止大而化之、隔靴搔癢,避重就輕、避實就虛;防止以上級指出的問題代替自身查找的問題、以班子問題代替個人問題、以他人問題代替自身問題、以工作業務問題代替思想政治問題、以舊問題代替新問題。針對查擺出來的問題,要對症下藥,切實把問題解決好。

"人患不知其過,既知之,不能改,是無勇也。"[3] 要把"改"字貫穿始終、立查立改、即知即改,能夠當下改的,明確時限和要求,按期整改到位;一時解決不了的,要盯住不放,通過不斷深化認識、增強自覺,明確階段目標,持續整改。整改落實要防止虎頭蛇尾、久拖不決,防止搞紙上整改、虛假整改,防止以簡單問責基層幹部代替整改責任落實,防止以整改為名,層層填表報數,增加基層負擔。要把開展主題教育同樹立正確用人導向結合起來,對領導班子和領導幹部政治、思想、作風、履職能力等情況進行評估,及時提拔使用好幹部,堅決調整處理對黨不忠、從政不廉、為官不為的幹部,形成優者上、庸者下、劣者汰的良好政治生態。

近年來,我們回應羣眾關切,先後專項整治公款吃喝、超標配備公車、濫建樓堂館所等,取得顯著成效。專項整治切口小、發力準、效果好。這次主題教育,開展專項整治是一個重要抓手,全過程都要抓緊抓實。除了黨中央統一部署之外,各地區各部門各單位要有針對性地列出需要整治的突出問題，進行集中治理。專項整治情況要以適當方式向黨員幹部羣衆進行通報，對專項整治中發現的違紀違法問題，要嚴肅查處。

主題教育結束前，縣處級以上領導班子要召開專題民主生活會，認真開展批評和自我批評。自我批評要見人見事見思想，相互批評要真點問題，達到紅臉出汗、排毒治病的效果。要有聞過則喜、知過不諱的胸襟，聽得進不同意見，容得下尖銳批評。

註　　釋

〔1〕延安整風運動，指中國共產黨自一九四二年春至一九四五年春在全黨範圍內開展的一次馬克思主義的思想教育運動。主要內容是：反對主觀主義以整頓學風，反對宗派主義以整頓黨風，反對黨八股以整頓文風。經過這個運動，全黨進一步掌握了馬克思主義基本原理同中國革命具體實踐的統一這樣一個基本方向。因爲當時中共中央所在地爲延安，故稱延安整風運動。

〔2〕見明代林鴻《飲酒》。

〔3〕見唐代韓愈《五箴（并序）》。

牢記初心使命，推進自我革命[*]

（二〇一九年六月二十四日）

在"不忘初心、牢記使命"主題教育深入開展之際，今天，中央政治局以"牢記初心使命，推進自我革命"爲題進行第十五次集體學習，目的是總結黨的歷史經驗，結合新時代新要求，推動全黨圍繞守初心、擔使命、找差距、抓落實切實搞好主題教育。這也是中央政治局帶頭開展主題教育的一項重要安排。

我們黨作爲百年大黨，如何永葆先進性和純潔性、永葆青春活力，如何永遠得到人民擁護和支持，如何實現長期執政，是我們必須回答好、解決好的一個根本性問題。我們黨要求全黨同志不忘初心、牢記使命，就是要提醒全黨同志，黨的初心和使命是黨的性質宗旨、理想信念、奮鬥目標的集中體現，越是長期執政，越不能丟掉馬克思主義政黨的本色，越不能忘記黨的初心使命，越不能喪失自我革命精神。

我們黨的初心和使命是建立在馬克思主義科學理論基礎之上的。馬克思、恩格斯在《共產黨宣言》中莊嚴宣告："過去的一切運動都是少數人的，或者爲少數人謀利益的運動。

---

* 這是習近平在主持中共十九屆中央政治局第十五次集體學習時的講話。

無産階級的運動是絕大多數人的，爲絕大多數人謀利益的獨立的運動。"我們黨是用馬克思主義武裝起來的政黨，始終把爲中國人民謀幸福、爲中華民族謀復興作爲自己的初心和使命，並一以貫之體現到黨的全部奮鬥之中。忘記這個初心和使命，黨就會改變性質、改變顏色，就會失去人民、失去未來。只要我們黨牢牢堅持立黨爲公、執政爲民，牢牢堅持爲中國人民謀幸福、爲中華民族謀復興，不斷檢視自己，不掩飾缺點，不文過飾非，堅決同一切弱化黨的先進性和純潔性、危害黨的肌體健康的現象作鬥爭，就一定能夠始終立於不敗之地。

回顧黨的歷史，爲什麼我們黨在那麼弱小的情況下能夠逐步發展壯大起來，在腥風血雨中能夠一次次絕境重生，在攻堅克難中能夠不斷從勝利走向勝利，根本原因就在於不管是處於順境還是逆境，我們黨始終堅守爲中國人民謀幸福、爲中華民族謀復興這個初心和使命，義無反顧向着這個目標前進，從而贏得了人民衷心擁護和堅定支持。革命戰爭時期，爲實現民族獨立、人民解放，我們黨百折不撓、浴血奮戰，團結帶領人民奪取了新民主主義革命勝利，建立了新中國，實現了人民當家作主。新中國成立後，爲改變我國一窮二白的落後面貌，我們黨迎難而上、艱苦奮鬥，團結帶領人民確立了社會主義基本制度，取得社會主義建設重大成就。改革開放新時期，爲推進改革開放和社會主義現代化建設，我們黨解放思想、實事求是、與時俱進，團結帶領人民開闢了中國特色社會主義道路，使中華民族大踏步趕上時代，以嶄新姿態屹立於世界民族之林。

中國特色社會主義進入新時代，我們比歷史上任何時期都更接近、更有信心和能力實現中華民族偉大復興。我們取得的成就舉世矚目，這值得我們自豪，但決不能因此而自滿。我講過："功成名就時做到居安思危、保持創業初期那種勵精圖治的精神狀態不容易，執掌政權後做到節儉內斂、敬終如始不容易，承平時期嚴以治吏、防腐戒奢不容易，重大變革關頭順乎潮流、順應民心不容易。"我們千萬不能在一片喝彩聲、讚揚聲中喪失革命精神和鬥志，逐漸陷入安於現狀、不思進取、貪圖享樂的狀態，而是要牢記船到中流浪更急、人到半山路更陡，把不忘初心、牢記使命作爲加強黨的建設的永恆課題，作爲全體黨員、幹部的終身課題。

做到不忘初心、牢記使命，並不是一件容易的事情，必須有强烈的自我革命精神。在新的征程上，我們要把黨建設成爲始終走在時代前列、人民衷心擁護、勇於自我革命、經得起各種風浪考驗、朝氣蓬勃的馬克思主義執政黨，就必須牢記初心和使命，在新時代把黨的自我革命推向深入。

今年是新中國成立七十周年，我們黨在全國執政也七十年了。古人說："生於憂患，死於安樂。"[1] 我們黨作爲世界第一大黨，沒有什麼外力能够打倒我們，能够打倒我們的只有我們自己。古人說："惟以改過爲能，不以無過爲貴。"[2] 應該看到，在長期執政條件下，各種弱化黨的先進性、損害黨的純潔性的因素無時不有，各種違背初心和使命、動搖黨的根基的危險無處不在，如果不嚴加防範、及時整治，久而久之，必將積重難返，小問題就會變成大問題、小管湧就會淪爲大塌方，甚至可能釀成全局性、顛覆性的災難。

　　黨的十八大以來全面從嚴治黨的成效是顯著的，全國人民給予高度評價，但我們不能自滿。要清醒認識到，黨內存在的政治不純、思想不純、組織不純、作風不純等突出問題尚未得到根本解決，一些已經解決的問題還可能反彈，新問題不斷出現，"四人考驗"、"四種危險"依然複雜嚴峻，黨的自我革命任重而道遠，決不能有停一停、歇一歇的想法。嚴重的問題不是存在問題，而是不願不敢直面問題、不想不去解決問題。不忘初心、牢記使命要靠全黨共同努力來實現，每一個黨員、幹部特別是領導幹部必須常懷憂黨之心、爲黨之責、强黨之志，積極主動投身到這次主題教育中來。

　　馬克思主義是指導我們改造客觀世界和主觀世界的銳利思想武器。我們黨在推進馬克思主義中國化進程中，先後形成了毛澤東思想、鄧小平理論、"三個代表"重要思想、科學發展觀、新時代中國特色社會主義思想，爲推進社會革命和自我革命提供了强大思想武器。我們黨繼承和發展馬克思主義建黨學說，形成了關於黨的自我革命的豐富思想成果，如堅定理想信念，加強黨性修養，從嚴管黨治黨，嚴肅黨內政治生活，堅持經常性教育和集中性教育相結合，勇於開展批評和自我批評，加強黨內監督，接受人民監督，不斷純潔黨的思想、純潔黨的組織、純潔黨的作風、純潔黨的肌體，等等。這些都是推進黨的自我革命的重要經驗，在這次主題教育中要充分運用並不斷發展。

　　不忘初心、牢記使命，說到底是要解決黨內存在的違背初心和使命的各種問題，關鍵是要有正視問題的自覺和刀刃向內的勇氣。無論什麼時候，問題總是客觀存在的，我們要以"君子檢身，常若有過"〔3〕的態度來檢視發現自身不足，做到知恥而後勇。要堅持問題導向，真刀真槍解決問題。諱疾忌醫、有病不治，本來可以醫好的病症就會拖成不治之症。從實際情況看，黨內存在的各種突出問題表現多樣，我們要全面查找、全面發力。在黨的政治建設方面，要確保黨的集中統一，促進全黨增強"四個意識"、堅定"四個自信"、做到"兩個維護"，淨化政治生態，及時清除兩面人等政治隱患，防範和化解政治風險。在黨的思想建設方面，要堅持不懈加強理論武裝，堅定理想信念，牢記黨的性質宗旨，強化黨性修養，切實解決一些黨員、幹部理想信念缺失、宗旨意識淡化等問題，不斷增強全黨同志黨的意識、黨員意識。在黨的組織建設方面，要健全黨的組織體系，整頓軟弱渙散黨組織，不斷增強各級黨組織的創造力、凝聚力、戰鬥力，堅決反對個人主義、分散主義、自由主義、本位主義、好人主義，匡正用人導向，淨化用人風氣，堅決整治選人用人上的不正之風。在黨的作風建設和紀律建設方面，要堅持不懈整治"四風"，抓緊解決人民羣衆反映强烈的形式主義和官僚主義、幹部不擔當不作爲、侵害羣衆利益等突出問題，持續保持反腐高壓態勢，鏟除寄生在黨的肌體上的毒瘤，永葆黨的肌體健康。這次主題教育列出的八個方面突出問題，都是可能動搖黨的根基、阻礙黨的事業的問題，必須以徹底的自我革命精神加以解決。對黨內的一些突出問題，人民羣衆往往看得很清楚。黨員、幹部初心變沒變、使命記得牢不牢，要由羣衆來評價、由實踐來檢驗。我們不能關起門來搞自我革命，而要多聽聽人民羣衆意見，自覺接受人民羣衆監督。

　　我在今年年初召開的中央紀委三次全會上，對黨的自我淨化、自我完善、自我革新、自我提高的内涵作過歸納。這"四個自我"，既有破又有立，既有施藥動刀的治病之法又有固本培元的强身之舉。要在自我淨化上下功夫，通過過濾雜質、清除毒素、割除毒瘤，不斷純潔黨的隊伍，保證黨的肌體健康。古人説："天下不能常治，有弊所當革也；猶人身不能常安，有疾所當治也。"[4]治病救人，哪能不吃藥，對那些頑症須下點猛藥才行，對有病毒擴散風險的腫瘤還得動刀子。要在自我完善上下功夫，堅持補短板、强弱項、固根本，防源頭、治苗頭、打露頭，堵塞制度漏洞，健全監督機制，提升黨的長期執政能力。就像人一樣，身子弱了就要補，免疫力下降就要加强。如果不管不顧，身體就會每況愈下，到問題嚴重的時候就追悔莫及，正所謂"蟻穴不填，終將潰堤"。要在自我革新上求突破，深刻把握時代發展大勢，堅決破除一切不合時宜的思想觀念和體制機制弊端，勇於推進理論創新、實踐創新、制度創新、文化創新以及各方面創新，通過革故鼎新不斷開闢未來。要在自我提高上下功夫，自覺向書本學習、向實踐學習、向人民羣衆學習，加强黨性鍛鍊和政治歷練，不斷提升政治境界、思想境界、道德境界，全面增强執政本領，建設一支忠誠乾淨擔當的高素質專業化幹部隊伍。

　　牢記初心和使命，推進黨的自我革命，要注意處理好以下關係。一是要堅持加强黨的集中統一領導和解決黨内問題相統一，廣大黨員、幹部特别是領導幹部要敢於同一切弱化黨的領導、動搖黨的執政基礎、違反黨的政治紀律和政治規矩的行爲作鬥爭，堅決克服黨内存在的突出問題，拿出壯士斷腕、刮骨療毒的勇氣，但不能因爲黨內存在問題就削弱甚至否認黨的領導，走到自斷股肱、自毀長城的歪路上去。二是要堅持守正和創新相統一，堅守黨的性質宗旨、理想信念、初心使命不動搖，同時要以新的理念、思路、辦法、手段解決好黨內存在的各種矛盾和問題，不斷提高自我革命實效。三是要堅持嚴管和厚愛相統一，完善監督管理機制，捆住一些人亂作爲的手腳，放開廣大黨員、幹部擔當作爲、幹事創業的手腳，把廣大黨員、幹部的積極性、主動性、創造性充分激發出來，形成建功新時代、爭創新業績的濃厚氛圍和生動局面。四是要堅持組織推動和個人主動相統一，既要靠各級黨組織嚴格要求、嚴格教育、嚴格管理、嚴格監督，又要靠廣大黨員、幹部自覺行動，主動檢視自我，打掃身上的政治灰塵，不斷增強政治免疫力。

不忘初心、牢記使命，關鍵在黨的各級領導幹部特別是高級幹部。領導幹部要以上率下，帶頭深入學習新時代中國特色社會主義思想，帶頭增強"四個意識"、堅定"四個自信"、做到"兩個維護"，帶頭不忘初心、牢記使命，帶頭運用批評和自我批評武器，帶頭堅持真理、修正錯誤。在這方面，没有局外人，任何人都不能當旁觀者。中央政治局的同志尤其要作好示範，在不忘初心、牢記使命上爲全黨作表率。

最後，我想同大家重溫毛主席講的兩段話。一段話是一九四五年四月二十四日毛主席在《論聯合政府》中講的："成千成萬的先烈，爲着人民的利益，在我們的前頭英勇地犧牲了，讓我們高舉起他們的旗幟，踏着他們的血迹前進吧！"另一段話是一九四九年三月五日毛主席在中國共產黨第七屆中央委員會第二次全體會議上講的："中國的革命是偉大的，但革命以後的路程更長，工作更偉大，更艱苦。這一點現在就必須向黨內講明白，務必使同志們繼續地保持謙虛、謹慎、不驕、不躁的作風，務必使同志們繼續地保持艱苦奮鬥的作風。我們有批評和自我批評這個馬克思列寧主義的武器。我們能够去掉不良作風，保持優良作風。我們能够學會我們原來不懂的東西。我們不但善於破壞一個舊世界，我們還將善於建設一個新世界。"

註　　釋

〔1〕見《孟子·告子下》。

〔2〕見北宋司馬光《資治通鑑·唐紀四十五》。

〔3〕見《亢倉子·訓道篇》。

〔4〕見南宋何坦《西疇常言》。

持續推動全黨
不忘初心、牢記使命[*]

（二〇二〇年一月八日）

我們黨是一個有着九千多萬名黨員、四百六十多萬個基層黨組織的黨，是一個在十四億人口的大國長期執政的黨，是中國特色社會主義事業的堅強領導核心，黨的自身建設歷來關係重大、決定全局。

當今世界正經歷百年未有之大變局，我國正處於實現中華民族偉大復興關鍵時期，我們黨正帶領人民進行具有許多新的歷史特點的偉大鬥爭，形勢環境變化之快、改革發展穩定任務之重、矛盾風險挑戰之多、對我們黨治國理政考驗之大前所未有。我們黨作爲百年大黨，要始終得到人民擁護和支持，書寫中華民族千秋偉業，必須始終牢記初心和使命，堅決清除一切弱化黨的先進性、損害黨的純潔性的因素，堅決割除一切滋生在黨的肌體上的毒瘤，堅決防範一切違背初心和使命、動搖黨的根基的危險。

凡是過往，皆爲序章。全黨要以這次主題教育爲新的起

---

* 這是習近平在"不忘初心、牢記使命"主題教育總結大會上講話的一部分。

點，不斷深化黨的自我革命，持續推動全黨不忘初心、牢記使命。這裏，我強調幾點。

第一，不忘初心、牢記使命，必須作爲加强黨的建設的永恆課題和全體黨員、幹部的終身課題常抓不懈。一個人也好，一個政黨也好，最難得的就是歷經滄桑而初心不改、飽經風霜而本色依舊。黨的初心和使命是黨的性質宗旨、理想信念、奮鬥目標的集中體現，激勵着我們黨永遠堅守，砥礪着我們黨堅毅前行。從石庫門到天安門，從興業路到復興路，我們黨近百年來所付出的一切努力、進行的一切鬥爭、作出的一切犧牲，都是爲了人民幸福和民族復興。正是由於始終堅守這個初心和使命，我們黨才能在極端困境中發展壯大，才能在瀕臨絕境中突出重圍，才能在困頓逆境中毅然奮起。忘記初心和使命，我們黨就會改變性質、改變顏色，就會失去人民、失去未來。

一個忘記來路的民族必定是沒有出路的民族，一個忘記初心的政黨必定是沒有未來的政黨。應該看到，在黨長期執政條件下，各種弱化黨的先進性、損害黨的純潔性的因素無時不有，各種違背初心和使命、動搖黨的根基的危險無處不在，黨內存在的思想不純、政治不純、組織不純、作風不純等突出問題尚未得到根本解決。

馬克思主義政黨的先進性和純潔性不是隨着時間推移而自然保持下去的，共產黨員的黨性不是隨着黨齡增長和職務提升而自然提高的。初心不會自然保質保鮮，稍不注意就可能蒙塵褪色，久不滋養就會乾涸枯萎，很容易走着走着就忘記了爲什麼要出發、要到哪裏去，很容易走散了、走丟了。

我們查處的那些腐敗分子，之所以跌入違紀違法的陷阱，從根本上講就是把初心和使命拋到九霄雲外去了。不忘初心、牢記使命不是一陣子的事，而是一輩子的事，每個黨員都要在思想政治上不斷進行檢視、剖析、反思，不斷去雜質、除病毒、防污染。

我經常講，黨員、幹部要經常重溫黨章，重溫自己的入黨誓言，重溫革命烈士的家書。黨章要放在牀頭，經常對照檢查，看看自己做到了沒有？看看自己有沒有違背初心的行爲？房間要經常打掃，鏡子要經常擦拭。要教育引導各級黨組織和廣大黨員、幹部經常進行思想政治體檢，同黨中央要求"對標"，拿黨章黨規"掃描"，用人民羣衆新期待"透視"，同先輩先烈、先進典型"對照"，不斷叩問初心、守護初心，不斷堅守使命、擔當使命，始終做到初心如磐、使命在肩。要以黨的創新理論滋養初心、引領使命，從黨的非凡歷史中找尋初心、激勵使命，在嚴肅黨內政治生活中錘鍊初心、體悟使命，把初心和使命變成銳意進取、開拓創新的精氣神和埋頭苦幹、真抓實幹的原動力。

第二，不忘初心、牢記使命，必須用馬克思主義中國化最新成果統一思想、統一意志、統一行動。馬克思主義政黨的先進性，首先體現爲思想理論上的先進性。注重思想建黨、理論強黨，是我們黨的鮮明特色和光榮傳統。毛澤東同志曾說過："掌握思想教育，是團結全黨進行偉大政治鬥爭的中心環節。"[1]共産黨人的初心，不僅來自於對人民的樸素感情、對真理的執着追求，更建立在馬克思主義的科學理論之上。只有堅持思想建黨、理論強黨，不忘初心才能更加自覺，擔當使命才能更加堅定。

學習的最大敵人是自我滿足，要學有所成，就必須永不自滿。現在，有的黨員、幹部對理論學習不重視，把自學變不學；有的想起來就學一學，三天打魚、兩天曬網；有的拿學習來裝門面，淺嘗輒止、不求甚解；有的學習碎片化、隨意化，感興趣的就學、不感興趣的就不學；不少年輕幹部理論功底還不扎實、理想信念還不夠堅定。要做到真學真懂真信真用，還需要下更大氣力。

我多次強調，中國共產黨人依靠學習走到今天，也必然要依靠學習走向未來。全黨同志要跟上時代步伐，不能身子進了新時代，思想還停留在過去，看問題、作決策、推工作還是老觀念、老套路、老辦法。這樣的話，不僅會跟不上時代、做不好工作，而且會貽誤時機、耽誤工作。這個問題必須引起全黨同志特別是各級領導幹部高度重視。與時俱進不要當口號喊，要真正落實到思想和行動上，不能做"不知有漢，無論魏晉"〔2〕的桃花源中人！

理論創新每前進一步，理論武裝就要跟進一步。黨的歷次集中教育活動，都以思想教育打頭，着力解決學習不深入、思想不統一、行動跟不上的問題，既綿綿用力又集中發力，推動全黨思想上統一、政治上團結、行動上一致。要把學習貫徹黨的創新理論作為思想武裝的重中之重，同學習馬克思主義基本原理貫通起來，同學習黨史、新中國史、改革開放史、社會主義發展史結合起來，同新時代我們進行偉大鬥爭、建設偉大工程、推進偉大事業、實現偉大夢想的豐富實踐聯繫起來，在學懂弄通做實上下苦功夫，在解放思想中統一思想，在深化認識中提高認識，切實增強貫徹落實的思想自覺和行動自覺。

第三，不忘初心、牢記使命，必須以正視問題的勇氣和刀刃向內的自覺不斷推進黨的自我革命。"君子之過也，如日月之食焉：過也，人皆見之；更也，人皆仰之。"[3]敢於直面問題、勇於修正錯誤，是我們黨的顯著特點和優勢。列寧說過："公開承認錯誤，揭露犯錯誤的原因，分析產生錯誤的環境，仔細討論改正錯誤的方法——這才是一個鄭重的黨的標誌"[4]。強大的政黨是在自我革命中鍛造出來的。回顧黨的歷史，我們黨總是在推動社會革命的同時，勇於推動自我革命，始終堅持真理、修正錯誤，敢於正視問題、克服缺點，勇於刮骨療毒、去腐生肌。正因為我們黨始終堅持這樣做，才能夠在危難之際絕處逢生、失誤之後撥亂反正，成為永遠打不倒、壓不垮的馬克思主義政黨。

當前，少數黨員、幹部自我革命精神淡化，安於現狀、得過且過；有的檢視問題能力退化，患得患失、諱疾忌醫；有的批評能力弱化，明哲保身、裝聾作啞；有的驕奢腐化，目中無紀甚至頂風違紀，違反黨的紀律和中央八項規定精神問題屢禁不止。古人說："天下之難持者莫如心，天下之易染者莫如欲。"[5]一旦有了"心中賊"，自我革命意志就會衰退，就會違背初心、忘記使命，就會突破紀律底綫甚至違法犯罪。

初心易得，始終難守。全黨同志必須始終保持崇高的革命理想和旺盛的革命鬥志，用好批評和自我批評這個銳利武器，馳而不息抓好正風肅紀反腐，不斷增強黨自我淨化、自我完善、自我革新、自我提高的能力，堅決同一切可能動搖黨的根基、阻礙黨的事業的現象作鬥爭，蕩滌一切附着在黨肌體上的骯髒東西，把我們黨建設得更加堅強有力。

第四，不忘初心、牢記使命，必須發揚鬥爭精神，勇於擔當作為。我們黨誕生於國家內憂外患、民族危難之時，一出生就銘刻着鬥爭的烙印，一路走來就是在鬥爭中求得生存、獲得發展、贏得勝利。越是接近民族復興越不會一帆風順，越充滿風險挑戰乃至驚濤駭浪。不忘初心、牢記使命，必須安不忘危、存不忘亡、樂不忘憂，時刻保持警醒，不斷振奮精神，勇於進行具有許多新的歷史特點的偉大鬥爭。

我們講的鬥爭，不是為了鬥爭而鬥爭，也不是為了一己私利而鬥爭，而是為了實現人民對美好生活的嚮往、實現中華民族偉大復興知重負重、苦幹實幹、攻堅克難。衡量黨員、幹部有没有鬥爭精神、是不是敢於擔當，就要看面對大是大非敢不敢亮劍、面對矛盾敢不敢迎難而上、面對危機敢不敢挺身而出、面對失誤敢不敢承擔責任、面對歪風邪氣敢不敢堅決鬥爭。

現在，在一些黨員、幹部中，不願擔當、不敢擔當、不會擔當的問題不同程度存在。有的做"老好人"、"太平官"、"牆頭草"，顧慮"洗碗越多，摔碗越多"，信奉"多栽花少種刺，遇到困難不伸手"，"為了不出事，寧可不幹事"，"只想爭功不想攬過，只想出彩不想出力"；有的是"廟裏的泥菩薩，經不起風雨"，遇到矛盾驚慌失措，遇見鬥爭直打擺子。這哪還有共產黨人的樣子？！不擔當不作為，不僅成不了事，而且注定壞事、貽誤大事。

溫室裏長不出參天大樹，懈怠者幹不成宏圖偉業。廣大黨員、幹部要在經風雨、見世面中長才幹、壯筋骨，練就擔當作為的硬脊梁、鐵肩膀、真本事，敢字為先、幹字當頭，勇於擔當、善於作為，在有效應對重大挑戰、抵禦重大風險、克服重大阻力、解決重大矛盾中衝鋒在前、建功立業。

第五，不忘初心、牢記使命，必須完善和發展黨內制度，形成長效機制。制度優勢是一個政黨、一個國家的最大優勢。鄧小平同志説過："制度好可以使壞人無法任意橫行，制度不好可以使好人無法充分做好事，甚至會走向反面。"[6] 我們黨是吃過制度不健全的虧的。黨的十八大以來，黨中央堅持制度治黨、依規治黨，努力構建系統完備、科學規範、運行有效的制度體系，把全面從嚴治黨提升到一個新的水平。

黨的十九屆四中全會提出建立不忘初心、牢記使命的制度。建章立制，要堅持系統思維、辯證思維、底綫思維，體現指導性、針對性、操作性。既堅持解決問題又堅持簡便易行，採取務實管用的措施切中問題要害；既堅持目標導向又堅持立足實際，力求把落實黨中央要求、滿足實踐需要、符合基層期盼統一起來；既堅持創新發展又堅持有機銜接，同黨內法規制度融會貫通，該堅持的堅持、該完善的完善、該建立的建立、該落實的落實。建立制度，不能大而全也不能小而碎，不能"牛欄關貓"也不能過於繁瑣。

制度是用來遵守和執行的。全黨必須強化制度意識，自覺尊崇制度，嚴格執行制度，堅決維護制度，健全權威高效的制度執行機制，加強對制度執行的監督，推動不忘初心、牢記使命的制度落實落地，堅決杜絕做選擇、搞變通、打折扣的現象，防止硬約束變成"橡皮筋"、"長效"變成"無效"。

第六，不忘初心、牢記使命，必須堅持領導機關和領導幹部帶頭。領導機關是國家治理體系中的重要機關，領導幹部是黨和國家事業發展的"關鍵少數"，對全黨全社會都具有風向標作用。"君子之德風，小人之德草，草上之風必偃。"[7] 在上面要求人、在後面推動人，都不如在前面帶動人管用。不忘初心、牢記使命，領導機關和領導幹部必須做表率、打頭陣。

"人不率則不從，身不先則不信。"[8] 領導機關和領導幹部帶頭衝在前、幹在先，是我們黨走向成功的關鍵。革命戰爭年代，喊一聲"跟我上"和吼一聲"給我上"，一字之差、天壤之別。新中國成立以後，也是因爲我們黨有一大批像焦裕禄、谷文昌、楊善洲、張富清這樣的英雄模範率先垂範，才團結帶領人民羣衆不斷開創各項事業發展新局面。領導機關和領導幹部要深刻認識自身的責任，時刻保持警醒，經常對照檢查、檢視剖析、反躬自省。

今年是決勝全面建成小康社會、打贏精準脫貧攻堅戰、實現"十三五"規劃收官之年，外部環境不利因素增多，國內經濟下行壓力加大，改革發展穩定任務繁重。越是形勢嚴峻複雜越需要領導機關和領導幹部保持定力、一往無前，越是任務艱巨繁重越需要領導機關和領導幹部奮勇當先、實幹擔當。各級領導機關和領導幹部要帶頭增強"四個意識"、堅定"四個自信"、做到"兩個維護"，團結帶領各族人民勇於戰勝前進道路上的各種艱難險阻，以"趕考"的心態向黨和人民交出一份滿意的答卷。

註　　釋

〔1〕見毛澤東《論聯合政府》(《毛澤東選集》第三卷，人民出版社一九九一年版，第 1094 頁)。

〔2〕見東晉陶淵明《桃花源記》。

〔3〕見《論語・子張》。

〔4〕見列寧《共產主義運動中的"左派"幼稚病》(《列寧全集》第三十九卷，人民出版社二〇一七年版，第 37 頁)。

〔5〕見北宋呂希哲《論養心》。

〔6〕見本卷《關於〈中共中央關於堅持和完善中國特色社會主義制度、推進國家治理體系和治理能力現代化若干重大問題的決定〉的説明》註〔1〕。

〔7〕見《論語・顔淵》。

〔8〕見元代脱脱等《宋史・宋庠傳附宋祁傳》。

一以貫之全面從嚴治黨，
强化對權力運行的制約和監督*

（二〇二〇年一月十三日）

　　要以新時代中國特色社會主義思想爲指導，全面貫徹黨的十九大和十九屆二中、三中、四中全會精神，一以貫之、堅定不移全面從嚴治黨，堅持和完善黨和國家監督體系，强化對權力運行的制約和監督，確保黨的路綫方針政策貫徹落實，爲決勝全面建成小康社會、決戰脱貧攻堅提供堅强保障。

　　黨的十八大以來，我們以前所未有的勇氣和定力推進全面從嚴治黨，推動新時代全面從嚴治黨取得了歷史性、開創性成就，產生了全方位、深層次影響。我們堅持以偉大自我革命引領偉大社會革命，健全黨的領導制度體系，深化黨的建設制度改革，完善全面從嚴治黨制度，堅決扭轉一些領域黨的領導弱化、黨的建設缺失、管黨治黨不力狀況，使黨始終成爲中國特色社會主義事業的堅强領導核心。我們堅持以科學理論引領全黨理想信念，建立不忘初心、牢記使命的制度，持之以恆用新時代中國特色社會主義思想武裝全黨、教

---

　　* 這是習近平在中共十九屆中央紀委四次全會上的講話要點。

育人民、指導工作，推進學習教育制度化常態化，不斷堅定同心共築中國夢的理想信念。我們堅持以"兩個維護"引領全黨團結統一，完善堅定維護黨中央權威和集中統一領導的各項制度，健全黨中央對重大工作的領導體制，以統一的意志和行動維護黨的團結統一，不斷增強黨的政治領導力、思想引領力、羣衆組織力、社會號召力。我們堅持以正風肅紀反腐凝聚黨心軍心民心，堅決懲治腐敗、糾治不正之風，堅決清除影響黨的先進性和純潔性的消極因素，健全爲人民執政、靠人民執政的各項制度，讓人民始終成爲中國共產黨執政和中國特色社會主義事業發展的磅礴力量。

黨的十八大以來，我們探索出一條長期執政條件下解決自身問題、跳出歷史周期率的成功道路，構建起一套行之有效的權力監督制度和執紀執法體系，這條道路、這套制度必須長期堅持並不斷鞏固發展。黨的十九屆四中全會對堅持和完善中國特色社會主義制度、推進國家治理體系和治理能力現代化作出戰略部署。紀檢監察戰綫要抓好相關工作落實。

要強化政治監督保障制度執行，增強"兩個維護"的政治自覺。要加強對黨的十九屆四中全會精神貫徹落實情況的監督檢查，堅定不移堅持和鞏固支撐中國特色社會主義制度的根本制度、基本制度、重要制度。要推動黨中央重大決策部署落實見效，今年尤其要聚焦決勝全面建成小康社會、決戰脫貧攻堅的任務加強監督，推動各級黨組織盡銳出戰、善作善成。要督促落實全面從嚴治黨責任，切實解決基層黨的領導和監督虛化、弱化問題，把負責、守責、盡責體現在每個黨組織、每個崗位上。要保證權力在正確軌道上運行，堅持民主集中制，形成決策科學、執行堅決、監督有力的權力運行機制，督促公正用權、依法用權、廉潔用權。

要堅持以人民爲中心的工作導向，以優良作風決勝全面建成小康社會、決戰脫貧攻堅。要通過清晰的制度導向，把幹部幹事創業的手腳從形式主義、官僚主義的桎梏、"套路"中解脫出來，形成求眞務實、清正廉潔的新風正氣。要在重大工作、重大鬥爭第一綫培養幹部、錘鍊幹部，讓好幹部茁壯成長、脫穎而出。要集中解決好貧困地區羣衆反映强烈、損害羣衆利益的突出問題，精準施治脫貧攻堅中的形式主義、官僚主義等問題，加强對脫貧工作績效特別是貧困縣摘帽情況的監督。要深入整治民生領域的"微腐敗"、放縱包庇黑惡勢力的"保護傘"、妨礙惠民政策落實的"絆腳石"，促進基層黨組織全面過硬。

要繼續堅持"老虎"、"蒼蠅"一起打，重點查處不收斂不收手的違紀違法問題。我們要清醒認識腐蝕和反腐蝕鬥爭的嚴峻性、複雜性，認識反腐敗鬥爭的長期性、艱巨性，切實增强防範風險意識，提高治理腐敗效能。對黨的十八大以來不收斂不收手，嚴重阻礙黨的理論和路綫方針政策貫徹執行、嚴重損害黨的執政根基的腐敗問題，必須嚴肅查處、嚴加懲治。要堅決查處各種風險背後的腐敗問題，深化金融領域反腐敗工作，加大國有企業反腐力度，加强國家資源、國有資產管理，查處地方債務風險中隱藏的腐敗問題。要堅決查處醫療機構內外勾結欺詐騙保行爲，建立和强化長效監管機制。要完善境外國有資產監管制度。要堅決貫徹中央八項規定精神，保持定力、寸步不讓，防止老問題復燃、新問題萌發、小問題坐大。要加强對各級"一把手"的監督檢查，完善任職迴避、定期輪崗、離任審計等制度，用好批評和自我批評武器。

要深刻把握黨風廉政建設規律，一體推進不敢腐、不能腐、不想腐。一體推進不敢腐、不能腐、不想腐，不僅是反腐敗鬥爭的基本方針，也是新時代全面從嚴治黨的重要方略。不敢腐、不能腐、不想腐是相互依存、相互促進的有機整體，必須統籌聯動，增强總體效果。要以嚴格的執紀執法增强制度剛性，推動形成不斷完備的制度體系、嚴格有效的監督體系，加强理想信念教育，提高黨性覺悟，夯實不忘初心、牢記使命的思想根基。既要把"嚴"的主基調長期堅持下去，又要善於做到"三個區分開來"[1]；既要合乎民心民意，又要激勵幹部擔當作爲，充分運用"四種形態"提供的政策策略，通過有效處置化解存量、强化監督遏制增量，實現政治效果、紀法效果、社會效果有機統一。

要完善黨和國家監督體系，統籌推進紀檢監察體制改革。要繼續健全制度、完善體系，使監督體系契合黨的領導體制，融入國家治理體系，推動制度優勢更好轉化爲治理效能。要把黨委（黨組）全面監督、紀委監委專責監督、黨的工作部門職能監督、黨的基層組織日常監督、黨員民主監督等結合起來、融爲一體。要以黨內監督爲主導，推動人大監督、民主監督、行政監督、司法監督、審計監督、財會監督、統計監督、羣衆監督、輿論監督有機貫通、相互協調。紀委監委要發揮好在黨和國家監督體系中的作用，一體推動、落實紀檢監察體制改革各項任務。

要用嚴明的紀律維護制度，增強紀律約束力和制度執行力。要完善全覆蓋的制度執行監督機制，強化日常督察和專項檢查。要把制度執行情況納入考核內容，推動幹部嚴格按照制度履職盡責、善於運用制度謀事幹事。要以有效問責強化制度執行，既追究亂用濫用權力的瀆職行爲也追究不用棄用權力的失職行爲，既追究直接責任也追究相關領導責任。

維護制度權威、保障制度執行，是紀檢監察機關的重要職責。紀檢監察機關要帶頭加強黨的政治建設，繼承對黨絕對忠誠的光榮傳統，做忠誠乾淨擔當、敢於善於鬥爭的戰士。黨中央制定監督執紀工作規則、批准監督執法工作規定，就是給紀檢監察機關定制度、立規矩，必須不折不扣執行到位。各級黨委要加強對紀委監委的領導和監督，確保執紀執法權受監督、有約束。紀檢監察機關要在強化自我監督、自我約束上作表率，牢固樹立法治意識、程序意識、證據意識，嚴格按照權限、規則、程序開展工作，下更大氣力把隊伍建強、讓幹部過硬。

註　釋

〔1〕二〇一六年一月，習近平在省部級主要領導幹部學習貫徹黨的十八屆五中全會精神專題研討班上提出：要把幹部在推進改革中因缺乏經驗、先行先試出現的失誤和錯誤，同明知故犯的違紀違法行爲區分開來；把上級尚無明確限制的探索性試驗中的失誤和錯誤，同上級明令禁止後依然我行我素的違紀違法行爲區分開來；把爲推動發展的無意過失，同爲謀取私利的違紀違法行爲區分開來，保護那些作風正派又敢作敢爲、銳意進

取的幹部，最大限度調動廣大幹部的積極性、主動性、創造性，激勵他們
更好帶領羣衆幹事創業，確保如期全面建成小康社會，不斷開創社會主義
現代化建設新局面。

索　引

A

阿富汗　442

阿拉伯　480, 481, 482, 483, 484, 485

阿拉伯國家聯盟外長理事會　481

埃及　469

艾滋病　453

愛國衛生運動　38

愛國主義　31, 33, 301, 329, 334,
　407, 414

安全觀　236, 306, 441, 448

按勞分配　36, 126

澳門　5, 8, 20, 43, 44, 79, 395, 396,
　397, 398, 399, 400, 401, 409, 411,
　412, 413, 414, 415, 416, 417

"澳人治澳"　43, 44, 297, 413, 414

B

"八大行動"　204, 451, 453, 454

"八七扶貧攻堅計劃"　148

巴勒斯坦　484

《巴黎協定》　447, 474

霸權主義　440, 445, 448

百花齊放、百家爭鳴　32

百年奮鬥目標　22, 61, 66, 148, 226,
　293, 428

百年未有之大變局　77, 112, 225,
　294, 390, 414, 421, 428, 444, 460,
　487, 537

"百縣萬村"幫扶行動　150

北斗　482

北京　26, 235, 270, 271, 280, 368,
　373, 397, 491

北京冬奧會　34, 368

北京冬殘奧會　34

北京世界園藝博覽會　373, 376

辯證法　271

辯證唯物主義　15, 75, 188, 223,
　330, 519

柏拉圖　324

博鰲亞洲論壇　202, 399

不忘初心、牢記使命　1, 49, 70, 79,
　99, 107, 136, 138, 179, 299, 422,
　497, 499, 520, 523, 529, 531, 532,
　535, 537, 538, 539, 541, 542, 543,
　544, 546, 549

布達拉宮　140

布爾納比奇　208

C

"廁所革命"　341

產業革命 249

長城 140, 373, 466, 535

長春 274

長江 206, 209, 273, 363, 369, 466

長江經濟帶 3, 26, 207, 211, 235, 242, 270, 363, 489

長江三角洲區域一體化 207, 209, 211

長三角 270, 271, 368

陳勝、吳廣起義 316

成都 270, 361

成昆鐵路 150

城鄉居民收入 4

城鄉區域發展 7, 22, 241, 263, 349

城鄉融合發展 25, 241, 257, 260

城鎮化 3, 17, 186, 236, 255, 256, 257, 260, 263, 307, 487

赤字 460, 461, 475

楚辭 140

傳統文化 4, 18, 32, 33, 35, 120, 185, 259, 260, 310, 312, 314, 329, 409

創新發展 210, 253, 267, 271, 367, 388, 470, 543

創新驅動 19, 232, 242, 307, 462

創新驅動發展戰略 3, 22, 186, 193, 213, 236, 242, 350

創新、協調、綠色、開放、共享 17, 134, 186, 361, 441

創新型國家 3, 22, 24

創造性轉化、創新性發展 18, 32, 185, 312, 409

崔世安 411

D

大部門制 171

大飛機 3

大國關係 46, 428, 429

大科學 251, 252

大連 274

大數據 24, 115, 242, 247, 307, 318, 319, 354, 415, 444, 458, 483, 493

大洋洲 490

大運河 140

單邊主義 200, 201, 210, 440, 445, 446, 456, 457, 460, 473

黨風廉政建設 385, 549

黨和國家監督體系 52, 126, 511, 546, 549

黨內監督 20, 53, 511, 532, 549

黨內民主 3, 166

黨內政治生活 7, 20, 49, 84, 92, 95, 96, 507, 509, 532, 539

黨內政治生態 7, 20, 92, 95, 96, 504, 506

黨內政治文化 20, 96, 100, 386

黨委 6, 38, 52, 126, 128, 129, 151, 154, 168, 174, 175, 220, 223, 261, 266, 280, 290, 296, 302, 306, 313, 320, 331, 343, 345, 349, 350, 353, 355, 384, 385, 389, 391, 503, 509, 549, 550

黨性 6, 13, 49, 84, 507, 508, 518, 521, 522, 532, 533, 534, 538, 549

黨章　6, 20, 49, 85, 86, 388, 506,
　509, 511, 512, 520, 524, 539
黨中央權威和集中統一領導　6, 16,
　48, 83, 84, 85, 86, 92, 94, 100,
　165, 166, 167, 174, 182, 218,
　315, 384, 388, 422, 429, 504,
　505, 512, 547
黨組　52, 86, 126, 128, 129, 313,
　503, 509, 549
《道德經》324
道路自信　14, 15, 125, 142, 329, 333
鄧小平　92, 110, 122, 123, 167, 395,
　416, 516, 517, 543
鄧小平理論　15, 16, 75, 183, 532
低碳　24, 40, 241, 367, 375, 450, 482
底格里斯河　466
地中海　482
第二次世界大戰　455, 456
第四次工業革命　493
頂層設計　42, 112, 115, 155, 170,
　173, 180, 189, 250, 261, 262, 280,
　319, 398, 425
釘釘子精神　54, 72, 107, 189, 236,
　521, 525
東北振興　274
東部地區優化發展　26
東非　482
東盟　490
都江堰　140, 361
督導　155, 355
獨立自主　46
杜甫　324

杜潤生　323
對外開放　27, 47, 123, 134, 187,
　194, 196, 197, 198, 199, 202, 204,
　206, 207, 209, 211, 233, 252, 274,
　351, 379, 396, 397, 400, 425, 428,
　471, 483
多邊貿易體制　47, 187, 199, 204,
　207, 210, 212, 441, 445, 448, 456,
　457, 462, 474
多邊主義　194, 200, 212, 445, 447,
　460, 462, 474, 491
多瑙河　209

E

恩格斯　75, 183, 251, 294, 529
《二〇二〇營商環境報告》212
《二〇六三年議程》447, 449
二〇三〇年可持續發展議程　202,
　210, 447, 449, 457, 475
二十大　22, 66, 428
二十國集團　204, 212, 461, 473,
　474, 475
二十國集團領導人杭州峰會　6

F

發展中國家　8, 10, 47, 187, 308, 360,
　421, 429, 437, 444, 445, 446, 447,
　448, 449, 454, 457, 459, 475, 479,
　487, 493
法國　460, 462
法治道路　18, 283, 284, 285
法治國家　4, 15, 18, 22, 279, 285

法治社會 4, 18, 22, 260, 285

法治政府 4, 18, 22, 30, 283, 285

法治中國 30

樊錦詩 323

反腐敗 6, 7, 48, 52, 97, 188, 222, 223, 267, 385, 386, 494, 504, 510, 511, 512, 548, 549

泛珠三角區域 43

防範化解重大風險 22, 113, 147, 186, 219, 223, 366

非傳統安全 19, 45, 46, 440, 460

非典 181

非公有制經濟 17, 31, 51, 185, 235, 267, 297

非盟 447, 490

非洲 446, 447, 449, 450, 451, 452, 453, 454, 490

非洲聯盟 449, 450, 451, 453

分配制度 17

汾河 378

汾渭平原 368, 379

風雲二號 443

"楓橋經驗" 222

扶貧 37, 148, 149, 150, 152, 155, 156, 157, 158, 298, 398, 502, 510

扶貧開發工作會議 154

扶貧領導小組 160

福建 395, 408

負面清單 26, 27, 195, 198, 203, 204, 209, 212, 272, 283, 397

婦聯 53

G

改革開放 2, 8, 10, 12, 13, 17, 21, 48, 61, 63, 66, 70, 92, 110, 111, 112, 121, 123, 133, 167, 172, 178, 181, 182, 183, 184, 185, 186, 187, 188, 189, 202, 204, 206, 207, 222, 225, 231, 250, 256, 257, 264, 269, 279, 288, 292, 301, 321, 323, 328, 335, 395, 396, 397, 398, 399, 400, 404, 422, 471, 484, 487, 530, 540

港澳臺 5, 45, 226

"港人治港" 43, 44, 297

高度自治 20, 43, 297, 412, 413

高質量發展 23, 172, 186, 194, 202, 205, 206, 211, 212, 213, 228, 237, 238, 239, 243, 264, 269, 270, 271, 307, 314, 347, 377, 378, 379, 389, 400, 474, 487, 490, 491

《告臺灣同胞書》403

革命老區 26, 51, 150

格薩爾王 140

根本政治制度 29

工會 36, 53

工匠精神 24, 249, 322

工農聯盟 28, 142

工商聯 267

公共安全 38, 173, 464

公共服務 35, 37, 107, 149, 173, 175, 235, 258, 260, 273, 343, 354, 379, 397, 415, 482

公民道德建設工程 34, 313

公有制經濟 17, 185

攻堅戰 22, 113, 147, 154, 159, 177, 186, 223, 273, 366, 368, 369, 371, 522, 544

供給側結構性改革 3, 23, 24, 186, 193, 206, 220, 228, 232, 234, 235, 239, 242, 247, 262, 264, 319

《共産黨宣言》75, 529

共産主義 11, 18, 49, 72, 75, 93, 313, 498, 505, 506, 515

共建共治共享 38, 126, 353

共青團 53

共同富裕 9, 15, 19, 22, 23, 35, 66, 90, 133, 183, 241, 261

共同綱領 121, 291

古田會議 92, 516

古田全軍政治工作會議 5, 383

谷文昌 544

故宮 140

瓜達爾卡納爾戰役 456

"關鍵少數" 20, 72, 287, 544

廣州 270, 397

國防和軍隊現代化 5, 41, 42

《國富論》324

國際貨幣基金組織 233, 443, 459, 461

國際金融危機 201, 231, 473

國際園藝生産者協會 373

國際展覽局 373

國際秩序 20, 45, 194, 200, 210, 364, 437, 440, 447

國家安全 4, 7, 15, 19, 39, 41, 170, 185, 217, 218, 221, 228, 249, 271, 306, 317, 370, 388, 401, 412

國家國際發展合作署 171

國家監察法 53

國家實驗室 221, 251

國家市場監督管理總局 195

國家市場監管總局 173

國家衛生健康委 160

國家憲法日 279, 283

國家醫保局 160

國家醫療保障局 171

國家移民管理局 171

國家知識産權局 195

國家治理體系和治理能力現代化 3, 15, 17, 22, 23, 66, 105, 109, 110, 111, 112, 113, 114, 116, 117, 118, 121, 125, 129, 180, 184, 211, 212, 281, 366, 367, 547

國内生産總值 2, 205

國土安全 19

國務院 78, 250

國有經濟 26, 235, 274

國有企業 26, 266, 267, 274, 399, 513, 548

H

哈爾濱 274

《哈姆雷特》324

海南 198, 204

海南自由貿易港 198, 211

海上絲綢之路 463, 479

海峽兩岸 79, 297, 403, 404, 407

海洋强國　26, 243

韓非子　140

韓正　65

漢賦　140

杭州　270

合作共贏　45, 187, 233, 235, 252,
　314, 372, 427, 440, 444, 445, 449,
　458, 463, 480, 481, 486

何鴻燊　396

何厚鏵　411

和平發展　5, 20, 44, 45, 79, 194,
　314, 404, 405, 406, 407, 409, 410,
　427, 436, 461, 463

和平共處五項原則　45, 404

"和平統一、一國兩制"　44, 79, 404,
　406

和平外交　46

和平與發展　6, 45, 67, 264, 436,
　439, 440, 459, 460, 475

和諧共生　19, 39, 241, 360, 367,
　434, 447, 450, 469

賀一誠　411

"黑天鵝"　220

恆河　466

紅船　497, 498

"紅船精神"　497, 498

紅軍　93

紅色基因　42, 525

紅綫　40, 362, 370, 371

宏觀調控　24, 26, 172, 173, 205,
　235, 236, 239, 241, 264, 266, 399

虹橋國際經貿論壇　207

胡福明　323

互利共贏　20, 79, 193, 197, 202,
　203, 445, 455, 461, 463, 473, 475,
　483, 490, 492

互聯互通　244, 260, 368, 451, 464,
　474, 475, 479, 482, 490, 491, 492,
　493

互聯網　4, 24, 33, 53, 115, 198, 242,
　247, 301, 305, 306, 307, 308, 309,
　311, 317, 318

"滬港通"　397

黃福榮　398

黃河　211, 270, 377, 378, 379, 466

黃河三角洲　378

黃浦江　208

"灰犀牛"　220

混合所有制經濟　26

火藥　140, 471

獲得感、幸福感、安全感　35, 66,
　138, 183, 193, 221, 262, 300, 308,
　321, 342, 346, 511, 520, 524

霍爾尼斯　208

霍英東　396

J

機構改革　2, 89, 90, 105, 106, 107,
　108, 111, 165, 168, 169, 170, 171,
　172, 173, 174, 354, 371, 399

基本法　5, 43, 280, 400, 401, 412,
　413

基本方略　14, 21, 63, 79, 93, 99,
　234, 296, 298, 404

基本公共服務 22, 37, 155, 233,
　241, 260, 272, 273, 300, 408
基本國策 19, 37, 47, 187, 194, 197,
　211, 359, 483
基本理論 21, 79, 93, 99, 223, 296, 298
基本路綫 10, 21, 79, 93, 99, 184,
　296, 298
基本醫療保險 37, 159
基本政治制度 292, 293
基層羣衆自治制度 17, 185
基層組織 51, 86, 549
吉爾吉斯斯坦 443
集體經濟 25, 261, 262
集體學習 91, 255, 529
集體主義 33
幾内亞灣 453
加勒比 479
嘉興南湖 498
監察 4, 52, 53, 89, 120, 169, 170,
　267, 280, 281, 284, 287, 399, 503,
　512, 513, 547, 549, 550
監察委員會 53, 512
監督執紀"四種形態" 52, 509
減貧 148, 151, 447, 450, 451
健康中國 38
江格爾 140
蔣子龍 323
蛟龍 3
焦裕禄 544
教育部 160
教育體制改革 347, 348, 350, 399
金門 408

金磚國家 204, 212, 444, 445, 446,
　447
金磚國家領導人厦門會晤 6
進口貿易促進創新示範區 211
京津冀協同發展 3, 26, 207, 211,
　235, 242, 270, 489
經濟安全 248
經濟建設 2, 10, 22, 134, 147, 166,
　184, 186, 249, 259
經濟全球化 17, 45, 46, 187, 194,
　196, 197, 198, 200, 202, 209, 210,
　212, 233, 428, 434, 445, 446, 456,
　457, 461, 462, 465, 468, 473, 474,
　475, 487, 491, 492
經濟特區 269, 369, 396
精神文明 4, 23, 32, 33, 34, 312, 367
精準扶貧 37, 136, 150, 151, 156,
　157, 193, 234, 502
精準脱貧 22, 37, 136, 147, 151,
　157, 186, 193, 234, 366, 544
"九二共識" 5, 20, 44, 297, 404, 407
軍民融合 20, 22, 42, 249, 251, 266,
　305, 308, 388

K

開放型經濟 17, 241, 242
開放型經濟新體制 3
抗美援朝 101
抗日戰爭 403
科創板 206, 209
科技革命 201, 210, 237, 245, 246,
　444, 446, 458, 459

科教興國 22

科學發展 17, 53, 110, 186

科學發展觀 15, 16, 75, 183, 532

科學社會主義 8, 70, 76, 120, 122, 123

可持續發展 22, 262, 346, 359, 364, 375, 464, 493

孔子 140, 324, 438, 439, 440

孔子課堂 351

孔子學院 351, 453

恐怖主義 45, 46, 445, 461, 482

L

垃圾分類 345, 346

拉美 479

藍色經濟 464, 482

藍天保衛戰 40, 368

勞模精神 24, 322

老工業基地振興 26

老齡化社會 345

老子 140, 324

冷戰 46, 440, 441, 459, 461

《梨俱吠陀》466

黎巴嫩 482

李白 324

李谷一 323

李克强 65

李雪健 323

理論自信 14, 15, 125, 142, 329, 333

《理想國》324

歷史唯物主義 15, 75, 188, 330, 519

歷史周期率 52, 547

厲以寧 323

利益共同體 456

栗戰書 65

聯合國 47, 210, 212, 308, 375, 436, 440, 443, 449, 453, 459, 460, 464, 475, 490, 493

聯合國日內瓦總部 460

聯合國憲章 210

涼山 150

梁定邦 396

梁振英 396

糧食安全 25, 115, 236, 252, 271, 274, 379, 447, 451

"兩不愁" 159

"兩不愁三保障" 155, 156, 159, 161

兩個大局 20, 77, 187, 222, 422, 426

"兩個鞏固" 311

"兩個確保" 155

"兩個維護" 83, 87, 88, 99, 100, 101, 219, 222, 226, 295, 322, 355, 519, 524, 525, 533, 535, 544, 547

"兩個文明" 359

"兩個一百年" 19, 22, 23, 63, 64, 66, 79, 93, 110, 130, 169, 217, 225, 226, 240, 292, 295, 302, 316, 321, 326, 333, 387, 421, 428, 498

"兩規" 53

"兩廊一圈" 466

"兩學一做" 學習教育 6, 49

兩院院士大會 249, 251

量子信息 245, 444

遼寧 280

列寧　167, 541

林毅夫　323

臨港新片區　209

零和博弈　440, 455, 461

留守兒童　37, 159

留置　53

"六個精準"　152

六屆六中全會　516

盧克索神廟　469

魯班工坊　452

魯迅　184, 335

路遥　323

《呂氏春秋》316

綠色發展　5, 19, 20, 40, 187, 233,
　241, 346, 363, 364, 367, 373, 374,
　375, 376, 377, 447, 452, 493

綠水青山就是金山銀山　19, 186,
　241, 361, 375, 377

《論語》324, 466

《論聯合政府》535

《論十大關係》174, 269

M

馬克龍　208

馬克思列寧主義　10, 15, 16, 74, 75,
　183, 291, 536

馬克思主義　4, 13, 16, 17, 18, 21,
　32, 33, 48, 49, 53, 63, 70, 71, 74,
　75, 76, 83, 84, 86, 87, 91, 118,
　119, 120, 121, 122, 126, 183, 184,
　223, 225, 227, 228, 236, 287, 312,
　313, 322, 328, 329, 334, 336, 438,

471, 504, 505, 506, 518, 519, 525,
　529, 530, 531, 532, 538, 539, 540,
　541

馬祖　408

瑪納斯　140

麥加大清真寺　466

曼谷玉佛寺　469

毛澤東　74, 78, 92, 174, 269, 281,
　296, 497, 508, 516, 539

毛澤東思想　15, 16, 75, 183, 532

毛主席　100, 101, 535

茂物目標　456

貿易保護主義　440

媒體融合　316, 317, 318, 319, 320

美國　232, 259

美麗中國　19, 23, 39, 362, 366, 367,
　374

美洲　490

孟子　140, 324

《孟子》324

米佐塔基斯　208

民營企業　26, 150, 263, 264, 265,
　266, 267, 268

民政　345

民主黨派　8, 31, 114, 291, 292, 293,
　297, 302

民主集中制　20, 49, 100, 166, 295, 548

民主監督　29, 30, 53, 293, 295, 326,
　511, 549

民族地區　26, 51, 300, 301

民族區域自治　17, 185, 300, 301

岷江　361

《墨經》247
墨子 3, 140

N

納米 201
南方談話 110
南海 3
南京 270
南南合作 447, 454, 493
南南合作與發展學院 454
尼羅河 209
逆全球化 440, 461
農村基本經營制度 25
農民工 36, 256
農業現代化 3, 17, 186, 257, 258,
　263, 307, 451
瘧疾 453

O

歐盟 259, 461, 490
歐亞經濟聯盟 466, 490
歐洲 120, 232

P

棚戶區改造 343
批評和自我批評 52, 528, 532, 535,
　536, 541, 549
平安中國 19

Q

七大 92
祁連山 377, 379

強軍夢 5, 43
親誠惠容 47
青海 398
區塊鏈 245
區域協調發展 22, 26, 150, 186,
　193, 241, 242, 270, 271, 272
去產能、去庫存、去槓桿、降成本、
　補短板 24
全國工商聯 114
全國科技創新大會 251
全國人民代表大會常務委員會 403
全國宣傳思想工作會議 322, 325
全面從嚴治黨 2, 6, 20, 47, 48, 67,
　71, 92, 97, 106, 152, 188, 222,
　228, 267, 284, 383, 386, 423, 504,
　509, 510, 511, 515, 517, 532, 543,
　546, 547, 549
全面建成小康社會 1, 2, 9, 15, 21,
　22, 23, 55, 61, 62, 66, 71, 89, 110,
　114, 147, 148, 219, 234, 237, 260,
　295, 305, 345, 366, 426, 437, 504,
　544, 546, 547, 548
全面深化改革 2, 3, 15, 17, 105,
　107, 110, 111, 112, 115, 124,
　134, 177, 178, 179, 180, 193,
　205, 228, 250, 264, 352, 370,
　398, 483
全面依法治國 3, 7, 18, 30, 115,
　228, 279, 281, 283, 284, 285, 286,
　287
全球夥伴關係 46, 194, 422, 426,
　427, 436, 461

全球經濟治理 204, 207, 212, 233,
　448, 459, 462, 486, 490

全球治理觀 47, 441, 460

全球治理體系 6, 45, 47, 187, 194,
　200, 424, 426, 427, 428, 437, 441,
　445, 460, 486, 491

羣團組織 54, 105, 308, 346

羣衆路綫 17, 90, 95, 135, 136, 183,
　352

羣衆路綫教育實踐活動 6

R

人才强國 22, 50

人大常委會 29, 279, 280

人工智能 24, 115, 201, 221, 242,
　245, 247, 307, 318, 354, 444, 458,
　483

人類命運共同體 6, 16, 20, 45, 46,
　47, 67, 79, 187, 194, 202, 207,
　213, 218, 252, 288, 297, 372,
　376, 410, 422, 424, 426, 427,
　428, 433, 435, 436, 438, 441,
　444, 445, 449, 461, 468, 479,
　481, 486, 487

人民代表大會 29, 122, 281, 291, 292

人民代表大會制度 17, 29, 185,
　280, 290

人民民主 11, 29, 293, 295

人民民主專政 28, 142

人民首創精神 108, 188

人民團體 8, 30, 47, 89, 169, 267,
　291, 302

人民主體地位 16, 79, 90, 136, 142,
　183, 284

人權 29, 288, 289

日本 232

軟實力 4, 22, 35, 253, 310, 312

S

撒馬爾罕 469

薩赫勒 453

"三保障" 159, 160, 161

"三步走" 戰略目標 21

三大歷史任務 55

"三定" 107

"三個代表" 重要思想 15, 16, 75,
　183, 532

"三股勢力" 442

"三會一課" 51

三江源 377, 379

"三農" 25, 26, 255, 257, 258, 259

"三期叠加" 234

"三去一降一補" 232

"三權" 分置 25

"三通" 404

"三位一體" 359

"三綫" 建設 269

"三嚴三實" 6, 20, 72

沙木拉打隧道 150

莎士比亞 324

山東 439

山西 280

珊瑚海戰役 456

汕頭 396

上海　196, 206, 209, 270, 271, 395,
　396, 397, 442, 484, 498
上海合作組織　204, 439, 440, 441,
　442, 443
"上海精神"　439, 440, 441
邵逸夫　398
社會安全　343
社會革命　67, 69, 70, 71, 188, 515,
　516, 532, 541, 546
社會建設　4, 22, 134, 147, 166, 234,
　259, 260, 345
社會文明　7, 22, 23, 33, 259, 313,
　345, 367
社會治理　4, 19, 23, 35, 38, 126,
　185, 222, 258, 319, 345, 352,
　353, 415
社會主要矛盾　9, 10, 15, 22, 63,
　127, 133, 186, 237, 258, 359
社會主義初級階段　10, 506
社會主義革命　11, 291, 292, 516
社會主義核心價值觀　4, 18, 33, 72,
　96, 185, 259, 268, 286, 298, 300,
　306, 310, 311, 312, 313, 322, 325,
　337, 353
社會主義核心價值體系　18
社會主義基本經濟制度　17, 126
社會主義基本制度　11, 121, 292,
　530
社會主義民主　3, 28, 29, 30, 32,
　293, 295
社會主義生態文明觀　41
社會主義市場經濟　23, 26, 126,

172, 242
社會主義先進文化　18, 32, 126,
　312, 329
社會主義現代化强國　9, 10, 15, 23,
　111, 133, 193, 240, 295, 329, 337,
　350, 360, 367, 426, 437
"深港通"　397
深圳　270, 396, 397
瀋陽　274
生產力　9, 23, 28, 123, 185, 186,
　197, 233, 249, 269, 307, 308, 361,
　375, 445, 446, 473, 493
生態環境部　170, 371
生態文明建設　5, 22, 41, 134, 147,
　166, 186, 226, 233, 244, 258, 259,
　359, 360, 363, 364, 374, 398, 399,
　401, 464
聖淘沙　469
詩經　140, 466
施光南　323
十八大　2, 14, 22, 61, 63, 92, 94, 95,
　96, 97, 106, 110, 114, 115, 124,
　125, 148, 154, 166, 177, 222, 231,
　236, 256, 270, 274, 279, 283, 284,
　292, 305, 310, 317, 347, 352, 360,
　383, 390, 398, 421, 424, 426, 427,
　506, 510, 511, 512, 515, 532, 543,
　546, 547, 548
十八屆三中全會　107, 110, 111,
　178, 179, 180
十八屆四中全會　279, 506
十八屆五中全會　111

"十大合作計劃" 450, 451

"十二五" 規劃 2

十九大 22, 61, 65, 66, 67, 69, 70,
　84, 91, 93, 97, 105, 111, 116, 133,
　134, 147, 154, 165, 177, 184, 193,
　194, 197, 219, 237, 246, 255, 256,
　257, 306, 310, 311, 321, 323, 342,
　366, 383, 388, 390, 421, 422, 428,
　437, 498, 500, 504, 506, 508, 510,
　511, 515, 546

十九屆二中全會 111, 219, 390, 546

十九屆三中全會 105, 111, 165, 219,
　390, 546

十九屆四中全會 113, 180, 211, 543,
　546, 547

十九屆一中全會 65

十六大 22, 110

十七大 22, 110

"十三五" 規劃 2, 66, 544

十四大 110

十五大 110

十一屆三中全會 111, 178, 292,
　395, 517

十月革命 10

實體經濟 7, 24, 27, 239, 241, 242,
　247, 307

食品安全 38, 221

史美倫 396

世界多極化 45, 421, 428, 445, 465

世界反法西斯戰爭 403

世界貿易組織 195, 204, 207, 212,
　441, 457, 459, 461, 462, 474

《世界人權宣言》288

世界銀行 212, 443, 459, 461

數字經濟 3, 201, 247, 307, 308,
　457, 474, 483

數字中國 25

"雙輪驅動" 250

水利部 160

舜 316

絲路基金 6, 233, 452, 492

四川 150

"四大考驗" 505, 515, 532

"四風" 52, 95, 315, 499, 500, 508,
　533

"四個服從" 85

"四個全面" 2, 15, 16, 106, 148,
　169, 186, 234, 259, 292, 522

"四個意識" 50, 72, 83, 85, 87, 88,
　92, 93, 94, 157, 182, 218, 219,
　222, 226, 295, 309, 310, 315,
　322, 355, 389, 422, 488, 504,
　505, 512, 519, 524, 525, 533,
　535, 544

"四個自我" 534

"四個自信" 50, 83, 87, 88, 93, 182,
　184, 218, 219, 222, 226, 248, 295,
　310, 312, 322, 355, 422, 488, 504,
　506, 519, 524, 525, 533, 535, 544

"四好農村路" 342

"四位一體" 359

四項基本原則 10, 184

"四種危險" 505, 515, 532

蘇聯 123, 269

蘇軾　127, 507

孫中山　334

孫子　140

T

《塔木德》466

"臺獨"　5, 44, 297, 405, 407, 408, 410

臺灣　5, 8, 44, 297, 403, 404, 405, 406, 407, 408, 409, 410

太平洋　206, 455, 479

泰國　469

泰姬陵　466

陶淵明　324

天安門　538

天宮　3

天眼　3

田家炳　398

統一戰綫　3, 15, 17, 31, 185, 291, 293, 294, 296, 297

土地制度　25, 120, 396

退役軍人事務部　171

脫貧攻堅　7, 18, 66, 148, 150, 151, 152, 153, 154, 155, 156, 157, 158, 160, 260, 345, 546, 547, 548

脫貧攻堅戰　4, 37, 148, 154, 155, 157, 158, 228, 233, 234, 260, 342, 350

W

汪洋　65

王滬寧　65

王家福　323

網絡安全　45, 305, 306, 308, 317, 460

網絡强國　25, 305

維和　5, 436, 437, 450, 453

文化安全　311

"文化大革命"　110, 123

文化建設　4, 22, 96, 134, 147, 166, 259, 386

文化自信　4, 14, 15, 18, 32, 125, 142, 220, 310, 311, 322, 323, 329, 333, 379

文藝工作座談會　322, 324

無黨派人士　114, 291, 293

吳哥窟　466

5G　318

五四精神　333

"五位一體"　2, 15, 16, 106, 148, 169, 186, 234, 259, 292, 359, 522

武漢　270

物聯網　245, 318

物質文明　23, 32, 367

悟空　3

X

西安　270

西部大開發　26, 269

西九龍　280

希臘　469

現代化經濟體系　23, 24, 186, 193, 207, 239, 240, 241, 242, 247, 274, 307, 367

現代企業制度　268

憲法　5, 18, 29, 30, 43, 111, 121,
　　122, 139, 279, 280, 281, 282,
　　283, 285, 286, 291, 292, 298,
　　401, 412, 413

鄉村振興　22, 25, 115, 156, 186,
　　193, 242, 255, 256, 257, 258, 259,
　　260, 261, 262, 341, 342

香港　5, 8, 20, 43, 44, 79, 280, 395,
　　396, 397, 398, 399, 400, 401, 409,
　　416, 417

小相嶺隧道　151

協商民主　3, 17, 29, 30, 185, 293, 295

謝晉　323

新安全觀　20, 433, 450, 461, 463

新常態　2, 234

新成昆鐵路　151

新發再發傳染病　452

新發展理念　2, 17, 23, 53, 66, 134,
　　193, 207, 213, 234, 236, 238, 307,
　　367, 487, 522

新加坡　469

新開發銀行　452

新民主主義革命　11, 121, 530

新時代黨的強軍思想　19, 41, 383,
　　384, 388, 390

新時代中國特色社會主義經濟思想
　　231, 236

新時代中國特色社會主義思想　14,
　　15, 16, 33, 49, 63, 75, 87, 183,
　　184, 219, 223, 292, 295, 306, 310,
　　311, 312, 314, 328, 329, 352, 355,

383, 384, 388, 390, 422, 504, 505,
　　517, 519, 521, 524, 525, 532, 535,
　　546

新時代中國特色社會主義外交思想
　　426, 427

新文化運動　471

新興市場國家　421, 444, 445, 446,
　　447, 448

新形勢下黨內政治生活若干準則
　　49, 96, 512

新型工業化　17, 186, 263, 307

新型國際關係　16, 45, 187, 194,
　　422, 435, 441, 445

新型政商關係　31, 235, 266

新亞歐大陸橋　492

行政體制改革　4, 31

形式主義、官僚主義、享樂主義和
　　奢靡之風　6, 516

雄安新區　26

許崇德　323

叙利亞　482

學習型社會　36

學習型政黨　53, 87

血吸蟲病　453

巡察　52, 53, 512

巡視　6, 53, 97, 511, 512

Y

鴉片戰爭　11, 403

雅典衛城　469

亞當・斯密　324

亞丁灣　5, 453

亞馬孫河 209

亞太經合組織 6, 204, 212, 455, 456

亞太自由貿易區 456

亞信峰會 6

亞洲基礎設施投資銀行 6, 233, 451

亞洲文明對話大會 465, 471

延安整風運動 526

楊善洲 544

堯 316

也門 482

一百五十六項重點工程 269

"一帶一路" 3, 6, 27, 47, 187,
    196, 205, 207, 212, 213, 222,
    233, 235, 242, 253, 264, 270,
    308, 351, 364, 375, 379, 399,
    412, 415, 421, 422, 424, 425,
    427, 428, 442, 449, 453, 462,
    466, 475, 479, 480, 481, 482,
    483, 486, 487, 488, 489, 490,
    491, 492, 493, 494

"一帶一路" 國際合作高峰論壇 6,
    375, 425, 475

"一國兩制" 5, 15, 20, 43, 126, 280,
    297, 399, 400, 401, 402, 404, 406,
    411, 412, 413, 414, 416, 417

《一千零一夜》466

移動通信 245

以德治國 18, 286

以人民爲中心 4, 15, 16, 34, 66,
    90, 134, 173, 182, 193, 234, 288,
    307, 311, 323, 345, 352, 447,
    491, 525, 548

意識形態 4, 7, 18, 32, 33, 126, 219,
    228, 311, 312, 314, 331, 487

印度河 466

印度洋 482

印刷術 140, 466, 471

應急管理部 171

幼發拉底河 466

玉樹 398

《源氏物語》466

約旦 482

粵港澳大灣區 43, 207, 211, 235,
    242, 270, 399, 400, 412, 415, 489

雲計算 318, 483

Z

造紙術 140, 466, 471

"債券通" 397

戰略機遇期 2, 77, 390

戰略目標 23, 116, 171, 239, 240,
    311

張富清 544

趙樂際 65

哲學社會科學工作座談會 322

浙江 280, 395, 497

正確義利觀 20, 47, 429, 461

鄭德榮 323

鄭州 270

政協 29, 30, 47, 78, 89, 169, 291,
    292, 293, 294, 295, 296, 297, 298,
    321, 322, 326, 429

政協全國委員會 291

政治安全 19, 39, 218, 220, 311, 352

政治規矩　6, 49, 72, 84, 92, 93, 107,
　　222, 423, 505, 506, 515, 519, 521,
　　534
政治紀律　6, 49, 52, 72, 84, 87, 91,
　　92, 93, 99, 107, 222, 423, 505,
　　506, 515, 519, 534
政治建設　16, 20, 22, 48, 84, 91,
　　92, 93, 94, 95, 96, 97, 99, 134,
　　147, 165, 166, 188, 218, 259, 309,
　　314, 354, 384, 388, 504, 505, 533,
　　550
政治生態　5, 49, 67, 95, 96, 188, 267,
　　527, 533
政治體制改革　28, 280, 512
政治文明　23, 32, 367
政治意識、大局意識、核心意識、
　　看齊意識　6, 16, 86, 429
指南針　140, 471
制度建設　3, 30, 38, 48, 110, 111,
　　112, 115, 116, 125, 129, 157, 180,
　　185, 284, 389, 504
制度自信　14, 15, 114, 119, 121,
　　125, 129, 142, 329, 333, 413
中部地區崛起　26, 269
中等收入羣體　4, 22, 36, 211, 233,
　　263
"中等收入陷阱"　255
中東　481, 483, 484
中非合作論壇北京峰會　204
中非合作論壇約翰内斯堡峰會　450
中非和平安全合作基金　453
中共一大　497

《中共中央關於堅持和完善中國特
　　色社會主義制度、推進國家治理
　　體系和治理能力現代化若干重大
　　問題的決定》109, 118
中國—非洲經貿博覽會　451
中國非洲研究院　453
中國共產黨　1, 10, 11, 13, 16, 31,
　　35, 45, 49, 54, 67, 74, 76, 79, 89,
　　94, 121, 125, 165, 167, 168, 181,
　　182, 183, 210, 225, 226, 256, 268,
　　281, 288, 291, 292, 294, 298, 299,
　　300, 314, 328, 333, 404, 421, 422,
　　423, 436, 437, 438, 497, 505, 511,
　　519, 521, 535, 540, 547
中國共產黨領導的多黨合作和政治
　　協商制度　17, 185, 292, 293
中國光彩會　150
中國國際進口博覽會　196, 199,
　　203, 207, 208, 399, 442, 452, 484,
　　493
中國—海合會自由貿易協定　212
中國科協第九次全國代表大會　251
中國夢　1, 4, 5, 9, 14, 20, 23, 33, 43,
　　54, 55, 64, 79, 95, 130, 217, 219,
　　225, 292, 297, 299, 302, 305, 306,
　　310, 316, 326, 333, 334, 335, 379,
　　387, 402, 406, 414, 421, 427, 454,
　　498, 547
中國人民解放軍　79
中國人民政治協商會議　291
中國特色大國外交　6, 16, 422, 424,
　　426, 427

中國特色強軍之路 5, 41

中國特色社會主義 1, 2, 4, 8, 9, 10,
13, 14, 15, 16, 18, 21, 23, 31, 32,
33, 42, 47, 49, 50, 55, 61, 62, 63,
64, 66, 69, 70, 71, 72, 89, 90, 93,
94, 114, 119, 121, 125, 126, 127,
133, 142, 181, 184, 186, 193, 218,
219, 220, 225, 236, 237, 240, 258,
279, 281, 283, 284, 292, 294, 295,
298, 299, 300, 302, 305, 306, 310,
311, 312, 313, 322, 323, 325, 326,
328, 329, 333, 334, 335, 355, 359,
360, 387, 388, 399, 421, 422, 427,
498, 505, 506, 515, 517, 525, 531,
537, 546, 547

中國特色社會主義道路 12, 13, 55,
79, 133, 181, 184, 299, 333, 422,
530

中國特色社會主義法治體系 4, 15,
18, 126, 285

中國特色社會主義理論 329

中國特色社會主義理論體系 13, 16,
333

中國特色社會主義文化 13, 32, 312,
333

中國特色社會主義政治發展道路
17, 28, 293

中國特色社會主義制度 3, 13, 15,
16, 17, 94, 105, 109, 110, 111, 112,
113, 114, 116, 117, 118, 119, 121,
123, 124, 125, 127, 129, 169, 180,
181, 184, 185, 186, 211, 281, 285,

328, 333, 547

中華民族共同體意識 31, 299, 300,
301

中華民族偉大復興 1, 2, 8, 9, 11,
12, 13, 15, 16, 19, 20, 23, 31, 32,
35, 45, 54, 55, 61, 64, 66, 71, 77,
79, 101, 110, 130, 141, 142, 181,
186, 193, 217, 219, 225, 226, 246,
292, 294, 297, 299, 302, 305, 316,
326, 329, 333, 334, 335, 336, 379,
387, 399, 401, 402, 405, 410, 413,
417, 421, 427, 428, 454, 497, 498,
523, 531, 537, 542

中華人民共和國 10, 11, 66, 70, 78,
79, 109, 113, 139, 225, 288, 291,
321, 411

中華文化 4, 22, 32, 33, 44, 121, 185,
300, 301, 311, 312, 314, 409, 412

中華文明 11, 70, 139, 140, 213,
379, 470, 471, 484

中歐班列 492

中歐投資協定 204, 212

中日韓自由貿易協定 212

中央八項規定 6, 52, 423, 507, 541,
548

中央財經領導小組 231

中央國家安全委員會 217, 218

中央經濟工作會議 154

中央軍委 78, 383, 384, 389, 390

中央農村工作會議 154

中央全面深化改革領導小組 231,
232

中央全面深化改革委員會 266
中央人民政府委員會 291
中央外事工作委員會 425
中央委員會 1, 65, 69, 72, 83, 85, 536
中央政治局 65, 84, 91, 94, 109,
　113, 114, 116, 118, 119, 231, 498,
　500, 508, 529, 535
周恩來 135
珠海 396
珠三角 270, 271, 397
住房城鄉建設部 160
莊子 140
自然資源部 170
自我革命 20, 48, 67, 71, 188, 222,
　515, 516, 527, 529, 531, 532, 533,
　534, 535, 538, 541, 546

自我淨化、自我完善、自我革新、
　自我提高 21, 188, 534, 541
自由貿易港 27, 194, 197, 198, 204
自由貿易試驗區 27, 198, 204, 206,
　209, 211
總體佈局 2, 14, 15, 16, 106, 148,
　169, 170, 186, 234, 259, 292, 359,
　374, 488, 504, 508, 522
總體國家安全觀 19, 217, 218, 220
組織法 31, 291
組織建設 48, 51, 355, 388, 504,
　516, 533
《左傳》325
作風建設 48, 51, 157, 315, 388,
　499, 500, 504, 508, 533

图书在版编目 (CIP) 数据

习近平谈治国理政. 第三卷 / 习近平著. – 北京：
外文出版社, 2021.9
ISBN 978-7-119-12491-9

I. ①习… II. ①习… III. ①习近平 – 讲话 – 学习参考资料
②中国特色社会主义 – 社会主义建设模式 – 学习参考资料
IV. ① D2-0 ② D616

中国版本图书馆 CIP 数据核字 (2020) 第 202210 号

习近平谈治国理政
第 三 卷

© 外文出版社有限责任公司

外文出版社有限责任公司出版发行

（中国北京百万庄大街 24 号）

邮政编码：100037

http://www.flp.com.cn

北京盛通印刷股份有限公司印刷

2021 年 9 月（小 16 开）第 1 版

2021 年 9 月第 1 版第 1 次印刷

（汉繁）

ISBN 978-7-119-12491-9

08000（平）